キリスト教哲学序論

超越論的理性批判

春名純人

教文館

序

本文で何度か引用したカントの言葉は有名である。「私は、直接、対象に関わる認識ではなくて、アプリオリに可能であるかぎりでの、認識の仕方に関わるすべての認識を、超越論的（transzendental）と名付ける」。カントが問題にしたのは、対象の認識ではなく、対象認識の仕方に関する認識であった。学問的認識が成立するためのアプリオリな普遍妥当的条件の研究が超越論哲学の仕事である。アプリオリな条件とは、経験［的認識］を超えていながら、反ってそれが経験［的認識］を成立させる条件、あるいは、制約のことである。カントが超越論的感性論や超越論的論理学で解明したアプリオリな条件は、感性と悟性という認識能力とその形式、その固有の働き、相互関係に関するものであった。理論的認識は、認識質料である感性的所与が提供される感性的現象世界に限定され、それに法則性を付与する立法者は超越論的統覚であった。カントの批判主義の哲学は、〈Ich denke〉の超越論的統覚という悟性の絶対化たる理論理性の自律性の公理そのものを批判のテストにかけない不徹底性を宿していた。その結果、伝統的形而上学の総体世界（Weltall）と魂（Seele）と神（Gott）の三実体は、認識の世界では統制概念、限界概念となり、道徳形而上学や道徳神学の叡智的世界に押しやられた。この叡智的世界こそが、自由の入り込む余地のない自然機制（Naturmechanismus）から逃れて、人間人格性の自由を保障する領域と思われた。ここに、近代人本主義の根本的宗教動因たる「自然と自由」の二元論がある［筆者がModern Humanismを人本主義と訳すのは、それが人間人格性の理想を絶対視する人間本位主義だからである。人文主義《ユマニスム》は改革者たちにもポジティヴな意味を持っていた］。しかし、実は、この人格性の自由の領域も、実践理性と普遍的意志が支配する領域であり、覚醒した道徳的主体と決断の領域であり、理性の自律性の公理は依然として健在であった。

カイパーやドーイヴェールトの時代は、オランダの四つの大学の哲学教授の大半が新カント学派の学者であったと言われている。新カント学派は、科学的実証主義に対抗して、現象認識の領域は失っても、それに左右されない価値判断の領域とか物自体に触れ得る領域とかを模索する哲学であった。自然現象の世界に関する学問的発言権を失い、創造論を喪失した神学は、新カント学派の哲学を拠り所に、科学的聖書批評学の難を逃れ、専ら、内的生起による道徳的主体の覚醒を促す自由主義神学、或いは、実存的決断による本来的自己の回復を主張する実存論神学に安心立命の地を見出していた。

カイパーは、「自然と自由」の宗教的アプリオリに立脚する「近代主義原理」に対抗する、「創造－堕落－救贖」の聖書的アプリオリに立脚する「改革主義原理」を鮮明にし、これによって、ロスト・ワールドたる被造世界を学問領域に回復し、有神論的諸学の建設のためにアムステルダム自由大学を創設した。有神論的文化とか有神論的諸学問とか有神論的哲学とか言う場合、有神論という言葉に誤解があると思う。有神論は無神論に対立する概念ではない。カイパーは、非キリスト者にも神意識や宗教の種子を認め、宗教的中立なる人間は存在しないと考えている。有神論（Theismus）は汎神論（Pantheismus）と理神論（Deismus）に対立する概念である。まず、この三つの概念をキリスト教の伝統の中で考えることが重要である。なぜなら、その概念間の相違が明確になるからである。汎神論には創造者と被造的存在者の区別がない。汎神論は神即自然（Deus sive natura）の自然汎神論か、人間性の底に超越して神に出会う神秘主義的な人間汎神論である。理神論は、創造の概念は承認するが、創造者は被造世界に干渉せず、被造世界はその内在的原理によって動き、かつ理解される。カントの立場も理神論的ともいえる。それに対して、有神論は、創造－堕落－救贖の救済史的聖書的アプリオリが根本動因として人間の生の全領域を支配する立場だからである。神は創造と摂理において聖定を実行したもうというのがキリスト教有神論の主張である。カイパーの対立の概念は、心、すなわち、人間の自己意識における対立を重要視する。キリスト者の自己意識の内容は、「罪の意識」、「信仰の確実性」、「聖霊の証言」である。カイパーは非キリスト者の自己意識の内容を、カルヴァンの「神聖感覚」と「宗教の種子」によって説明している。ドーイヴェールトの場合は、キリスト者の自己意識の内容は「創造－堕落－贖い」の聖書的根本動因であり、非キリスト者の自己意識の内容は被造的機能を絶対化する異教的宗教動因であり、歴史的、具体的には、「形相－質料」（ギリシア哲学）、「自然－恩恵」（スコラ哲学）、「自然－自由」（近代人本主義哲学）という異教的根本動因である。対立の原理を明確にしないところでは、容易に自然神学の総合に陥る。自然神学を承認せず、しかも真摯にキリスト教思想と非キリスト教思想の関係を問うのが、カルヴァンとカイパーやドーイヴェールトの一般恩恵論である。

しかし、カントによって提起された学問的思惟、理論的思惟が成立する、アプリオリな普遍妥当的条件を探究する理論的思惟の超越論的批判の仕事は重要である。カイパー主導の下に発行した、学問的営みの基礎に関する「改革主義原理」を扱った命題集がある。その中で、カイパーは、自然科学、精神科学、それらの認識に到達する方法、認識の限界などに関する問題は、一六世紀には、従って、カルヴァンにも知られていなかった問題であると述べている。この問題こそ超越論的思惟批判の問題である。ドーイヴェールトこそこの期待を背負って登場した哲学者である。ドーイヴェールトは、カントが見過ごした理論理性の自律性の公理をも批判的課題とする理論的思惟の超越論的批判の仕事をしたのである。

思惟の態度には二種類ある。一つは前理論的思惟態度［素朴経験］であり、他の一つは理論的思惟態度である。人生観・世界観は前者の立場であり、哲学は後者の立場である。両者は相互に不可還元的で互いに取って代わることはできない。両者はその任務において異なるが重要性に差異はない。両者は思惟の宗教的根本動因における出発点と方向性と態度を共有する。両者は宗教的根元的自我と起源者と被造世界の全体観を共有する。しかし、キリスト教超越論哲学の特別な任務は、理論的思惟態度の超越論的批判の任務である。ドーイヴェールトの超越論的批判の定義は著書によって表現が少しずつ異なるが、通約すれば次のごとくである。「理論的思惟の超越論的批判は、それのみが理論的思惟を可能にする条件、理論的思惟そのものの内在的構造によって要求される普遍妥当的条件についての、いかなる公理をも批判の対象とする、本質的徹底的批判的研究である」。この超越論的批判は、三つの超越論的根本理念（de transcendentale grondidee）と関係する。

第一の超越論的根本理念は「世界の構造性」の理念であり、第二の超越論的根本理念は「宗教的根元的統一、根元的自我」の理念であり、第三の超越論的根本理念は「究極的起源者」の概念である。ドーイヴェールトはこれらの理念を「法理念」（de wetsidee）と呼ぶのである。これらは西洋哲学の形而上学の「世界」「霊魂」「神」の三つの実体に対応している。筆者は、本文においては、アリストテレス、トマス、カントにおける三つの理念について考察した。カントは、これらの三理念を、理論的認識の及ばない認識統制概念、限界概念とし、道徳形而上学の領域の問題とした。ドーイヴェールトが第三の超越論的根本理念を「究極的起源者」（een laatste oorsprong）と呼ぶのは、異教的宗教的アプリオリが「根元的自我」の積極的内容となり、理論的思惟の方向性を規定する場合には、人間の論理的機能、論理的自我、理論理性を絶対化し、理論理性の自律性の公理を承認し、偶像的「起源者」を指し示すからである。理論的思惟は、宗教的アプリオリ、宗教的根本動因が、宗教的根元的統一としての根元的自我［心］に積極的内容を与え、それが宗教的起源者を指し示すという、世界と自我と起源者への集中法則を、本質的構造として持っている。理論的思惟態度はこのような本質的内在的構造を持っている。したがって、理論的思惟は、「創造－堕落－贖い」の聖書的根本動因に規定されるとき、被造世界の構造性［法領域］と自我の宗教的根元的統一［心であって、理性機能ではない］とその真の創造者と三つの方向性へ集中する。ドーイヴェールトはこれを「人間存在の宗教的集中法則」（de *religieuze concentratiewet* der menselijke existentie）と名付けている。これらの超越論的根本理念は、内的に深く連関し合っているので、本質的三一性（een wezenlijke drie-eenheid）を構成し、三つの理念というよりは、「三重の超越論的理論的理念」（een drietal transcendentale ideeën）と呼ばれる。

この三方向への集中的方向性を持つ超越論的根本理念に積極的内容を与えるのが宗教的根本動因である。オランダ語版『法理念の哲学』では宗教的アプリオリと呼ばれている「創造－堕落－贖い」の聖書的根本動因は、人間存在の根元的統一（de worteleenheid）、神の像《かたち》の宿る座としての充全的自我、宗教的中心［心］に、直接、聖霊によって刻まれる御《み》言葉啓示であり、三方向への集中的方向性を持つ三重の超越論的根本理念に積極的内容を与える規定力であり衝動である。これがキリスト者の自己意識の内容であり、意識の根元的統一である心に刻まれた聖書的動因が、理性と意志という心性の能力を規定し、思惟と思想の全体と全生活を規定する。これに対して、非キリスト者の自己意識の内容は、異教的根本動因である。すべての人間は宗教的であり、宗教的中立性は成立しない。なぜそうなのかについては、筆者は人間の宗教性の客観的根拠と主観的根拠、一般恩恵論、神の像論、自然啓示に対する真理阻止的応答などの議論を通して、相当に補強したつもりである。非キリスト者においては、異教的根本動因、異教的宗教的アプリオリが、三重の超越論的根本理念の内容を規定し、そこにおいては、理論理性の自律性は超越論的批判の対象にならない公理のままである。

このように、キリスト教超越論的哲学であれ、内在哲学であれ、すべての哲学的思惟は三重の超越論的根本理念に基づいている。これらの三重の超越論的根本理念は、すべての哲学に与えられた共通基盤としての超越論的所与である。ドーイヴェールトは、この三重の超越論的根本理念を、「人間存在の宗教的集中法則」の理論的表現として「法理念」と名付けていることは前述した通りである。ドーイヴェールトの超越論哲学は「法理念の哲学」(De Wijsbegeerte der Wetsidee) である。この法理念そのものが哲学的思惟の普遍妥当的条件であり、必然的前提である。しかしその内容はこの思惟を支配する宗教的根本動因に依存するのである。

これらの超越論的根本理念に関して三つの超越論的課題が生じる。

第一の超越論的批判の根本問題は「被造世界の構造性」に関するものである。「われわれは、理論的思惟の対立的態度において、素朴経験において与えられているような経験的実在の諸構造から、何を抽象するか、またいかにしてこの抽象は可能なのか」。前理論的思惟態度、素朴経験の思惟態度においては、対立的構造が欠けている。それに対して、理論的思惟は論理的様態と非論理的諸様態との理論的対立構造を特質とする。理論的思惟が経験的地平の総括的構造から引き出すものは時間の間－様態的連関性 (de inter-modale samenhang van de tijd) である。被造世界は様態的多様性を持っている。被造世界の存在形式であるコズミック・タイム (de cosmische tijd) は、総括的時間 (de integrale tijd) としては、間－様態的連続性のなかでは決して理論的思惟の対象になるものではないが、被造世界の諸様態の中に自己を表現している。総括的時間は理論的思惟の特色である対立と区別が接近し得ない究極的な超越論的前提である。第一の超越論的根本理念は、この被造的時間的世界の構造性の理念である。この理念に関係する第一の理論的思惟の超越論的根本問題は、論理的側面と非論理的諸側面の超越論的対象関係（de transcendentale Gegenstand-relatie）の中に分離的－相互並立的に対置された経験的地平の時間的諸様態の、或いは時間秩序の多様性と相互連関性と全体性の理念に関する根本問題である。この超越論的根本理念に関係する第一の根本問題を、別の表現は「そこから、これらの諸側面が理論的態度において抽象されるところの、論理的側面と非論理的側面の間の連関性の連続的紐帯は何であるか、また、いかにして、これら諸側面の間の相互関係が考えられうるか」であったが、その答は、連続的紐帯は総括的時間である。総括的時間は諸様態の中に自己を表現するということの意味は、理論的思惟は被造世界［時間的経験的地平］の様態的諸側面を区別するということである。様態（modaliteit）は総括的時間によって図式化された存在論的範疇であり、時間は実在の経験的地平の中に様態として自己を表現し、経験の時間的地平は様態的諸側面の多様性、様態的連関性、様態的全体性の時間秩序を保証する。ドーイヴェールトの様態は創造に基づく被造世界の存在論的時間秩序である。被造的時間的経験的地平としての実在「世界」の超越論的理念は、世界の構造性であり、その内容は、世界の様態的多様性（verscheidenheid）、連関性（samenhang）、全体性（totaliteit）である。被造世界は聖定的世界秩序による時間的意味統一性の中に保たれている時間的意味多様性と意味連関性である。この様態的諸側面は、創造という神との関係を意味する被造世界の意味側面でもあり、創造の法の法領域でもある。理論的思惟は聖定的世界秩序に服し、この秩序の中において、時間的秩序のそれぞれの様態的側面、意味側面は、それぞれの独自の構造と意味とを保証されている。すなわち、それぞれの様態的側面は、それぞれの法領域の中での領域主権性を保証されている。素朴経験において与えられている総括的構造から理論的思惟が分析的に抽象し、引き出し、区別する対立的構造は、様態的諸側面である。それは次のように区別されている。数、空間、運動、物理・化学、生物・生命、感覚・感性、論理・分析、歴史、言語、社会、経済、美、法律、道徳、信仰の諸側面である。それらは総括的時間の紐帯における統一性の中にある時間の様態的多様性と連関性である。それぞれの様態は、固有の法と固有の様態的核心を持ちながら、総括的時間の統一性において、同時に他の諸様態と予表と遡源という二種の類比《アナロギー》において連関している。ここにカイパーの領域主権論の存在論的展開を見ると同時に、ドーイヴェールト独自の領域普遍性の主張を見る。これは創造に基づく被造世界の多様性、連関性、相互性の存在論であり、近代キリスト教が撤退した創造論と「世界」の回復の哲学である。

第二の超越論的批判の根本問題は、人間存在の根元的統一、宗教的根元、神の像の宿る座としての充全的自我［心］の超越論的根本理念に関する超越論的課題である。理論的思惟は、論理的側面と非論理的諸側面の対象関係（de Gegenstand-relatie）における理論的対立という理論的問題を引き起こす。たとえば、歴史学は、論理的様態側面が歴史的様態側面という非論理的側面について論理的概念を得るところに成立する。このように諸学問・諸科学の理論的思惟は、論理的様態と他の一つの非論理的様態との対象関係における理論的対立（de theoretische antithesis）から間－様態的総合に前進しなければならない。理論的思惟とは論理的様態と他の非論理的諸様態の一つとの間－様態的総合（de inter-modale synthesis）に成立する。カントは理論的認識を感性的様態と論理的様態との間に成立する一種類の間－様態的総合の問題として捉えた。カントは感性的直観と悟性的範疇の理論的対立を論理的機能の絶対化による先天的総合判断において結合し総合した。これは論理的様態という被造的側面の絶対化である。超越論的統覚は現象世界の構成者であり立法者となる。間－様態的総合の出発点は経験的時間地平の被造的一側面の絶対化となっている。総合の出発点が同時に起源者となっている。理論理性の自律性の原理は批判の対象になっていない。ドーイヴェールトの間－様態的総合は論理的様態と非論理的諸様態の間－様態的総合として非論理的側面の数だけ成立するはずである。理論理性が間－様態的総合の出発点であることはできない。一種類の様態側面の絶対化、一種類の間－様態的総合の絶対化は、あらゆるイズムの源泉となる。それでは、理論的総合、間－様態的総合の出発点は何か、これが理論的思惟の第二の超越論的課題である。これもさまざまに定式化されているが、簡略化して言うと、次のようになるかと思う。「経験の論理的側面と非論理的側面の論理的対立を再結合する綜合は可能なのか」、「この理論的総合が出発する出発点（het uitgangspunt）は何か、意識における中心的準拠点（the central reference-point）は何か、意識における中心的関係点（der zentrale Bezugspunkt）は何か」。

　理論的思惟の間－様態的総合の出発点を理論理性に見出すことができるのかできないのか、この問題は、理論理性の自律性、或いは、理論的思惟の自律性の公理自身を超越論的批判のテストにかけることである。理論的思惟の自律性は、理論的思惟の内的構造と本性に基づいているのか、それとも超理論的先入見（een boven-theoretisch voor-oordeel）に基づいているのか、それを明らかにすること自体が、超越論的批判の課題である。理論的思惟は論理的様態と非論理的様態を結合する、間－様態的総合である。われわれは、被造的時間地平の一様態や一様態的総合を絶対化することはできない。理論的対立的思惟関係の一方の側の様態を総合の出発点にすることはできない。真の出発点は、二つの様態の理論的対立を超越していなければならないし、対立する両側面を意識の中心的統一、意識と存在の中心的超－様態的統一へ関係させる関係点でなければならない。われわれの経験的時間的側面の多様性を、われわれの思惟行為の根底にある意識の深い根元的統一（een diepere wortel-eenheid）へ関係させる真の出発点は、理論的対立を底に超越する人間存在の根元的統一（de worteleenheid）、人間存在の宗教的根元（de religieuze wortel）でなければならない。われわれは、被造的実在の連関性を保証するコズミック・タイムとその図式化である時間秩序の中に、したがって時間内の様態間の連関性の中に、様態的側面の多様性を超越する中心点も間－様態的総合としての理論的総合の出発点も見出すことはできない。なぜなら、時間は間様態的（intermodal）ではあるが、超様態的（supramodal）ではないからである。この超越論的批判は理論理性や理論的思惟の自律性と自己充足性の公理を危機に陥らせる。なぜなら、それらの自律性と自己充足性は間－様態的総合の出発点を自らの中に求めることであるからである。この立場は内在的立場（het immanentie-standpunt）、内在主義（het immanentisme）と呼ばれる。カントが理論的認識を感性的様態側面と論理的様態側面の間－様態的総合と捉えたこと、この総合の内在的出発点を超越論的統覚、「われ思う」（Ich denke）に見出し、理論的思惟の批判的自己反省の必要性を示したことは評価できる。しかし、超越論的統覚は悟性［理論理性］たる論理的様態側面の絶対化であり、論理的思惟機能の絶対化（de verabsolutering）である。論理的自我は、時間的経験的地平の様態的連関性の中に縛られた論理的思惟機能であり、間－様態的総合の真の出発点とはなりえない。真の批判的自己反省は、真の自我の根元的統一へ集中していくものでなければならない。われわれは、時間内の様態間の連関性の中に、様態的側面の多様性を超越する中心点も間－様態的総合としての理論的総合の出発点も見出すことはできない。真の出発点は、思惟行為の根底にある意識の根元的統一、人間存在の宗教的根元でなければならない。批判的自己反省の向かう充全的自我は自己意識の宗教的根元としての心である。

第三の超越論的批判の根本問題は、神的起源者の超越論的根本理念に関する超越論的課題である。それは「いかにして、この批判的自己反省、理論的思惟が自我に向かう集中的方向性は可能であるか、その起源（de oorsprong）は何か」である。この批判的自己認識はカントの超越論的統覚によっては成し遂げられなかった。超越論的統覚は論理的機能の絶対化であって理論的認識の起源者でもある。それは人間存在の根元的意識の統一へ向かう方向性に集中していないし理論的思惟を超越していない。非聖書的思惟の特色は、理論的思惟の出発点（アルキメデス点）と起源者（アルケー）に関する超越論的根本理念が一致することである。人間自我の不思議は、自我が創造秩序において組み込まれている三重の基本的関係［世界、自我、神］を離れて、ただそれ自身において（an und für sich）考察される場合には、自我はいかなる内容もない無であるということである。第一の自我と被造世界の経験的地平との関係においては、人間存在の超様態的集中点、宗教的根元的統一、充全的自我、真の自己認識は、時間的地平内の様態的主体機能によっては規定されることはできない。生物的自我、心理的自我、もちろん論理的自我も存在しない。根元的意識統一としての自我は、認識の間－様態的統一ではない。第二の中心的関係は、自我と他者の自我との関係である。「我－汝」の人格間の出会いも、愛の関係も、それが夫婦愛であれ、親子愛であれ、祖国愛であれ、道徳的愛であれ、被造世界の様態的構造と多様性に規定された間様態的関係であり、真の自我認識、真の自己認識に向かう集中的方向性を持ち得ない。いかなる人格間関係も真の創造者と切り離して、ただそれ自身において（an und für sich）考察される場合には、自我はいかなる内容もない無である。他者の自我は、私自身の自我と同じ謎、すなわち、自己自身の空虚に直面させるからである。第三の中心的関係は自我と神との関係である。神は人間をご自身の像《かたち》に創造したもうた。神の像は人間の根元的自我［心］の中にその表現を見出し、この神との関係だけが自我に積極的内容を与えることができる。この関係を離れては自我は空虚であり無である。筆者は、知識と義と聖に関するエフェソ書四章のカルヴァンや注釈者の釈義を通して、神意識と共に心に刻まれた自己意識の内容について、また神から離れた自己意識の空虚について議論を補強したつもりである。

第三の超越論的批判の根本問題は、理論的思惟が、経験的地平［世界］の根元的統一と、人間の時間的存在の宗教的根元的統一である充全的自我へ超越し集中することが、世界と人間の真実の創造者へ集中することにおいてのみ可能となることを示している。われわれが自我を、それ自身において（an und für sich）、すなわち、「それ自身において完結した独立性」（een zichzelve besloten zelfstandigheid）において捉えようとするかぎり、自我は無の中に溶解する。理論的思惟が人間存在の中心へ向かう集－中心的方向性を獲得するのは、この真実の創造者との宗教的関係においてのみである。異教的思惟の場合には様態的論理的自我が誤想的自律的立法者となり起源者となり、批判的自己反省自体が空虚となる。批判的自己反省は被造世界の一様態を絶対化する様態的多様性に向かう分散的方向性においてではなく、真実の創造者に向かう超越的集中的方向性において可能となる。自己認識は神認識に依存しているのである。宗教的中心としての自我は絶対的起源者との宗教的関係性において積極的内容を得るのである。結局、超越論的思惟批判の仕事は、根元的自我に積極的内容を与え、理論的思惟の出発点を規定している宗教的根本動因の影響と支配を明らかにすること、理論的思惟の自律性の誤想的公理を批判することである。

ドーイヴェールトの超越論的思惟批判は、理論的思惟態度そのものの内的性質と構造から、理論的思惟の非－自己充足性（de onzelfgenoegzaamheid）を明らかにし、理論的思惟を規定する宗教的根本動因の超理論的規定力を解明したのである。逆に言うと、超越論的思惟批判は、理論的思惟が三つの超越論的根本理念［法理念」に向かう集中的方向性の法則を内的本質的構造として持っていることを明らかにしたのである。理論的思惟の自我に向かう集中的方向性を可能にするのは、時間的地平の論理的機能たる理論理性ではなく、起源者との関係における宗教的根元的統一である。キリスト教的超越論的批判は、創造・堕落・贖いの聖書的根本動因による、心における真の創造者たる神の言葉の根元的総括的支配によって、人間存在の宗教的中心、根元的統一への視点を獲得し、異教的動因との総合や順応によらない理論的出発点を見出したのである。理論的思惟の超越論的批判は、理論的認識が成立するための普遍妥当的条件の研究である。これはキリスト教哲学の課題である。カントは「私は、直接、対象に関わる認識ではなく、アプリオリに可能であるかぎりでの、認識の仕方に関わるすべての認識を、超越論的（transzendental）と名付ける」と述べた。超越論的理論的思惟批判は、経験（的認識）を超越していながら、反って経験（的認識）を可能にするアプリオリな普遍妥当的条件の研究である。ドーイヴェールトの理論的思惟の普遍妥当的なアプリオリな条件は、超越論的根本理念、法理念の宗教的アプリオリである。理論的思惟の超越論的前提である。世界の構造性と連関性、様態的諸領域の諸法則、根元的自我の統一性と起源者への集中法則は、理論的思惟の従うべき「構造的所与」である。この超越論的批判による理論的思惟の革新が、カイパーやドーイヴェールトの被造世界の諸領域全般にわたる有神論的諸学問［諸科学］の建設の志向を支えたのである。

　アーペルの超越論的言語遂行論（Transzendentale Sprachpragmatik）は、解釈共同体、論議共同体の言語のアプリオリを問題にした。ドーイヴェールトの「心」の充全的自我の発見とそこにある宗教的根本動因、すなわち、宗教的アプリオリの発見は、キリスト教超越論的哲学の最大の貢献である。経験的認識の地平を超越する宗教的アプリオリとそれに内容を与えられた超越論的根本理念のアプリオリ、これらが理論的認識を規定しているというのは、大きな発見である。キリスト教信仰告白共同体は、聖書の宗教的根本動因たる「創造－堕落－贖い」に規定された宗教言語のアプリオリを共有する論議共同体であり、解釈共同体である。ギリシア哲学もスコラ哲学も近代哲学も論議共同体であり、解釈共同体であるとも言えるが、ドーイヴェールトのキリスト教超越論的思惟批判の功績は、それぞれの根底に、異教的宗教的アプリオリを指摘し、それがそれぞれの哲学の世界、自我、起源者の理念にどのような内容を与えたかを指摘したことである。これはキリスト教哲学と非キリスト教哲学の対話のための共通基盤である「構造的所与」(transcendental data)を提供することである。[1]

二〇一八年一一月二三日

春名純人

注

(1) この「序」は、本文執筆後、ドーイヴェールトの超越論哲学の意義を示すために、自由に書いたので、いちいちドーイヴェールトの書物の典拠を示していない。本文には、その都度、引用個所や参照個所を詳細に挙げているので参照していただきたい。以下、主な書物を参考までに挙げておく。

Herman Dooyeweerd, *De Wijsbegeerte der Wetsidee*. 1935-1936.

Herman Dooyeweerd, *A New Critique of Theoretical Thought*. 1953-1958.

Herman Dooyeweerd, *Calvinistische wijsbegeerte*. 1956.

Herman Dooyeweerd, *In the Twilight of Western Thought*. 1960.

Herman Dooyeweerd, *Die Philosophie der Gesetzesidee und ihre Bedeutung für die Rechts- und Sozialphi-*

losophie. 1967.
Herman Dooyeweerd, *A Christian Theory of Social Institutions*. 1986.
Herman Dooyeweerd, The dangers of the intellectual disarmament of Christianity in Science. In *Christian Philosophy and the Meaning of History*. 1996.

目次

装丁　桂川　潤

キリスト教哲学序論——超越論的理性批判

第一部　聖書と哲学

第一章　福音の救済論的意義と文化論的意義
――人間の罪からの救済と世の悲惨からの解放

1　創造と文化命令

§1　聖書の存在論

「神光あれと言たまひければ光ありき」（創世記一・三［文語訳］、"And God said, Let there be light: and there was light"［King James Version］）。創世記の劈頭を飾るこの言葉は聖書思想全体の前提である。神の御意志が被造世界の「あり」を生み出したのであり、すべての「あり」の根底には神のロゴスの合理性が存在する。神の御意志が被造世界の全存在を貫通している。神は最初、被造世界の存在の形式である「時間」を創造し、第一日目、第二日目……と、時間の形式と秩序に世界を創造した。それゆえ、すべての存在は、無秩序な偶然的存在ではなく、神の解釈の貫徹する存在である。被造世界の存在形式である時間の様態は「創造の法」（lex creationis, カルヴァン『キリスト教綱要』）、「法理念」（wetsidee = Gesetzesidee, ヘルマン・ドーイヴェールト『法理念の哲学』）であり、創造の法は多様である。それゆえ、被造世界は多様な法則の貫徹する豊かな多様性に富む美しい世界である。創造の法は自然的領域では自然法則であり、精神的領域では規範《ノルム》である。神学的には、被造世界は、創造者が「神の永遠の力と神性」（ローマ一・二〇）、すなわち、「神のあらゆる良きご性質の全体」（ジョン・マーレー『ローマ書註解』）を啓示している一般啓示、自然啓示の世界である。

「我思う、故に我あり」（cogito, ergo sum）。近代哲学の父デカルトの言葉は対照的である。初めに「思惟するもの」（res cogitans）ありき。人間の知性が明晰・判明に（clara et distincta）思惟するものだけが、「ある」のである。すべての「あり」の根底には人間知性の合理性がある。人間の思惟が明晰・判明に思惟できないもの、合理的に思惟できないもの、こころ、いのちに関わるものは、存在の世界から脱落する。人間知性の思惟による開墾を待つ「存在」は、まだ何の合理的解釈も施されていない未開墾の原野、「純粋偶然性」（pure contingency）、「ただ拡がっているだけのもの」（res extensa）、「裸の事実」（brute facts）の世界である。わたしはこの言葉〈brute facts〉を「未解釈的原事実」と訳している。人間の知性はこの未解釈の原野を「明晰・判明」のコギトの原理に基づいて開墾し、「我」「神」「物体世界」にその存在性を保証する。最も明晰・判明な範疇は「数学的・物理的因果性」であるので、近代哲学はこの一つの「創造の法」によって、多様な法則と規範の世界を、物一元的にいびつに開示し、「自然の数学化」（フッサール）による機械論的自然を呼び出した。近代哲学は、この豊かな創造の法の支配する多様な実在世界を、あたかも数式と物理的法則のみが支配するかのような世界に狭隘化したのである。この機械論的自然観は、いまや、これを呼び出した人間自身に向かって反転し、人間をも機械論的に解釈し、人間の自由を脅かす脅威となっている。

§2　文化命令

創世記を見ると、神は人間を創造の冠として神のかたちに創造した。「神は言われた。我々にかたどり、我々に似せて、人を造ろう。そして海の魚、空の鳥、家畜、地の獣、地を這うものすべてを支配させよう」(創世記一・二六)。この神のかたちに創造された人類に最初に与えられた命令は、「地を従わせよ」ということであった。「生めよ、ふえよ、地に満ちよ、地を従わせよ。また海の魚と、空の鳥と、地に動くすべての生き物を治めよ」(創世記一・二八。"Be fruitful, and replenish the earth, and subdue it: and have dominion over the fish of the sea, and over the fowl of the air, and over every living thing that moveth upon the earth" [KJV])。アブラハム・カイパーはこれを「文化命令」(the cultural mandate) と呼び、彼の弟子たちは「創造命令」と呼んだのである。「地を従わせる」とは「海」と「空」と「地」、すなわち、全被造世界の統治と管理の命令である。同時にここには「神の国の建設」という世界創造の目的が示されている。神は御自身のかたちに創造した人間に、創造目的実現のために、被造世界の統治と管理を委託したのである。

今日、「地を従わせよ」という聖書の命令に、人間中心の暴力的自然支配の形姿を看取し、自然破壊や環境問題の淵源を聖書の「文化命令」に見る考えがある。これは主として「一切衆生悉有仏性」の東洋的汎神論的思想からの批判であり、人間知性の思惟をあらゆる実在の根拠と見る西洋近代哲学の人間中心主義とキリスト教思想を同一視する誤った考え方である。創世記三章までは、罪の状態以前の創造における人間に与えられた命令である。近代科学の揺籃期におけるプロテスタンティズムと近代科学の関係には、自然に対する科学の暴力的支配という思想は無縁である。神の掟を無視し、人間知性を立法者とするならば、「地を従わせる」ことは、暴力的支配となるのは当然である。文化命令はこの創造の秩序、創造の法の開示の命令であって暴力的支配の命令ではない。創造の目的は神の国の建設である。

創造における人間に与えられた次なる命令は道徳命令である。「主なる神は人を連れて来て、エデンの園に住まわせ、そこを耕し、守るようにされた。主なる神は人に命じて言われた。『園のすべての木から取って食べなさい。ただし、善悪の知識の木からは、決して食べてはならない。食べると必ず死んでしまう』」（創世記二・一五―一七）。人間が神のかたちに創造され、神のかたちの保持者であるということは、人間には神のかたち（imago Dei）の宿る中心的座（sedes）としての心（cor）があること、心性の諸機能（facultates mentis）、すなわち、知性（intellectus）、理性（ratio）、意志（voluntas）は、この心に根（radix）を持っているということである。知性は真偽を判断する能力であり、理性は善悪を識別する能力であり、意志は善悪を選択する能力である。[1] 人間がその心に神のかたちを刻まれた存在であるということは、認識と倫理において、神の意志と命令に応答する人格的応答的存在者であるということである。上の聖句は、神と人間の関係は、神の意志への服従がいのちであり、不服従が死であるような根元的契約的関係であることを示唆している。イエス・キリストは最も重要な律法として「神への愛と隣人への愛」を示し給うた。「『心を尽くし、精神を尽くし、思いを尽くして、あなたの神である主を愛しなさい』。これが最も重要な第一の掟である。第二も、これと同じように重要である。『隣人を自分のように愛しなさい』。律法全体と預言者は、この二つの掟に基づいている」（マタイ二二・三七―四〇）。神のかたちの保持者としての人間は、創造において、その心に、この最も重要な律法を刻みつけられた存在者である。神の似姿に創造された人間は、その心に律法が刻みつけられている存在である。「たとえ律法を持たない異邦人も、律法の命じるところを自然に行えば、律法を持たなくとも、自分自身が律法なのです。こういう人々は、律法の要求する事柄がその心に記されていることを示しています。彼らの良心もこれを証ししており、また心の思いも、互いに責めたり弁明し合って、同じことを示しています」（ローマ二・一四、一五)。『ウェストミンスター信仰告白』第四章第二項には、創造における人間の状態を良く記述している。「神はすべての他の被造物を造り給うた後に、人間を創造し給うた。神は、人間を、男と女に、創造し給うた。神は彼らを、神御自身のかたちにしたがって、知識と義と真の聖を備えた、不滅の理性的霊魂を持ち、その心の中に記された神の律法とそれを成就する力を持つ者として創造し給うた。しかし、彼らは、彼ら自身の変化し得る意志の自由に委ねられていたので、違反する可能性もあった。この心に記された律法の他に、彼らは、善悪の知識の木からは決して取って食べてはならないとの命令を受けていた。彼らは、これを守っている間は、神との交わりにおいて幸福であり、全被造物を支配することができた[2]」。

道徳命令の遵守は、文化命令の正しい遂行の条件である。人間の知性が神の御意志を正しく認識し、理性が神の律法に基づいて義しく善悪を識別し、意志が神の御意志を上位の格律として選択するかぎり、人間は神を敬い、隣人を愛し、人間は命の道を歩むことができる。また人間による地の支配は、暴力的支配とはならず、神の多様な創造の法をそれぞれの領域の固有の秩序に従って正しく開示し、神の国の建設に向かう、地の支配と管理になった筈である。

2　福音の救済論的意義と文化論的意義

§1　罪と堕落

罪の本質は、人間が自分の理性の律法を、神の律法の上に、上位の律法として定立することである。理性的存在者としての人間は、行為を前にして善悪の判断を行うとき、自分を行為へと促す意志規定の根拠として主観的動機を選択する。この主観的動機を倫理学は「格律」(die Maxime) と呼ぶ。善悪の判断は、格律選択の問題である。神の啓示的意志としての神の律法と、人間の意志が定立する善命題の相克の中で、人間の実践理性が定立する命題を意志規定の根拠、格律として採用するとき、それは人間の神に対する「自立性」(die Selbständigkeit) の要求となり、その自己立法性が自律であり、この「自律性」(die Autonomie) が、神の律法に対する違反として「罪」と呼ばれるのである。真理とは、いま理論的判断の対象となる「特殊」を、神の「普遍」の下に包摂すること (subsmieren) であり、下属すること (under-stand) である。善とは、いま実践的判断の対象となる「特殊」を、神の「普遍」の下に包摂することであり、下属せしめることである。人間の罪は、人間の理性を普遍定立者とする傲慢である。アダムは神の「禁止」の上位に、自分の「要求」を置いたのである。人間の理性の判断を意志の上位の規定根拠とし、神の御意志を下位に置く、この意志規定の「顚倒」(die Verkehrtheit) が「罪」である。『ハイデルベルク信仰問答』の第六問、第七問は、この「顚倒性」が神の創造に由来するものでなく、父祖の不従順による本性の腐敗に由来するものとしている。第八問は、この本性の腐敗は、善に対する全的無能力、悪に対する「傾向性」(die Neigung) となることを示唆している。(3)「このようなわけで、ひとりの人によって、罪がこの世に入り、また罪によって死が入って来たように、こうして、すべての人が罪を犯したので、死が全人類に入り込んだ」(ローマ五・一二) のである。全人類は、「普遍定立者」を僭称し、道徳命令に従って神を敬う「宗教」と人を愛する「倫理」において顚倒者、倒錯者となったのみならず、文化命令に従って地を慈しむ「文化」においても、自ら自律性を僭称する者となったのである。アダムの宗教はカインの倫理と「茨と薊」の文化を生み出したのである。人間は「文化命令」に従って「神の国」を建設する「創造目的」に従事する高貴な位置から、額に汗する苦労に従事する位置に堕落し、「地」は荒廃する荒野となったのである。

§2　福音の文化論的意義

キリストの十字架と復活による救贖を人間の救いに限定し、キリストの事業を「救拯論」（Soteriology）にのみ限定する敬虔主義、主観主義からは、聖書の福音の文化論的含蓄を味わうことは困難である。聖書の福音は、単に人間の魂の贖いに留まらず、被造世界の贖いに及ぶ壮大なスケールの「良きおとずれ」である。罪を犯したのは人間であるが、その罪の結果である悲惨は被造世界の全面に及んでいる。キリストは「全世界に出て行って、すべての造られたものに福音を宣べ伝えよ」（マルコ一六・一五）と命じたのである。

キリストの福音の救拯論的意義は、まず罪と滅びの道を歩む罪人を、十字架による罪の赦しと復活による新しい命に生きる神の子、神の民として、命の道に呼び返すことである。福音の救拯論的意義は、始源論的枠組の回復、創造目的の文脈の回復でもある。救済目的は創造目的と連動する。被造世界全体は虚無に服し、呻きながら神の子たちの出現を切なる思いで待望している。神の子は、この被造世界に創造目的の実現のために派遣されていく神の国の労働者である。「主のわざに励む労苦は無駄になることはない」。神は、神の民をこの世のあらゆる領域にその賜物に応じて派遣し、罪の悲惨を軽減し、創造の回復と、信仰による知識と義に基づいて「地を従わせる」文化命令に従って、神の国の建設に奉仕する召命を与えている。これが福音の文化論的意義である。

尊い十字架の血によって打ち立てられた平和は、神と人間との和解に止まらず、神と万物との和解にまで至るのである。「神は、御心のままに、満ちあふれるものを余すところなく御子の内に宿らせ、その十字架の血によって平和を打ち立て、地にあるものであれ、天にあるものであれ、万物をただ御子によって、御自分と和解させられました」（コロサイ一・一九―二〇）。

また次のようにも書かれている。「神はこの恵みをわたしたちの上にあふれさせ、すべての知恵と理解とを与えて、秘められた計画をわたしたちに知らせてくださいました。これは、前もってキリストにおいてお決めになった神の御心によるものです。こうして、時が満ちるに及んで、救いの業が完成され、あらゆるものが、頭であるキリストのもとに一つにまとめられます。天にあるものも地にあるものもキリストのもとに一つにまとめられるのです。キリストにおいてわたしたちは、御心のままにすべてのことを行われる方の御計画によって前もって定められ、約束されたものの相続者とされました」（エフェソ一・八―一一）。

キリストの十字架による和解の福音は、神と人間との和解に止まらず、神と万物との和解に及び、人間の罪によって被造世界全体が呻吟している悲惨の解決の希望、創造目的の完成と神の国の到来の希望を含むのである。アブラハム・カイパーは、これを「キリストの宇宙論的意義」（zijn kosmologische beteekenis = His cosmological significance）、「福音の宇宙論的意義」（die kosmologische beteekenis van het Evangelie = the cosmical meaning of the Gospel）と呼ぶ[4]。この場合の「宇宙論的」という言葉は、被造世界全体（コスモス）の贖いと回復を意味するが、現代科学でコズモロジーは別の意味を含意するので、筆者は「被造世界の回復」即「創造目的に関わる文化命令の成就」という意味で、「福音の文化論的意義」との呼称を用いている。

カイパーは、キリストを単に人間の救い主としてのみ考え、キリストの宇宙論的意義を無視し、贖いの被造世界全体に及ぼす意義を視野の外に置くような二元論は、決して聖書が支持するものではないと言い、「福音の広汎、且つ、全包括的、宇宙論的意義」（die breede, alomvattende, kosmologische beteekenis van het Evangelie = the wide, comprehensible, cosmical meaning of the gospel）を強調して、次のように述べている。

「パウロは、『すべてのものがキリストによって造られ、キリストによって成り立っている』と証言している。さらに贖いの御業の目的は、単に個々の罪人を救うことではなく、世界（*de wereld*）を救うことであり、天にあるもの、地にあるもの、すべてのものを、唯一の頭の下に、再び有機的結合に回復することである（weder onder één hoofd te herstellen in hun organischen samenhang）と証言している。キリストご自身も、単に、こころの再生（de wedergeboorte van het hart）のみならず、全被造物の再生（de wedergeboorte van heel de Schepping）についても語っておられるいる（ἀνακεφαλαίωσις）[5]。全被造物は、神の子たちの栄光の出現を待望しつつ、呻いている。パトモス島のヨハネが、ケルビムと贖われた者たちの讃美の歌を聞いた時、すべてのものは、栄誉と讃美と感謝を、天と地（*en de aarde*）を創造し給うた神に捧げていた。黙示録は創世記一章一節の出発点、『初めに、神は天と地（*én de aarde*）を創造された』に帰っている。これ［出発点］に呼応して（dienovereenkomstig）、聖書の［救いの］計画も、贖われた魂の単なる霊的存在だけの終幕を目指すのではなくて、そのとき［終わりの日］、一新された新天新地において神がすべてにおいてすべてとなられる全宇宙の回復（een herstel van den ganschen kosmos）を目指しているのである[6]」。

キリストの贖いが被造世界全体の回復に至る福音のコズモロジカルな意義の主張は、ヘルマン・バーフィンクの主張でもあった。アルバート・ヴォルタースは次のように述べている。「私は改革主義的キリスト教世界観と非改革主義的キリスト教世界観の根本的な区別を簡単に説明したい。ひとは、かつてヘルマン・バーフィンクによって与えられたキリスト教信仰の定義を使用するとき、この区別を明確に知ることができる。すなわち、『父なる神は、創造し給うたが、堕落してしまった彼の世界を、彼の御子の死によって和解させ給うた。彼の御霊によってそれを神の国へと回復・一新する（vernieuwen）』（Bavinck, H., *Het wezen des Christentums*, opnieuw uitgegeven in zijn '*Verzamelde Opstellen*,' Kok, Kampen, 1921, blz.34. バーフィンクの書名と発行所、頁などの詳細は、ヴォルタース著のオランダ語訳者、レムケス・コーイストラによる。有用な訳注も多く付せられているので、邦訳文はこのオランダ語訳による）。この改革主義的世界観（de reformatorische wereldbeschouwing）は、この公同的三位一体論的信仰告白のすべての核心的重要概念を宇宙論的・全包括的意味（een universale, alomvattende zin）において理解する。和解、創造、堕落、世界、回復・一新、神の国などの言葉は、宇宙論的（kosmisch）に理解されなければならない[7]」。

コーイストラは、註釈（noot 4, blz. 21）において、ヴォルタースが上記で引用している以外にも、バーフィンクはこの思想を何度も表明していると言い、「バーフィンクは、再三再四、『キリストの贖いの御業と恩恵の契約の宇宙論的、全世界包括的性格』（het kosmische, heel de wereld omvattende karakter van Christus' verlossingswerk en van het verbond der genade）を強調している」と述べている。そして、バーフィンクの言葉を引用する。『キリストの贖いは、［単に魂だけのではなく］まるごとの人間の完全な贖い、有機的統一体としての全人の贖い、全世界の完全な贖いである。そして、キリストは、この充全的な意味において世界を救うためにこの地上に来られたのである』（Bavinck, *Handleiding bij het Onderwijs in den Christelijken Godsdienst*, Kok, Kampen, 1932, blz. 147）。『恩恵の契約は、創造の秩序に立ち帰り、創造の秩序と結び付き、創造の全体を質的に集約的に自らの中に取り入れる、頭なるキリストの下にある新しき人類の有機的構造である』（*Gereformeerde Dogmatiek*, 4de druk, Kok, Kampen, III, blz. 213）。続けてコーイストラは言う。「改革主義的世界観が最初フォレンホーフェンやドーイヴェールトによって、後にヴォルタースのような人々によって、練り上げられ、より鮮明に表現されるようになったのは、このバーフィンクの足跡に従ってのことである」[8]。

このように、カイパーやバフィンクは、福音のソテリオロジカルな意義と共にコズモロジカルな意義を、福音の持つ両面として、一元的に捉えたのである。すなわち、福音の立場から文化をどう見るかではなく、文化の問題を、福音の本質的要素として把握したのである。キリスト教が贖罪宗教であることは当然であるが、それを誤解して、キリスト教を人間の救いの問題に限定し、その豊かな意味を狭隘化してはならない。キリストの贖罪は、キリスト者を創造命令の脈絡に回復したのでる。和解は神と人間の和解であり、同時に神と被造世界の和解である。「神は、キリストを通してわたしたちを御自分と和解させ、また、和解のために奉仕する任務をわたしたちにお授けになりました。つまり、神はキリストによって世［コスモス］を御自分と和解させ、人々の罪の責任を問うことなく、和解の言葉をわたしたちにゆだねられたのです」（Ⅱコリント五・一八―一九）。

カント以後の近代哲学は「認識の基礎付け」という認識論的課題に自己限定して、「存在論」「形而上学」を視野の外に追いやった。その影響を受けた近代神学も、「地」と「世」（コスモス、κόσμος）に対する関心を専ら近代科学に背負わせて、自らを救済論的性格に限定したのである。上記の福音の文化論的意義は、「被造世界」への関心の回復であり、福音を創造目的と文化命令の脈絡において把握することである。ヘルマン・バーフィンクの言葉が示すように、「恩恵は自然を回復する」（gratia restituit naturam）という命題が、これから考察するキリスト教哲学の前提である。これは「恩恵は自然を廃棄せず、完成する」（gratia non tollit naturam, sed perficit）という「恩恵と自然の二元論」、「神学と哲学の二元論」の命題、また「恩恵は自然を廃棄する」（gratia tollit naturam）という自然への関心を喪失した、アコスミックな敬虔主義的「信仰一元論」と対立する命題である。

キリスト者は、被造世界の回復に関わる「文化命令」への召命を受けている。キリスト者は様々な領域へ派遣される文化的使命や社会的責任を負うている。次節において「福音の文化論的意義」と深く関係する「キリスト者の召命」について考察する。

3　召命の二つの概念

§1　第一の召命と第二の召命

マックス・ヴェーバーの『プロテスタンティズムの倫理と資本主義の精神』の「ルターの職業観念――研究課題」(Luthers Berufskonzeption. Aufgabe der Untersuchung) の本文及び詳細な註には、「召命」(Beruf) という言葉についての興味深い分析がある。(9)

ルターは、「経外典」の翻訳において、いわゆる「世俗の」職業を表現するために、「召命」(Beruf) という訳語を初めて用いた。ルターが「世俗の」職業に、〈Beruf〉という訳語を用いたのは、それが神から与えられた「召し」であり、「召命」であるという確信に基づいており、それがプロテスタンティズムの倫理であるからである。ルターは、聖俗二元論と功績思想を打破し、救いの恩恵性を主張し、キリスト者の行為は救いのための善行ではなく、無償の恩恵によって救われた者の感謝の応答であると考えたのである。

ルターは、旧約外典のシラ書［集会の書］一一章二〇、二一節の訳語として〈Beruf〉という訳語を案出した。ルターが「世俗の」職業に、「召命」〈Beruf〉という積極的な意味を与えたことは画期的な出来事であった。「その後まもなくこの語は、あらゆるプロテスタント民族の世俗の用語において現在の意味をもつようになったが、それ以前はこれら諸民族の非宗教的文献のいずれにもこうした語義の萌芽をまったく認めることができず、宗教的文献においても、われわれの知りうるかぎり、ドイツ神秘家のうちの一人のほかはこれを認めえないのである」[10]。

シラ書の邦訳はこうである。「契約［七十人訳、διαθήκη、ディアテーケー］をしっかり守り、それに心を向け、自分の務め［七十人訳、ἔργον、エルゴン］を果たしながら年老いていけ。罪人が仕事に成功するのを見て、驚きねたむな。主を信じて、お前の労働［七十人訳、πόνος、ポノス］を続けよ。貧しい人を、たちどころに金持ちにすることは、主にとって、いともたやすいことなのだ」（新共同訳）。"Be stedfast in thy covenant, and be conversant therein, and wax old in thy work. Marvel not at the works of sinners; but trust the Lord, and abide in thy labour: for it is an easy thing in the sight of the Lord on the sudden to make a poor man rich."[11] この英訳には、エルゴンには〈work〉が、ポノスには〈labour〉が当て嵌められていて、特に召命〈calling, profession〉の意味はない。ルターの貢献は、この世の仕事を表す「エルゴン」（ἔργον）にも「ポノス」（πόνος）にも〈Beruf〉なる訳語を当て嵌めた点であり、そこに宗教改革思想の本質に関わる思想性を見る[12]。

ヴェーバーは、ルターの「召命」には、二種類の概念があると述べている[13]。

第一の召命概念は、「クレーシス」（κλῆσις）という言葉で、動詞「カレオー」（καλέω）、呼び出す、招く、召す」に由来する。これは「神によって永遠の救いに召し出される」、すなわち、「救いに与る」という意味である。「兄弟たち、あなたがたが召されたときのこと［クレーシス、Berufung］を、思い起こしてみなさい」（I

コリント一・二六)。その他、エフェソ書一章一八節、四章一、四節、第二テサロニケ書一章一一節、ヘブライ書三章一節、第二ペトロ書一章一〇節など参照。教義学的には、「有効召命」(effectual calling)のことである。有効召命とは、聖霊が、人間に、自分の罪を自覚させ、キリストの贖罪のみわざを認識させ、信仰と悔い改めを与え、救いに召し出す「召命」のことである。真実のキリスト者はすべて、この第一の召命に与っている。

第二の召命概念は、上に述べた、「エルゴン」や「ポノス」という、「この世の仕事」に、神から召し出されているという意味での「召命」(Beruf)である。第二の召命は、救いの「召し」と「招き」に与った者が、或る職業や労働に召されて世に派遣され、「神への愛」と「隣人への愛」の実践を行う「召命」のことである。第二の召命は「派遣への召し」である。「契約をしっかり守り、それに心を向け、自分の務め[七十人訳、エルゴン]を果たしながら年老いていけ(*beharre in deinem Beruf*)。罪人が仕事に成功するのを見て、驚きねたむな。主を信じて、お前の労働[七十人訳、ポノス]を続けよ(*bleibe in deinem Beruf*)。貧しい人を、たちどころに金持ちにすることは、主にとって、いともたやすいことなのだ」(新共同訳)。括弧内のイタリックの個所のルター訳を訳すと、前者は「汝の召命(エルゴン)を堅く持ち続けよ」という意味であり、後者は「汝の召命(ポノス)に留まり続けよ」という意味である。ヴェーバーによれば、この箇所の翻訳が「ドイツ語の Beruf が今日の純粋に世俗的な意味そのままに用いられた最初の場合」であり、この意味での Beruf は「それ以前のドイツ語には存在しなかった」のである[14]。カルヴァン派は、「シラ書」が経外典であるので、この翻訳は関係のないことであったが、Beruf としての職業観念はこれを受け入れた。その理由は、ヴェーバーは、カルヴァン派の中に、救いの確証の問題として、労働を重要視する思想が発展したことと関連があると言うが[15]、そうではなくて、むしろカルヴィニズムの展開が、救われた者の感謝の応答として労働を見るルターの思想を、更に徹底させ、労働を救いの感謝の応答の意味と共に、それを超えて「創造目的」に仕える「神の栄光のための聖なる召し」と考えたからに他ならない。

しかし、いずれにせよ、この〈Beruf〉なる訳語には、ルターの神学が反映されている。正に恩恵による救いに与り、第一の召命（クレーシス）に召された者、律法の縄目から解放された自由な「主人」である者は、第二の召命として神によってこの世の職業に召し出され、神の御意志に服従して、神と隣人のために奉仕する「しもべ」としての高度な自由に生きる。ルターの無償の救いに対する感謝の応答としての神への愛が、隣人愛として還流する思想は、『キリスト者の自由』の結語の言葉に美しく響き渡るのである。

「キリスト者は自分自身において生きるのでなく、キリストと隣人において生きる。キリストにおいては信仰によって、隣人においては愛によって生きる。キリスト者は信仰によって自らを超えて神に昇り、神から愛によって再び自らの下に降り、神と神の愛の中に常に留まる。キリストがヨハネ福音書一章五一節で言われている通りである。〈天が開け、神の天使たちが人の子の上に昇り降りするのを、あなたがたは見ることになる〉。見よ、これが真の、霊的な、キリスト教的自由である。これは心をすべての罪と律法と誡めから自由にする。天が地を凌ぐように他のすべての自由を凌ぐ[16]」。

真の自由なる君主（主人）は、奴隷（しもべ）として生きる。自由な愛に基づいて、報酬を求めず無償で、神を喜ばせるために生きる。この生きる道が、召命としての職業である。修道院や聖職者と言われる職業が聖なるものであり、民衆の職業は俗なるものであり、教会への善行によってのみ正当化されるというのではない。それ自身が召命であり、この世こそが神と隣人に奉仕する聖なる場所である。ルターは聖俗二元論を原理的に打破した人である。しかし、ルターの職業召命論には、第一の召命（クレーシス）に与った時に人が就いていた職業（エルゴン、ポノス）を第二の召命として受け取り、召された時の身分に留まり続けるようにとのスコラ的要請の残滓があるのではないかと思う。これがルターの職業召命論の積極的展開を妨げている。ルターの本領は、何と言っても、信仰義認論にある。その神学の根本動因は「罪と恩恵」の対立であり、その根本的性格は救拯論的であり、その標識は「信仰のみ」（sola fide）である。しかし、『キリスト者の自由』の第二部の「奉仕するしもべ」の自由の主張において、積極的な隣人愛の豊かな展開の契機の存在を見ることができる。わたしたちはこの契機を、福音のコズモロジカルな意味と結合し、第二の召命を創造目的と連動させ、さらに積極的に展開し、キリスト者の文化的使命と社会的責任の問題というキリスト者の現代的使命に応えなければならない。

第一の召命に与った者は第二の召命に派遣される。第一の召命は救済目的の実現であり、第二の召命は、「隣人愛」の道徳命令と創造目的の文化命令の実現のための派遣である。第二の召命は、神が「神の国の建設」という創造の目的の実現のために、御自分の民を世（コスモス）に派遣することである。福音は、創造世界の回復というコズモロジカルな「良きおとずれ」への「召し」（ベルーフ）をも包含するものである。「神への愛」は〈宗教〉であり、「隣人愛」は〈倫理〉である。福音は、神の民を「神への愛」と「隣人愛」の回復の使命へ召し出すことに留まらず、被造世界の回復の使命へ召し出すのである。世界と自然への愛と慈しみは〈文化〉である。今日、ルターの言う「しもべ」としての自由は、隣人のためのみならず、世界と自然の回復に奉仕するためにも使用されるのでなければならない。キリスト者は、すべてのものに奉仕するしもべなのである。わたしたちは、「神を敬い」、「隣人を愛し」、「世界を慈しむ」ために奉仕するしもべである。わたしたちは、そのために、世に派遣されているのである。

福音宣教と文化的使命・社会的責任の遂行は、キリスト者の分離することの出来ない一つのベルーフである。信仰告白共同体としての教会とその成員は、福音によって再度、地を正しく治め、神の国建設という創造目的の脈絡に回復された者、文化命令の遂行者である。キリスト者にとって文化とはそのような性格のものである。キリスト者の文化的使命は、自然啓示の解釈的事業を通して、或いは、創造の法の開示作業を通して文化命令を遂行し、創造の目的に仕えることである。福音の救いの力は、神の民を興し、興された神の民を世に派遣する。恩恵の勝利の力は、罪の破壊の力に対立する。キリスト者の社会的責任は、この恩恵の勝利の力が、社会の公正と正義を回復し発展させるところに成り立つ責任である。

それにしても上記のシラ書の言葉は素晴らしい。これこそ誠にキリスト者の人生観である。言い換えると、「恩恵の契約をしっかりと心に留め、あなたの召命を堅持しながら、齢を重ねていきなさい。仕事のもたらすどのような成果にも一喜一憂することなく、ただ主を信じて、あなたの召命に留まり続けなさい」。

§2　派遣（Mission）としての第二の召命

前節で、マックス・ヴェーバーの第一の召命と第二の召命の概念を取り上げた。山中良知の『聖書における労働の意義』における第一の召命と第二の召命の議論には、ウェーバーのこの区別が根底にあったのではないかと推察する。山中良知はこの概念にカイパーやスキルダーのカルヴィニズムの脈絡の中で見事に新しい生命を吹き込むことに成功したのである。また山中は、贖い主キリストを、創造目的の再興者と考えている。

「『生めよ、ふえよ、地に満ちよ、地を従わせよ』という［文化命令が］業の契約からモーセの十戒に仲介されて、新約の時に到った時に、神の宇宙経綸の再興の目的を度外視したキリストの救いの意義は考えられない。

キリストは創造の目的の再興者であるという始源論的命令の脈絡の中にこの世に来られて、御業をなされた。父なる神の御旨を遂行すること以外に他の目的を考えることはできない。……このキリストの御業による功績にあずかる者は、エデン的道徳命令からの解放と『生めよ、ふえよ、地を従わせよ』『園を耕せ』という命令の続行の条件を与えられた。つまり、罪の審判から解放され、試みの不安から自由となり、聖なる神のよろこびに入る労働をする自由と責任のもとにおかれた。それ故、キリストの御業の積極的目的は、キリストを信仰する者たちによって再び創造の目的の遂行を続行せしめることにあった。この世界が創造された目的のために、第一のアダムは召命されたが、第二のアダムも同じ課題のために召命された。ここで聖書全体に一貫した神の御意志が明確になり、その御意志の焦点にわれわれの労働の意義がかかっている。キリストの到来とその任務の遂行を通して、われわれの労働の意義がどれ程重要なものか、ここに労働の有神論的意義がみられるのである」[17]。

山中良知は、次のように、述べている。「キリストの救いを受けた人々をキリストが召命されて、先ず、新生の存在とならしめられた。これを第一の召命と呼べば、その召命を受けた者が、労働の新しい条件のもとにそれぞれの職業に召命された場合、これを第二の召命と呼ぶことができる。第一の召命なくして、第二の召命はない。その点、第一の召命はキリストにつけるすべての人が、共通した内容の召命を受けるが、第二の召命はそれぞれの人に異った賜物が与えられている点、共通性がない。第一の召命の主は御霊であり、イエス・キリストである点、一つの共通の根拠に立ち、その召命の主から受ける職は、人によって異なる」[18]。

第一の召命とは、救いに与る召し、クレーシスである。「主に愛されている兄弟たちよ。わたしたちはいつもあなたがたのことを、神に感謝せずにはおられない。それは、神があなたがたを初めから選んで、御霊によるきよめと、真理に対する信仰とによって、救を得させようとし、そのために、わたしたちの福音によりあなたがたを召して、わたしたちの主イエス・キリストの栄光にあずからせて下さるからである」（Ⅱテサロニケ二・一三、一四［口語訳］）。「わたしたちの福音によりあなたがたを召した」と言われている場合の、「召す」は、カレオー（καλέω）であり、その名詞形は、クレーシスである。ここでは、選びと有効召命とキリストの栄光にあずかる救いの完成の希望が語られている。第一の召命に与った者は「キリストの栄光にあずかる」希望を持ってキリストと共同の相続人として、この世に派遣されて生きている。

この召命に与ったものを、神がそれぞれの賜物に応じてこの世に派遣してくださる召命を山中良知は、第二の召命と呼んでいる。「第一の召命は御言葉の宣教という外的召命を通してよびかけられるが、そこでは神の直接支配がみられる。他方、第二の召命には、当人の賜物、隣人のすすめ、両親の忠告などの、言わば第二原因が媒介される。……第一の召命は、当人の能力、意図に関係なく、恩寵の独占活動であるのに対して、第二の召命は、社会的、個人的な脈絡を通して、召命される。しかし、自己の職業を召命として信仰をもって選び、受けとってゆかねばならない。profession という専門職業の言葉の中にも、professという『告白する』ことが含まれている。職業とは自分の『信仰告白』でなければならない。それ故、教会における信仰の告白と世俗の職業における告白とが二元化されないように、それが一つ神への告白とならねばならない。……日本百年の宣教の欠陥は、自己の職業を召命として受けとるように教えず、ただ教職のみに召命観の重要性をといたことで、二元論や、聖一元論の方向を強調した点にある。この世に対して戦ってゆくことを教えたが、この世の中で新しい原理に立つ文化の労働に召命される重要性を教えなかった[19]」。

救いの恵みは、滅びる筈の者が、キリストの救いに与って、もう一度、本来の創造の目的、創造命令、文化命令の遂行者として、神の国の建設の尊い労働者となり、神の栄光を顕わす目的に生きることを可能にする恵みなのである。キリスト者は、尊いキリストの救いに与って、もう一度、地を従わせ、開発し、管理し、治め、神の国建設のための進展に奉仕する創造の目的の脈絡に回復された者である。筆者は、定職という観念さえ崩壊していく現代の混乱した職業観の中では、第二の召命は、ヴェーバーや山中良知のように、必ずしも、職業として捉える必要はないのではないかと考える。シラ書の文章を想起する。「契約をしっかり守り、それに心を向け、自分の務め（エルゴン）を果たしながら年老いていけ。罪人が仕事に成功するのを見て、驚きねたむな。主を信じて、お前の労働（ポノス）を続けよ」。わたしたちのエルゴンやポノスは、わたしたちの主の御前に果たす働きであり、労働である。今日のように、職種が固定化せず、流動化している時代においては、エルゴンやポノスとは、自分の賜物を生かした特技、賜物を生かした非営利的ボランティア活動、家庭の労働も含むものである。主の民が、自分の賜物を生かした活動を、召命（ベルーフ）として受け取り、主の民として、この分野に派遣されているという意識を持つことが重要である。「主の契約をしっかり守り、それに心を向け、自分の派遣された部門での務め、自分の召命を果たしながら年老いていく、生涯を生きる」ということである。

キリスト者に与えられた第二の召命は、派遣のための「召し」である。自分が、どの分野に派遣されているかを考えることが重要である。或る人は、学問の賜物（カリスマ）を与えられている。或る人は文学の賜物（カリスマ）を与えられている。或る人は、芸術の賜物（カリスマ）に恵まれている。他の人は弁舌の賜物に恵まれている。しかし、一タラントンも与えられていない人は存在しない。もしそのように思う人があるならば、地中に賜物を隠している人である。逆に生来の賜物が、キリストの贖いと無関係に、神の国の建設に有用であると考える人が存在するならば、それは傲慢な思想であり、律法主義の思想である。

パウロは、キリストに出会うまでは、「肉の頼み」に生きている誇り高い人であった。「律法に関してはファリサイ派の一員」、「熱心さの点では教会の迫害者」、「律法の義については非のうちどころのない者」（フィリピ三章）、……、彼には出自、学問〔ガマリエル門下で厳しい教育を受けた者、使徒二二・三〕、弁舌・弁証の才〔使徒二二章、特に二六章のアグリッパ王の面前での弁証〕、律法の遵守者、宗教的義人という「肉の頼み」があった。これらの「肉の頼み」は、彼が幼時から「獲得する」（ケルダイノー、κερδαίνω, gewinnen, F. Rienecker, *Sprachlicher Schlüssel zum Griechischen Neuen Testament*）ことに努めて来たもの、すなわち、「有利なこと」・「益」（ケルドス、κέρδος, Gewinn）であった。彼は、キリスト教徒迫害のダマスコ途上で復活の主に出会った。その時、彼は「獲得・益」であった一切のものを、キリスト・イエスを知る絶大な価値のゆえに、「喪失・損失・損」（ゼーミア、ζημία, Schaden, Verlust）と思うようになったのである。価値の転換が起こったのである。彼はすべてを「失う」（ゼーミオオー、ζημιόω, Schaden haben od. erleiden）ことになったが、キリストを「得る」（ケルダイノー）ことになり、またキリストの中に新しい自分を見出したのである。ここには「獲得－喪失－獲得」の弁証法がある。彼の証言はこうである。「わたしにとって益であったこれらのものを、キリストのゆえに損と思うようになった。わたしは、更に進んで、わたしの主キリスト・イエスを知る知識の絶大な価値のゆえに、いっさいのものを損と思っている。キリストのゆえに、わたしはすべてを失ったが、それらのものを、ふん土のように思っている。それは、わたしがキリストを得るためであり、律法による自分の義ではなく、キリストを信じる信仰による義、すなわち、信仰に基く神からの義を受けて、キリストのうちに自分を見いだすようになるためである」（フィリピ三・七―九〔口語訳〕）。彼が「獲得」であり「益」であると思っていたものは、主イエス・キリストの絶大な価値の前には「損失」であり「塵」に等しいものであった。彼はそれらを

「喪失」した代わりに、「キリスト」と「キリストの中に見出された新たな自分」を獲得したのである。古い自己は、キリストと共に十字架に付けられ、キリストと共に葬られたのである。ローマ書六章六―一四節参照。彼はキリストと共に生きる新たな自己をキリストの中に発見したのである。彼の賜物は、文字通り、主から頂いた、主のために用いるカリスマとして清められて復活したのである。彼の宗教的熱心は異教徒への伝道者の賜物として、彼の学識は「パウロ書翰」の著者として、神の言葉の記述者として甦ったのである。彼の弁証の力は、アテネのアレオパゴス説教［使徒一七章］において、またアグリッパ王の前での弁明［使徒二六章］において、主のために遺憾なく発揮された。わたしたちも同様である。第一の召命において、主のものとして召された主の民は、一切の賜物を主の恵みによる賜物として新たに受けて、神の栄光のために捧げて生きる。これが第二の召命としての派遣である。

パウロはアグリッパ王の前で、次のような弁明をしている。その中で、主はこう仰せになったと言っている。「わたしは、この国民と異邦人との中から、あなたを救い出し、あらためてあなたを彼らにつかわすが、それは、彼らの目を開き、彼らをやみから光へ、悪魔の支配から神のみもとへ帰らせ、また、彼らが罪のゆるしを得、わたしを信じる信仰によって、聖別された人々に加わるためである」（使徒二六・一七、一八［口語訳］）。「救い出す」あらためて、「つかわす」という二重の、逆向きの方向性が示されている。主によって「救い出された」キリスト者は、あらためて、主からこの世に「つかわされた」者である。ここに召集と派遣の構造が示されている。

「救い出す」（ἐξαιρέω, エックスアイレオー）は「根こそぎ引き抜く」（herausreißen, F. Rienecker, *Sprachlicher Schlüssel zum Griechischen Neuen Testament*）という珍しい言葉である。これが「召し出す」（クレーシス）の本

来の意味であり、有効召命であり、第一の召命である。
あらためて「つかわす」（ἀποστέλλω, アポステッロー、entsenden）と言われている。派遣のための新しい召命である。その目的は、「彼らの目を開き、彼らをやみから光へ、悪魔の支配から神のみもとへ帰らせ、また、彼らが罪のゆるしを得、わたしを信じる信仰によって、聖別された人々に加わるためである」と言われている。パウロの召命は、罪から救い出された後、類無き賜物を主から聖別されて改めて受けて、あらためて、伝道者として派遣されたのである。しかし、伝道者でない人も「派遣の召し」を受けている。「わたしを信じる信仰によって、聖別された人々に加わるためである」は、新改訳聖書では「聖なるものとされた人々の中にあって御国を受け継がせるためである」となっている。これは「聖別された人々の［神の国の］相続分（クレーロス、κλῆρος, Erbe）を受け継がせるため」という意味である。キリストによって義とされ、子とされた者は、人々をもその特権に与らせるために御国の福音を宣べ伝えると共に、自分の召命を通して、御国の相続の完成の業に励むのである。神の国を相続するとは、神の国を建設するという創造目的の再興と繋がる営為である。わたしたちは、すべて、罪から「救い出す」召命に与り、あらためて、主から召命を受けてこの世に「遣わされた」者である。「もし子供であれば、相続人でもあります。神の相続人、しかもキリストと共同の相続人です。キリストと共に苦しむなら、共にその栄光をも受けるからです」（ローマ八・一七）。

わたしたちの労働は、神の国の建設と相続のわざである。しかし、わたしたちは、傲慢にも、わたしたちの労働において、神の国の建設がここまで進捗したと言うことはできない。しかし、逆に、わたしたちの労働は、世俗的労働であり、神の国の建設に無関係であると言うことも出来ない。宗教改革は、聖俗二元論の打破であった。神の子らが召命と派遣の信仰を以て行った労働が無に帰することはない。「愛する兄弟たちよ。堅く立って動かされずいつも全力を注いで主のわざに励みなさい。主にあっては、あなたがたの労苦がむだになることはないと、あなた方は知っているからである」（Ⅰコリント一五・五八）。わたしたちが信仰をもって行う労働は、わたしたち自身に、その成果が充分に認識できなくて、時に意気阻喪することがあっても、全能の主は見ておられる。それは、如何に小さな業であっても、神の国の建設のための、釘打ちであり瓦葺きとして、主に用いられる労働である。福音の宣教を通して主の民が興される。主の民の派遣を通して神の国が建つのである。主の民の労働は、神の国の終末的完成を待望する希望の労働である。

創世記一章の「地を従わせよ、すべてのものを支配せよ」という文化命令は、終末において完成する。黙示録二二章の「彼らは世々限りなく統治する」という御言葉に、創造目的の実現と成就を見ることができる。今、被造世界は呻いている。被造世界は呻きつつ神の子たちの派遣を待ち望んでいる。罪を犯したのは人間であるが、その罪に対する神の怒りと呪いは被造世界の全領域に及んでいる。それが悲惨と言われるものである。

わたしたちの派遣の第一の意味は、特別恩恵による積極的派遣である。特別恩恵によって、主の救いに与った者は、神の子らとして、神の国の建設の労働者として、この世に派遣されている。人間の罪は、一般啓示を曇らせているので、むしろ一般啓示を阻止し、神の怒りを招き、自ら弁解の余地を封じている。しかし、神の民の再生理性は、一般啓示を唯一の創造者なる「永遠の力と神性」の啓示であることを理解するようになっている。特別恩恵に与った神の民は、一般啓示の解釈的事業に従事している。被造世界が、人間が勝手気ままに開発し、耕すことをまかされている「白紙」（tabula rasa）や「未解釈的原事実」（brute fact）ではなく、創世記の六日間の創造に示されているように、神の創造の法の貫通した世界であることを知っている。創造の法は、多種多様である。創造の法は、ドーイヴェールトが言うように、自然の世界では「自然法則」（数学、物理、化学、生物等々）であり、精神の世界では「規範」（歴史、言語、社会［家庭］、経済、芸術、法律、倫理等々）である。「地を従わせる」とは、この創造の法を、神の御意志に従って、正しく発掘し、開示する解釈的事業である。神の民はその賜物に応じて、第二の召命として、これらの様々な領域に派遣されている。召命観を持ったキリスト者が、被造世界の各分野に派遣されていくのである。神の民のそれらのわざを通して、神の国は進展して行くのである。キリスト者は、召された分野で、信仰を profess するプロであり、職人である。

わたしたちの派遣の第二の意味は、罪の結果たる悲惨に呻いている被造世界へ、罪の悲惨の軽減のために、派遣される労働であることである。神は一般恩恵によって、カルヴァンの用語を使用すれば、「宗教の種子」（semen religionis）と「法の種子」（semen legis）を残しておられる。すなわち、非キリスト者にも、宗教性と道徳性を保存してくださっている。一般恩恵は保存恩恵であり、共通恩恵である。非キリスト者にも、「市民的正義の感覚」や「法感覚」が存在している。ここにキリスト者と非キリスト者の協同と協働が成立する。わたしたちは、正義と公正と平和のために、すべての人と協力しなければならない。

参考文献

春名純人著『哲学と神学』（法律文化社、一九八四年）。

第三部、第三章「キリスト者と非キリスト者の〈関係の原理〉——カルヴァンにおける心 COR と神の像 IMAGO DEI」、第一節「聖書における心の意味と神の像」、第二節「カルヴァンにおける心、神の像、一般恩恵」

春名純人著『恩恵の光と自然の光——キリスト教文化論集』（聖恵授産所出版部、二〇〇三年）。

第一部、第一章「有神論的世界観・人生観」、特に第六節「福音の宇宙論的意義」、第三章「聖書の福音の現代的意義」

第二部、第四章「マルティン・ルターの宗教改革とその思想」、第四節〜第七節、特に第六節「ルターと召命」

ヘルマン・ドーイウェールト著、春名純人訳『西洋思想のたそがれ——キリスト教哲学の根本問題』（法律文化社、一九七〇年）。

注

（1）春名純人著『哲学と神学』（法律文化社、一九八四年）、第三部、第三章「キリスト者と非キリスト者の〈関係の原理〉——カルヴァンにおける心 COR と神の像 IMAGO DEI」、第一節「聖書における心の意味と神の像」、第二節「カルヴァンにおける心、神の像、一般恩恵」、参照。

（2）"After God had made all other creatures, he created man, male and female, with reasonable and immortal souls, endued with knowledge, righteousness, and true holiness, after his own image, having the law of God written in their hearts, and power to fulfil it; and yet under a possibility of transgressing, being left to the liberty of their own will, which was subject unto change. Beside this law written in their hearts, they received a command not to eat of the tree of the knowledge of good and evil; which while they kept, they were happy in their communion with God, and had dominion over the creatures." *The Cofession of Faith*, William Blackwood & Sons, Edinburgh and London, 1969.

（3）*Der Heidelberger Katechismus*, 春名純人訳『ハイデルベルク信仰問答』（新書版一九九六年、改訂版二〇〇四年、発行・神戸改革派神学校、発売・聖恵授産所出版部）。この翻訳は訳者の新たな訳注を付して、『改革教会信仰告白集』（二〇一四年、教文館）に収録。特に第六問の訳注参照。

（4）Vergljiken, Kuyper, Abraham, *Het Calvinisme*, Zes Stone-Lezingen, 1898, Amsterdam, Höveker & Wormser, 1899, blz. 111v. Cf. Kuyper, Abraham, *Lectures on Calvinism*, Stone Lectures, 1898, Fourth Printing,

Grand Rapids, 1953, p. 118f.

（5）英語版（一一九頁）は、「キリストご自身もまた、地（earth）の再生のみならず、宇宙（cosmos）の再生についても語っておられる」となっており、マタイ福音書一九章二八節を挙げている。しかし、オランダ語版は、上記のごとく、「単に、こころの再生のみならず、全被造物の再生についても語っておられる」となっており、聖書の参照箇所を示すべき括弧内に、ただ一語、（ἀνακεφαλαίωσις）と書いている。エフェソ書一章一〇節の「ひとつにまとめること」（ἀνακεφαλαιώσασθαι）を指示していると思われる。ἀνακεφαλαιόω は、「一つにまとめる、総括する」の意味である。エフェソ書一章一〇節「こうして、時が満ちるに及んで、救いの業が完成され、あらゆるものが、頭であるキリストのもとに一つにまとめられます。天にあるものも地にあるものもキリストのもとに一つにまとめられるのです」。

（6）Kuyper, *Het Calvinisme*, blz. 111-112.

（7）Wolters, Albert,（vert. door Remkes Kooistra）, *Schepping zonder grens, - Bouwstenen voor een bijbelse wereldbeschouwing*, Buijten & Schipperheijn in samenwerking met Stichting voor Reformatorische Wijsbegeerte, 1988, blz. 19.

（8）Wolters, ibid. Kooistra, Noten Hoofdstuk I, Noot 4, blz. 21. このコーイストラの註釈4に引用されているバーフィンクの〈*Handleiding bij het Onderwijs in den Christelijken Godsdienst*, Kok, Kampen, 1932, blz. 147〉からの引用文は筆者の手許にある一九一三年版（blz. 149）と一部異なる点がある。議論の肝心な点であるので、一九一三年版の原文を書く。„hij is de volkomene verlossing van den ganschen mensch, van geheel het organisme *der menschheid* en van de geheele wereld. En Christus is op aarde gekomen, om in dezen vollen zin de wereld zalig te maken.” コーイストラの引用文ではイタリックの箇所が〈*van de menschheid*〉となっている。参考までにこの一節（一九一三年版）の訳文を記す。「救いの御業は神の御業であり、神のみの御業であるから、キリストが死者の中から甦り、真実に神の右に挙げられなかったとしたら、キリストの恵みはわれわれのためにはならなかったであろう。死んだままのイエスで充分だというなら、そのとき、キリスト教は、単に印象深い教説や倣うべき道徳的規律や模範に過ぎなくなり、われわれの贖いのためには必要なものではなくなるであろう。しかし、キリスト教宗教は次のようなもの以外の何物でもない。すなわち、キリスト教宗教は、まるごとの人間の完全な贖い、有機的統一体としての全人の贖い、全世界の完全な贖いである。キリストは、この充全的な意味で世界を救うために地上に来られたのである。したがって、キリストが地上に来られたのは、われわれのために、単に救いの可能性を獲得するためにでも、さらに、われわれの自由意志にまかせるために来られたのでもない。或いは、われわれがこの可能性を利用するためにでもない。そうではなくて、われわれを、実際に、完全に、永遠に救うために、キリストは、へりくだり、十字架の死に至るまで従順であられたのである」(Bavinck, *Handleiding bij Onderwijs in den Christelijken Godsdienst*, J. H. Kok, Kampen, 1913. blz. 149)。

(9) Vgl. Weber, Max, *Die protestantische Ethik und der Geist des Kapitalismus*, Teil 1, Hrsg. von Johannes Winckelmann, Siebenstern-Taschenbuch 53/54, Dritte durchgesehene und erweiterte Auflage, 1973, SS. 66-114. Vgl. Weber, Max, *Die protestantische Ethik und der Geist des Kapitalsumus*, Gesammelte Aufsätze zur Religionssoziologie, Bd.1, J.C.B. Mohr - Paul Siebeck, Tübingen, 1920, Misuzu Verlag, 1977, 2ter Druck, 1987, SS. 63-83.

(10) マックス・ウェーバー著、梶山力・大塚久雄訳『プロテスタンティズムの倫理と資本主義の精神』上巻、岩波文庫、昭和四六年、第二三刷、九五頁。

(11) *The Septuagint with Apocrypha, Greek and English*, ed. by Lanselot, C.L.Brenton, Hendrickson, 6th printing, 1997, Apocrypha, p.83. ΣΟΦΙΑ ΣΕΙΡΑΧ, Ecclesiasticus, 11:20, 21a.

(12) „Bleib inn Gottes wort / und ube dich drinnen / und beharre inn deinem beruf / Und las dich nicht irren / wie die Gottlosen nach gut trachten / Vertrauwe du Gott / und bleib inn deinem beruf / Denn es ist dem HERRN gar leicht / einen armen reich zu machen.“ Biblia. das ist / die gantze Heilige Schrift Deutsch. Mart. Luth. Wittemberg. Die Luther-Bibel von 1534 / Vollständiger Nachdruck (Complete facsimile

edition) II, GR. S. BIBLIOTHEK ZU WEIMAR. DAS BUCH JESUS SYRACH. XI. „Bleibe bei dem, was dir anvertraut ist, und übe dich darin, und halt aus in deinem Beruf, und laß dich nicht davon beirren wie die Gottlosen zu Geld kommen, sondern vertraue du Gott und bleibe in deinem Beruf; denn dem Herrn ist es ein leichtes, einen Armen plötzlich reich zu machen.“ *Die Bibel mit Apokryphen*, Luther - Übersetzung, Deutsche Bibelgesellschaft, hersg. von der Evangelische Kirche in Deutschland, 1999. DAS BUCH JESUS SIRACH, 11:20-22, S. 56b.

(13) マックス・ウェーバー、上掲訳書、註3、一〇三頁以下参照。

(14) マックス・ウェーバー、上掲訳書、註3、一〇三、一〇四頁。

(15) マックス・ウェーバー、上掲訳書、一〇九頁参照。

(16) Luther, Martin, übrs. von M. Jacobs, *Von der Freiheit des Christenmenschen*, Ausgewählte Schriften, Bd. I, hrsg. von Karin Bornkamm und Gerhard Ebeling, §30, S. 263.

(17) 山中良知著『聖書における労働の意義』現代とキリスト教小論叢書、第四号、日本キリスト改革派教会西部中会文書委員会、一九七四年、一九頁。山中良知は日本における「キリスト教哲学」のパイオニアである。主著『理性と信仰』創文社、一九六四年。『宗教と社会倫理』発行・国際日本研究所、発売・創文社、一九七〇年。

(18) 山中良知著『聖書における労働の意義』二〇頁。

(19) 山中良知、上掲書、二一頁。

第二章　聖書の前提と哲学の前提
――哲学は無前提の学か、哲学の超越論的課題と宗教的前提

1　哲学の無前提性の公理

§1　哲学は無前提の学か

宗教は、これだけは譲ることの出来ない真理であるとか、教義の体系をもっているのに対して、哲学は、あらゆる前提を疑うことから始まる無前提の学である、という公理が通用している。哲学は理性の学であり、理性は、あらゆることを疑うことから出発する。デカルトは確実な一点、アルキメデス点を求めて、凡てを疑う方法的懐疑を説いた。彼は「疑っている自分の存在」は確実であるとし、「我思う、故に我あり」（cogito ergo sum）と述べたのである。このコギトの原理が近代哲学の出発点となった。彼は近代哲学の父と呼ばれている。

しかし、よく考えてみると、デカルトは、客観的中立的健全な自律的理性の存在を無批判的に前提しているように思われる。彼の『方法序説』は次の言葉で始まっている。「良識《ボンサンス》（bon sens）はこの世の中でもっとも公

平に配分されている。なぜというに、だれにしてもこれを十分にそなえているつもりであるし、ひどく気むずかしく、他のいかなる事にも満足せぬ人人でさえ、すでに持っている以上にはこれを持とうと思わぬのが一般である。このことで人人がみなまちがっているというのはほんとうらしくない。このことはかえって適切にも、良識あるいは理性《レゾン》(raison)とよばれ、真実と虚偽とを見わけて正しく判断する力が、人人すべて生まれながら平等であることを証明する」[1]。

ここでは健全な理性の自律性の公理が前提されている。凡てを疑うというが、凡てを疑うこの懐疑の思惟を担う主体は健全な自律的理性である。「理性の自律性」「哲学的思惟の自律性」そのものは疑われていない。懐疑の対象になっていない。懐疑的思惟を一巡して直観的に自覚したのが、この懐疑そのものを担っている「思惟するもの」(res cogitans)としての我の存在である。「我思う、故に我あり」という直観的命題は、無批判的に前提しているものの直覚と確認がその帰結となっている。近代哲学はこのような「理性の自律性」の公理を信仰として前提することから出発したのである。プロテスタンティズムは人間の全的堕落とこの堕落が及ぼす理性へのノエシス的影響を考慮するので、客観的中立的健全な自律的理性の存在そのものも懐疑の対象とする。近代哲学が聖書的信仰を喪失し、傲慢にも人間理性を認識と倫理の普遍的法則の立法者と考えることから、地への暴力的支配が始まったのではないかと考える。そこに現代の環境破壊を初め、様々な社会倫理的問題の淵源がある。デカルト的合理主義にとっては、この思惟する我が明晰・判明に思惟するものが存在である。デカルトの批判者パスカルは、デカルト的幾何学的精神においては、理性が明晰・判明に思惟しないもの、繊細の精神やこころの問題は、存在・実在の世界から排除されていくことを見抜いていたのである。

§2　近代的思惟の特色と発展過程

デカルト合理主義哲学が近代の科学的認識を根底的に規定している。近代は科学が明証的に把捉できるもののみを真理とし、この領域にのみ実在を限定する科学時代であり、現代は、この科学的真理をもって人間と自然を支配しようとする技術主義全能の時代である。

このような近代において豊かな真理と実在の諸相が次第に排除されていく過程を「思惟の近代化のプロセス」と呼ぶことにする。そこには、あらゆる宗教的権威からの解放を要求しながら、かえって、人間知性を絶対者とし、これに拝跪する近代人独特の宗教性がある。人間知性は創造者・立法者となり、人間自我の存在を保証し、神の存在を保証し、自然の存在を保証する。この知性の絶対的権威の下に、実際は、真実の神、人間のこころ、豊かな被造世界が失われていく喪失過程が生起する。超越論的自我としての人間自我は、「こころ」という超越論的次元を喪失して、単なる論理的自我、科学的知性となる。この科学的知性が見つめる世界は、創造の一つの法に過ぎない物理的法則の支配する領域であり、豊かな創造の諸法則の支配する充全的実在を、一元的に縮小する。この人間の側の「こころ」の貧困化、自然の側の世界の狭隘化を、以下、三つの段階に分けて、過程的、段階的に考察する。

第一段階。真理の科学化——近代化のプロセスの第一段階は、「論理的自我が明晰・判明に捉えることができるもののみが真理である」というデカルト的命題（cogito ergo sum）が表現する科学主義である。ここでは真理が次第に科学的真理のみに限定され、他の次元の真理が、隠蔽されていくことを指摘したい。デカルトの方法的懐疑は、既存の権威による所与的構造的秩序の解体の要求である。そこには、論理的自我としての「思惟するもの」（res cogitans）の絶対化がある。真理とは、論理的自我が明晰・判明のコギトの原理によって把捉するもののことである。「真理とは、論理的自我が、明晰・判明の原理に基づいて、数式や物理的因果性の法則によって構成する科学的真理のことである」という真理の狭隘化がある。この科学的真理の絶対化は、数量化できないものや繊細なもの、物質の第二次的性質、心や生命に関わる真理を隠蔽する。この精神は、幾何学的精神であり、数学的精神である。この精神は次第に数学的・物理的因果性で捉えられるものをもって世界を構築しはじめる。幾何学的様式（more geometrico）における世界建築である。このようにして、自然必然的法則に規定された実在の総体としての近代的自然の概念が成立する。機械論的自然観である。あらゆる権威からの解放としての「自由」の要求から出発した近代思想は、自らが呼び出した機械論的「自然」の怪物に悩まされることになる。人間の精神や心や生命まで機械論的に処理可能という幻想に悩み始める。ここにも、啓蒙の弁証法、自然と自由の弁証法がある。近代哲学の根底には、ドーイヴェールトの言う「自由－自然」の宗教的アプリオリ、宗教的根本動因、超理論的前提がある。エーミル・ブルンナーは、このような近代のものの見方を「汎因果主義」（Pankausalismus）、「科学一元論」（Wissenschaftsmonismus）と呼んでいる。(2)

第二段階。科学の技術化――近代化のプロセスの第二段階は、「知は力なり」（scientia est potentia）というベーコン的命題によってその表現を得る技術主義である。第一段階において、真理は、比量的悟性・論理的自我が数式や物理的因果性によって把捉できるものに限定されたが、第二段階は、論理的自我が、この狭隘化された真理をもって人間自身と自然を支配しようとする段階である。第二段階は「この科学的真理は、技術と結合して権力意志となり、人間と自然を支配する」。ここにおいて、近代思想は「力という権力意志」（Machtwille）と「支配の動因」（Dominium-Motiv）を得て、非人間化の過程を加速する。真の神信仰を失ったところでは、「地を従わせよ」という言葉は、文字通り、暴力的支配のイデオロギーとなる。「科学的真理によって人間と自然を支配する」という命題において、近代的思惟は人間と自然に対して暴力的になっていくのである。「技術的に可能なことは何でもする」。そこでは、倫理的規範や美的規範などの規範的領域の「創造の法」、「超越論的法理念」は無視される。

畏友エフベルト・スフールマン［元デルフト工科大学、ヴァーハニンヘン農科大学、アイントホーフェン工科大学、キリスト教哲学教授、リンデボーム医療倫理研究所長、文化倫理研究所長、オランダ国会上院議員］は技術主義を次のように定義する。「技術主義（Technizismus）とは、科学技術的支配によってのみ専制的に全実在を規定し、この仕方であらゆる現存する諸問題を解決し、これによって物質的進歩を保証しようとする人間の要求である(3)」。

「技術主義の影響は西洋文化においてはルネサンスの精神運動において初めて現れる。技術主義の射程は、ルネサンスが西洋哲学と科学の発展に強い刻印を押して以来、ますます拡大する。技術主義の影響は、必ずしもいつも同じように高かったわけではない。キリスト教の運動としての宗教改革と反動宗教改革によって、またロマン主義によって、また新しくは対抗文化の運動によって、技術主義の影響と効果はブレーキをかけられた。キリスト教が技術主義とその結果に責任があるかどうかの問題については、既に多くの議論がなされた［スフールマン、二〇〇三年］。歴史的に見て自然科学の発展に対する宗教改革の影響は明白である。しかし、ルネサンスと後期人文主義の影響のもとに圧倒的に技術主義的になった哲学が、次第次第に科学技術に影を与えるようになった。或る意味でルネ・デカルトがこの技術主義の父である。彼にとっては力学の規則と法則は自然の規則と法則と同じである。彼の自然哲学の根底には、自動機械と機械装置のパラダイムが存在する。〈自然は、人がそれを充分徹底的に考察しさえすれば、時計や自動機械とまったく同様に、単純に把握され得る機械である〉、とデカルトは言う。ここから出てくる結論は、自然は計算され得るもの、そして操作され得るものであるということである。人間は〈自然の主人であり、所有者〉（maître et possesseur de la nature）である。それゆえ、デカルトは既に植物や動物を操作可能な物と見なすことができたのである[4]」。

近代哲学においては、人間精神は、幾何学的精神一本槍となり、パスカルの言う繊細の精神やこころの領域において貧困化したのである。精神は、技術的知性・比量的悟性・論理的自我の絶対化によって超越論的自我・こころの次元を喪失し、それに比例して豊かな実在世界は、規範的領域に対する関心を失って、自然法則の領域に縮小した。

梅原猛氏は、デカルト哲学が数学的・物理的法則によって明らかにされる領域にのみ関心を示し、生命の概念を無視したと指摘しておられる。

「デカルト哲学は、精神と身体を截然と分かつことによって、一方で思惟する人間の絶対的優位性を保証し、一方で物質をメカニカルな数学的・物理的法則によって明らかにされるべきものと考え、近代科学と技術の基礎を与え、まさにこの人間にとって甚だ豊かで便利な世界をこしらえる理論を提供したわけであるが、同時に思惟する存在としての人間の思い上がりを助長し、科学と技術の発展によって可能になった人間の無条件の自然支配を許し、自然環境を破壊し、人間そのものを今や存亡の危機に追い込んでいるのである。デカルト哲学において全く欠けている概念がある。それは生命という概念である。驚くべきことにはデカルト哲学においては生命という観念もなく、従って死という観念もない[5]」。

もちろん、デカルトに代表される近代合理主義的機械論的自然観とキリスト教的自然観を区別しなければならない。近代哲学の機械論的自然観は、宗教改革者的聖定論的世界観からの逸脱であり、人間中心的世俗化の結果である。それは、丁度、現代の資本主義の物一元論的利潤追求が、プロテスタンティズムの倫理、宗教改革者的召命倫理からの逸脱であり、人間中心的世俗化の結果であるのと同様である。

第三段階。技術の経済化――近代化のプロセスの第三段階は、その経済主義的性格によって特徴付けられる。そこには、「儲かるものは何でも生産する」(Technik um den Gewinn)という態度がある。「技術的支配は人間自身と世界を創造者的に自由に制御することを可能にし、その結果、莫大な経済効果が期待できる」、「科学・技術による大量生産は人間の生活の安寧をもたらし、物質的繁栄が人間の幸福であり、生産力の向上は即、人類の進歩である」というイデオロギーがある。その陰で無視されていく社会的弱者の存在、収奪されていく自然の存在が見えなくなる。人間精神は自我の超越論的次元を喪失している。超越論的自我としてのこころにこそ、いのちが宿り、神のかたちの宿る座であるこころに道徳的律法が刻印されているからである。一般の目には、火星探査機が飛行し、スペース・シャトルが地球と宇宙を往来し、宇宙ステーションが設営されて、近代科学・技術は世界を拡大したように見えるが、哲学者の目には豊かな被造世界はますます縮小し、物理的因果性のみによって把握し得る狭い世界となりつつある。「創造の法」の「規範的領域」は無視されつつある。人間の生命の神秘が見失われ、人間の生命そのものが技術的操作の対象となる。技術主義は人間が生命を「如何ようにも処理可能」であるかのように見なしている。これに対して、現代の超越論的哲学は、「豊かな心」と「豊かな世界」の回復を叫んでいる。人間のこころには、宗教的・道徳的アプリオリがあり、生活世界には豊かな創造の法のアプリオリがあるからである。

2　哲学の超越論的課題

§1　超越論哲学とは何か

このように、哲学が無前提の学であるどころか、「哲学的思惟の自律性」という原理を、いわば、疑うことのできない「公理」として無批判的に前提してきたことによって、「真理の科学化」「科学（学問）の技術化」「技術の経済化」が生起したのである。近代哲学の自我の超越論的次元の喪失と実在の存在論的狭隘化の過程に直面して、現代哲学の重要な課題は、理論的思惟の成立のアプリオリな先験的条件を改めて問う超越論的課題である。

「私は、直接、対象に関わる認識ではなくて、対象についてのわれわれの――アプリオリに可能であるかぎりでの――認識の仕方に従事するすべての認識を、超越論的（transzendental）と名付ける」（Ich nenne alle Erkenntnis transzendental, die sich nicht sowohl mit Gegenständen, *sondern mit unserer Erkenntnisart von Gegenständen, insofern diese a priori möglich sein soll*, überhaupt beschäftigt）(6)。

この『純粋理性批判』の有名な言葉に示されているごとく、カントは対象の認識ではなくて対象認識の仕方（Erkenntnisart）についての認識を問題にした。すなわち、彼は対象を可能にする科学的認識の成立するためのアプリオリな普遍妥当的条件を問題にし、科学的認識の基礎づけ（Begründen）という超越論的批判の仕事に従事した。超越論的とは、経験を超えていながら、同時に経験そのものを可能にするようなアプリオリな条件や制約に関わることを意味する言葉である。このような、学的思惟を成立させる普遍妥当的条件の探究とか学的認識の基礎づけとかの超越論的課題に携わる哲学を「超越論的哲学」(eine transzendentale Philosophie)と呼ぶならば、カント哲学は超越論哲学の父である。経験についての理論的認識を成立させるための普遍妥当的条件は、経験を超えたアプリオリなものである。経験を超えたアプリオリなものが経験についての経験的認識を可能にしている。「超越論哲学」は「認識の仕方に関する認識の学」であり、「学的認識の成立の普遍妥当的条件の研究の学」である。しかし、カントの場合、「学的認識の成立のアプリオリな普遍妥当的条件」は、「感性と悟性」のアプリオリな二大認識能力、感性のアプリオリな形式としての「時間と空間」、悟性のアプリオリな形式としての「純粋悟性概念、すなわち、範疇」である。カントの認識論は、悟性(理論理性)が、感性の形式である純粋直観形式である時間と空間を通して与えられた認識素材である感性の多様を、悟性の形式である純粋悟性概念である範疇によって、理論的認識にまで構成して行く認識構成説である。各人のそれぞれの認識構成がそれぞれ自律的でありながら、普遍的な認識である保証は、普遍的な「超越論的統覚」(Transzendentale Apperzeption)、〈Ich denke〉の存在を前提しているからである。道徳的認識の場合も同様である。実践理性は、「汝の意志の格律が、常に同時に、普遍的立法の原理として妥当し得るように行為せよ」という定言命令を立法する。自分の意志がこの格律こそ普遍的な道徳法則を立法する原理であると判断することが可能であるのは、ゲオルク・ピヒトが言うように(7)、その根底に、「普遍的意志」(volonté générale)の〈Ich will〉を前提しているからである。この「我」は超越論的自我である。カントにおいては、認識における「超越論的統覚」、道徳における「普遍的意志」が、理論理性の認識判断と実践理性の道徳判断の普遍性を支える根拠として、いわば公理として前提されている。悟性の認識構成説に立ちながら、学的認識の普遍性を要求する根拠、個別的実践理性の定言命令を普遍的道徳法則の立法とする根拠は、それぞれ、超越論的統覚と普遍的意志を前提しているところにある。カントの批判哲学は「理性の自律性」と「哲学的思惟の自律性」を批判的対象としていない上、「超越論的統覚」や「普遍的意志」という「普遍的自我」の存在を無批判的前提としている。またカントは理論的認識を規定する超理論的宗教的アプリオリの存在に無自覚である。哲学や哲学的思惟には、理論構成の論理的次元を超越していながら、却ってこの理論を構成する不可欠的要件である超理論的超越論的前提がある。これを明らかにするのが超越論哲学である。

今日、この超越論的哲学に対する関心は非常に高い。超越論哲学は、実証的科学の越権を諫め、科学の限界を指摘する何らかの要素がある。カント哲学の前にはニュートンの古典力学が存在する。科学は「事実問題」(quid facti) を問題にするに対し、哲学は「権利根拠」(quid juris) を問題にする。「権利根拠」は科学的認識が成立する根拠の解明である。カントは『純粋理性批判』において、この「権利根拠」の問題を彼の批判哲学の課題とし、科学的認識の根拠と科学的認識の限界を明らかにしようとした。カント以後、今日までの哲学の歴史の中で、超越論的課題に取り組んだ新カント学派の哲学、フッサールの超越論的現象学、現代のアーペルの超越論的言語遂行論などの超越論哲学の系譜に属する諸哲学を見ても、これらは、いずれも、学的認識を成立させる普遍妥当的条件の探究という超越論的批判を問題にしている。またいずれも、超越論哲学は、科学的認識の越権に対するいましめ、科学的実証主義や論理実証主義などの実証主義に対する批判を根底に持つことが注意されてよい。新カント学派には、オーギュスト・コントの科学的実証主義の哲学に対する批判があり、フッサールの超越論的現象学には、「自然の数学化」(Mathematisierung der Natur) に対する批判と「生活世界」(Lebenswelt) の擁護がある。ここで、論理実証主義を批判するカール＝オットー・アーペルの超越論哲学の問題を取り上げ、哲学的思惟の「前提」の問題を論議する。

§2　哲学的思惟における超理論的前提

カール＝オットー・アーペル（Karl-Otto Apel）の「超越論的言語遂行論」（Transzendentale Sprachpragmatik）の哲学は、「経験を超えていながら、却って経験を可能にするもの」、「理論を超えていながら、却って理論を可能にするもの」として、「言語のアプリオリ」という哲学的思惟のアプリオリな超越論的前提を明らかにする超越論哲学である。彼は「知識の根本的基礎付け」の問題を通して「哲学の転換」をはかる。

カントは経験の対象認識ではなく、認識の仕方に関する認識を問題とし、認識の成立する普遍妥当的条件を探求した。しかし、彼の超越論哲学、特に超越論的論理学は、感性や悟性の認識能力の規則を前提し、認識の客観的妥当性を保証する「超越論的統覚」を前提にしていた。しかし、現代の論理実証主義の哲学は、カント的な「超越論的統覚」や「意識一般」を命題の客観性の根拠とせず、むしろ、命題の経験的検証可能性（verification）による命題の明証性を問題にする。これに対してアーペルは、解釈者共同体における経験そのものの明証性を支えるアプリオリ、相互主観的な合意形成における「言語のアプリオリ」を問題にする。「超越論的言語遂行論」は、言語命題が成立するための相互主観的条件、科学的認識や道徳的規範が成立するための相互主観的条件を研究する超越論哲学である。

一つの「解釈共同体」（Interpretations-Gemeinschaft）の相互主観的合意形成においては、言語や命題の明証性は、経験的検証可能性にあるのではなく、その解釈共同体の認識と経験の明証性にある。カントにおいては、超越論的統覚が、論理実証主義においては経験的検証可能性が認識の明証性を保証しているが、超越論的言語遂行論においては、解釈共同体の合意に基づく「言語のアプリオリ」が経験の範型的明証性を保証している。一つの命題の明証性は、デカルトの論理的自我の保証する因果論的明晰・判明性でもなく、カントの超越論的統覚の論理的普遍性でもなく、論理実証主義の経験的検証可能性でもない。命題の明証性は、解釈共同体が共有する言語のアプリオリ、暗黙裡に前提しているコンセンサス、これらに基づくパラディグマティックな範型的明証性である。アーペルの超越論的語遂行論の重要性は、それまでの哲学の検証可能性に基づく「命題の明証性」ではなく、その根底にある、むしろ命題を可能にする解釈共同体の言語コミュニケーションの相互主観的合意形成における解釈者相互の「経験の明証性」、暗黙のコンセンサス、言語のアプリオリ、の超越論的前提を見出したことにある(8)。

アーペルが、それぞれの解釈共同体の理論的思惟の根底にある、或いは、背後にあるアプリオリな超理論的前提を問題にした点を評価したいと思う。なぜなら、解釈共同体が或る命題を論議する場合、その共同体が言語コミュニケーションにおいて、相互主観的に暗黙裡に同意している超理論的前提、確信知、前提知の指摘は重要であると思うからである。

これはさまざまな議論に適用できる問題であると思う。例えば、教会〈Gemeinde〉は、信仰告白共同体として、一つの解釈共同体である。その一員として、わたしたちが、たとえば、〈justification by faith〉という言語を使用する場合を想定してみる。これは解釈共同体、信仰告白共同体における教理という命題知において、「信仰義認」の意味、すなわち、神の前における人間の正しさの問題である。この命題知の明証性は、イエス・キリストの十字架の罪の赦しと御生涯にわたる服従による転嫁の義であるという「確信知」を前提にしている。或いは、創造、堕落、贖いの教理、赦しの体験を共有する「体験の明証性」ところに成立する「前理論的前提」、「確信知」、パラダイムとして既に受け入れられている範型的明証性を持つ命題である。この経験の明証性が教理命題の明証性を支えており、教会員は共有するコンセンサスに基づいて相互主観的コミュニケーションを諮ることが可能となる。哲学が超理論的前提を持つのであれば、キリスト教哲学を構想する時、それは創造・堕落・救贖の聖書的前提を超理論的前提とする哲学、哲学理論の命題知を成立させる普遍妥当的条件として聖書的確信知をアプリオリとする哲学であると言うことができる。このことは、同じ〈justification〉という言葉であっても、神学、法律、倫理学の正義論など、それが論議される解釈共同体において、全く異なった意味と文脈と前提において使用されることをみても明らかである。その解釈共同体においてコミュニケーションが可能となるのは、それぞれの成員が「範型的明証性」を前提しているからである。また子供が一つの言語を習得する場合、母子コミュニケーションの長い言語習得過程における「経験の明証性」が、「言語のアプリオリ」として言外に意志疎通の可能性の根拠として前提されている。

一つの民族を解釈共同体と考えるとき、伝道の困難性をこの点から説明することができる。神、罪、贖罪などの概念やそれに関係する命題を説教するとき、それを日本人は歴史的に継承している精神性の文脈の中で聞くことになる。言語遂行論がプラグマティークであるのは、概念や命題を長い時間の中で習得していく「言語のアプリオリ」を問題にするからである。日本人が「神」「罪」「贖罪」概念にアプリオリに付しているコンセンサスは、聖書の概念と微妙にずれるところがある。日本人が聖書信仰に徹底できない困難の一つはこの点にある。

またこの「解釈共同体」の理念を歴史的に拡大して、ギリシア哲学、スコラ哲学、近代哲学など時代的に考えると、それぞれの哲学を解釈共同体と考えることができる。するとそれぞれの哲学はそれぞれの命題知の根底に範型的明証性を持つ確信知を前提にしているのではないかと考えられる。ドーイヴェールトは哲学が超理論的前提を持つことを指摘した先駆者である。そして彼はこの超理論的前提が宗教的前提であることを解明したのである。それぞれの前提的確信知はそれぞれの時代と世界観の宗教性に淵源する。ドーイヴェールトは、哲学の超理論的前提を「宗教的根本動因」、「宗教的アプリオリ」と呼び、ギリシア哲学のそれは「形相－質料」、スコラ哲学のそれは「自然－恩恵」、近代哲学のそれは「自由－自然」と呼ぶ。私はドーイヴェールトとアーペルの哲学を共に考量するとき、近代哲学が、デカルトの論理的自我の〈Ich denke〉を創造者、立法者として絶対化し、機械論的自然観を産み出し、近代化のプロセスを推し進め、超越論的自我としての〈こころ〉の超越的次元を喪失する自我の貧困化、自然の数学化と言われる、実在世界の存在論的縮小などを産み出したことを想起する。そこに近代独特の超理論的宗教的前提の存在を指摘したいと思う。

3　宗教的存在としての人間

§1　人間の宗教性の客観的根拠

「神の怒りは、不義をもって真理をはばもうとする人間のあらゆる不信心と不義に対して天から啓示される。なぜなら、神について知りうる事がらは、彼には明らかであり、神がそれを彼らに明らかにされたのである。神の見えない性質、すなわち、神の永遠の力と神性とは、天地創造このかた、被造物において知られていて、明らかに認められるからである。したがって、彼らには弁解の余地がない。なぜなら、彼らは神を知っていながら、神としてあがめず、感謝もせず、かえってその思いはむなしくなり、その無知な心は暗くなったからである。彼らは自ら知者と称しながら、愚かになり、不朽の神の栄光を変えて、朽ちる人間や鳥や獣や這うものの像に似せたのである」（ローマ一・一八―二三［口語訳］）。

人間が宗教的存在である客観的根拠は、人間が創造者なる神の啓示（一般啓示、自然啓示）に取り囲まれている存在であり、絶えずこれに応答を要請されている存在であるということである。神は天地創造このかた、御手の業、すなわち、被造物を通して創造者としての御自身を啓示しておられる。神の見えない性質、すなわち、神の永遠の力と神性が被造物において明らかに認められると述べている。

ジョン・マーレーによれば、「神の永遠の力」は、神の永遠性と神の力の永遠性を表わしており、「神性」とは、見えない一属性のことではなく、見えない完全なご性質の総体のことである。従って、結局、「神の永遠の力と神性」という言葉は、神の見えない夥しく多数の諸属性を包括するものであり、神の存在、尊厳、栄光が、見える被造物の中に豊かに顕わされていることを示している。[9]

人間に罪がなければ、人間の目は被造物の中に満ちる創造者なる神の良き御性質の啓示を見て、創造者なる神を崇め、神に感謝を献げたはずである。人間は堕落以来、神を知っていながら、神を崇めず、感謝もせず、その思いは空しくなり、自ら弁解の余地を封じている。人間は一般啓示、自然啓示に対して、不義をもってその真理を阻止し、被造物を崇拝する偶像礼拝の不信心に陥り、神の怒りの対象となっている。

「彼らは律法の要求がその心にしるされていることを現し、そのことを彼らの良心も共にあかしをして、その判断が互にあるいは訴え、あるいは弁明し合うのである」（ローマ二・一五［口語訳］）。一般啓示、自然啓示は、外なる自然においてのみならず、内なる道徳的良心においても、人間に訴えかけている。人間は創造の時、神によって道徳律法をそのこころに刻み付けられているのである。人間は堕落以来、良心の呵責を感じることはあっても、それは人を真実の悔い改めに導くものではない。人間は不義をもって真理を阻み、あらゆる不義と悪と貪欲の不道徳に陥り、この不義に対して、神の怒りが天から啓示されている。

このように人間は認識と道徳において神の啓示に阻止的反応を示し、その不信心と不義は神の怒りの対象である。「神について知りうる事がらは、彼には明らかであり、神がそれを彼らに明らかにされたのである」とあるように、一般啓示自体は神の明らかな啓示であり、これを阻止し、曇らせているのは人間の心にかかった罪の黒雲である。このため一般啓示は人間の救いのためには役立たないものとなっている。ローマ書は、救いにおける一般啓示の不充分性を徹底的に明らかにした上で、三章二一節以下から、救いのための特別啓示の必要性、そこに啓示されるイエス・キリストを信じる信仰による神の義を述べる本筋に戻る構造である。

しかし、一般啓示に取り囲まれていることは、人間の偶像礼拝と不道徳にもかかわらず、神の啓示に反応する人間が宗教的、道徳的存在であることの客観的根拠である。「人々が熱心に追い求めて捜しさえすれば、神を見いだせるようにして下さった。事実、神はわれわれひとりびとりから遠く離れておいでになるのではない。われわれは神のうちに生き、動き、存在しているからである」（使徒一七・二七―二八〔口語訳〕）。

§2　人間の宗教性の主観的根拠

人間が宗教的存在である主観的〔すなわち、人間の側にある〕根拠は、一般啓示、自然啓示に反応する応答的存在であるということである。神の啓示に取り囲まれていても「石や丸太棒」（カルヴァン、ブルンナー）は何の反応もしないが、人間は「こころ」において「神のかたち」（imago Dei）を保持する者として啓示に敏感に反応し応答する存在者である。人間は宗教的存在者、「敬虔人」（homo pius）である。神は、創造の時、人間を神のかたちに創造された（創世記一・二六、二七）。人間は、堕落において、神のかたちを喪失した。人間は、キリストの贖いに与る時、神のかたちに再創造される。「だれでもキリストにあるならば、その人は新しく造られた者である」（Ⅱコリント五・一七）とある通りである。

エフェソ書を見ると、キリスト者と異邦人の「心」の対比が描かれている。「そこで、わたしは主にあっておごそかに勧める。あなたがたは今後、異邦人がむなしい心（ヌース、νοῦς）で歩いているように歩いてはならない。彼らの知力（ディアノイア、διάνοια）は暗くなり、その内なる無知（アグノイア、ἄγνοια）と心（カルディア、καρδία）の硬化（ポーローシス、πώρωσις 或いは、目の見えないこと）とにより、神のいのちから遠く離れ、自ら無感覚になって、ほしいままにあらゆる不潔な行いをして、放縦に身をゆだねている。しかしあなたがたは、そのようにキリストに学んだのではなかった。あなたがたはたしかに彼に聞き、彼にあって教えられて、イエスにある真理をそのまま学んだはずである。すなわち、あなたがたは、以前の生活に属する、情欲に迷って滅び行く古き人を脱ぎ捨て、心（ヌース、νοῦς）の深みまで新たにされて、真理（アレーテイア、ἀλήθεια）の義（ディカイオシュネー、δικαιοσύνη）と聖（ホシオテース、ὁσιότης）とをそなえた神にかたどって造られた新しき人を着るべきである」（エフェソ四・一七―二四［口語訳、一部変更］）。

コロサイ書には次のように書かれている。「あなたがたは、古き人をその行いと一緒に脱ぎ捨て、造り主のかたちに従って新しくされ、真の知識（エピグノーシス、ἐπίγνωσις）に至る新しき人を着たのである」（コロサイ三・九b―一〇［口語訳］）。

このように、「イエスにある真理を学んだ者」、「キリストに在って新しく造られた者」は、その心が知識と義と聖とにおいて神のかたちに再創造された者である。逆に言えば、まだキリストの下に来ない堕落の状態にある人間は、すなわち、ここで言う異邦人は、知識と義と聖という狭義の神のかたちを喪失した空しい心、目の見えない硬化した心で歩んでいる。上の聖句では、その知性は暗くなっていると言われている。

洪水後、地の保全に関するノア契約の締結時に、神が御心に言われたことが創世記に記されている。「人に対して大地を呪うことは二度とすまい。人が心に思うことは、幼いときから悪いのだ。わたしは、この度したように生き物をことごとく打つことは、二度とすまい。地の続くかぎり、種蒔きも刈り入れも、寒さも暑さも、夏も冬も、昼も夜も、やむことはない」(八・二一―二二)。「人の血を流す者は、人によって自分の血を流される。人は神にかたどって造られたからだ。あなたたちは産めよ、増えよ、地に群がり、地に増えよ」(九・六―七)。堕落後も神は神のかたちの保持者である人間の命の尊厳を宣言し被造世界の保全を約束しておられる。これは一般恩恵である。一般恩恵とは、堕落後の世界の保全に関わる保存恩恵であり、「種蒔きも刈り入れも、寒さも暑さも、夏も冬も、昼も夜も、やむことはない」という創造の秩序、創造の法の保全に関する恩恵である。また悪い者の上にも善い者の上にも、雨と陽光の自然の恩恵も与えておられる。「神の永遠の力と神性」の一般啓示と、創造の法と秩序と人間の心性の保持する一般恩恵に取り囲まれているという状況は、堕落後も継続している客観的状況である。パウロはリストラの説教で一般啓示と一般恩恵について述べている。「神は過ぎ去った時代には、すべての国の人が思い思いの道を行くままにしておかれました。しかし、神は御自分のことを証ししないでおられたわけではありません。恵みをくださり、天からの雨を降らせて実りの季節を与え、食物を施して、あなたがたの心を喜びで満たしてくださっているのです」(使徒一四・一六―一七)。

同時に、神は「思うことが幼いときから悪い心」であっても、神のかたちの宿る座としての、心と心性の諸能力という被造的構造も保持してくださっている。まとめて言えば、堕落後も、被造世界の客観的構造と人間の心と心性の諸能力（知性、理性、意志）という存在論的構造性、客観的構造性は保存されている。従って、堕落後も保存されている、神のかたちの座としての人間の心は、それ自身、神のかたちの存在論的残滓と言える。「思うことが悪い」心は、主観的には（人間の側の状態としては）、知識と義と聖を欠いた心である。その主観は、「思うことが悪い」という、一般啓示の真理に対して不敬虔と不義をもって阻止的に応答する、真理の知識と義と聖という狭義の神のかたち、すなわち、認識的、倫理的、霊的意味における神のかたちを喪失した心である。偶像崇拝と不道徳を生み出す空しい心と暗い知性である。人間は、堕落の状態においても、広義の神のかたちの保持者、心と心性の諸能力の保持者であるが、認識的には真の創造者を認識せず、感謝もせず、被造物を崇拝し、倫理的には、神の律法に全面的に違反する存在者である。しかし、見方を変えれば、人間は神の真理に無関心な石や丸太棒ではなく、神の真理に激しく阻止的反応する宗教的、倫理的、霊的存在である。その宗教性と倫理性は、正しい神認識によるものではない。客観的な一般啓示に対する、人間の側の神のかたちの存在論的残滓の激しい主観的拒否的反応性が人間を宗教的・倫理的存在ならしめているのである。人間はホモ・ピウスである。宗教的無記、宗教的中立の人間は存在しない。カルヴァンの言葉を使用すれば、人間の心には「神聖感覚、神聖意識」（sensus divinitatis）、「神性感覚、神意識」（sensus deitatis）が刻印されている。彼はこの意識を「宗教の種」（semen religionis）とも呼んでいる。この人間の宗教性は、消極的には、神の一般啓示に対する拒否的反応として弁解の余地を封じられる根拠となり、しかし、積極的には、人間は宗教的存在であるからこそ、この宗教性は、福音宣教の「接触点」（Anknüpfungspunkt）を構成する。人間が宗教性を保持していないなら、福音宣教は無益である。事実、パウロは、アレオパゴス説教において、アテネの人たちの宗教性を接触点として、語りかけている。そこでは、人間の自然的宗教性が、神の一般啓示と一般恩恵の拒否的反応であり、神の怒りの対象である点と、この一般的宗教性の救いに対する無力性、悔い改めの必要性、十字架と復活の主の福音受容の必要性が強調されている。

アレオパゴス説教において、パウロは、「アテネの人たちよ、あなたがたは、あらゆる点において、すこぶる宗教心に富んでおられると、わたしは見ている」（使徒一七・二二［口語訳］）と述べている。「すこぶる宗教心に富んでいる」という言葉は、形容詞（δεισιδαίμων）の比較級の絶対的用法で、〈gottesfürchtig〉[10]非常に信心深い、非常に宗教心が篤い、神を畏れる感覚が強いという意味である。事実、アテネの人たちは、「知られざる神に」献げられた祭壇に拝跪するほどの宗教性に富む人びとであった。「知られざる神」（ἄγνωστος θεός ＝ ein unbekannter Gott）の意識こそ「神意識」（sensus divinitatis, od. sensus deitatis）である。この感覚は堕落後の人間の心に残る神のかたちの心理的次元の残滓である。

カルヴァンは、上述の如く、「人間の心には、生来、神性の感覚が刻み付けられている」（naturaliter insculptum esse Deitatis sensum humanis cordibus）と言う。[11] カルヴァンはこの概念をキケロから借用した（一・三・一、一・三・三）が、その意味は相違する。キケロにおいては、この宗教心は正しい神認識に成長するものである（一・三・三）が、カルヴァンにおいては、人間の心に、生来、植え付けられている宗教の種子（一・三・一、一・四・一）は、悪しき実しか実らせない腐敗した種子である（一・四・四）。

このように、人間の心には、生まれながら（naturaliter）、「宗教の種子」が植え付けられており、「神的なものの意識」が刻み付けられているので、人間は「すこぶる宗教心に富んでいる」のである。神は一般恩恵において、創造の秩序を保持し、一般啓示において、「永遠の力と神性」を啓示しておられる。人間は神のかたちを真の知識と義と聖の意味において、すなわち、認識的、倫理的意味においては喪失しているが、一般恩恵において、堕落後も心と心性の能力の構造性を保持することを許されている存在者として、依然として存在的意味においては、神のかたちの保持者である。神のかたちの宿る座である心は、神の一般啓示に対して、激しく反応する。それゆえ、人間は神の一般啓示に反応する宗教的・倫理的存在なのである。宗教的に中立な、アディアフォラ人間は存在しない。従って、人間は、生来、宗教の種子を植え付けられた、何らかの神的なものに対する感覚、「知らざる神」の意識を保持する存在者、ホモ・ピウス、心理的・感覚的な意味における神のかたちの保持者である。「或る意味で神を知っていながら、神として崇めず、感謝もしない」宗教的存在者である。人間は如何に精緻な宗教哲学や倫理学の理論を構築しても、人間の罪の堕落を承認せず、神の啓示を容認せず、人間の理性の自律性を公理とするものであるかぎり、神性感覚、心理的な神意識（*sensus* divinitatis, sense of Divinity）に基づいて自律的理性が構築した「この世の哲学」である。リストラにおいてもアテネにおいても、パウロは、一般啓示と一般恩恵を明らかに説教したのち、悔い改めを迫り、十字架と復活の福音を説いたのである。

アブラハム・カイパーは、人間の二種類の自己意識を説いている。キリスト者の心の内容、自己意識の内容について、凡そ次のように述べている。「罪の意識」、「信仰の確実性」、「聖霊の証言」、この三つがキリスト者の自己意識の構成要素である。この三つの構成要素なしには、キリスト者の自己意識そのものが成立しない。再生による罪の自覚、回心による贖罪信仰、聖霊の証言による聖書への信頼、これらが信仰者の心の内容である。それに対して、未信仰者の心、自己意識の内容を、カイパーは、カルヴァンの「神聖感覚」「宗教の種」によって説明している。未信者の自己意識の内容は、神聖感覚に基づく異教宗教的なものである。両者の宗教的前提は一致しない。心、自己意識は、人間の心性の諸能力の営為の出発点であるので、知性と理論理性の認識と実践理性と意志の倫理は、両者において、対立的である。[12]

カイパーが、ここで「心」、「自己意識」を人間の「前提的真理」(primum-verum) とし、一切の営為の出発点と考えるのは、聖書における〈καρδία〉とカルヴァンにおける〈cor〉の特別な意義に由来する。「心」(καρδία, cor) は神のかたちの宿る座であり、ここに「根」(radix) と「座」(sedes) を持つ「知力」(διάνοια)、「知性」(intellectus)、「理性」(ratio)、「意志」(voluntas) など心性の諸能力の働きは、「心」に刻印されている宗教的前提の規定を受ける。従って、この「心における超理論的宗教的前提」の相違は、哲学理論の構成に根本的な規定と影響を与える。この心における宗教的対立の原理は、ヘルマン・ドーイヴェールトにおける、心の超理論的宗教的根本動因の議論に継承されていくのである。「油断することなく、あなたの心 (καρδία [七十人訳[13]]) を守れ、命 (ζωή [七十人訳]) の泉は、これから流れ出るからである」(箴言四・二三 [口語訳[14]])。

心は「神のかたち」(Imago Dei) の宿る座である。「神のかたちの第一位の座 (primaria sedes Divinae imaginis) は、精神 (mens) と心 (cor) に、或いは魂 (anima) とその諸々の力にあった[15]」。神のかたちの宿る座である心 (καρδία: cor: heart, νοῦς: mens: mind) から、命の一切の営みが流れ出る。この心には、神のかたち、宗教心が刻印されている。心にある宗教的前提が一切の営為 (all issues of life) を規定するのである。

まとめて言えば、人間が宗教的存在、ホモ・ピウスである根拠は、客観的には、一般啓示、自然啓示の存在である。この啓示は、創造の法、すなわち、自然法則を通しての、創造者なる神の「永遠の力と神性」の啓示である。また主観的根拠は、この啓示の真理に対する人間の側の反応である。人間は心における神のかたちの保持者であるが故に、この啓示の真理に対して応答する存在者である。その応答は、人間の心に刻印された

「神聖感覚」「宗教心」「宗教の種」である。それ故に、人間は宗教的存在者である。また、一般啓示、創造の法は、外的自然法則としてよりももっと近く、人間の自己意識の中で、道徳法則として、神の御意志を啓示している。人間の堕落した心は、これに対して不義の反応しか出来ず、道徳的良心の呵責の「感覚」を持つのみである。このように、人間の主観の中には、創造の法（lex creationis）、すなわち、自然法則と倫理的規範の感覚が存在する。カルヴァンはこの感覚を、「法感覚」（consensus legis）、「法の種子」（semen legis）と呼んでいる。[16] 人間の心には、生来、「市民的正義の感覚」や「道徳的律法の感覚」（二・二・二二）などが、心に刻印されている。それ故、「法の種子」は〈semina legum〉と複数形で表現されている。これらの感覚は、神の一般啓示の真理に対する反応である。人間は宗教的存在であると同時に道徳的存在であり、社会的存在である。キリスト者にとっては、一般啓示は、神を正しく認識し、崇め、感謝する場であるが、そうでない者にとっては、不敬虔と不義の故に弁解の余地を封じられていく場である。しかし、そのような「公正と秩序の普遍的な印象」（universalis impressio honestatis et ordinis, 二・二・一三）が堕落後も存続していることは、一般恩恵であり、市民的正義の秩序の中で宣教活動が保証され、わたしたちは、宗教的、道徳的存在としての人間に福音を語る「接触点」を持つことができるのである。[17]

アーペルは、「命題の明証性」ではなく、解釈共同体の論議そのものを支える「範型的明証性」、「言語のアプリオリ」という思惟の超理論的前提を明らかにしたが、わたしたちは、心にある宗教的前提の相違という事実から、信仰者と未信仰者の理論的思惟の超理論的前提がそれぞれ宗教的性格のものであることを理解できると思う。この節では、人間がなぜ宗教的存在であるかを論証し、人間の宗教性の相違が心に刻印されている超理論的前提、自己意識の内容の相違に由来することを検証し、この超理論的宗教的前提、宗教的アプリオリがその解釈共同体の理論的思惟を根本的に規定していることを主張しようとしたのである。哲学は無前提の学ではない。

4　哲学的思惟の超越論的・宗教的前提

§1　ギリシア哲学の超理論的宗教的前提「形相（εἶδος）－質料（ὕλη）」

ドーイヴェールトのキリスト教哲学は、学問的認識の根底にある「前理論的前提」を考慮する「哲学の超越論的課題」を追求する。彼は人間の「心」にある超理論的宗教的前提が哲学的思惟そのものを規定することを主張する。哲学的思惟の無前提性の公理を打破したのである。彼の哲学は、理論的思惟の自律性という独断的公理そのものを批判的に吟味する「批判主義哲学」であり、その際、理論的思惟（論理的自我の思惟）そのものを成立させる条件としての超理論的前提（超越論的自我としての心に刻印されている確信知）を課題とする「超越論哲学」である。ドーイヴェールトは、この「前理論的宗教的前提」（Vortheoretische Voraussetzung）を、「宗教的根本動因」（das religiöse Grundmotiv）と呼び、ギリシア哲学、スコラ哲学、近代哲学、プロテスタント・キリスト教哲学の宗教性を解明し、哲学の宗教的中立性の幻想を打破したのである。もし、アーペルに倣って、各時代の哲学をそれぞれ解釈共同体と考えることが許されるならば、わたしたちは、ドーイヴェールトの哲学を、各哲学の「範型的明証性」を支えるアプリオリな条件を明らかにした、現代の斬新な超越論哲学と評価することが出来る。ドーイヴェールトによれば、ギリシア哲学の「宗教的根本動因」は、「形相（εἶδος）

－質料（ὕλη）」動因、スコラ哲学の「宗教的根本動因は、「自然（natura）－恩恵（gratia）」動因、近代哲学の根本動因は「自由（Freiheit）－自然（Natur）」動因である。これらは宗教的アプリオリである。それに対して、プロテスタント・キリスト教哲学の宗教的根本動因は、聖書的動因、すなわち、「創造（Schöpfung）－堕落（Abfall）－救贖（Erlösung）」である。ドーイヴェールトによれば、心が非聖書的、異教的宗教動因に支配されるとき、理論的思惟は、必然的に「理性の自律性」という独断的公理を産み出すのである。

　ギリシア哲学を例にして、特にアテーナイの哲学において、その理論的思惟を規定していた異教的宗教性がどのようなものであったかを考察する。

　そのことを理解する前提として、筆者のアテーナイの哲学者の霊魂観を述べることとする。ソクラテスは、ペロポンネソス戦争の敗戦後、道徳的にも疲弊し堕落したアテーナイのポリスに登場し、欲望と快楽に生きるのではなく「魂への配慮」（ἐπιμέλεια τῆς ψυχῆς）としての哲学を説き、「汝自身を知れ」（γνῶθι σεαυτόν）と理性的存在者としての自覚を促した。弟子プラトンは、人間の魂を三つの部分に分けた。「魂の理性的部分」（τὸ λογιστικὸν τῆς ψυχῆς）、「魂の怒性的部分」（τὸ θυμοειδὲς τῆς ψυχῆς）、「魂の欲性的部分」（τὸ ἐπιθυμητικὸν τῆς ψυχῆς）である[18]。魂はもともとイデアの世界にあり、真善美を直視して生きていた。魂は元の住み家であるイデアの世界を離れて身体と結合することによって上記の三部分に分かたれた。「魂の理性的部分」は身体と本質的には結合せず、イデア的純粋性を保持しているが、普通は忘却されている。「魂の欲性的部分」は、身体と結合している部分である。理性的部分の存在とイデア的認識を忘却している普通の人間は、欲性的部分によって、感性的世界に生きる。存在論的に言えば、洞窟の比喩にあるごとく、壁に映る感性的世界にあって欲望と快楽に生き、認識論的に言えば、線分の比喩にあるごとく、憶測（εἰκασία）と俗信（πίστις）から成る臆見（δόξα）に生きる。プラトンとの対話を通して自己自身を知り、「魂の理性的部分」に自覚した愛知者たちは、理性を働かせて、もともと保持しているが、忘却している真善美のイデア的認識を愛し求めるようになる。認識とは想起（ἀνάμνησις）である。洞窟の比喩に対応して存在論的に言えば、洞窟の外に出て叡智的世界に生きることであり、線分の比喩に対応して認識論的に言えば、イデア的認識（ἐπιστήμη）に生きることである。その第一段階は、悟性的認識（διάνοια）であり、第二の段階はイデアの理性的認識（νόησις）である。これは哲学者の生であり、イデアを直視する最高の段階である。このイデアの直視（θεωρία）こそが理論的思惟の生活、観相の生活である。暫定道徳的には、人間は、「魂の理性的部分」の徳である知恵（σοφία）を知って、「魂の怒性的部分」は、その徳である勇気（ἀνδρεία）をもって、「魂の欲性的部分」の徳である節制（σωφροσύνη）を保つ、そのときに、人間は正義（δικαιοσύνη）を実現する。しかし、哲学者の生活は、観相の生活であり、イデアを直視する者の魂のみが、死における魂と身体の分離において、イデアの世界、神々の住み家である真実在の世界に還帰する。結局、哲学とは魂の浄化、カタルシスであり、魂の救いのためにある。そうでない魂は、死後、生前の生き方に相応しい身体と結合して永劫に回帰する輪廻を断ち切ることができないのである。[19]

　わたしたちは、哲学は理性の学であり、いかなる前提、まして、宗教的前提からは自由である無前提の学であるという哲学理念を問題にしてきた。理性は自律的なものであり、この理性による理論的思惟も自律的なものであると考えられたりする。しかし、このようなアテーナイの哲学者たちの「魂の理性的部分」が自律的であるのは、元来、魂はイデアの世界にいて真実在を直視していたからであり、その想起として理論的認識が成立する。人間の霊魂は内在的に既に真理を知っている自律的なものである。魂の理性的部分に覚醒した人間が、イデアを想起して、身体と結合した欲性的部分の支配を断ち切る時、魂は輪廻を脱却して神々の世界であるイデアの世界に還帰する。哲学とは想起である。そのような特定の霊魂観、救済観が前提である。

　このような宗教性はピュタゴラス学派の宗教観に由来する。ピュタゴラス学派は一種の宗教集団であり、幾何学を重要視した。幾何学は図形を用いるから、プラトン的に言えばディアノイアの段階であるが、イデアを観る修練である。イデアを観ることによる魂のカタルシスと救済の宗教である。理論的思惟の前提には超理論的宗教的前提が存在し、それが理論的思惟機能を独立的実体化し、理論的思惟の自律性の公理を生み、理論的思惟の性格の全体を規定する。

　ドーイヴェールトは、ギリシア哲学を一つの宗教的前提を共有する「思想共同体」と見ている。わたしたちが後のアーペルの言葉を用いて、ギリシア哲学を一つの解釈共同体（Interpretationsgemeinschaft）、論議共同体（Argumentationsgemeinschaft）と見る時、ドーイヴェールトは既に、「形相－質料」の根本的宗教動因が解釈共同体としてのギリシア哲学共通の思想的出発点であり、彼らの思想共同体の理論的思惟の「体験的範型性」を保証していると考えているように思われる。そしてその解釈共同体としてのギリシア哲学を規定している宗教的根本動因は「形相－質料」動因であると考えている。「この動因は、その中心的根本動因としてギリシア思想をまさにその初まりから支配した。大衆信仰に対してギリシア哲学理論によって要求された自律は、感覚的表象に縛られている大衆信仰の神話的形態の廃棄を意味したに過ぎない。それは形相－質料動因そのものとの絶縁を意味せず、むしろこの動因は全ギリシア思想家に共通の宗教的出発点であった。互いに対極的に対立していたギリシアの哲学的傾向の間に真に思想共同体を保証したのは、まさにこの根本動因であった」[20]。

　ピュタゴラス学派の宗教は、オルフェウス宗教に由来する。このオルフェウス宗教の人間観は、更に遡ってディオニソス的自然宗教とアポロン的文化宗教の統一に淵源する二元論的人間本性観であり、このオルフェウスの宗教運動に始まる「滅ぶべき物質的身体」と「不死の理性的霊魂」の合成物としての二分主義的人間本性観が、ピュタゴラス学派やアテーナイの哲学者、特にプラトンに大きな影響を与えたのである。ドーイヴェールトは、ピュタゴラス学派の二分主義的人間観の上部構造は、オリュンポスの文化宗教の「形相」的要素であり、下部構造は、更に古いディオニュソスの自然宗教の「質料」的要素であると考えている。ギリシア哲学の場合、その宗教的根本動因は「形相－質料」動因である。これはギリシア思想を動かす根本動因であることは間違いないとして、いかにそれは宗教的なのであろうか。プラトンの二分主義的人間観は、オルフェウスの宗教における二元論的人間観がピュタゴラス学派などを経由して入ってきた影響を受けている。オルフェウス宗教は、天界と地下の二元論的構造を持っている。オルフェウス宗教の下部構造を構成するイオニアの自然宗教の宗教動因は、形のない常に流動する「生の流れ」（der Strom des Lebens）を神聖視する自然宗教であり、上部構造は、形式・尺度・調和を重んずるオリュンポスの文化宗教である。イオニアの自然宗教は質料動因の起源であり、オリュンポスの文化宗教は形相動因の起源である。イオニアの自然宗教は、常に流動する有機的生命の流れを神聖視し、存在の生成はこの生の流れを時間の秩序において有形的固定的形式に限定することである。たとえば、一つの生物が存在することは、一つの生物という有形的固定的形式に生の流れを限定することであり、しかも一つの生物の存在は他の生物の存在を犠牲にしているという不正を現わしているので、死という「必然」（アナンケー、ἀνάγκη）、「運命」（ヘイマルメネー・テュケー、εἱμαρμένη τύχη）の返礼を受ける。アナクシマンドロスは次のように述べている。「すべての事物の神的起源は、限定的形式を欠くもの、限定できないもの（ト・アペイロン、τὸ ἄπειρον）である。事物はそれらがそこから生じたものへ正義の法則に従って還帰する。なぜなら、それらは、時間の秩序におけるそれらの不正のために罰と応報を払い合うからである」。アナクシマンドロスの「自然」（ピュシス、φύσις）は、生成と消滅の過程を通じて常に流れる生であり、有形的形式において生まれてはアナンケーに服して滅んでいくすべての事物にかかわる生の形のない流れなのである。これがギリシアの質料動因の元の意味であり、わたしたちは、その最も劇的な表現をディオニュソスの祭儀に見出すのである。一方、オリュンポスの文化宗教は、それよりも若いものであり、わたしたちのよく知っているギリシア神話の世界である。そこにおいては、感覚の目には見えない、たとえば美の理想が不死的に人格化された世界である。それは形式・尺度・調和の宗教であり、プラトン的形相の原型である。オルフェウスの宗教はこの両者を受け入れて二元的世界観を樹立した。オルフェウスの宗教において、天界の完全な形式と尺度と調和に対応する人間の理性的霊魂は超地上界たる天界より来たり、常に流動する生の流れと、死の不可避的運命（アナンケー）に服する暗い地界から生ずる物質的身体に結びつく二元論的人間観が成立した。不死的理性的霊魂は地界に下るかぎりは、牢獄たる物質的身体と結びつかざるを得ず、生成・消滅・再誕生の転生を繰り返すのである。このようなオルフェウス宗教の理性的霊魂と物質的身体という二分主義的人間観は、ピュタゴラス学派の人間観に影響を与えている。ピュタゴラス学派の霊魂観によれば、人間の霊魂は本来不滅で、神々と共にあったが、身体と結合してからは輪廻を繰り返すもので、身体の死によっても滅亡することがない。この輪廻を脱して、本来の霊魂の世界に帰るためには、現世における「浄化」（カタルシス、κάθαρσις）が必要であるとした。そこで、ピュタゴラス教団においては、感覚的認識を含まない理性的部分のみによる理性的認識としての幾何学などを熱心に行い、また厳しい宗教的戒律を課したのである。学問は霊魂のカタルシスとしての宗教的意味を持っていたのである。[21]

このように見てくると、ソクラテスの「己自身を知る」理性的存在者の自覚に基づく愛知、「魂への配慮」

としての哲学、プラトンの「霊魂の理性的部分」による真実在の認識やアリストテレスの能動的理性の観相などは、すべてオルフェウス宗教とピュタゴラス学派の霊魂観の影響を受けた「形相－質料」の宗教的動因によって規定されている。イオニアの自然哲学の「始原根拠」（アルケー、ἄρχη）による合理的説明が哲学の始まりであるとか、アテーナイの哲学の愛知が哲学の始まりと考えられて、哲学とは自律的理性の合理的営みであり、無前提の学であるというのは、独断的幻想である。ギリシア哲学の霊魂観の中に前提されている不滅の理性的霊魂観が、本来宗教的なものであることが理解されるのである。ドーイヴェールトの言うように、心に刻印された異教的宗教動因が論理的思惟を規定するとき、自律的理性という論理的思惟機能の絶対化を産み出すのである。このように理性の自律という原理は、特に近代哲学において、当然の疑うことのできない自明の前提のように考えられているが、むしろ自明の前提であるよりは宗教的な性格を持った超理論的前提としての根本動因に自我が支配される結果、現出する独断的前提と言えるのではないだろうか。

オランダの哲学者、コルネリア・ド・フォーゲルは、アテーナイの哲学、特にソクラテスとプラトンの理想とするテオーリア、すなわち、「観想的生活」の宗教的性格を指摘している。ド・フォーゲルは、『ソクラテスの弁明』に現れる三つの生き方を指摘した上で、次のように述べている。二カ所挙げることにする。

「われわれとしては、ただこの最後の種類の生活［哲学的生活］のみが、ソクラテスにとっても、また疑いもなくプラトンにとっても、人間にとって生きるに値する生活であった、と言わなければならない。すなわち、それは、自己自身を説明することができる思惟の生活であり、まさにこの思惟の働きそのものによって自己自身を外面的な事物から引き離し、それ自身を純化しつつ、理論的（観想的）反省によって超越的・超感覚的な実在の認識へと自己自身を高めるところの生活である[22]」。

「プラトンにとって、真理を〈観ること〉あるいは〈観想すること〉は、一つの宗教的な意味を有していた。〈観想する〉とは、まさに純粋な思惟によって、目に見える世界を超越しているかの永遠なる真理の何ものかにあずかることを意味していた。超越的な実在とのこの接触のゆえに、観想的生活は、道徳的な徳を含み、あるいはむしろ前提し、また人間社会に対するいくつかの基本的な義務を含むものであった[23]」。

スコラ哲学の超理論的根本動因は、「自然（natura）－恩恵（gratia）」動因である。この動因の宗教性については自明のこととしてここでは言及しないこととする[24]。

§2　近代哲学の超理論的宗教的前提「自由（Freiheit）－自然（Natur）」

わたしたちは、「近代的思惟の特色と発展過程」（本章1の§2）において、デカルトのコギトの原理から出発して現代に至る近代主義の発展段階を「真理の科学化」「科学の技術化」「技術の経済化」の三段階に分けて考察した。論理的自我が明晰・判明に、すなわち、数式と物理法則によって把捉できるものに真理を限定した結果、機械論的自然観を産み出し、主観においては、心の超越論的次元、超越論的自我を喪失し、客観においては、物理・化学以外の他の豊かな創造の法領域を縮小したことを考察した。そこで、ここでは、この近代哲学を一つの「解釈共同体」「論議共同体」と見た場合、近代的思惟において、理論的思惟の前提となっている超理論的前提が、果たして宗教的性格のものであるか、そうであるとすれば、どのような異教的宗教的前提であるかを見ておきたい。

ドーイヴェールトは、近代哲学の宗教的根本動因は「自由（Freiheit）－自然（Natur）」であると言う。わたしたちは、この近代哲学の超理論的宗教的前提の「異教的宗教性」について、先ず「自由」（Freiheit）動因について、少し検討を加えたいと思う。

近代の過程はルネサンスと共に始まり、啓蒙主義に継承され、近代合理主義に至る過程である。近代的「自由」の概念は、第一に、古い「権威」からの「解放」(liberation) としての「自由」であり、第二に、人間理性を、人間自身と世界の自由な創造者とし、認識と道徳の唯一の立法者とする積極的「自由」(liberty) である。ドーイヴェールトは、ルネサンスは一つの宗教運動であり、一七世紀のデカルトの哲学は、この人間性の宗教の根本動因に規定されていると言う。「デカルトによって基礎を置かれた近世哲学は、トマス・アキナスの中世スコラ哲学の出発点とは根本的に異なったある隠れた出発点を持っていた。トマスの哲学はローマ・カトリックの教義の合理的基礎として受容されていた。しかし、デカルトは教会とのあらゆる直接的闘争を避けようとしたけれども、デカルト主義哲学はイタリア・ルネサンス以来勃興していた人本主義運動の宗教的根本動因によって、事実上支配されていた。このルネサンスは、第一に、キリスト教を、人間の人格性と人間性の宗教 (a religion of the human personality and of humanity) に変革することを目指す一つの宗教運動であった。それは聖書的意味においてではなく、完全に自由な自律的人格性、人間自身の運命と世界の運命の唯一の支配者への再生の意味において、人間の真の再誕生を要求した。創造、罪への堕落、聖霊の交わりにおけるイエス・キリストによる贖いという聖書的中心主題は、実に、この人本主義的自由動因 (Humanistic freedon-motive) の意味において再解釈された。人間は自然理性にだけ頼って、世界と神を人間自身のかたちにかたどって再創造できたと考えた。人本主義的自由動因が、神のかたちにおける人間の創造という聖書的見解について引き起こしたこのコペルニクス的革命は、自由な解放された人間の人格性が反映されたマクロコズミックな自然像としての新しい宗教的自然観を呼び出した。ルネサンス人によるこの『自然の発見』は、世界に対する新しい宗教的態度を引き起こし、これもまた、創造、罪、奇跡についての教会的見地からの解放〈liberation〉を必要とした」[25]。

近代的自由の動因は、第一に「解放」(emancipation, liberation)の動因(motive)である。第二に、近代的自由の動因は、人間理性と理論的思惟が、新しい人間観、神観、自然観の創造者、認識と道徳の立法者であることを要求する絶対的人格性の「自律的自由」(autonomy)の動因である。デカルトの『方法序説』の方法的懐疑は、あらゆる権威に対する懐疑を含意し、その根底には、あらゆる権威からの解放の要求がある。彼は諸学問の権威、神学の権威、哲学の権威を懐疑の対象とし、また、感覚的知覚や幾何学上の最も単純な事柄にもある誤謬から、これらも懐疑の対象とした。その懐疑の果てに、この懐疑自体の担い手である思惟する我の存在の直覚的明証性の自覚に到達したのである。「思惟する我は必然的に何ものかでなければならぬ」。彼の到達した原則の第一は次の命題である。「明証的に真であると認めることなしには、いかなる事をも真であるとして受けとらぬこと、すなわち、よく注意して即断と偏見を避けること、そうして、それを疑ういかなる隙もないほど、それほどまで明晰に、それほどまで判明に〈si clairement et si distinctement〉、私の心に現れるもののほかは、何ものをも私の判断に取り入れぬということ」[26]。「我思う、故に、我在り」(cogito ergo sum)において直覚的に自覚されたのは、初めから、前提されていた「この世の中でもっとも公平に配分されている」「良識」(bon sens)であり、「理性」(raison)である。これが「明晰・判明に」思惟する論理的自我、自律的理性として自覚されたのである。彼の理性が明晰・判明に思惟するものが、真理である。この論理的自我は、この「我」の明証性に目覚めた後、次に、神存在論証を行い、次に、この神の誠実性の属性に基づいて、自然、世界の存在の明証性を立証するのである。彼は、従来の形而上学の秩序である、神論(theologia)を基礎とし、その上に立つ人間論（psychologia）、世界論（cosmologia）の秩序を破壊し、デカルトの形而上学の体系は、確実な「我」の人間論を基礎とし、この「我」が明晰・判明の明証的をもって、証明する神に存在性を保証し、次に、明証的に、すなわち、数学的、機械論的に証明できる真理の存在性を保証し、この因果的把握の連鎖の総体として機械論的自然を成立せしめたのである。彼の神存在証明は、懐疑の霧を霧散させる創造者の誠実性（veracitas）の属性を得るための方便であり、事実、それ以後の、近代哲学は、人間の「自由」と物質世界の必然的因果性を意味する「自然」との二項対立の「二律背反」（antinomy）が問題となり、神信仰は背後に退き、形而上学は、近代科学の合理性の餌食となって弱体化する。

近代哲学の「自由－自然」の根本的宗教動因は、「人間の人格性と人間性の宗教」のそれである。人間が自分自身と神と自然にその存在性を保証する尊大な存在者となり、「創造－堕落－贖い」の聖書的主題は、人間と世界の創造者、唯一の支配者としての人間の再生、人間のかたちにおける神の創造、人間の論理的自我の明晰性のみに合致する合理的世界としての機械論的自然観の創造となる。宇宙の贖いと完成の究極は、技術天国である。ドーイヴェールトは、上の引用文において「人本主義的自由動因が、神のかたちにおける人間の創造という聖書的見解について引き起こしたこのコペルニクス的革命は、自由な解放された人間の人格性が反映されたマクロコズミックな自然像としての新しい宗教的自然観を呼び出した」と述べていた。これは重要な点である。創造者なる神、立法者なる神から自らを解放し、自らを自律的立法者とした人間の「自由」の要求は、この新しい創造者の要求する、自分のかたちに創造した、新しい「機械論的自然」を呼び出したのである。超越論的自我を無視して君臨する新しい独裁者たる論理的自我は、「いのち」や「こころ」を無視し、数式と物理的法則以外の「創造の法」たる諸法則と規範を排除する「数学的自然」、「機械論的自然」を創造したのである。そしてこの新しい「自然」はマンモスの牙の如く、自分自身に向かって刃となり、人間の「自由」を脅かし、人間をも機械論的自然の一部としてテクノロジーの「処理可能物体」となしつつあるのである。

わたしたちが、本章1の§2「近代的思惟の特色と発展過程」において考察した近代的思惟の発展過程の背後に、このような超理論的宗教的前提が存在し、それが「真理の科学化」「科学の技術化」「技術の経済化」の過程を促進する宗教的根本動因であったのである。近代の実証主義は「命題の明証性」ばかりを妥当的命題のメルクマールとするが、その背後には、近代の解釈共同体、論議共同体の解釈と論議の根底に、このような更に深い「範型的明証性」が前提されていたのである。

哲学は無前提の学ではない。ギリシア哲学の背後にあるオルフェウス宗教の「形相‐質料」動因、近代哲学の背後にある「人格性と人間性の宗教」の「自由‐自然」動因がそれぞれの論理的思惟を根本的に規定しているのである。わたしたちは、心に刻印された聖書的根本動因が超理論的前提として、認識と倫理における理論的思惟を規定する「キリスト教哲学」の構築を志向するのである。

参考文献

春名純人著『哲学と神学』(法律文化社、一九八四年)。特に、第三部、第一章、第一節「ギリシア哲学」、第二節「スコラ哲学」、第三節「近代哲学」。第三章「キリスト者と非キリスト者の『関係の原理』――カルヴァンにおける心 COR と神の像 IMAGO DEI」。
春名純人著『思想の宗教的前提――キリスト教哲学論集』(聖恵授産所出版部、一九九三年)。特に第八「人間はなぜ宗教的存在か」。
春名純人著『恩恵の光と自然の光――キリスト教文化論集』(聖恵授産所出版部、二〇〇三年)。特に第一部、第二章、第一項「世界と自然を見る目」、第四項「人間の宗教的意識について」。第二部、第二章「ブルンナーとバルトの自然神学論争の現代的意義」。

春名純人「超越論哲学とキリスト教哲学——理論的思惟の超理論的宗教的前提」(『関西学院大学社会学部紀要』第一〇〇号、関西学院大学社会学部研究会、二〇〇六年)。

エフベルト・スフールマン著、春名純人監訳『技術文化と技術社会——現代の文化的危機についてのキリスト教哲学的考察』(すぐ書房、一九八四年)。

ヘルマン・ドーイヴェールト著、春名純人訳『西洋思想のたそがれ——キリスト教哲学の根本問題』(法律文化社、一九七〇年)。

ヘルマン・ドーイヴェールト、春名純人訳「科学の領域におけるキリスト教の知的武装解除の危険」(『改革派神学』第二七号、神戸改革派神学校、二〇〇〇年)。

エフベルト・スフールマン、春名純人訳「技術天国——創造の破壊について」(『関西学院大学社会学部紀要』第九六号、春名純人教授退職記念号、関西学院大学社会学部研究会、二〇〇四年、独語原文も掲載)。

注

(1) ルネ・デカルト著、落合太郎訳『方法序説』岩波文庫、一九六七年、第一部、冒頭の言葉、傍点筆者。

(2) Brunner, Emil, *Christentum und Kultur*, Theologischer Verlag Zürich, 1979, S. 202f.

(3) Schuurman, Egbert, Das „techinische Paradies" - Über die Gebrochenheit der ganzen Schöpfung,「技術天国——創造の破壊について」、原文と訳文、「関西学院大学社会学部紀要」、第九六号［春名純人教授退職記念号］、一〇、一五、一六頁。

(4) スフールマン、上掲論文、一六頁。

(5) 梅原猛著『「脳死」と臓器移植』朝日新聞社、二〇〇〇年、二九一頁。

(6) Kant, Immanuel, *Kritik der reinen Vernunft*, Bibliothek Ausgabe, 1952, B. 25.

(7) Picht, Georg, *Kants Religionsphilosophie*, Klett-Cotta, Stuttgart, 1985, SS. 506f.

(8) 春名純人「超越論哲学とキリスト教哲学——理論的思惟の超理論的宗教的前提」、第四節「アーペルの超越論的言語遂行論」参照。「関西学院大学社会学部紀要」第一〇〇号、二〇〇六年。

(9) Cf. Murray, John, *The Epistle to the Romans*, Eerdmans, Grand Rapids, 1975. pp. 39f.

(10) Vgl. Rienecker, Fritz, *Sprachlicher Schlüssel zum Griechischen Neuen Testament*, Brunnen-Verlag, Giessen und Basel, 1960. S. 287.

(11) INSTITUTIO CHRISTIANAE RELIGIONIS 1559, JOANNES CALVINI OPERA SELECTA, VOLUMEN III. Ediderunt Petrus Barth et Guilelmus Niesel, 1967, Chr. Kaiser, S. 44. 1:4:4.

(12) Cf. Kuyper, Abraham, *Lectures on Calvinism*, Fourth printing, Grand Rapids, 1953. pp. 136-138. Verglijken, *Het Calvinisme*, Höveker & Wormser, 1899. blz. 129v.

(13) Brenton, Lancelot. C. L., *The Septuagint with Apocrypha*, Greek and English, Hendrickson, 1997. p. 791. Keep thine heart with the utmost care; for out of these are the issues of life.

(14) King James Version, Keep thy heart with all dilligence; for out of it are the issues of life. Gleichnissprüche, verdeutscht von Martin Buber, „Über alle Hut wahre dein Herz, denn aus ihm ist das Entspringen des Lebens, *Die Schrift*, Bd. 4. Die Schriftwerke, Neu Ausgabe, Wissenschaftliche Buchgesellschaft, 1997. S. 219.

(15) Calvin, op. cit., vol. III, p. 178. 1:15:3.

(16) z. B. ibid. p. 256f. 2:2:13.

(17) 春名純人著『哲学と神学』法律文化社、一九八四年、第三部、第三章、参照。

(18) Vgl. Platon, *ΠΟΛΙΤΕΙΑ*, IX 571c-572b, PLATONIS OPERA, TOMUS IV, Oxford, 1957.

(19) 春名純人、前掲書、第三部、第一章、第一節「ギリシア哲学」参照。

(20) ヘルマン・ドーイヴェールト著、春名純人訳『西洋思想のたそがれ——キリスト教哲学の根本問題』法律文化社、一九七〇年、四一頁、傍点訳者。

(21) ドーイヴェールト、同訳書、三九—四二頁、一五九—一六七頁参照。

(22) コルネリア・J・ド・フォーゲル著、藤沢令夫・稲垣良典・加藤信朗他訳『ギリシア哲学と宗教』筑摩書房、一九八五年、二四二頁。

(23) ド・フォーゲル、同訳書、二四八頁。

(24) 春名純人著『哲学と神学』第三部、第一章、第二節「スコラ哲学」参照。

(25) ドーイヴェールト、前掲訳書、六三—六四頁。

(26) デカルト、前掲訳書、岩波文庫、一九六七年、二九頁。

第三章　聖書の世界観的把握から聖書的哲学の建設へ
――アブラハム・カイパーとヘルマン・ドーイヴェールト

1　キリスト教的世界観

§1　第一条件　全包括的実在観

筆者は、第一章において、キリストの十字架の和解の福音は、神と人間の和解に止まらず、神と万物との和解に及ぶことに言及した。贖罪の目的は単に人間の魂の救いに止まらず、被造世界全体の贖いと回復に及ぶのである。カイパーはこれを「福音の宇宙論的意義」（die kosmologische beteekenis van het Evangelie）と呼び、バーフィンクは「キリストの贖いの御業と恩恵の契約の宇宙論的、全世界包括的性格」（het kosmische, heel de wereld omvattende karakter van Christus' verlossingswerk en van het verbond der genade）と呼んだのである。「恩恵は自然を回復する」（gratia restituit naturam.）というのが、彼らの福音理解の本質である。福音は、霊魂と身体の統一としての全人的人間の回復、被造世界全体の回復の良き音信である。人間の罪と堕落の後、人間は、対神的には、「偶像崇拝者」、対人的には、「憎む者」［罪の堕落において、人間は、生来、神の律法を守らず、神と隣人を憎む傾向を持つ者となった。（Vgl. *Heidelberger Katechismus*, Frage 5. Ich bin von Natur geneigt, Gott und meinen Nächsten zu hassen.)」、対世界・自然的には、「破壊者」となった。外面的にはともかく、人の心を見る神の前には、人間は道徳命令〔神への愛と人への愛〕と文化命令〔神の言葉に従う被造世界の慈愛と統治〕の違反者である。神と隣人を愛せよとの命令には憎しみをもって応答し、地を従わせよとの命令には破壊をもって応答する者となった。福音は、人間の罪を贖い、人間を神と人とを愛する者に回復し、人間の罪の結果である被造世界に満ちる悲惨の解決し、被造世界を回復し、創造目的を実現するものである。元来、福音は「天にあるものと地にあるものとをキリストのもとに一つにまとめる（アナケファライオーシス）」包括的性格のものである。

アブラハム・カイパーは、神・人間・世界を包括的に観る「世界観」（die Weltanschauung）としてのキリスト教を主張した。彼の『カルヴィニズム』の英語版の第一講の標題は「ライフ・システムとしてのカルヴィニズム」（Calvinism a Life-system）であり、オランダ語版の標題は「歴史におけるカルヴィニズム」（Het Calvinisme in de Historie）である。彼が最初、これをプリンストン大学の Stone Lectures として講じた時、標題を「世界観としてのキリスト教」とする意図であった。ドイツ語の「世界観」（die Weltanschauung）に相当する英語がないこと、直訳の view of the world は、自然界の見方のみに限定されるので、life and world view がまだしも良いかと考えていた。die Weltanschauung に近い英語は life-system ではないかというアメリカの友人の勧めに従ったことが註釈に記されている。そういえば、リヒャルト・クローナーの名著『カントの世界観』の英訳（John E. Smith）は、*Kant's Weltanschauung* であって、Weltanschauung という言葉をそのまま英語として使用している。ライフ・システムは「生活原理」ではなく、「生の関与する実在体系」の謂である。この場合、WELTは、「実在」の意味であり、「実在」は「神」「人間」「世界」（狭義）である。この意味で一応、世界観とは全包括的実在観であると言い得る。

カイパーは、或る思想が世界観の名に値するためには、二つの条件が存在すると考える。人間の生に三つの根本的関係（the three fundamental relations of all human life）がある。それは「我々と神との関係」、「我々と人間との関係」「我々と世界との関係」である。「世界観」の第一の条件は、その思想がこの三基本関係における、「全包括的生原理の体系」（an all-embracing systems of principles, een principieel alomvattend levenssysteem）であるということである。「世界観」の第二の条件は、人が三基本関係において全実在を観る視点に関するものである。世界観は「独自の原理から観る独特の洞察」（a peculiar insight from a special principle, een eigen inzicht uit een eigen beginsel）でなければならない。[1] 筆者は、カイパーの考え方を基本にして、世界観を次のように定義する。「世界観とは、対神、対人［対自、対他］、対世界［対自然、対社会］の三基本関係において、独自の首尾一貫した統一的視点から全実在を解釈する全包括的実在観（an all-inclusive view of realities from a special point of view）である」[2]。アルバート・ヴォルタースの世界観の定義もカイパーの線に沿うものである。ヴォルタースは、世界観を、「物事に関する人の根本的信念の包括的枠組み」（the comprehensive framework of one's basic beliefs about things）と定義した。[3] 同書のオランダ語訳の訳者、レムケス・コーイストラが「物事」（things）という言葉を「良くない」（niet gemakkelijk）と考え、「実在」（werkelijkheid）と変更し、世界観が全包括的実在観であることを明確にしたことは、我々の上述した思想に適うことである。[4] 世界観とは「実在について人が持っている基本的信念の全体（het geheel van iemands fundamentele geloofsopvattingen aangaande de werkelijkheid）である」[5]。

§2　第二条件　統一的視点

上述の如く、或る思想が「世界観」の名に値するための第二の条件は、人が三基本関係において全実在を観る「視点」(der Gesichtspunkt) に関するものである。世界観は「独自の原理から観る独特の洞察」(a peculiar insight from a special principle, een eigen inzicht uit een eigen beginsel) でなければならない。人間の魂の救いにのみ関心が集中し、被造世界の出来事には無関心である場合がある。神学が救済論中心で創造論に対する関心を喪失している場合もそれに当たる。逆に、三基本関係についての包括的関心があっても、対神関係においてのみ有神論者 (theist) であり、対人関係においては人間を自己充足的存在者と観る人本主義者 (humanist)、対自然関係においては形而上学的・神学的命題を一切承認しない実証主義者 (positivist) というように、三実体を観る「視点」が分散的であり、さまざまな世界観が折衷的に混在しており、首尾一貫性、整合性 (consistency) を欠いている場合がある。わたしたちが被造世界の全領域において「神の御前にある」(coram Deo) には、首尾一貫した聖書的有神論の視点から全実在を包括的に観る見方を確立しなければならない。現今、説得力を喪失したが、唯物論 (materialism) という首尾一貫した立場から全実在を観るマルクス主義は、形式的には「世界観」の名に値する思想体系である。

抑もカイパーは何故、「世界観」としてのキリスト教を主張したのであろうか。それは当時のオランダにドイツから近代主義 (modernism) の世界観が流入し、人々の実在観に、従って神学にも大きな影響を及ぼしたからである。「二つの世界観［キリスト教と近代主義］が死闘を続けている。近代主義は自然的人間の与件から世界を構成しようと戦い、また自然の与件から人間自身を構築しようと戦っている」[6]。第二章でも明らかにしたように、近代主義は「自由と自然」の二元論の首尾一貫した視点から神・人間・世界を観る全包括的世界観である。認識論におけるカントのコペルニクス的革命による認識構成説を基調としている。認識は感性的与件を悟性が範疇を適用しながら構成することである。すなわち、世界は自律的理論理性が因果性の範疇を投入しながら構成していく自然必然性の現象世界であり、ここに宗教的意味、一般啓示的意味を持ち込んではならない。自然啓示や救済史や歴史的プロテスタント諸信条［オランダ改革派教会の信条は、『ベルギー信条』（一五六一年）、『ハイデルベルク信仰問答』（一五六三年）、『ドルト信仰規準』（一六一九年）である］の教えは凡その規範的意味を失う。現象的世界［自然］を超える叡智的世界は実践理性の領域である。実践理性は道徳法則を定立する意志であり、意志は立法者であり、人間は自ら定立した道徳法則によって自らを規定する「自律」（Autonomie）において自由である。正に「自然的人間」の自律的与件から道徳を構築しようとしている。当時の大学教授（当時オランダの大学はライデン、ユトレヒト、フローニンヘンの三つ）の九〇％が「自律信奉者」（Normalist）であったと言う。[7] すなわち、「全的堕落」のプロテスタント教理を信じていなかったということである。カイパー自身もキリストの復活を信じないほどの自由主義者になっていた。ライデン大学で近代主義の人文教育を受けたことが、ライデン大学神学校に進学したとき、自由主義神学の主唱者、組織神学教授スホルテン（Joannes Henricus Scholten）の思想を最新の科学的神学思想として受け入れる素地を与えたと思われる。[8]

なぜオランダの教会が、唯々諾々と近代主義の軍門に降ったのか、その理由は、教会が、魂の救いのみを教える福音の救拯論的意味に閉じ籠もり、人間と自然と社会の回復に繋がる福音の壮大な宇宙論的意義を教えなかったからである。全包括的実在観を提示しなかったからである。カイパーの最初からの持論は、原理には原理をもって対抗しなければならないということである。「戦いが、栄誉と勝利の希望を持って戦われるべきであるならば、原理が原理に対置されなければならない(. . . then *principle* must be arrayed against *principle*. . . . dan moet weer *beginsel* tegen *beginsel* worden gesteld.)。近代主義においては、全包括的原理(an all-embracing *life-system*, een alomvattend beginsel)の計り知れない力がわれわれを襲撃しているということが自覚されなければならない。その際、われわれも同様に全包括的な力を持った原理(life-system, beginsel)を主張すべきであるということが理解されなければならない(9)」。

また同時に、キリスト教がモダニズムの前に弱体であったのは、神と人間と世界を聖書的有神論の統一的視点から観る聖書的視点を提示しなかったからである。つまり世界観に対抗するに世界観の統一的視点を保持しなかったからである。「なぜわれわれキリスト者は、近代主義に直面してかくも弱体であったのか。なぜわれわれは、いつも退却を繰り返したのか。それは専ら次の理由から説明される。生概念の統一性(unity of life-conception, die eenheid van levensconceptie)を欠いていたからである。それのみが戦線で首尾良く敵の生概念(een u vijandige levensconceptie)を退けることが出来るからである。……この出発点の統一性(this unity of starting point, die eenheid van uitgangspunt)とライフ・システム(life-system)、歴史的生観念(historische levensopvatting)なしには、われわれには、自立した立場を維持する力は欠けており、抵抗する力は消え失せる(10)」。

或る思想が世界観の名に値するためには、第一に、その思想が全包括的実在観であること、第二に、その思想が全実在を観る首尾一貫した統一的視点を保持するということである。哲学的に表現すれば、前者は存在論の問題であり、後者は認識論の問題である。カントによる認識論のコペルニクス的転回によって、学的認識を現象世界に限定し、認識の世界から形而上学を排除し、神(Gott)、魂(Seele)、世界総体(Weltall)を認識統制理念とし、これらを実践理性の領域に委ねた後は、キリスト者は、被造世界について発言から退却し、神学を魂の救済論に限定し、創造論について発言を控えるようになった。神学は道徳神学、宗教体験の神学、価値判断の学となり、次第に内面化の過程を辿った。福音は救拯論的に一元化し、福音の被造世界全体に持つ豊かな意味としてのコズモロジカルな側面は視野の外に押しやられた。キリスト者が創造・堕落・救済の聖書的有神論の視点から、首尾一貫して、自然と社会と歴史を視野に入れた全包括的実在観を樹立することが必須のことと思われたのである。キリスト者は道徳を語る時も、自然と社会と歴史について語る時も有神論者である。彼はあらゆる領域において「神の面前に」(in the presence of God, coram Deo) に在る。

2 「対立」の原理と「二種類の科学」論

§1 「対立」(Antithesis) の原理

世界観の条件は、第一に、或る思想が「全包括的実在観」を提示する「全包括的原理」(an all-embracing *life-system*, een alomvattend beginsel) を保持すること、第二に、実在の全体を首尾一貫的に観る「斉合的視点」(a consistent point of view) の原理を保持することである。前者は存在論の問題であり、後者は認識論の問題である。後者の統一的視点の問題は、上述の「出発点の統一性」(the unity of starting point, die eenheid van uitgangspunt) に関わる問題である。キリスト者の思惟の根底にある意識の統一性、超越論的統覚、実在観がそこから出発する出発点の問題である。

「だれでもキリストにあるならば、その人は新しく造られた者である」（Ⅱコリント五・一七［口語訳］）。キリスト者は心を神の像に再創造された者である。カイパーはキリスト者と非キリスト者［未キリスト者］の自己意識の「対立」（Antithesis）に注目し、両者の学的思惟と理論的認識が、原理的に対立的であることを見抜いた最初の人である。「対立」の原理は「総合」（Synthesis）の原理に対立する。カトリシズム（Romanism）と近代主義（Modernism）は、根底に「総合」の思想を保持している。カトリシズムの、「恩恵は自然を廃棄せず、完成する」（gratia non tollit naturam, sed perficit.）という思想は「総合」の思想である。人間本性の全的堕落を承認せず、自然的理性の定立する神観・霊魂観・世界観を、啓示の教示する神観・霊魂観・世界観が補正し、完成するという、「自然と恩恵」の二元論、「総合」の思想である。この立場は、救いの理論においては、セミ・ペラギウス主義となる。罪によって傷ついた意志は、信仰による聖寵の注入によって補強された自律的意志となり、善行を行い、この善行によって救われる。これは「総合」の思想であり、救いにおけるシュナージー（Synergismus）の思想である。近代主義は、あらゆる権威からの解放としての自由を要求する運動に端緒を持ち、この自由が機械論的自然を産み出した過程については、第二章において詳述した。近代主義の「自由と自然」の二元論も「総合」の思想であり、現代哲学もこの近代的思惟の構造を克服していない。そこでは、恩恵は「自然必然性」から「自由」を回復するために人間の理性が要請する手段である。

カイパーにおいてはキリスト者と非キリスト者の自己意識・心の内容は根本的に異質である。この問題は、彼の『神学綱要』［*Encyclopaedie der Heilige Godgeleerdheid*, J. A. Wormser, Amsterdam, 1894, deel twee, Eerste Afdeeling, Hoofdstuk III, Tweeërlei ontwikkeling der wetenschap「二種類の学問の発展」、§13 Tweeërlei soort menschen「二種類の人間」、§14 Tweeërlei wetenschap「二種類の学問」］、及び『カルヴィニズム』第四章「カ

ルヴィニズムと学問」（Calvinism and Science, het calvinisme en de wetenschap）において取り上げられている。人間の自己意識はすべての科学者の第一真理（het primum-verum）であり、出発点である。彼はキリスト者の自己意識の内容、あるいは構成要素として三つを挙げている。これらの三要素が無ければ、キリスト者の自己意識そのものが成立しない。それは「罪意識、罪観念」（the consciousness of sin, het zondebewustzijn, het zondebesef）、「信仰の確かさ」（the certainty of faith, de geloofszekerheid, de geloofsverzekerdheid）、「聖霊の証言」（Testimonium Spiritus Sancti, het getuigenis des Heiligen Geestes）である。再生者は自己を罪人と認識している。回心者はキリストの十字架と復活の贖罪の確かな救拯的信仰を保持している。聖霊の証言を受けた者は、聖書を神の言葉と信じている。(11)

「非再生者は、罪についての実質的知識を持たず、未回心者は、信仰の確実性を持たず、聖霊の証言を欠いている者は、聖書を信じることができない（Wie niet wedergeboren is, *kan* geen wezenlijke kennisse van zonde hebben, en wie niet bekeerd is, *kan* geen geloofszekerheid bezitten; wie het Testimonium Spiritus Sancti mist, *kan* niet gelooven in de Heilige Schrift）。これらすべてのことは、キリストご自身の厳粛な御言葉によれば「だれでも新しく生まれなければ神の国を見ることはできない」のであり、また使徒の言葉によれば「生れながらの人は、神の御霊の賜物を受けいれない」（Ⅰコリント二・一四〔口語訳〕）ということである(12)。「聖霊によらなければ、だれも『イエスは主である』と言うことができない」（Ⅰコリント一二・三〔口語訳〕）を付け加えることもできる。罪の自覚、キリストの御業の認識、神の言葉としての聖書の受容、これらは、生まれながらの人、自然の人が絶対に認めることができない内容であり、御霊の有効召命によってのみ与えられる自己意識の内容である。

自然人、生まれながらの人（ホイ・プシキコイ）は、生来、その心に、カルヴァンが、「宗教の種」（semen religionis）や「神聖感覚」（sensus divinitatis）と呼ぶような宗教性を保持するが、それは聖霊による再生の恩恵に浴せざるかぎりは、異教宗教的自己意識へと成長する種子である。このように、再生者と未再生者が、その心、すなわち、自己意識において対立した内容を保持しているとすれば、その心から出る一切の生の営み、知性と意志の働きは相違している。Out of the heart are the issues of life.（箴言四・二三）科学・学問の思惟も対立している。「この人間の自己意識が第一真理であり、したがって、また、すべての科学者の出発点でなければならないことが真実であれば、そこから出て来る論理的結論は、両者が一致することは、不可能であり、両者を一致させようとするあらゆる努力は必ず失敗に帰するということである」[13]。「いかに、両者が形式的に同じことをしたとしても、両者の仕事は異なっている。なぜならば、彼らは異なった出発点（uitgangspunt）を持っているからである。すなわち、全く本性において異なったものとしてこの仕事に参加しているからであり、したがって、事物を全く異なった風に見ているからである。彼ら自身がそれぞれ異なって存在しているから、彼らにとって諸事物は異なって存在している。したがって、彼らは一つの家の異なった部分を建築しているのではなくて、各々はそれぞれの家を建築しているのである」[14]。このカイパーの議論は、第二章で述べた、エフェソ書四章の、キリスト者の心と非キリスト者の心を対比している拙論を想起すれば理解の助けとなる。未再生者の心は、宗教の種が蒔かれており、神聖感覚があっても、自己意識の内容としては、「空しい心」「心の空虚」（マタイオテース・トウ・ヌース、エフェソ四・一七）であり、「心の硬化・目の見えない状態」（ポーローシス・テース・カルディアス、四・一八）にある。従って、この「神の命から遠く離れた」霊的死に捕らわれた心に座を持つ「知性」（ディアノイア）は認識的には「暗くされた」（エスコトーメノス〈スコトオー〉）状態に陥っている。キリスト者の心は、「真理の義と聖」(ディカイオシュネー・カイ・ホシオテース・テース・アレーテイアス、四・二四)において神の像に再創造された心である。再生者と未再生者が科学の家を建築する時、彼らの知性はそれぞれの結果を出している。「彼らが、彼らの結果(resultaat)に到達した時、彼らは、諸結果が多くの点で矛盾しており、全く異なっていることを隠すことはできない。そして、事情がかくのごとくであるかぎり、各々のグループは、一方のグループがどんな反対のことを主張しようとも、自ら提出するものによって、当然に、それを否定するのである」[15]。心(カルディア)は生のすべての営みの出発点(uitgangspunt)であり、知性の座であるから、二種類の科学者の自己意識から発出する諸結果(resultaten)は、質的に相違するものであり、「二種類の科学」(two systems of science, tweeërlei wetenschap)を産出する。信仰と理性、信仰と科学が対立するのではない。真に対立するのは、「非再生者の自己意識とこれに座を持つ自然理性」と「再生者の自己意識とこれに座を持つ再生理性」である。

§2 カルヴァンの「心」の解釈

心は人間の根元的自己意識、そこからすべての生の営みが発出する命の泉である。この自己意識の内容は、キリスト者と非キリスト者において根元的に対立する二者であり、両者はいずれも宗教的性格のものである。この理解はカルヴァンの線に沿うものである。カルヴァンがローマ書一二章一―二節とエフェソ書四章一七節以下について、註解書と『キリスト教綱要』において述べているところを考察する。

ローマ書一二章一―二節は、次のように述べている。「むしろ、心を新たにして自分を変えていただき、何が神の御心であるか、何が善いことで、神に喜ばれ、また完全なことであるかをわきまえるようになりなさい」（新共同訳）。「むしろ、心を新たにすることによって、造りかえられ、何が神の御旨であるか、何が善であって、神に喜ばれ、かつ全きことであるかを、わきまえ知るべきである」（口語訳）。

ここで「心を新たにすることによって自分を変えていただく」という場合、「造り変える」という言葉は、「メタモルフォオー」という言葉である。「メタモルフォーゼ」という言葉は、生物などで教えられたように「変態」を意味する言葉である。「変態」とは、その形態が同型ではなく変質することを意味する。

新改訳聖書は「心の一新によって自分を変えなさい」と訳している。「心の一新によって」は良い訳だと思うが、「自分を変えなさい」ではなくて「自分を変えていただきなさい」ということである。「自分を造りかえていただく」ためには、「心（ヌース）の一新（アナカイノーシス）」が必要である。

「心」は神の像の宿る座である。心という存在の最も深い、神の像の宿る座が、神の像に再創造されることによって、自分自身が以前と違った者に造り変えられる。エフェソ書とコロサイ書は、キリスト者になるということは、知識と義と聖において神の像に造り変えられることであると述べている。エフェソ書は、「あなたがたは今後、異邦人がむなしい心（ヌース）で歩いているように歩いてはならない。彼らの知力は暗くなり、その内なる無知と心（カルディア）の硬化とにより、神のいのちから遠く離れ、自ら無感覚になって、ほしいままにあらゆる不潔な行いをして、放縦に身をゆだねている」（エフェソ四・一七―一九）と言う。そして、それと対比して、「あなたがたは、以前の生活に属する、情欲に迷って滅び行く古き人を脱ぎ捨て、心（ヌース）の深みまで新たにされて、真の義と聖とをそなえた神にかたどって造られた新しき人を着るべきである」（四・二二―二四〔口語訳〕）。「あなたがたは、古き人をその行いと一緒に脱ぎ捨て、造り主のかたちに従って新しくされ、真の知識に至る新しき人を着たのである」（コロサイ三・九―一〇）。心の一新とは、神のかたちの宿る座が、神の像に再創造されることであり、それは真の神を知る知識、神の律法に従う義、それに従って生活する聖さを得ることであると述べているのである。

チャールズ・ホッジは、ローマ書一二章二節の「心の一新によって自分を変えていただきなさい」について次のように述べている。「キリスト者に勧告されている変革は、単に外面的な変化ではなく、心（heart）の変化から生起する変革であり、心（mind）の状態全体の変化である。ヌース（mind）という言葉は、ここと同様、ローマ書一章二八節、エフェソ書四章一七、二三節、コロサイ書二章一八節など、新約聖書でしばしば使われている。それらは殆どすべての場合、〈heart〉という言葉と相違はなく、魂の全体（the whole soul）を意味する広い意味である」[16]。ホッジはエフェソ書四章一七節の「異邦人がむなしい心で歩いている」についても、『エフェソ書註解』で、上記『ローマ書註解』と同じことを述べている。「この節のヌース、mind は、感情を度外視して知性に言及しているのでもなく、知性を度外視して感情に言及しているのでもない。この言葉は両方を含んでいる。すなわち、理性、悟性、良心、情感などのすべてが、この言葉に含意されている。或る時には、精神活動のこれらの諸様態の一つが、或る時には、別の様態が特別に言及されるが、今の場合には、魂の全体（the whole soul）が意図されているのである」[17]。

この説明は、大体カルヴァンの理解に沿ったものである。カルヴァンも「心（ヌース）の空しさ」（エフェソ四・一七）の注釈（ラテン語版）において同様のことを語っている。「パウロは、『彼らの心（mens）は空しい』と述べている。だが、心（mens）とは、人間の生の中で最高位を保持するもの（ea. quae primas tenet in hominis vita）であり、理性の座（sedes rationis）であり、意志（voluntas）に先行し、腐敗した欲望（appetitus）を抑制する。それゆえ、いまでも、心はソルボンヌの神学者によって『女王』（regina）と呼ばれているのである。しかし、事実、パウロは、そこに、空しさ（vanitas）以外の何の残余物も残さないのである」[18]。これに続いて、カルヴァンは、「彼らの知力は暗くなり」に言及して、「知力」を「ディアノイア」とギリシア語で書き、知力を「心の子供」（filia eius = mentis）と呼んでいる[19]。カルヴァンにとって「心」（ヌース、mens）は、人間の生の最高位の部分であり、理性と意志と感情の座である。そして心の能力である理性、意志、感情は、心に座を持つ子供である。「心が空しい」とき、「知力」を初め、心の諸能力は、認識と道徳において甚だ暗いのである。まず「心の一新」によって「造り変えられる」ことがなければ、「心」は宗教と道徳において、すなわち、知識と義と聖という神の像を喪失した「空虚な状態」（マタイオテース）であり、「硬化または目の見えない状態」（ポーローシス）であり、「知力」（ディアノイア）は「暗い」のである。

これらの用法は『キリスト教綱要』においても同様であり、充分に展開されている。カルヴァンにおいて、心性の諸能力（facultates mentis）とは知性と理性と意志である。「知性」（intellectus）は、真偽判断の能力であり、「理性」（ratio）は、善悪判断の能力であり、「意志」（voluntas）は、善の選択能力である。心性の諸能力は、心（cor）と精神（mens）に座（sedes）を持っている。神の像の第一位の座（primaria sedes Divinae imaginis）は、心（cor）＝精神（mens）にある[20]。堕落後の人間は、生の根源である「心」と「精神」において、知識と義と聖において、神の像を喪失している。「心の正しさ」（rectitudo cordis）と「精神の健全さ」（sanitas mentis）を喪失している[21]。心の刷新とは、ここにおいて、キリストに在って、神の像に再創造されることである。カルヴァンはこの『キリスト教綱要』においても、エフェソ書四章二三節とローマ書一二章二節を引用しつつ、人間の魂の最高位の部分である「心」の刷新の必要を訴えるのである。「パウロは単に肥満した欲望の数々を無に追い込むことばかりではなく、われわれが心の深みまで新たにされること（nos spiritu mentis renovari）［エフェソ四・二三］を命じるのである。さらに別な所では、われわれが心の一新によって造り変えられること（transformari nos in novitate mentis）［ローマ一二・二］を命じている。そこから明らかになることは、魂の優位性（praestantia）と高貴性（nobilitas）が最高度に輝くその部分［心］は単に傷付いているばかりでなく、そんなにも腐敗しているので、単に治療されなければならないという程度ではなく、新しい本性を纏わせなければならないということである。われわれは、間もなく、精神（mens）と心（cor）とが、どれほど、罪に占領されているかを見ることになる」[22][23]。

カルヴァンは『ローマ書註解』（ラテン語版）の一二章二節の釈義においても「心［ラテン語版、心＝mens、フランス語版、精神＝esprit］の一新によって造りかえられること」（in novitatem mentis transfigurari）について、『エフェソ書註解』と同様のことを語っている。「それでは、ここで、どのような一新（innovatio）がわれわれに要求されているのであるかに注意しなければならない。それは、明らかに、決して、（ソルボンヌの神学者たちによって、肉という名は魂の劣った部分（inferior animae pars）と解釈されているような）肉の一新ではない。われわれの最も卓絶した部分である心（mens, quae pars est nostri excellentissima）、哲学者たちが最高権威をそれに帰している心（mens, cui principatum attribuunt Philosophi）の一新のことである」[24]。

ここでカルヴァンが強く否定しているのは、ソルボンヌの神学者たち、カトリックのトマス主義神学者たち、彼らに影響を及ぼしているアリストテレス主義の哲学者たちが、刷新を必要としている堕落している部分は、魂の肉体と結合した部分だけであり、心（ヌース）、精神（エスプリ）という最高権威を占める部分は罪とは関係のない無傷の部分であるという主張である。カルヴァンにとっては、刷新を必要としている部分は、正に人間の生の中で最高位を保持する部分、われわれの最も卓絶した部分である心そのものなのである。人間がキリストに在って再創造されるとは、魂の最高位を保持する心、神の像の宿る座、心の諸能力たる知性、理性、意志の座としての心が知識と義と聖において造り変えられることである。

ジョン・マーレーは「心の一新によって自分を変えていただく」ことについて、魂の中心である心の聖化の過程を強調している。この言葉は、われわれが、思想と理解の座（the seat of thought and understanding）である心の一新によって変身させられていく過程の中に絶えず置かれていることを意味している。この世の外面的な同型化を戒めたあとで、ここでは絶えざる更新の過程の中で築き上げられていく心の座に関わる永続的変化が勧められている。聖化は意識の中心にある心における革命的変化の過程である。これが聖書的倫理の通奏基調を奏でているのである。これは意識の座（the seat of consciousness）における絶えざる更新と変身の概念である。(25)

このように、キリストに在る再創造が、魂の最高位を保持する心、神の像の宿る座、心の諸能力たる知性、理性、意志の座としての心の知識と義と聖における変革であるとすれば、再生的理性の産み出す諸学は、自然的理性の産み出す諸学と質的に相違している。この点から、カイパーの自然と恩恵の「総合」（Synthesis）を拒否する「対立」（Antithesis）の原理とこれに基づく「二種類の学問」（Two systems of science, Tweeërlei wetenschap）の主張は、如何なる意味でも自然神学を拒否するカルヴィニズムの線上にある。

§3　カイパーの不徹底性

カイパーは画期的な「自己意識の対立」を明らかにし、「二種類の学問論」を説いたにもかかわらず、そこに或る不徹底性が存在する。再生者と非再生者は、心（カルディア、cor, heart）、精神（ヌース、mens, mind）

における対立があり、自己意識の内容が相違している。心に座を持つ理性の働きも再生理性と自然的理性として対立するので、学的成果も二種類の建築物である。しかしカイパーは如何なる自然神学と「総合」(Synthesis)をも拒否する画期的な「対立」(Antithesis)の原理に立つ二種類の学問論と一致しない領域を承認する不徹底性を示すことになる。如何なる場合でも、この対立が明確であるわけではない。「なぜなら、二つのグループの区別がいかなる影響も与えない非常に広い研究領域(omdat er een zeer breed terrein van onderzoek is, waarop het verschil tussen beide groepen *geen* invloed oefent.)があるからである」[26]。その領域を三つに分けて論じている。

第一は、計測とか計量に関わる数学の領域である。これは原初的知覚の領域と呼ばれている。「長さを測ること、重さを計ること、数を数えることに限定される、原初的知覚の全領域(geheel het gebied van de meer primitieve waarneming)は、両グループに共通(aan beide gemeen)である。われわれの感覚器官――単一にせよ複合にせよ――によって知覚し得る事物についてのすべての経験的研究(het geheele empirisch onderzoek der door onze zintuigen [gewapend of ongewapend] waarneembare dingen)は、両グループを原理的に分けている区別の外にある」[27]。さらに、原初的知覚に基づいている自然科学も、原理的区別の外にある認識的共通領域であると考えている。「自然科学的研究の成果において絶対的に確実なものの意義を同等に評価することは重要であるとするなら、これらの諸研究において、出発点や立場の相違が何の影響も与えない共通領域(een *gemeenschappelijk* terrein, waarop het verschil van uitgangspunt en standpunt zich niet laat gelden)が存在することは、感謝して承認さるべきことである」[28]。

第二は、或る種の精神科学(de geestelijke wetenschappen)においても共通領域が存在する。「精神科学には、人間の心理的‐身体的性質（psychisch-somatische natuur van den mensch）が混入している。従って、精神活動の対象は或る程度まで身体的性質において表現される」[29]。ロゴスは、精神的活動であるが、言語において（in *de taal*）、身体的活動において表現される。「従って明らかなことは、これらの精神科学の研究も、外的に知覚し得る事実の表現（de constateering van uitwendig waarneembaare feiten）に、少なくとも部分的には、携わっているということである」[30]。歴史学の場合も同様、その骨格は、「出来事と事実」（gebeurtenissen en feiten）[31]から成立しており、その出来事と事実の叙述は、あらゆる種類の明白な資料の研究に基づいていなければならない。「言語学（de studie *der Taal*）についても同様である。それは、音声、言葉、形式を、その成立と歴史的発展において、目や耳によって観察されるあらゆる種類の資料や知覚（allerlei bescheiden en allerlei waarneming）でもって確定するところから出発しなければならない」[32]。殆どの精神科学において、心理学も部分的には、身体的側面（physiologische zijde）を持っている。これらの精神科学は、身体的知覚の対象になるような出来事や事実を扱う限り、自然科学と共通する側面を持っており、その限り、これらの精神科学は低次の自然科学であると考えられている。「これらすべての研究は、或る程度までは、低次の自然科学と同等である」（Alle deze onderzoekingen nu staan, tot op zekere hoogte, met de lagere natuurkundige wetenschappen op één lijn）[33]。その限りにおいて、人間の宗教的自己意識の内容如何に拘わらず、これらの諸科学の研究は、「対立の原理」の適用の外にある一種類の学問であると考えられている。

第三に、再生者も非［未］再生者も同じ論理の法則を駆使するから、論理学も両者に共通の領域であると考えている。「思惟という形式的な仕事（de formeele arbeid van het denken）は、罪の事実によっても損なわれていないし、そのために、再生者（de palingenesie）が、この思惟の営みにおいても、如何なる変化も引き起こしたということはない。二種類の論理があるのではなく、ただ一つの論理（ééne logica）がある。ここから生じることが、元来、哲学的、或いは、心理学的諸学問の一部と言われている論理学が、二重（dubbel）に研究される必要がないということであるとすれば、ここから生じる利益は少なくない[34]」。利益として二つ挙げている。両者が同一の論理に従っているからこそ、二種類の学問は、互いの「論証の正確性」（de juistheid van elkanders bewijsvoering）を批判し検証することができる。またお互に自分の立場を正当化するために（om zijn standpunt voor elkaar te rechtvaardigen）、相互に主張し合うことができる[35]。

しかし、両者がそれぞれに、二種類の学的認識の建造物を建立しているとすれば、このような認識的な「共通領域」（gemeenschappelijke terreinen）の承認は、デカルトの学問の木ではないが、根から幹までは、認識的共通領域であり、上方の少しの部分が二種類に枝分かれしているとも考えられる。両者が一軒の家を建て、二階に別々の部屋を建てているなら、「自然と恩恵」の二元論である。もしそうであれば、この思想は自然理性と再生理性の「総合」の思想であり、「対立」の思想を完全に裏切っている。この思想は「対立」の思想を、カイパー自らが否定した「綜合」を前提とする「反定立」の思想となっている。罪と堕落が認識的に、また倫理的に影響を及ぼさない領域を承認するならば、如何なる思惟も自然神学に陥る。

カイパーは近代主義をあれほど批判したにもかかわらず、近代哲学の認識論を基礎付けたカントの認識論の影響を受けている。

第一の共通領域は、計測とか計量に関わる数学の領域である。カイパーは、計測とか計量は、原初的知覚（de primitieve waarneming）の領域であり、原初的知覚の全領域と感覚器官によって知覚し得る事物についてのすべての経験的研究は、両グループに共通であると言う。しかし、カントにとっては、「長さを測る」とか「数を数える」とかいうことは、「原初的知覚」ではなく、「感性的知覚」(Sinnliche Wahrnehmung)であり、それ自身、人間の自律的認識行為である。「原初的知覚」とは、「見ている」、「聞いている」ということであって、「或る長さを持ったものがある」とか、「数系列がある」とか言うことではない。

カントにおいては、認識能力は、「感性」(Sinnlichkeit)と「悟性」(Verstand)である。感性は「受容性の能力」(das Vermögen der Empfänglichkeit)であり、悟性は「自発性の能力」(das Vermögen der Spontaneität)である。感性は時間と空間という純粋直観形式を持ち、これを通して対象についての感性的直観を得る。「目で見る」「耳で聞く」ということは、時間と空間の枠組みの中で感覚器官を通して感性が受取る対象についての知覚である。超時間的、超空間的知覚なるものは存在しない。カイパーは「長さを測ること」や「数を数えること」を原初的知覚としてこの感性的直観と同一視しているようである。「長さを測ること」や「数を数えること」は、原初的知覚ではなく学問的認識である。認識とは感性が受容した認識材料(data, die Gegebenen［与件］)を、自発性の能力としての悟性が、先天的形式たる純粋悟性概念［範疇］を投入しつつ、学問的知識に構成したものである。カントは、「数を数える」とか「長さを計る」とか、数学的認識の可能性を次のように説明している。「量」(Quantität)の範疇は、「単一性」(Einheit)、「数多性」(Vielheit)、「全体性」(Allheit)である。学的認識が成立するためには、この先天的範疇が、時間の形式に図式化される。悟性の形式である範疇と感性の形式である時間を総合するのが「超越論的統覚」(transzendentale Aperzeption)である。その結果、範疇は「一つの時間」(eine Zeit)、「多くの時間」(viele Zeit)、「全体の時間」(alle Zeit)となり、その図式(Schematismus)は、「時間系列」(eine Zeitreihe)である。直観と概念が結合する「先天的総合判断」は、「原則の体系」(System aller Grundsätze)を産み出す。「量」の範疇と直観の総合の原則は、「直観の公理」である。「直観の公理」（Axiome der Anschauung）とは、「すべての直観は外延量である」（Alle Anschauungen sind extensive Größen）。われわれが、或るものを見る時、その物は或る長さを持ったものとして知覚される。しかし、それは既にわれわれの認識構成作用の結果である。われわれの直観は「一つの時間」から「数多の時間」へ、さらに「全体の時間」へと、時間点の移行する量であり、すべての現象は、時間点から時間点へ、部分から部分への移行の中で「延長量」「外延量」「長さ」として把握される。そのことによって、われわれは、時間と空間の中に生起するすべての現象を、「或る長さを持ったもの」、「計測可能なもの」として知覚する。「長さを測ること」や数学的計算が可能となるのは、人間の悟性が、現象に「原則」を投入する認識構成作用による。

「耳で聞く」音も既に強弱を持った計測可能なものとして聞こえているということも同様である。「質」（Quantität）の範疇は、「実在性」（Realität）、「否定性」（Negation）、「限定性」（Limitation）である。時間化による図式は「時間内容」（Zeitinhalt）であり、「満たされた時間」（erfüllte Zeit）、「空虚な時間」（leere Zeit）、「多・少の時間」（mehr oder weniger Zeit）である。「原則」は「知覚の予料、或いは、先取的認識」（Antitipationen der Wahrnehmung）であり、その命題は「すべての現象の中において、感覚の対象である実在的なものは、内包量、すなわち、度を持っている」（In allen Erscheinungen hat das Reale, was ein Gegenstand der Empfindung ist, intensive Größe, d. i. einen Grad）。或る音、例えば雷鳴、或いは、動物の鳴き声や音楽を聞いたとき、その音がフォルテッシモになったり、ピアニッシモになったり、聞こえなくなったりする、「度」（Grad）を持った計測可能なものとして「耳で聞いている」が、「聞こえているもの」をそのような計量可能なものとして聞いているのは、既に「知覚の先取的認識」として、悟性が先回りして現象を感覚に対して先取的に秩序付けているからである。そうでなければ、現象は単なる「感性の多様」であり、混乱であり、計測や計量は不可能である。

さらに、カイパーは、自然科学も、同様に、原初的知覚に基づいているから、認識的共通領域であると考えている。しかし、カントは、自然科学的認識の可能性の根拠をどのように説明したのか。自然現象の因果法則的把握を目的とする自然科学は、「関係」の範疇に密接に関係する。「関係」（Relation）の範疇は、「実体性」（Substanz）、「因果性」（Kausalität）、「相互性」（Gemeinschaft）である。この範疇の時間化に成立する「図式」は、持続性、継起性、同時性の「時間順序」である。先天的総合判断に成立する「原則」は、「経験の類推」（Analogien der Erfahrung）である。その内容は次の通りである。「経験が私に可能となるのは、知覚の必然的結合の表象によってである」。この命題は三つに分かれるが、最も重要な「因果性」の範疇に関係する、第二類推「因果性の法則に従う時間継起の原則」（Grundsatz der Zeitfolge nach dem Gesetze der Kausalität）、は、次の通りである。「すべての変化は原因と結果の結合の法則に従って生起する」（Alle Veränderungen geschehen nach dem Gesetze der Verknüpfung der Ursache und Wirkung）。認識が成立するのは、宇宙、世界、自然の中に法則性があるからではなく、悟性［理論理性］が、範疇を、正確には「悟性原則」を投入するからである。自然科学的認識が成立するのは、宇宙、世界、自然の中に、認識主観が「範疇」や「原則」を投入して秩序を与えていくからである。[36]

カイパーは、計測とか計量は、原初的知覚（de primitieve waarneming）の領域であり、原初的知覚の全領域と感覚器官によって知覚し得る事物についてのすべての経験的研究は、両グループに共通であると述べた。また自然科学の研究において、出発点や立場の相違が何の影響も与えない共通領域（een *gemeenschappelijk* terrein, waarop het verschil van uitgangspunt en standpunt zich niet laat gelden）が存在すると述べた。さらに、低次の自然科学として、幾つかの学問をも、認識的共通領域として承認した。カイパーが共通領域として承認する条件は、目や耳によって外的に知覚し得る事実、出来事、資料、要するに、これらの原初的知覚から出発するということであった。その限りにおいて、人間の宗教的自己意識の内容如何に拘わらず、これらの諸科学の研究は、共通の客観的データである原初的知覚に基づいているかぎり、「対立の原理」の適用の外にある一種類の学問であると考えられたのである。カイパーは、「目や耳による知覚」(de waarneming met oog en oor)による事実や出来事は、客観的な「与えられたもの」(datum→pl. data, 所与、与件)と考えているが、カントにおいては、事実や出来事は、認識主観が構成した認識なのである。

その心を知識と義と聖において神の像に再創造され、その自己意識に聖書的アプリオリを前提するキリスト者にとっては、実在、存在は、神によって時間の秩序に創造された世界、創造の法が貫通した世界、一般啓示の世界である。キリスト者にとって、認識とは、創造の目的の実現のために、再生理性をもって創造の法を開示することである。「地を従わせよ」という創造命令はその意味に関わることである。その心に異教宗教的アプリオリを前提する非キリスト者にとっては、世界は啓示的には「白紙」(tabula rasa)であり、「ただ拡がっているもの」(res extensa)であり、世界の法則性の根拠は、われわれの悟性の中に、自律的理性の中にある。学問的認識は、それぞれの認識主観が「範疇」と「原則」を、宇宙に投入する認識構成作用に成立する。それにもかかわらず、認識の普遍性を保証できるのは、そこに超越論的統覚という普遍的自我を前提しているからである。両者が、その宗教的前提、存在論、認識論においてかくも質的に相違しているにもかかわらず、カイパーは両者の間に広大な認識的共通領域、「出発点や立場の相違が何の影響も与えない共通領域」(een *gemeenschappelijk* terrein)を承認した。彼はこのことによって自らの提起した「対立の原理」と「二種類の科学論」に対して不徹底の批判に甘んじなければならなかったのである。なぜなら、心がすべての営為の出発点であり、自己意識の内容の相違が二種類の科学を産み出すという主張がその中心であったからである。

C・ヴァン・ティルは『一般恩恵』においてカイパーの不徹底性を次のように批判した。「三つの領域が、キリスト者と非キリスト者に共通であると言われるのは、計量や計測の外面性（externality）、論理の形式性（formality）のためである。カイパーの論証によれば、罪が形而上的状況を変化させなかったところでは、両者の相違は前面に持ち出される必要がないと考えられるべきである。このことは、結局、客観的状況が変化していていないかぎり、主観的変化は考慮される必要がないということである」[37]。元々この議論は、認識の対象である客観の状況が罪による変化を蒙っていなくても、それを認識する主体が変化を蒙っていれば、その認識主観は客観的対象を異なって理解する、すなわち、その相違が、解釈的営為の全領域にわたって、前面に出て来るということから出発している筈である。「計量や計測、形式的推論［論理］、これらは一つの統一された解釈的行為の一側面に他ならないのである。自称、自律的人間は、未解釈的原事実（brute or bare facts）と考えている対象を、抽象的非人格的原理と考えるものの助けによって、計測し計量している。キリスト者は、自らが神の被造物であることを認識しているので、神によって創造された事実と考えている対象を、神によって創造された法則と考えるものによって計量し計測している」[38]。

未だ如何なる解釈の鋤も鍬も入っていない原野である「未解釈的原事実」（brute fact）の存在論と一対になっているのは、この原野に「範疇」と「原理」を投入しつつ法則性を付与する立法者である自律的自然理性の認識論である。キリスト者の存在論は、「神によって創造され、解釈された世界」、「一般啓示の世界」、「創造の法と規範の貫通する世界」に関する理論である。キリスト者の学問的認識は、新しく創造された心に座を持つ再生理性が、自然啓示を解釈し、創造の自然法則と規範を開示する作業である。一つの領域でも認識的共通領域を承認することは、結局、すべての領域で共通領域を承認することに繫がるのである。

3　キリスト教哲学

§1　世界観から哲学へ

『神学綱要』(*Encyclopaedie der Heilige Godgeleerdheid*) 三巻を著し、「キリスト教世界観」を強調した神学者アブラハム・カイパーは、「対立の原理」を学問の全分野に適用出来ない不徹底性を自覚していたものと思われる。

フェーンホフは、好著『カイパーの線上で』(一九三九年) において、カイパーが上記『神学綱要』を著した翌年にも、社会科学、言語学、心理学、美学、医学、自然科学など、諸学問の学的基礎の問題を論じ、論理学的、存在論的、宇宙論的、人間学的諸原理とキリスト教原理の関係の問題を意識し、神の言葉を考慮する「キリスト教哲学」(Philosophia Christiana) の樹立を主張していたことを述べている。しかし、カイパー自身は、キリスト教的学問原理の基礎工事に携わっているにすぎないと自ら述べており、また、この原理の上に哲学体系を樹立する哲学者の出現を祈ると述べている。フェーンホフは、カイパー自身は独自の哲学体系を発展させたわけではないが、キリスト教哲学研究への膨大な材料を提供したこと伝えている。当時の人々は、ドーイヴェールトやフォレンホーフェンの登場を、カイパーの祈りの実現と歓迎したことを伝えている。(39)

アムステルダム自由大学は、創立時にカイパー主導の下に発行した、学問的営みの基礎に関する「改革主義原理」(de Gereformeerde beginseln)を扱った命題集を刊行した。その第一六命題に次のような文章がある。「認識主観に関するカントの研究以来はじめて前面に現れてきた問題、また一六世紀には未だ誰にも、したがって、カルヴァンにもその十分な意味で知られていなかった問題に対する解答もまた、この改革主義原理から引き出されるべきということである。われわれの認識の限界、自然科学、精神科学それぞれに、認識に到達する方法、これらの諸問題に関しては、これまでのカルヴィニストにおいては、どのような十分満足のゆく解答も見出され得ないのである(40)」。

この一文を見て驚くことは、カイパーが、近代哲学の認識論を基礎付けたカントの超越論的批判の仕事の意義を正確に理解して、真に有神論的基盤において学問的基礎付けを行うためには、超越論的批判に当たる仕事が必要であることを示唆していることである。ドーイヴェールトの超越論的哲学は、宗教改革主義的有神論の立場での超越論的批判の仕事である。ドーイヴェールト哲学、彼の『法理念の哲学』(*De Wijsbegeerte der Wetsidee*)〔英語版『理論的思惟の新批判』(*A New Critique of Theoretical Thought*)〕は、聖書的アプリオリを前提とする立場で、学的認識能力とは何か、それぞれの認識能力の固有の働き、認識能力の限界などを研究する、正に「超越論的批判」の仕事であった。キリスト教の立場で学問的認識の基礎付けの課題を究明しようとしたのである。さらに、彼の超越論的批判は、さらにラディカルな批判として、カントの気付いていない哲学的思惟の超理論的前提、宗教的アプリオリの問題を取り上げたのである。第二章で取り上げた如く、彼の『理論的思惟の新批判』は、哲学的思惟の「超理論的前提」を問題とする現代の超越論哲学の先駆的役割を持つものであった。

世界観と哲学の相違は何かということについてドーイヴェールトは如何に考えたのであろうか。彼は『法理念の哲学』において、世界観と哲学の相違の問題を取り上げている。ヴィルヘルム・ディルタイ、ハインリッヒ・リッケルト、テオドール・リットなどが、「世界観」(Weltanschauung)と「哲学」(Philosophie)の区別について論じている。ドーイヴェールトは、世界観が非学問的、哲学が学問的という区別や、哲学は非学問的世界観についての学問的精緻化であるという彼らの見解を批判している。

ドーイヴェールトは「キリスト教的超越的立場から見た関係」(De verhouding vanuit het Christelijk transcendentie-standpunt gezien)の中で次のように述べている。「われわれは哲学と人生観・世界観との関係(de verhouding tusschen wijsbegeerte en levens- en wereldbeschouwing)をわれわれの立場からどのように規定することが出来るだろうか。われわれがはじめに重点を置くべきことは、次のことである。すなわち、人生観・世界観の概念は、全体観(de *totaliteits-beschouwing*)として、その必然的な意味と共に把握される時にのみ、ルサンチマンの感情や逆に誇大な崇拝を伴った漠然とした表象のレヴェルを超えた厳密な概念として把握されるということである。特定の信念共同体の中で育くまれた個人的な生の印象(een individueele *levensindruk*)は、決して『人生観・世界観』(de levens- en wereldbeschouwing)ではない。人生観・世界観は確かに哲学と緊密な親近性を持っている。なぜなら、人生観・世界観は、その本質上、われわれの被造世界の意味全体性(de zin-totaliteit van onzen kosmos)に向けられているからである。人生観・世界観も[哲学と同じように]アルキメデス点(een Archimedisch punt)を含んでいる。人生観・世界観も哲学と同じように自分の宗教的アプリオリ(haar religieus apriori)[英語版、一九五三年、宗教的根本動因(its religious ground-motive)]を持っている。人生観・世界観も、哲学と同様に、われわれの自我の宗教的立場(de religieuze stellingkeuze onzer zelfheid)

を要求する。人生観・世界観は独自の『世界観的』思惟態度（haar eigen *„weltanschauliche"* denk-houding）を持っている。しかし、人生観・世界観は、そのものとしては、哲学のようには、理論的認識（*de theoretische kennis*）に集中しない。その全体観（de totaliteitsblik）は、理論的な観方（de *theoretische* blik）ではなく、むしろ、前理論的な観方（de *voor-theoretische* blik）である［英語版、人生観・世界観は、実在を抽象的な意味様態側面において考えるのではなく、理論的方法では分析されない典型的な個性構造において考えるのである］。世界観は、『哲学的に思惟する人々』というような特別な範疇に属する人々に向けられているのでなく、素朴な人々を含むすべての人々に向けられているのである。それゆえ、キリスト教哲学の中に、哲学的に精緻に練り上げられた人生観・世界観（een wijsgeerig uitgewerkte levens- en wereldbeschouwing）を見る、というのは完全に間違っている。本当は、両者の関係はそんなに単純ではない。聖書は、キリスト教哲学を与えていないのと同様に、完成した人生観・世界観も与えていないが、両者に、方向性と考え方（*richting* en *instelling*）［英語版、中心的根本動因における出発点からの方向性］を与えているのである。しかし、この方向性と考え方は、実際、すべてのものを決定する根元的なもの（een *radicale*）である。同じことが、異教的自我（de *afvallige zelfheid*）［英語版、異教的宗教動因］が、哲学と人生観・世界観に与える、方向性と考え方にも妥当する。それゆえ、哲学と人生観・世界観は、互いに還元はされ得ない（niet *herleiden* zijn）けれども、その根元においては、お互いに完全に一つである（*in den wortel* volstrekt met elkander *één* zijn）。哲学は人生観・世界観に取って代わることはできないし、逆も不可能であるが、その理由は、両者の任務（*taak*）が異なっているからである。むしろ、両者は両者に共通の宗教的根元から（vanuit haar gemeenschappelijken religieuzen wortel）互いに相互を理解し合わなければならない。しかし、確かに、哲学は人生観・世界観について理論的に説明しなければならないが、これについては後に取り扱う」[41]。

哲学と人生観・世界観は、思惟を規定する宗教的アプリオリ、コスモスの意味全体観、思惟のアルキメデス点、起源者などの超越論的理念を共有する共通の宗教的根元における相互補完的関係にあるが、哲学は理論的思惟の立場であり、人生観・世界観は前理論的、素朴経験的思惟の立場に立っている。

§2 キリスト教超越論哲学

キリスト教哲学は単に論理的に精緻に練り上げられた世界観のことではなく、両者は異なった任務を持っている。世界観が前理論的全体観であるのに対して、哲学は理論的全体観である。世界観が、前理論的素朴経験の立場で、自己意識の相違に基づいて、数学や自然科学の理論的・学問的認識の可能性の基礎付けにおける二種類の相違を論証することは困難である。哲学と人生観・世界観の相違は、哲学が理論的思惟の成立の条件に関する超越論的課題に従事するということである。カイパーが二種類の科学論の原理を主張しながら、それを貫徹できなかった不徹底性は、理論的思惟、学問的思惟の可能性の普遍妥当的条件を課題とする超越論的批判主義を通過していなかったことに起因する。ドーイヴェールトのキリスト教哲学は「超越論哲学」(die transzendentale Philosophie)である。超越論哲学はまさに理論的認識が成立するための普遍妥当的条件の探求を課題とする。カントの超越論的批判主義の哲学は、経験を超えていながら反って経験的理論的認識を可能にするアプリオリな条件を探究する。カントの批判主義的課題は、「認識能力には何と何があるか」、「それぞれの認識能力の固有の役割は何か」、「それぞれの認識能力がどのような相互関係に入った時に学的認識が成立するか」、「学的認識の限界は何か」などを解明するすることであり、それは学問的認識の基礎付けの問題である。カントはこの批判主義的課題を探求することによって、学問的認識の可能性の条件を探求する超越論的課題に従事したのである。しかし、そこには無自覚的前提があった。それぞれの悟性が「範疇」と「原則」を投入しながら認識を構成していくにもかかわらず、認識の普遍性を保証する「超越論的統覚」（Transzendentale Apperzeption）という普遍的自我の前提、「理性論的思惟の自律性」の無批判的公理の前提があった。これらの公理は、カントの厳密な批判主義の吟味を擦り抜けている無批判的前提である。したがって、必然的に、カントは経験的理論的認識を可能にするアプリオリな条件を探究しながら、最も根元的な宗教的アプリオリに無自覚であった。

「法理念の哲学」（Philosophie der Gesetzesidee）は「徹底的に批判的な意味におけるキリスト教的超越論哲学」（eine christliche Transzendentalphilosophie im radikal kritischen Sinne）である。西洋哲学の根底に、宗教的前提からの独立を意味する哲学的思惟の自律性のドグマが存在する。真理と虚偽の究極的審判者としての人間の理論的理性への信仰が問題とされない限り、この自律性のドグマへの信仰は公理となる。カントの超越論哲学もフッサールの超越論哲学も思惟の理論的態度そのものを批判的課題とせず、理論的思惟の自律性の公理から出発し、理論理性の自律性そのものは、自明の公理であり、独断的仮定である。それ故、理論的思惟の自律性に関する独断的主張を批判的課題にすることが必要となる。この課題は、思惟の理論的態度そのもの、理論的思惟そのものに対する超越論的批判によってのみ答えることが出来るからである。超越論的批判とは、理論的思惟を可能にする普遍妥当的条件、それも、理論的思惟そのものの内的構造と本性によって要求される普遍妥当的条件への徹底的批判的探求である。理論的思惟の構造そのものが、如何なる条件のもとに成立しているのかを探求する。理論的思惟の内的構造の必然的制約は何かという問いである。(42)

彼の言葉はこうである。「法理念の哲学は、第一義的には、徹底的に批判主義的な意味におけるキリスト教超越論哲学である。この哲学は、初めて、理論的思惟、経験的思惟そのものを超越論的批判に服せしめた。理論的思惟の自律性、理論的経験的思惟の自律性という伝統的ドグマに対して、批判的問いが投げかけられた。すなわち、理論的思惟、理論的経験的認識をそれのみが可能にする必然的条件は何か、また、このような理論的思惟や理論的経験的認識の内的性格と構造がおのずと明らかにされる必然的制約は何か、という問いである（Welche sind die Bedingungen, welche die theoretische Denk- und Erfahrungshaltung erst ermöglichen und durch die innere Art und Struktur dieser letzteren selber gefordert werden?）。この問いによって、自明の哲学的公理としての『理論理性』の自律性という独断的仮定が切り出されてきた。これまで純粋に学問的と誤って想定されてきたこの公理（das vermeintlich rein wissenschaftliche Axiom）が、超越論的批判的課題へと変化したのである[43]」。

彼はこの想定的公理を理論的思惟の超越論的批判に委ねる要求の正当性を事例的に主張したのち、次のように述べている。「この批判は、理論の外にある、超理論的前提に依存しないという意味での理論的思惟の自律性（eine Autonomie des theoretischen Denkens im Sinne einer Unabhängigkeit von außer- und übertheoretischen Voraussetzungen）が可能なのかどうかという問いを、勿論、事実問題（quastio facti）としてではなく、取り扱うことができる。この批判は、少なくとも第一義的には、西洋の歴史の過程において、事実問題として、理論的思惟が自律的思惟として活動したかどうかということを探求する必要はない。批判の問題設定は、第一義的には、理論理性の自律性の要請が、理論的思惟、理論的経験的認識の内的本性と構造に基づいているのか、それとも、逆に、自律性の要請は、思惟の内的構造によって排除されるのかという権利根拠の問題（quastio juris）に必然的に関係しているのである。後者の場合［自律性の要請は理論的思惟の内的構造によって排除される］においては、この自律性の要請は、理論の外の、超理論的源泉（eine außer- und übertheoretische Quelle）に淵源しているのに相違ない(44)」。

事実問題としては、ギリシア哲学、スコラ哲学、近代哲学もすべて、理論理性の自律性、理論的思惟の自律性を自明の哲学的公理（fragloses philosophisches Axiom）とし、超理論的前提なるものを承認していない。しかし、ギリシア哲学、スコラ哲学、近代哲学それぞれにおいて、理性の自律性の意味は全く異なっている。この相違をもたらしているものが、超理論的前提、宗教的アプリオリ、根本的宗教動因の相違である。理論と経験を超えていながら、かえって理論的認識、理論的経験的認識を可能にする条件を探求するのが、哲学の超越論的課題である。自律性の相違をもたらすものは、理論的思惟の前提である宗教性の相違である。超理論的宗教的前提が理論的思惟の構造を根元的に規定し、理論理性の自律性の公理を産み出しているとすれば、理論理性の自律性の要請は、理論的思惟の構造そのものによって否定される。超越論哲学の課題は、事実問題ではなく、理論理性の自律性の公理は「如何にして可能か、不可能か」というカントの言葉を使用すれば、「権利根拠の問題」（quaestio juris, quid juris）なのである。ドーイヴェールトは、理論理性や理論的思惟は自律的でないのに、各哲学はそう思い誤っているので、この自律性は「偽装自律性」（die vermeinte Autonomie）、「思い込み的自律性」、「誤想自律性」であり、理論的思惟を超越論的批判に委ねよというわれわれの要求は正当であると言う。ドーイヴェールトの主張は、後者、すなわち、自律性の要請は、思惟の内的構造によって排除されるということである。「事実問題」（quastio facti, quid facti）としては、各哲学は、理論理性の自律性の公理を承認し、理論的思惟の自律性を思惟の本性的構造と思っている。ドーイヴェールトは、キリスト教哲学を「超越哲学」(Transzendenzphilosophie) と呼び、それ以外の哲学を「内在哲学」(Immanenzphilosophie) と呼ぶのは、後者が超理論的宗教的前提に無自覚であり、自律性が理論的思惟の内在的本性だと信じているからである。

第二章で、次のことに言及した。カール゠オットー・アーペルの「超越論哲学」、すなわち、「超越論的言語遂行論」は、解釈者共同体の経験そのものの明証性を支えるアプリオリ、すなわち、相互主観的合意形成における言語のアプリオリを、学的認識の成立の条件と考えたということである。アーペルやフッサールの超越論哲学は、超理論的前提の問題を認識の成立条件と考えている。ドーイヴェールトは、この超理論的前提が宗教的前提であることを明らかにした。そして、ギリシア哲学の宗教的根本動因「形相‐質料」、近代哲学の宗教的根本動因「自由‐自然」について言及したのである。異教宗教的超理論的動因が理論的思惟を規定するとき、「理論理性の自律性」の公理を産み出し、思惟が内在的に充足的であると思い誤まらせる (vermeinen) のである。アテーナイの哲学を規定していた宗教的根本動因はオルフェウス宗教の「形相‐質料」動因であった。プラトンの自律的理性は、霊魂の理性的部分 (ト・ロギスティコン・テース・プシュケース) であり、理性的部分がイデアの世界を想起することが哲学することである。認識は想起 (アナムネーシス) であり、霊魂の理性的部分は、既に、真・善・美のイデアを知っている。哲学者の生の最高の段階はイデアの理性的認識、ノエーシスである。イデアを直視する観相、テオーリア、理論的思惟は、それ自身が霊魂の浄化 (カタルシス) の宗教的意味を持ち、最高の目標は輪廻を断ち切って霊魂がイデアの世界へ還帰することであった。心における宗教的根本動因がそれぞれの偽装自律性の性格を決定する。

「私は、最初、新カント学派の哲学、後にフッサールの現象学の強い影響を受けていたが、思惟そのものの宗教的根元の発見 (de ontdekking van den religieuzen wortel van het denken zelve) は、私の思惟における大転換点（het groote keerpunt in mijn denken）を意味した。この発見によって、人間理性の自己充足性への信仰（het geloof in de zelfgenoegzaamheid der menschelijke rede）に根差している哲学と、キリスト教信仰の間に内的結合を樹立しようとするあらゆる試み――当初、私自身によってもなされた――の幾度も繰返された失敗について、新しい光が私を照らした。聖書によって繰返し人間存在全体の宗教的根元として明らかにされている『心』（het hart）に中心的意義が帰属していることを私は理解するに至った(45)」。

カイパーの自己意識の対立においては、キリスト者の自己意識は、「罪の自覚」「信仰の確実性」「聖霊の証言」という具体的内容を持って語られていたのに対し、非キリスト者の自己意識の内容は「宗教の種子」「神聖感覚」で一括りに抽象的に語られていた。ドーイヴェールトにおいては、内在哲学の「心に刻印された宗教的アプリオリ」は、「宗教的根本動因」（religiöses Grundmotiv）として、ギリシア哲学の「形相－質料」、スコラ哲学の「自然－恩恵」、近代哲学の「自由－自然」、プロテスタント哲学の「創造－堕落－救贖」として具体的に語られた。それぞれの哲学を解釈者共同体として見た場合、それぞれの範型的明証性を持った宗教的根本動因がそのように形成されたかを歴史的に考察した。ドーイヴェールトは、理論的思惟が可能となる普遍妥当的条件の最も根元的条件として、理論的思惟を超えていながら却って理論的思惟を可能にする、心における超理論的前提、宗教的アプリオリの相違を発見したのである。内在哲学の超理論的前提が心を支配する場合、なぜ理論理性の自律性の公理を産み出すか、それは哲学者の理論的思惟が、被造世界の時間秩序の一様態に過ぎない「論理的－分析的側面」（de logisch-analytische zijde）を絶対化し、実体化するからである。『法理念の哲学』、すなわち、『理論的思惟の新批判』は、その実体化（Hypostasierung）のプロセスを克明に解明する。カイパーのキリスト者と非キリスト者の「自己意識における対立（Antithesis）」の議論は、結局、両者の間に、広大な認識的共通領域を承認することによって、自己矛盾を招来した。ドーイヴェールトの超越論哲学は、理論的思惟の「超理論的宗教的前提」を明らかにすることによって、この超理論的前提が、数学や自然科学の自然法則の法領域、道徳や法律の規範の法領域、これらの「法理念」の全体における、認識の仕組みと存在理解を規定していることを明らかにした。それぞれはそれぞれの解釈的事業に従事しているのである。そのことによって、素朴経験における独自の世界観、理論的思惟における独自の哲学を確立することを目差しつつ、同時に、他宗教の解釈者共同体の範型的明証性、或いは、近代哲学の範型的明証性の自明性を巡って議論と対話の道を拓くことを可能にする。近代科学・技術の負の側面を議論する時、何を自明の前提としている点に問題が存在するのか、現代における超越論哲学の課題は重大であると思われる。

再生において聖霊によって、生の宗教的根元たる「心」に刻印された前提知、確信知は、真実の「神知識と人間知識」(Deum et animam scire) であり、その主題は「創造 - 堕落 - 贖い」である。これは聖書の根本的モチーフ (Grundmotiv) であり、キリスト者のすべての営為を動かす「宗教的根本動因」である。〈Out of the heart are all issues of life.〉この知識は、教義学や信條学的理論知ではなく、超理論的前提であり、世界観の素朴経験や哲学や神学の理論的思惟の出発点でもある。『法理念の哲学』のオランダ語版では、「宗教的アプリオリ」という言葉を使用していた。創造動因が示していることは、神の像に創造された神の像の宿る座としての心が、生の根元的中心、超越論的自我として、人間の生の全体を、神への愛と隣人愛の奉仕と地を従わせる創造目的に集中する根元的宗教的衝動を生得的に持つということである。堕落動因は、この衝動が「自ら神のようになる」妄想となる自己集中の方向性を示している。救贖動因は、イエス・キリストの救いの御業における聖霊による再生によって、真の神知識・自己認識の回復を啓示する。理論的思惟を担う理性は一つの楽器であり、心、自我［論理的自我、心理的自我など時間的経験的世界で働く断片的自我でなく、中心的自我、充全的自我、超越論的自我］こそがこの楽器を奏でる隠れた演奏者である。非キリスト教的前提が心を支配するとき、論理的自我・理論的理性を絶対化し実体化して、理論理性の自律性の偶像的公理を産み出すのである。

理論的思惟の可能性を基礎付けるドーイヴェールトの超越論哲学の超越論的課題は三つの課題から成る。

第一の超越論的課題は、理論的思惟の客観的対象の多様な様態的諸側面の分離（de onderscheiding）と相互関係（de samenhang）である。前理論的素朴経験（de naieve ervaring）においては、思惟の論理的機能は、素朴な「主＝客関係」において、諸側面の連続的一貫性の中にある。理論的思惟は被造世界の時間構造、すなわち、実在の法領域に成立する理論的知識である。理論的思惟は、具体的な素朴経験と異なって、被造法領域（kosmonomos）を一五の様態的側面に分ける抽象作用から始まる。理論的思惟の抽象化作用は、被造世界と経験の時間的地平の、さまざまな法領域への理論的学問的分離（de theoretische wetenschappelijke uiteenstelling）である。この分離と相互関係を保証するのが、時間、コズミック・タイム（de kosmische tijd）である。様態側面はプリズムの如く時間が分けた時間側面であり、様態側面は時間的地平の中でのみ意味を持っている。創造の法的様態は、「数」「空間」「運動」「物理」「生命」「感性」「論理・分析」「歴史」「言語」「社会」「経済」「美」「法律」「道徳」「信仰」などである。前半は自然法則に関わる非規範的領域であり、後半は規範に関わる規範的領域である。理論的思惟態度、理論的経験態度は、その超越論的構造によれば、われわれの論理的・分析的様態側面とそれ以外の一四の非論理的様態側面との対立関係（eine antithetische Relation）によって特色づけられる(46)。

第二の超越論的課題は、第一の課題がもたらした「論理的様態」と「非‐論理的諸様態」との「対立関係」

(eine antithetische Relation) を総合する「様態間の総合」を可能にする準拠点、出発点に関するものである。第二の超越論的課題は、「われわれは、この間様態的理論的総合が、そこから出発するわれわれの意識における究極的準拠点 (der zentrale Bezugspunkt in unserem Bewußtsein) を何処に見出すか」、の問題である。(47) 理論的認識は、論理・分析的様態とそれ以外のいずれかの非論理的様態側面の一つとの間に成立する「対象関係」(Gegenstandrelation)、「間様態的理論的総合」(eine intermodale theoretische Synthesis) のことである。多数の学問があるということは、それだけ多数の学的認識があり、それだけ多種類の間様態的総合があるということである。例えば、数学は「数」の様態側面と「論理・分析」様態の間様態的総合である。歴史学は「歴史」の様態側面と「論理・分析」様態の間様態的理論的総合である。カントは認識を先天的総合判断として捉えたことは正当であったが、彼にとってはすべての学的認識の総合を、感性的側面と論理的側面の総合の一種類だけで説明したのである。感性の形式である時間の形式に図式化された悟性概念〔範疇〕は先天的総合判断としての「原則の体系」を構成し、これを自然に適用することによって理論的認識の可能性を考えたのである。個々の悟性の認識構成作用が普遍性を持つのは、超越論的統覚 (die transzendentale Apperzeption) という普遍的自我を前提しているからであり、これは論理的自我の実体化、絶対化である。カントにおいては理論的総合の究極的準拠点は、悟性、論理的自我であり、これを絶対化した超越論的統覚である。すなわち、カントにおいては、理論的総合の出発点は、被造世界の時間的地平の一つである論理的側面である。ドーイヴェールトの理論的思惟の出発点、究極的準拠点は、時間的地平を超えた、神の像の宿る座、生の宗教的中心としての「心」、充全的自我であることは言うまでもないことである。われわれは被造的機能を絶対化することはできない。理論理性の自律性の公理を無批判的に前提しているからそうなるのであって、そこには既に超理論的異教的宗教動因の規定的影響があるのである。思惟の根底にある超理論的前提、宗教的根本動因が時間的地平の理論的認識の性格を規定する。理論的思惟の間様態的総合を可能にする究極的準拠点は、被造世界の一領域である論理的自我や間様態的総合という思惟構造そのものに内在しているのではなく、神の像の宿る座、諸機能の根である心にある超越論的自我の自己意識の中にある。この点でドーイヴェールトの「心の理論」は、カルヴァンとカイパーの線上にある。

第三の超越論的課題は、「この理論的思惟の自我への集中的方向性（diese konzentrische Richtung des theoretischen Denkens auf die Ichheit）は如何にして可能となるか、この方向性は何処より来たり、自我は如何なる本性を有するか(48)」、という問いである。「この批判の第三の根本問題は、本質的自己認識なしには答えられ得ない。理論的思惟が、各々の間様態的総合の必然的に超理論的な超様態的準拠点（notwendig übertheoretisches, transmodales Bezugszentrum jeder intermodalen Synthesis）としての、われわれの自我に向かう集中的方向性は、理論的思惟そのものからは出発することはできない。理論的思惟に集中的方向性を与えるのも、思惟する自我である。しかし、この自我は、すなわち、人間の意識と存在の究極的統一性（zentrale Bewußtsein- und Existenzeinheit des Menschen）としてのこの自我は、理論的思惟の領域を超えている(49)」。「理論的思惟に、この集中的方向を与えることのできるのは、理論的思惟そのものではない。中心的自我（the central ego）だけが、超理論的出発点から（from a supra-theoretical starting-point）、理論的思惟にこの方向を与えることができるのである(50)」。この意識と存在の究極的統一性としての中心的自我の問題、すなわち、第三の超越論的課題こそ、「心の理論」と「宗教的根本動因」の問題として既に詳述したところである。中心的自我において作用する宗教的根本動因、究極的自我の生得的宗教衝動こそ、人間のすべての営為の、従って、理論的思惟の出発点なのである。彼は理論的思惟を規定している超理論的根本動因を、ギリシア哲学、スコラ哲学、近代哲学、プロテスタント哲学のそれぞれにおいて明らかにしたのである（拙訳『西洋思想のたそがれ――キリスト教哲学の根本問題』参照）。

第一の超越論的課題は、存在論の問題である。世界は何の法則性も秩序もない無記的な「未解釈的原事実」(brute fact) の世界ではなく、「創造の法」が、客観的アプリオリとして、自然法則的、規範的に貫通するの被造世界である。理論的思惟は、世界の多様な様態的側面を抽象する。第二の超越論的課題は、認識論の問題である。理論的認識を「論理的側面」と「非‐論理的諸側面」の「間様態的総合」として理解し、この総合の準拠点を問題にする。理論的総合の出発点は、経験の時間的地平にはなく、これを超える超越論的次元にある。第三の超越論的課題は、理論的認識が自我へ向かう集中的方向性の可能性の問題である。中心的自我は、神の像の座であり、人間は心において何らかの絶対的起源者 (de Oorsprong, der Ursprung, the Origin) との関係性を持っている。それゆえ、人間は中心的自我たる心において、宗教的アプリオリ、宗教的根本動因を保持している。これらの三つの超越論的課題を探求する超越論哲学を通して、彼は非キリスト教的宗教動因がその理論的思惟を規定するとき、理論理性の自律性の公理が成立する必然性を提示する。宗教的アプリオリから無記的な無前提の哲学はあり得ない。宗教的中立な人間は存在しないからである。彼は聖書的前提に立つキリスト教哲学を志向したのである。

注

（1） Kuyper, Abraham, *Lectures on Calvinism*, Fourth Printing, Wm. B. Eerdmans, Grand Rapids, 1953. p. 19.

Kuyper, Abraham, *Het Calvinisme*, Zes Stone-Lezingen in October 1898 te Princeton gehouden, Höveker & Wormser, Amsterdam, 1899, blz. 11.

（2） 春名純人著『思想の宗教的前提——キリスト教哲学論集』、「三　アブラハム・カイパー」聖恵授産所出版部、一九九三年、四四頁。

（3） Wolters, Albert M, *Creation Regained - Biblical Basics for a Reformational Worldview*, Grand Rapids, 1985. p. 2.

（4） Wolters, Albert M, vert. door Remkes Kooistra, *Schepping zonder grens - Bouwstenen voor een bijbelse wereldbeschouwing*, Amsterdam, 1988. blz. 20. n. 1. (De definitie die Wolters geeft, luidt in het engels: worldview is: 'the cpmprehensive framework of one's basic about things'. Der vertaling 'inzake dingen' leest niet gemakkelijk. Daarom geef ik de voorkeur aan de term 'werkelijkheid'.)

（5） Ibid. blz. 10.

（6） Kuyper, Abraham, *Lectures on Calvinism*, p. 11. Vergelijken, *Het Calvinisme*, blz. 3.

（7） Kuyper, *Lectures on Calvinism*, p. 138f.

（8） Vanden Berg, Frank, *Abraham Kuyper - A Biography*, Paideia Press, 1978. p. 20f.

（9） Kuyper, *Lectures on Calvinism*, p.11. *Het Calvinisme*, blz. 3.

（10） Kuyper, *Lectures on Calvinism*, p. 19. *Het Calvinisme*, blz. 10.

（11） Kuyper, *Lectures on Calvinism*, p. 136-138, *Het Calvinisme*, blz. 129-130.

（12） Kuyper, *Lectures on Calvinism*, p. 137. *Het Calvinisme*, blz. 130.

（13） Kuyper, *Lectures on Calvinism*, p. 137f. *Het Calvinisme*, blz. 130.

（14） Kuyper, *Encyclopaedie der Heilige Godgeleerdheid*, deel twee, J. A. Wormser, Amsterdam, 1894. blz. 102.

（15） Ibid. blz. 103.

（16） Hodge, C., *Commentary on the Epistle to the Romans*, Wm. B. Eerdmans, Grand Rapids, 1955. p. 385.

(17) Hodge, C., *Commentary on the Epistle to the Ephesians*, Fleming H. Ravell, Old Tappen, New Jersey, p. 250.

(18) IOANNIS CALVINI OPERA OMNIA, SERIES II, OPERA EXEGETICA, VOLUMEN XVI, *Commentarii in Pauli Epistolas ad Galatas, ad Ephesios, ad Philippenses, ad Colossenses*, Edidit Helmut Feld, Genève, 1992. p. 239.

(19) Idem.

(20) IOANNIS CALVINI OPERA SELECTA, VOLUMEN III, Ediderunt Petrus Barth et Guilelmus Niesel, Chr. Kaiser, 1967. *Institutio Christianae Religionis 1559*, p. 178. 1:15:3.

(21) Ibid. p. 255. 2:2:12.

(22) Ibid. p. 239. 2:1:9.

(23) 以上の議論については拙論参照。春名純人著『哲学と神学』（法律文化社、一九八四年）、第三部、第三章、第一節「聖書における心の意味と神の像」、第二節「カルヴァンにおける心、神の像、一般恩恵」。

(24) IOANNIS CALVINI OPERA OMNIA, SERIES II, OPERA EXEGETICA, VOLUMEN XIII, *Commentarius in Epistolam Pauli ad Romanos*, ediderunt T. H. L. Parker, D. C. Parker, Genève, 1999, p. 257.

(25) Cf. Murray, John, *The Epistle to the Romans*, Wm. B. Eerdmans, Grand Rapids, Reprinted 1975. Vol. II, p. 114.

(26) Kuyper, *Encyclopaedie der Heilige Godgeleerdheid*, deel zwee, blz. 104.

(27) Idem.

(28) Ibid. blz. 105.

(29) Idem.

(30) Idem.

(31) Idem.

(32) Idem.
(33) Ibid. blz. 105v.
(34) Ibid. blz. 106v.
(35) Vgl. ibid. blz. 107.
(36) Vgl. Kant, Immanuel, *Kritik der reinen Vernunft*, Zweiter Teil: Die transzendentale Logik, Erste Abteilung: Die transzendentale Analytik, Zweites Buch: Die Analytik der Grundsätze.
カントの認識論については、春名純人著『哲学と神学』(法律文化社、一九八四年)に詳述。
(37) Van Til, Cornelius, *Common Grace*, Philadelphia, 1954, pp. 42f.
(38) Ibid. p. 44.
(39) Vgl. Veenhof, *In Kuyper's lijn - Enkele opmerkingen over den invloed van dr. A. Kuyper op de „Wijsbegeerte der Wetsidee"*, Goes, 1939. blz. 3-9.
(40) Ibid. blz. 10.
(41) Dooyeweerd, Herman, *De Wijsbegeerte der Wetsidee*, Boek I De wetsidee als grondlegging der wijsbegeerte, Deel I Prolegomena, Amsterdam, 1935, blz. 91v.
(42) Vgl. Dooyeweerd, *Die Philosophie der Gesetzesidee und ihre Bedeutung für die Rechts- und Sozialphilosophie*, Archiv für die Rechts- und Sozialphilosophie, 1967, S. 1-4.
Cf. Dooyeweerd, *In the Twilight of Western Thought*, Philadelphia, 1960. pp. 1-4.(ヘルマン・ドーイヴェールト著、春名純人訳『西洋思想のたそがれ——キリスト教哲学の根本問題』法律文化社、一九七〇年、一—五頁参照)。
(43) Dooyeweerd, *Die Philosophie der Gesetzesidee und ihre Bedeutung für die Rechts- und Sozialphilosophie*, S. 1.
(44) Ibid. S. 2-3.

(45) Dooyeweerd, *De Wijsbegeerte der Wetsidee*, Boek I, Voorwoord, blz. V-VI.

(46) Dooyeweerd, *Die Philosophie der Gesetzesidee und ihre Bedeutung für die Rechts- und Sozialphilosophie*, S. 3.

(47) Vgl. ibid. S. 9.

(48) Vgl. ibid. S. 12.

(49) Vgl. ibid. S. 14.

(50) Dooyeweerd, *In the Twilight of Western Thought*, p. 26.［拙訳『西洋思想のたそがれ』二六頁。］

第四章　カント哲学とキリスト教
——近代神学の哲学的基礎の諸段階［自然と自由の二元論］

1　カントの道徳神学
——認識と道徳の二元論

§1　カントの道徳論

『純粋理性批判』の終盤近く、「超越論的方法論」第三章「純粋理性の建築術」（Die Architektonik der reinen Vernunft）に、次のような言葉がある。「人間理性の立法［哲学］は、自然と自由という二つの対象を持ち、それゆえ、自然法則と道徳法則を、最初はそれぞれ二つの個別の哲学体系において、最後には唯一の哲学体系において含むのである。自然の哲学は、存在するすべてのものに関係し、道徳の哲学は、存在すべきすべてのものにのみ関係する」（Die Gesetzgebung der menschlichen Vernunft [Philosophie] hat nun zwei Gegenstände, Natur und Freiheit, und enthält also sowohl das Naturgesetz, als auch das Sittengesetz, anfangs in zwei besonderen, zuletzt aber in einem einzigen philosophischen System. Die Philosophie der Natur geht auf alles, was da i s t ; die der Sitten, nur auf das, was da s e i n s o l l.)[1]。

自然認識の哲学は、「存在するもの」に関して、理論理性が自然法則を立法することであり、道徳の哲学は「存在に至らしむべきもの、すなわち、実現すべきもの」に関して、実践理性が道徳法則を立法することである。理論理性と実践理性はどちらも純粋理性である。「純粋」とは、経験から独立のアプリオリな能力の謂である。『純粋理性批判』は総合的な理性批判である。学問的（科学的）認識は、感性的に知覚し得る「存在するもの」に、悟性［理論理性］が、例えば「因果性」の「範疇」を、正確に言えば、「原則の体系」の一つ「因果性の法則による時間継起の原則」を投入し、自然現象の因果関係を明確に構成すること、自然法則を立法することとである。理論理性は自然の立法者であり、すべての構成作用の普遍性を保証するものは、超越論的統覚である。従って、学問的認識は、感性的に知覚し得る現象世界に限定されることになり、認識の形而上学は成立しない。換言すれば、自然を超えるもの、叡智的世界についての認識は成立しない。大陸の合理論の哲学の「神・霊魂・世界」という理念（Ideen）、すなわち、理性概念（Vernunftbegriffe）の理論的認識の形而上学の主張は、理論理性の構成的（konstitutiv）な使用として排除される。理性的理念は、理論的認識の限界を指示する認識統制的（regulativ）な限界概念としての役割を許容せられるのみである。理論理性は「神・霊魂・世界」について認識構成的言説を立てることはできない。そうしようとするとき仮象（Schein）に陥る。神の理念については、「神存在論証」。霊魂については「誤謬推理」、世界については、「二律背反」である。これらの理念は、純粋実践理性の領域、すなわち、道徳と神学の領域における実践的使用に移行する。カントの言う「信仰に場所を空けるために知識を制限する」とは、この意味である。

「形而上学は純粋理性の思弁的使用の形而上学と実践的使用の形而上学に分類される。それゆえ、自然の形而上学か道徳の形而上学である」[2]。純粋理性の思弁的使用に関する形而上学（die Metaphysik des spekulativen Gebrauch der reinen Vernunft）は、理念認識の形而上学を拒否し、この理性使用における自然の形而上学は「批判」（Kritik）としてのみ成立する。すなわち、「対象の認識ではなく、対象の認識の仕方についての超越論的認識」、「経験を超えていながら経験的認識を可能にする普遍妥当的条件の探求」として「超越論的理性批判」として成立する。思弁的形而上学は、一切の経験的原理を排除し、逆に経験を成立せしめる純粋アプリオリな原理を探求する。

冒頭に引用した「純粋理性の建築術」の言葉に即して言えば、もう一つの人間理性の「立法」（die Gesetzgebung）は、「自由」（die Freiheit）を対象とし、「道徳法則」（das Sittengesetz）を含み、「存在すべきもの」に関係する。純粋理性の哲学は、「批判」としての形而上学か、「道徳」の形而上学である。人間は感性的世界と叡智的世界に跨って生きる存在である。人間は、自然的現象世界に生きる感性的存在者、現象的人間（homo phaenomenon）としては、自然法則に従う欲望の傾向性に規定される。一方、理性的存在者、叡智的人間（homo noumenon）としては、道徳法則を立法し、これによって意志を規定しようとする。道徳性は立法者としての純粋実践理性が定立する道徳法則によって意志を規定するところに成立する。「道徳性（die Moralität）は、完全にアプリオリに原理から導出され得る行為の唯一の合法則性（die einzige Gesetzmäßigkeit）である。それゆえ、道徳形而上学（die Metaphysik der Sitten）は、本来、純粋道徳である。そこには如何なる人間学（keine Anthropologie）［如何なる経験的制約（keine empirische Bedingung）］も根底に置かれてはいない[3]」。

人間は意志的主体である。意志とは「法則の表象に従って、すなわち、原理に従って行為する能力」（das Vermögen, *nach der Vorstellung* der Gesetze, d. i. nach Prinzipien zu handeln）[4]、「或る法則の表象に合致して自らを行為へと規定する能力」(ein Vermögen, *der Vorstellung gewisser Gesetze* gemäß sich selbst zum Handeln zu bestimmen)[5]である。「表象に従って」(nach der Vorstellung der Gesetze)とは、「法則を前に定立することによって」ということである。意志は、傾向性の自然法則を前に立てるのか、それとも、道徳法則を前に立てるのか、どちらの法則によって自らを行為へと規定しようとするのか、という選択の能力である。意志が、実践理性が定立した道徳法則によって自らを行為へと規定することを選択すれば、その場合、意志と実践理性は一致する。その行為は道徳的価値を持ち、単に外面的に「義務に適っている」(pflichtmäßig)だけでなく、「義務からの」(aus Pflicht)行為となる。[6]「適法性」(Gesetzmäßigkeit)は「道徳性」(Moralität)ではない。従って、道徳とは、意志が、感性的傾向性の自然法則か、それとも実践理性の定立する道徳法則か、どちらを意志規定の主観的動機、すなわち、格律(die Maxime)として採用するかという問題である。幸福性と道徳性の原理をめぐる闘争である。行為の道徳的価値は、その行為のもたらす結果や目的にあるのではなく、意志がどのような格律を原理として自らを行為へと規定したかという一点にある。道徳法則は、「仮言命令」(der hypothetische Imperativ)ではなく「定言命令」(der kategorische Imperativ)である。仮言命令は、「若し或る目的を得たいならば、~せよ」という「若し」仮言を含む命令で、この仮言は幸福性の原理に基づいている。命令は目的達成の手段を命じている。日常の道徳命令は、その行為が回りまわって自分の利益や幸福と結び付く経験に基づく仮言命令であり、手段を命じる命令である。しかし、真の道徳法則は定言命令である。定言命令は、実践理性がアプリオリに定立する至上命令であり、あらゆる幸福と利益と欲望の経験的原理を排除し、この法則によってのみ意志を規定する合法則性のみ命じる命令である。『道徳形而上学原論』(*Grundlegung zur Metaphysik der Sitten*, 1785)は、定言命令の四つの定式を挙げているが、ここでは『実践理性批判』(*Kritik der praktischen Vernunft*, 1788）がまとめている定式を挙げる。「汝の意志の格律が、常に、同時に、普遍的立法の原理として妥当し得るように行為せよ」（Handle so, daß die Maxime deines Willens jederzeit zugleich als Prinzip einer allgemeinen Gesetzgebung gelten könne.）(7)。人が或る行動を行う場合、定言命令は、今、意志が格律（Maxime）として採用して自らを行為へと規定しようとしている主観的動機が、自らの利益や幸福と結び付く傾向性（Neigung）なのか、それとも自らの利益や幸福という感性的動機を一切排除した普遍的道徳性として通用する理性的動機であるかを吟味せよ、と命じている。今、採用した格律が普遍性を持つと確信できれば、意志は、自然法則［傾向性］の表象に従ってではなく、道徳法則の表象に従って［道徳法則を前に定立することによって］、自らを行為へと規定したのであり、この格律は主観的であると同時に客観的な道徳法則の原理として妥当する。この場合、意志は道徳法則の立法者である実践理性と同一である。意志はその都度、自ら律法を自律的に定立する道徳法則の立法者である。カントは、「道徳性の最高原理としての意志の自律（Die Autonomie des Willens als oberstes Prinzip der Sittlichkeit）」という標題の一節で次のように述べる。「自律の原理とは、意志の選択における格律が、その同じ意欲の中に、普遍的法則として同時に（zugleich）含まれている、という以外の選択をしない、ということである」(8)。理性的存在者の意志が、この自律性の原理と必然的に結合していなければならないということは、この原理の諸概念の分析からは演繹できないから、この原理は先天的総合判断である。それゆえ、道徳哲学は道徳の形而上学である。

ここで、各人が行為のその都度、自分の格律が普遍的道徳法則として通用すると確信しても、その確信が真実に普遍的に妥当すると誰が保証するのかという疑問が残る。丁度、各人の理論理性が、科学的認識において、感性的直観に範疇や原則を適用し、認識を構成するとき、その認識の普遍性を誰が保証するのかという問題と同一の問題が、純粋実践理性の立法の場合にも起こる。科学的認識判断は先天的総合判断であり、その普遍性を保証するものは、超越論的統覚であり、〈Ich-denke〉の超越論的自我であった。同じように、実践的意欲における意志の格律選択的行為における先天的総合判断の叡智的行為の中において、道徳法則の普遍性を保証するものは、普遍的意志としての〈Ich-will〉である。ここにも超越論的自我の存在という超理論的前提がある。ゲオルク・ピヒトは、「超越論的統覚」〈Ich-denke〉の自我も「超越論的意志」〈Ich-will〉の自我も、悟性概念である「現存在」(Dasein)や「現実存在」(Existenz)の範疇の適用を受ける経験的認識の対象になる客体存在の自我ではなく、トランスカテゴリアールな「存在」、「存在者そのもの」(das Wesen selbst)、「自我自体」(das Ich an sich)であると言う。従来の形而上学の「魂」(Seele)に代わる「主体存在」(Subjektsein)という新しい「存在概念」(Seinsbegriff)が登場していると考える。ピヒトは、カントの中に、伝統的カント解釈と異なった「超越論的存在論」(eine transzendentale Ontologie)を読み取ろうとしている。意志は法則の表象に従って自らを行為へと規定する能力であるから、法則の表象の中に、私は既に「私は欲する」〈Ich will.〉という自己自身を規定している。行為はすべての理性的存在者にとって責務的である原理に従うときにのみ善である。定言命令が命じているのは、経験的意識から普遍的意識への移行に他ならない。定言命令は、経験的自我の主観的行為が、すべての理性的存在者一般の行為の原理として役立つような客観的原理に従うことを命じている。経験的自我と超越論的自己意識との統一が命じられている。(9)

道徳法則は自由の認識根拠(ratio cognoscendi)であり、自由は道徳法則の成立根拠(ratio essendi)であると言われる。道徳法則を意識することによって、自然法則の傾向性の支配からの自由を認識する。これは「超越論的自由」である。また理性的存在者としての人間は、根元的自発性としての自由の保持者であればこそ、道徳法則を立法することができる。これが道徳性の最高原理としての「意志の自律性」としての実践的自由である。

『実践理性批判』の「弁証論」において、道徳的善［徳］と幸福性の統一としての「最高善」の問題が論じられている。徳とは道徳法則によって意志が汎通的に規定されている状態、すなわち、「最上善」(das oberste Gut)である。この道徳性に幸福性が結合する状態が「最高善」(das höchste Gut)である。最高善の実現は、ギリシア以来のあらゆる倫理学の目標であり、課題である。幸福性を原因とする道徳性との因果性、すなわち、エピクロス主義は、格律から幸福性の原理を排除する「厳粛主義」(Rigorismus)のカントの立場では承認出来ない。唯一の因果性は、道徳性を原因とする幸福性との因果性、すなわち、ストア主義である。しかし、ストア主義は厳密な道徳法則による汎通的意志規定を現実に体現する理想人を承認する英雄主義の道徳である。カントにとっては、最上善も現世では不可能な課題である。実践理性は、格律選択における道徳法則による汎通的意志規定のために、「霊魂の不死」(die Unsterblichkeit der Seele)を要請し、さらに来世における道徳性と幸福性の因果的結合の保証者として「神存在」(das Dasein Gottes)を要請する。『実践理性批判』において、「霊魂の不死」と「神存在」はそれぞれ、「実践理性の要請」(das Postulat der reinen prakitischen Vernunft)である。理論理性にとって認識統制概念、限界概念に過ぎず、理性の弁証論的仮象であった「霊魂」と「神」の二つの理念が、「実践理性の要請」として実践的実在性を獲得する。これは理論理性に対する実践理性の優位性の主張である。「実践理性の要請」の意味は、理論理性が承認しない霊魂と神の実在性を、実践理性は、道徳の最高目的である最高善の理想の制約として前提するということである。

しかし、ここでも、ピヒトの「超越論的存在論」が従来の理解と異なった或る示唆を与える。ピヒトは、カントが新しい存在概念の発見に基づいて新しい「理性の形而上学」「超越論的形而上学」の構想を持っていたと言う。超越論的統覚と超越論的意志の統覚としての「統一性」(Einheit)は、悟性概念の「単一性」(Einheit)の範疇とは異なったトランスカテゴリアールな超越論的範疇使用である。〈Ich-denke〉、〈Ich will〉の「超越論的主体」は、「存在者そのもの」(das Wesen selbst)、「自我自体」(das Ich an sich)として「アル」(Es ist.)。この「アル」は、悟性概念の「現存在」(Dasein, Existenz)の範疇ではなく、トランスカテゴリアールな普遍的超越論的存在である。同様に「神存在」も、従来の形而上学の「神存在証明」(der Beweis vom Dasein Gottes)という形では、退けられた。「現存在」(Dasein, Existenz)は、感性的経験的世界の存在者に関わる範疇である。神は経験的感性的存在者ではない。神は「存在者そのもの」(das Wesen selbst)として「必然的存在者」である。「神はアル」(Gott ist.)。この「必然性」(Notwendigkeit)は、純粋悟性概念の「必然性」(Notwendigkeit)の範疇のトランスカテゴリアールな使用である。「神あり」の解釈のために、従来の形而上学のように「実体性」(Substanz)、「現存在」(Dasein)、「必然性」(Notwendigkeit)の範疇を用いてはならない。これらが神存在について用いられるとき、トランスカテゴリアールな超越論的意味における使用である。「実体性」「現存在」「必然性」などの諸範疇は「超越論的範疇」(Transzendentalien)として新しい意義を担う。超越論的範疇における「必然性」とは、「可能性の制約」という意味である。神は理性の体系の根元的根拠であり、理性体系は理性の形而上学の根拠である。超越論的統覚の「我あり」と「神あり」の「存在」はトランスカテゴリアールな存在概念である。このように、「存在」と「根拠」のトランスカテゴリアールな規定の可能性の根拠を明らかにすることによって、カントは、一方では、伝統的形而上学の「霊魂」と「神」の理念「理性概念」を批判する根拠を示し、他方では、「主体存在」と「神存在」の新しい超越論的規定を獲得したのである。超越論的自我と超越論的神概念は、「存在者そのもの」(das Wesen selbst)であり、カントの純粋理性の哲学の超越論的前提である。この「存在者そのもの」という神概念はその後の近代神学、現代神学の神概念に多大の影響を与えることになる。ピヒトの『カントの宗教哲学』(*Kants Religionsphilosophie*)』は、カントのいわゆる『宗教論』(*Die Religion innerhalb der Grenzen der bloßen Vernunft*, 1793)の研究書ではなく、カント哲学全体を一つの「宗教哲学」として把握しようとする驚くべき試みなのである。

以前に、『純粋理性批判』「超越論的方法論」第三章「純粋理性の建築術」の言葉を引用した。「人間理性の立法[哲学]は、自然と自由という二つの対象を持ち、それゆえ、自然法則と道徳法則を、最初はそれぞれ二つの個別の哲学体系において、最後には唯一の哲学体系において含むのである」(B 868)。ピヒトは、超越論的形而上学、理性の哲学こそ、カントの最後の唯一の哲学体系と考えている。

§2 カントの道徳神学

自然現象界の事物認識の範疇を超越論的主体や神存在の叡智的存在者に適用することは不適切であるが、神の不可把捉性に対して、啓示神学の神の可把捉性、すなわち、神が御自身を啓示される限りの理解可能性の側面、特に教義学的認識の側面が切り捨てられる。この側面が次の「カントの道徳神学」の中で問題となる。『単なる理性の限界内における宗教』(*Die Religion innerhalb der Grenzen der blossen Vernunft*, 1973)、いわゆる『宗教論』において、カント道徳は俄に深刻さの度合いを増す。それは「根元悪」(das redikale Böse)の自覚である。根元悪とは、「人間本性における悪への性癖」(der Hang zum Bösen in der menschlichen Natur)、或いは「人間の悪への自然的性癖」(ein natürlicher Hang des Menschen zum Bösen)のことである。この根元悪は、第一に、「人間本性の脆弱性」（die Gebrechlichkeit［fragilitas］des menschlichen Natur）であり、第二に、「人間の心の不純性」（die Unlauterkeit［impuritas, improbitas］des menschlichen Herzens）、第三に、「人間本性、或いは、心の悪性、或いは、腐敗性」（die Bösartigkeit［vitiositas, pravitas］od. die Verderbtheit［corruptio］der menschlichen Natur od. des menschlichen Herzens）である。自由意志は、主観的動機の選択に際して、感性的欲望の傾向性か、それとも道徳法則のいずれを格律として採用するかの岐路に立っている。第一の「人間本性の脆弱性」は、自由意志が道徳法則を格律に採用しても意識規定の動機として貫徹できない「心の弱さ」のことである。第二の「心の不純性」は、格律における道徳的動機と非道徳的動機の混淆の性癖である。第三の「人間本性の腐敗性」は、自由意志の格律の選択において、意志が常に道徳法則からの動機を他の非道徳的動機の下位に置こうとする性癖である。自由意志が、動機の採用に関して、道徳法則を常に他の動機に対して上位に置くことが道徳的秩序であるから、この第三の性癖は、「人間の心の顛倒性」（die Verkehrtheit［perversitas］des menschlichen Herzens）と呼ぶこともできる。自由意志の動機の選択において、道徳法則の上位支配を意図的に常に顛倒させ、非道徳的動機を意識規定の根拠にしようとする性癖（Prädisposition, propensio）であるから、真に根元悪の名に値するのは、この第三の、人間本性の腐敗性、顛倒性としての意志の性癖である。[10]

宗教改革の神学は、人間は生来、罪によって、心の顛倒した者であり、律法に背く傾向性を持っていると考えている。『ハイデルベルク信仰問答』（一五六三年）は、人間の心の生来の悪性と顛倒性について、次のように述べている。5. Frag. Kanstu diß alles［律法］vollkomlich halten? - Nein: denn ich bin *von natur geneigt* Gott vnd meinen Nechsten zu hassen. 6. Frag. Hat denn Gott den menschen also *böß vnd verkert* erschaffen? - Nein: sonder Gott hat den menschen gut / vnnd nach seinem ebenbild erschaffen / das ist / in wahrhafftiger gerechtigkeyt ond heiligkeyt / auff daß er Gott seinen Schöpffer recht erkennte / vnd von hertzen liebte / vnd in ewiger seligkeyt mit jm lebte / jn zu loben vnd zu preisen.[11]

『道徳形而上学原論』や『実践理性批判』では、人間の道徳法則による汎通的意志規定を妨げている理由は、人間が理性的存在者であると同時に感性的存在者でもあるということであった。しかし、『宗教論』の根元悪は、自由意志の動機に関して道徳的秩序を顚倒し、心における道徳法則の上位支配を打破しようとする「性癖」（Hang, propensio）が、人間本性に根元的に常に存在するとなると話は深刻である。

これは人間本性の腐敗に他ならない。意志の動機の選択において道徳法則より自然法則［感性的欲望］が上位の支配原理であるという意志の動機に関する道徳的秩序の顚倒形式の常態化が、心の「顚倒性」（Verkehrtheit）、「悪性」（Bösartigkeit）、「腐敗性」（Verderbtheit, Verdorbenheit）であり、これが「根元悪」（das radikale Böse）である。カントの道徳神学においては、根元悪は「道徳法則からの動機よりも感性的衝動を優位に置くこと」である。善悪の問題は、神の律法と人間の欲望との関係の問題ではなく、理性的存在者と感性的存在者との関係の問題、すなわち、人間の自己意識内部の問題に内在化されている。これは以後の近代神学全体にわたる通奏低音である。聖書の堕罪の記事は、自由意志の格律選択という、人間の自己意識内部の根元的叡智的行為を象徴的に上手に記述していると言う。創世記三章六節を見ると、まず第一に、人間が格律選択において感性的動機（「おいしそうで、目を引き付け、賢くなる」）を探し回り（sich umsehen）、道徳法則からの動機と併存させることを覚え、第二に、「他の動機の影響を排除する命令の峻厳を疑う」（die Strenge des Gebotes, welches den Einfluß jeder anderen Triebfeder ausschließt, zu bezweifeln）[12]ことを始め、第三に、遂には、上記道徳的秩序の顛倒としての根元悪が犯された。「道徳法則からの動機よりも感性的衝動を優位に置く優位性が行動の格律の中に採用され、罪が犯された」(das Übergewicht der sinnlichen Antriebe über die Triebfeder aus dem Gesetz in die Maxime zu handeln aufgenommen und so gesündigt ward)[13]。聖書は道徳法則の峻厳性のために神的命令と呼び、これに対する違反を「罪」と呼ぶ。Mutato nomine de te fabula narratur.「名前を変えると、この物語は、汝について語られている」。ラテン語の格言を引いて、この物語が人間の格律選択の意志決定の顛倒性を象徴的に描写するものと受け取っている。「『アダムにおいてすべての人が罪を犯した』、そして今なお犯し続けている」。感性的存在の欲求そのものも、理性的存在者の定立する道徳法則そのものも、善悪そのものでなく、自由意志がその何れを格律として上位規定者として自らを行為へと規定するかが問題である。格律選択という叡智的行為において、自由意志は感性的欲望を上位に選択する顛倒性の性癖を持ち、心における格律の上位支配の闘争における道徳的秩序の顛倒行為が法則違反となり、われわれの場合にはこの違反への「生得的性癖」(ein angeborener Hang zur Übertretung)が前提となり、すべての現行罪を産み出している[14]。

カントは『宗教論』における根元悪の重大な概念の発見にもかかわらず、その克服の問題を『道徳形而上学原論』や『実践理性批判』の批判主義道徳論の立場を崩すことなく、意志の自律性の原理で押し切ることになる。根元悪は、悪の格律を最高格律として選び取り、すべての格律の根拠を腐敗させているから「根絶されることのできない」(nicht ausgerottet werden können)ものであり、それゆえ、「生得的」(angeboren)と言われるのである。それは、格律選択の叡智的行為(intelligible Tat)として「原罪」(peccatum originalium)であり、すべての現象的、経験的行為としての「派生罪」(peccatum derivativum)の形式的根拠である[15]。

しかし、カントは、根元悪は、自由に行為する理性的存在者に見出される悪であるかぎり、「根絶し得ない」ものであっても、「圧倒できる」ものであると言う。「この悪は、それがすべての格律の根拠を腐敗させているから、根元的（radikal）である。同時に、またこの悪は、自然的性癖としても、人間の力によっては、根絶され得ない（durch menschliche Kräfte nicht *zu vertilgen* sein）。なぜなら、根絶することは、良き格律によってのみ生起し得るが、あらゆる格律の最上の主観的根拠が腐敗している（verderbt）ものとして前提されている場合には、成立し得ないからである。しかし、それにもかかわらず、この性癖は圧倒されることが可能でなければならない（gleichwohl aber muß er *zu überwiegen* möglich sein）。」[16]「格律における道徳法則からの動機よりも感性的衝動の優位性（das Übergewicht）」、「自由意志の動機に関する道徳的秩序の顛倒」は、根絶し難い根元悪であるが、それを「圧倒する」（überwiegen）ことは可能であると言う。悪の格律の「上位支配」（Übergewicht）を「圧倒する、優位性を占める」（überwiegen）ことは、顛倒形式を再顛倒することである。格律選択行為が自律的自由意志の叡智的行為であるかぎり、そこに如何なる性癖が前提されていようとも、自由に行為する存在者である人間は、この格律における顛倒した道徳的秩序を再顛倒することが可能であるという。根元悪に纏綿される、「本性から」（von Natur）悪しき人間も、「より良き人間たるべし」という良心の声が心の中に響き渡るかぎりは、格律の悪しき道徳的秩序を再顛倒することが可能であると言う。

感性的動機の上位支配という心における根元的な悪しき道徳的秩序を再顛倒して道徳法則の上位支配を回復し、道徳法則のみを十分な動機とする心［心術］の叡智的性格を回復することは、「心の漸次的改革」によるのでなく、「心の革命」による。「或る人が単に法的にでなく、道徳的に良き人［神の意に適う人］になる、すなわち、叡智的性格から有徳（virtus noumenon）となるということ、彼が或ることを義務と認識するとき、義務の表象以外なにものも必要としないということ、このことは、格律の根拠が不純なままであるかぎり、漸進的改革（allmähliche Reform）によってではなく、人間の心術における革命（eine Revolution in der Gesinnung im Menschen）［心術の神聖性の格律への移行］によって実現されなければならない。彼は新しき創造としての一種の再生（Wiedergeburt）と心の変化（Änderung des Herzens）によってのみ新しき人（ein neuer Mensch）になり得るのである」[17]。自由意志の動機に関する道徳的秩序の顚倒形式、すなわち、感性的衝動が優位性を保つ前提の継承［但し、原罪といっても、格律選択はすべての理性的存在者の叡智的行為であるから、アダムにおいてすべての人が罪を犯した、と言われるように、すべての理性的存在者に責任（Schuld）のある行為である］、この顚倒形式を再顚倒する心術の革命が成し遂げられて、道徳法則を唯一の意志規定の根拠とする心術の神聖性（Heiligkeit）が回復されるとき、根元悪を克服した新しい人は、実践理性が定立する定言命令に従って意志を行為へと規定する漸進的改革の道徳の道に復帰する。根元悪は根絶できないがゆえに根元的といわれる。しかし、根元悪が自由に基づいて行為する理性的存在者である人間に見出される性癖であるかぎり、この根元悪を圧倒することができる。これは論理的には矛盾である。「心の革命」は論理的推論（schließen）を断ち切る唯一不変の決断（eine einzige unwandelbare *Entschließung*）である。「人間が、彼がそれによって悪しき人間であったところの、彼の格律の最高根拠を、唯一不変の決断によって逆転する（umkehren）なら、――そしてそれによって、新しい人を着るなら――、彼はそのかぎり、原理と志向（Denkungsart）からして、善を為し得る主体（ein fürs Gute empfängliches Subjekt）である。とは言っても、絶えざる働きと生成においてそうなのである［主体が善を為し得ている、という意味ではない。筆者］。すなわち、彼は、彼が選択的自由意志の最高格律に採用した原理の純粋性（Reinigkeit）と原理の堅固性（Festigkeit）の故に［すなわち、根元悪の二つの要素、不純性（Unlauterkeit）と脆弱性（Gebrechlichkeit）を克服している故に、筆者］、悪から善への絶えざる前進（ein beständiges Fortschreiten）の良き（もちろん狭い道ではあるけれども）途上にある、ことを望み得るのである。このことは、心の（選択的意志のすべての格律の）叡智的根拠を透見する（den intelligibelen Grund des Herzens durchschauen）存在者、前進の無限性が統一性（Einheit）である存在者、すなわち、神にとっては、現実に善き（神の意に適う）人であるのと同じことである。そしてそのかぎり、この変化は革命と見なされ得るのである[18]」。

この「心の革命」を可能にするものは、根元悪にもかかわらず心に残存している讃嘆すべき「われわれ一般における善への根元的道徳的素質」（die ursprüngliche moralische Anlage in uns überhaupt）[19]である。この素質は「人格性への素質」であると言われていた。「**人格性**への素質とは、選択的自由意志のそれだけで十分な動機としての道徳法則に対する尊敬の感受性である」（Die Anlage für die **Persönlichkeit** ist die Empfänglichkeit der Achtung für das moralische Gesetz als einer für sich hinreichenden Triebfeder der Willkür.[20]）。根元悪にもかかわらず、根元的素質として残存する道徳法則への感受性や尊敬の感情が意志の動機になり得るのは、「よりよき人間たるべし」という良心の声である。この根元的道徳的素質としての道徳法則への感受性を刺激することが、「心術の革命」へと導くのである。「彼の道徳的使命の崇高さのこの感情をしばしば喚起することは、道徳的心術の覚醒の手段として、特に推奨されるべきことである。なぜなら、そうすることは、われわれの選択的自由意志の格律における動機の顛倒への生得的性癖に対抗して正に正反対に作用し、その結果、採用さるべきすべての格律の最高制約としての［道徳］法則に対する無制約的尊敬において（in der unbedingten Achtung fürs Gesetz）、諸動機間の根元的道徳的秩序を回復し、それと共に、人間の心における善への素質をその純粋性において回復するからである[21]」。

われわれは、格律の神聖性からほど遠く、法則と心術の不一致に悩み、それを目差す絶えざる前進の途上にあるけれども、「心の革命」によって、心の叡智的根拠を透見する存在者、前進の無限性が統一性である存在者、すなわち、神の目には、神の意に適う新しき人である、と言われていた。神は心を見る。そしてそのかぎり、この変化は革命であり、神の子の心術を取り入れた神の意に適う者である。道徳法則による汎通的意志規定という格律の神聖性は無限の前進の課題として課せられた実践的課題であるけれども、この心の変化は、無限が統一性である神にとっては、再生と見なされる。無限性は統一性であると同時に、完結性である。法則との一致を目差す無限前進は、超感性的心術の故に、「人の心を見る者」(ein Herzenskündiger) である「神の純粋知的直観」(seine reine intellektuelle Anschauung) においては、「完結せる全体」(ein vollendetes Ganze) として判定されるのである。[22]

カントは『純粋理性批判』「超越論的弁証論」「純粋理性の理想」において、「理念」の具体化、個体化を「理想」と名付けていた。「理想」(das Ideal) とは、「具体化された理念」(die Idee in concreto)、「個体化された理念」(die Idee in individuo) である。[23] 道徳法則と心術の完全な一致は、感性界の如何なる存在者もその存在の如何なる瞬間にも持つことのできない完全性、神聖性であった。「天の父が完全であるように完全たるべし」というような神聖性は理念である。道徳法則による汎通的意志規定は実践理性の目標であり理念である。この理念を人格的に体現する個体はイエス・キリストである。カントはこの問題を『宗教論』の「善原理の人格化された理念」(Personifizierte Idee des guten Prinzips) の一節において取り扱う。「神の子」の理想は、「善原理の理念」の人格化である。

「世界を神の摂理の対象と創造の目的とし得る唯一のものは、その全き道徳的完全性における人間性［理性的世界存在者一般」である。この道徳的完全性を最高条件として、幸福性は最高存在者の意志における直接的結果である。この神の意に適う唯一の人間は、『永遠から神と共にあった』。この理念は彼の本質から出ている。彼は被造物ではなく、神の独り子である。『言葉（在れ！ das Werde!）そのものであり、それによって万物が存在し、それなしには造られたものは何も存在しない』。（なぜなら、万物は、彼のために、すなわち、道徳的規定に従って考えられ得るような世界の理性的存在者のために、造られたからである。）『彼は神の栄光の輝きである』。『彼において神は世を愛した』。われわれは彼においてのみ、また彼の心術を採用することによってのみ、『神の子らとなること』を望み得る。この道徳的完全性の理想、すなわち、その完全な純粋性における道徳的心術の原型（das Urbild）にまでわれわれを高めることは、普遍的な人間義務である。この理想と原型に向かう努力（die Nachstrebung）を理性によって提示するこの理念そのものが、その力を与えることができる」[24]。

道徳法則をその純粋性において格律へ採用する心術は、道徳法則のみによる汎通的意志規定の理念である。そのような心術を採用することは、神の子の心術を自が心術とすることである。神の子は、「完全な純粋性における道徳的心術の原型」なのである。神の子は完全な道徳的心術の具現者、体現者である。人が、格律の神聖性、純粋性の理念を自らの格律に採用し、その理念の人格化された理想を原型としてまねぶことが自らが神の意に適う新しき人となり、神の子らとなることでる。「神の意に適う人間性の理想、（従って、さまざまな欲望や傾向性に依存するこの世の存在者に可能であるような道徳的完全性の）理想を、われわれは、次のような人間の理念の下において以外に考えることができない。すなわち、すべての人間義務を自ら実行すると共に教えと実例によっても善を自分の周囲の可能なかぎり広汎に広めるばかりでなく、さらに、いかに大きなもろもろの誘惑によって試みられようとも、世の最善のためまた彼の敵に代わってさえも、あらゆる受難を引き受けて最も恥ずべき死に至る覚悟があるというような人間の理念の下においてしか考えることはできない。なぜなら、人間が道徳的心術の力というような種類の力の程度と強さを理解することができるのは、もろもろの妨害と戦い、如何に大きな試練の下にあってもなお誘惑や苦しみに打克つことのできるものと表象する時にだけである[25]」。

カントの道徳神学は、宗教改革の哲学的成果であり、或る点では、トマスのアリストテレス的思弁よりは、福音の精神と一致するというような見解がある[26]。確かに、神の子の心術を自分の格律に採用する受容性が、神の意に適う条件であり、それによって自らも再生者、神の子らの一員、新しき人になるという思想は、信仰義認の哲学的表現のようでもある。また、ルターの「凝縮された完結」(eine kurze Summe) の思想とカントの「完結せる全体」(ein vollendetes Ganze) の思想の間に表面上の類似性もある。

ルターの「凝縮された完結」という概念は、宗教改革の実質原理である「信仰義認」を表すキーワードであると思う。罪人は神の前に律法の一点一画も遵守することの出来ない者である。しかし、彼が信仰において神の前に立つ時、キリスト者は、キリストの十字架の死による罪の赦しを得ているのみならず、キリストの生涯をかけた律法への服従の義、律法の充足の義の保持者として認定されて、義人として立っている。キリスト者は、その信仰において、キリストの律法の完全充足の凝縮としての義の所有者、律法の要求を完全に遵守した義人として立っている。キリスト者は、信仰によって、律法の「凝縮された完結」を保持している。その根底には「悦ばしき交換」(der fröhliche Wechsel) という大切な概念がある。罪人はキリストに神の怒りの対象である罪の重荷を背負わせ、代わりに、律法の凝縮した完結としての義を受け取る。これは「転嫁」の思想であり、救いの恩恵性を良く表現している。救いは、信仰のみによって来たり、義人は信仰によって生きる。[27]

カントの「完結せる全体」(ein vollendetes Ganze) の思想構造はこうである。神の子の心術を格律に採用することによる心術の革命は、人間がなお法則との一致を目差す無限前進の途上にあっても、この超感性的心術の故に、「人の心を見る者」である神の「純粋知的直観」においては、「完結せる全体」として判定されるということである。「心の革命」は心術の道徳的秩序の革命であり、現実には、心術と法則の不一致が依然としてあるにもかかわらず、彼は「神の意に適う人」であり、「新しき人」であり、義人である。ルターの場合には、キリスト者は、なお肉の性質を有していても、〈de jure〉には、律法の「凝縮された完結」を認定された義人であるということであり、外面的類似性が存在する。しかし、根本的相違は、ルターの信仰義認は、神と人との関係、人間の律法違反と神の恩恵による赦しの宗教問題であるのに対し、カントの根元悪の克服は、理性的存在者と感性的存在者の闘争という人間の自己意識内部の道徳問題である。ルターの神学は神の恩恵による罪の赦しの十字架の神学であり、カントの神学は、道徳を補完する道徳神学であり、その宗教は、「道徳宗教」(die moralische Religion) であり、「良き行状の宗教」(die Religion des guten Lebenswandels)[28] である。カントの道徳神学を宗教改革の哲学的成果とするリヒャルト・クローナーの言葉に反して、むしろ、カントの「自然と自由」の二元論は、トマス的な「自然と恩恵」の二元論に親近性があるように思われる。なぜなら、カントの宗教は、「人間が為すべきことを為した上で、足らざるところを神の恩恵に期待する」ところに成立する「希望の宗教」であるからである。「道徳法則による汎通的意志規定」は「最上善」(das oberste Gut) であり、「この最上善が幸福性と結合する道徳の最高目的」は「最高善」(das höchste Gut) である。根元悪を克服した道徳宗教は、批判主義道徳に回帰している。『実践理性批判』では、「最高善の可能性に関するわれわれの無力の補いとして、理性がわれわれに提示するが、われわれの力の中にないもの」[29]を実践理性の要請として定立した。宗教は、この課題の実現のために、道徳的努力を尽くしたのちに、恩寵を期待する「希望の宗教」である。「この神の子に対する実践的信仰（彼が人間性と採った者として表象されるかぎり）において、人間は神の意に適う（そしてまたそれによって救われる）ことを希望し得る」[30]。試み苦しみの中にあっても、道徳的完全性の理想である神の子の心術の純粋性を「原型」（das Urbild）とし、この原型を模範とし、この原型に「まねび」「信従」（Nachfolge）すること（seinem [das Urbild] Beispiele in treuer Nachfolge ähnlich bleiben）[31]は、人間の普遍的義務である。宗教が、神と人間の間の対立と和解の事柄ではなく、人間の自己意識内部の対立と和解の問題に矮小化していくことは、カント以後の近代神学の特質となる。実践理性の理念→理想［個体化、人格化された理念、イエス・キリスト］→原型［Urbild］→信従・まねび［Nachfolge］の構造は、新カント学派の強い影響を受ける近代自由主義神学の通奏低音となる。イエス・キリストは、贖い主ではなく、道徳の教師である。

2　シュライエルマッハーの信仰論
――認識でもなく道徳でもなく、宗教体験としての宗教的真理

近代自由主義神学の第一段階は、カントの認識論におけるコペルニクス的革命を基礎とする道徳神学の主張であり、カントの『単なる理性の限界内における宗教』は「道徳的教義学」（die moralische Dogmatik）[32]であっ

た。

カントの道徳神学の宗教的根本動因は「自然と自由」である。道徳は欲望という自然法則に基づく感性的存在者と道徳法則の定立という意志の自律の原理に基づいて実践的自由を実現しようとする理性的存在者の格律選択を巡る闘争である。宗教は道徳の目的である根元悪の克服と最高善の実現を助ける補完者であり、その神学は道徳神学である。宗教は自己意識内部の対立の問題である。

近代神学の父とも称せられるシュライエルマッハー(Friedrich Schleiermacher, 1768-1834)は、近代神学の祖父とも言うべきカントの『宗教論』(一七九四年)の五年後に書かれた『宗教論』(一七九九年)において、「宗教の本質は、思惟でも行為でもなく、直観と感情である」(Ihr Wesen ist weder Denken noch Handeln, sondern Anschauung und Gefühl)と述べている。(33)

カントは「信仰に場所を空けるために知識を制限した」と言われるが、空けられた場所は道徳的信仰(der moralische Glaube)であった。自然に対立する自由の擁護が道徳の役割であった。若い時からカント学徒であったシュライエルマッハーは、カントの「自然と自由」の二元論と反形而上学[知識形而上学]の態度を継承しつつ、「宗教の本質は、思惟でも行為でもなく、直観と感情である」と言う。これはカント批判の言葉でもある。宗教は認識でも道徳でもなく、直観と感情である。認識を制限してそのために場所を空けた宗教は、道徳宗教ではなく、「直観と感情」の宗教であった。後期の『キリスト教信仰』(一八二一年初版、一八三〇年第二版)では、直観という言葉を使用せず、次のように言われている。「すべての教会的共同体の基礎を構成する敬虔[信仰]は、純粋にそれだけで考察されるならば、知識でも行為でもなく、感情の、或いは、直接的自己意識の一規定である」(Die Frömmigkeit, welche die Basis aller kirchlichen Gemeinschaften ausmacht, ist rein für sich betrachtet weder ein Wissen noch ein Tun, sondern eine Bestimmtheit des Gefühls oder des unmittelbaren Selbstbewußtseins.)[34]。宗教の場所は「感情と直接的自己意識」の「宗教体験」の場所となった。『福音主義教会の諸原則によるキリスト教信仰』と名付けられたこの書物は、宗教体験の記述としての「信仰論」である。信仰の領域は、理論的認識（ein Wissen）の成立する領域ではなく、知的命題の承認としての「教義学」は悪しき形而上学であり、教義命題は宗教体験の信仰の所産としてのみ成立するが故に、それは「信仰論」なのである。しかし、この膨大な著作は、シュライエルマッハーの「宗教体験」の記述の立場から書かれた「福音主義教会の諸原則」の「教義学」である。シュライエルマッハーの、認識でもなく、道徳でもなく、感情、或いは、直接的自己意識、宗教体験としての宗教的真理の記述としての「教義学」は、自由主義神学の第二の段階を拓くものである。ここには教義学は信仰論に他ならないという教義学におけるコペルニクス的転回がある。

　カントは宗教を意志に限定し、シュライエルマッハーは感情に限定したと言われるが、誤解を招く表現である。シュライエルマッハーは、宗教心は感情の一つの形態であり、自己意識の一つの形態である、と言う。宗教的敬虔、宗教心、信仰［いずれも〈die Frömmigkeit〉の訳語となる］は、知的認識でもなく、道徳的意志でもなく、一つの感情、すなわち、絶対者に絶対的に規定されているという「絶対依存の感情」（das Gefühl der schlechthinnigen Abhängigkeit）という、高次の感情である。感性的な低次の欲望的感情ではない。宗教、信仰は一つの自己意識の形態であるという場合、その自己意識は、すなわち、「敬虔自己意識」（das fromme Selbstbewußtsein）である。

　命題４「信仰（die Frömmigkeit）にはさまざまな表現があり得るが、信仰を同時に他のすべての種類の感情から区別する、信仰に共通するもの（das Gemeinsame）、すなわち、信仰の自己同一的本質（das sich selbst gleiche Wesen der Frömmigkeit）は、これである。すなわち、われわれがわれわれ自身を絶対的に依存的なものとして意識すること、同じことであるが、われわれ自身を神との関係において意識すること（daß wir uns unsrer selbst als schlechthin abhängig, oder, was dasselbe sagen will, als in Beziehung mit Gott bewußt sind.）である」[35]。

信仰は感情である。信仰は自己意識である。信仰は自己を絶対者に依存する者、神との関係にある者として意識することである。それゆえ、信仰は「絶対依存の感情」であり、「敬虔自己意識」である。この§4の定式が意味することは、「自己を絶対的に依存的な者と感じる感情」（Sich-schlecthin-abhängig-Fühlen）と「自己を神との関係の中にある者として自覚すること」（Sich-seiner-selbst-als-in-Beziehung-mit-Gott-bewußt-sein）とは同じことである（einerlei）ということである[36]。宗教経験は、人間が有限的な時間・空間的世界に生きる感性的感情に捕らわれる、生の非本来性を自覚する自己意識が、絶対者に直接的に規定されている敬虔自己意識に高まる体験である。自己が在るという意識は、存在の根拠、存在の由来としての絶対者に規定されて在るという自覚を含む意識であり、自己意識は神意識と共に措定されたものであるという自覚としての自己意識への覚醒の体験である。「絶対依存の感情」は「神意識を含む自己意識」である。信仰は、最高の自己意識としての「敬虔自己意識」である。この神意識の自由な展開が阻止され、感性的感情に捕らわれている非本来的な低次の生が、絶対者によって直接的に規定される意識によって解放され、高次の生としての宗教的生へと高まる体験が宗教の本質である。われわれは、この「神意識と共に措定された自己意識」、「自己意識の構成要素として自己意識に内在する神意識」という主張の中に、カルヴァンの『キリスト教綱要』冒頭の「神認識と自己認識の相即」の思想の近代神学的解釈を見るように思う。同時に、低次の感性的感情からの解放としての高次の敬虔自己意識への覚醒の体験の宗教の中に、われわれは、カントと同じく、近代哲学の「自然と自由」の宗教的根本動因の支配を見出すのである。カントは欲望的自然の支配からの解放と自由の確立を道徳神学に見出し、シュライエルマッハーは「絶対依存の感情」としての「敬虔自己意識」の覚醒体験に見出したのである。両者共に、宗教は人間の自己意識内部の事柄になっている。それに対して、聖書の宗教のライト・モティーフは「罪と恩恵」の対立であり、その宗教的根本動因は「創造・堕落・救贖」である。宗教は自己意識内部の関係の問題ではなく、神と人間の関係の問題である。

聖書は信仰命題に対して規範的性格を持つものではなく、逆に、教会的共同体、信仰告白共同体の宗教体験の記録と見なされる。

「キリスト教の諸信仰命題は、キリスト教敬虔心情状態の言葉で記述された把握である」(Christliche Glaubenssätze sind Auffassungen der christlich frommen Gemütszustände in der Rede dargestellt.)[37]。

「すべての本来的信仰命題は、われわれの記述においては、キリスト教的敬虔自己意識、或いは、キリスト者の内的経験から得られなければならない」(Alle eigentlichen Glaubenssätze müssen in unserer Darstellung aus dem christlich frommen Selbstbewußtsein oder der innern Erfahrung der Christen genommen werden.)[38]。

そうだとすれば、キリスト教的敬虔自己意識やキリスト者の内的経験から離れた、信仰命題は、或いは、教義学は、宗教の領域における理論的知識を求める悪しき形而上学となる。

確かに、教義は信仰命題であり、信仰命題は、言葉で記述された概念的把握であるが、言葉や概念はその時代の言語や世界観に制約されている。従って、何時の時代にも変わらない不変の真理は、高次の生への覚醒という宗教体験であり、信仰命題は、変化する時代の世界観に制約された言語によって、不変の宗教体験、根元的意識を記述したものである。

例えば「キリストの人格」について、命題95は「キリストの人格についての教会の定式は、絶えざる批判的論述を必要とする」と述べ、解説1は次のように説明する。

「教会の教理命題は、一面において、論争の産物である。なぜなら、あらゆる命題における根元的意識は同一であっても、この根元的意識を表現する思想は、種々の異なった思想においては異なった姿をとるし、新しいことを表現するためには、その都度、思想に応じて、一つの思想はこの既に与えられた表象と、他の思想はかの既に与えられた表象と結び付いたからである(39)」。

従って、教義学の仕事は、不変の根元的自己意識をその時代の世界観に適合した言語表象に置換し、不変の真理を擁護する解釈学的作業となる。

それでは、キリストは如何なる方として説明されているのであろうか。「贖い主（der Erlöser）は、人間性との同一性によって、すべての人間と同じ姿になられた。しかし、神意識の恒常的強さ（die stetige Kräftigkeit seines Gottesbewußtseins）によって、すべての人間とは異なっている。この神意識の強さこそが、彼の中にある神の本来的な存在（ein eigentliches Sein Gottes in ihm）であった(40)」。

罪とは、低次の生である非本来的自然的欲望に纏綿されている人間が、高次の生としての「敬虔自己意識」に高まることを阻害されている状態のことである。宗教の本質は、絶対者によって直接的に規定される「絶対依存の感情」であり、神意識と共に規定されている自己意識としての「敬虔自己意識」のことである。これに到達する体験が救贖体験である。贖い主はこの理念の体現者としての理想であり、「原型」（das Urbild）である。贖い主は「神と共にある自己意識」の理念を人間性において、恒常的に完全に体現している「完全な人間性の理想」である。理念を具体的人格において個的に体現している理想（das Ideal = die Idee in concreto, die Idee in individuo, die personifizierte Idee）を措定し、これを原型として「まねぶ、信従する」というカント的図式が存在している。「新しい共同体生活の自己活動が、根元的にこの贖い主の中に存在し、この贖い主からのみ発出するとすれば、歴史的個的存在者（Einzelwesen）としてのこの贖い主は、同時に原型的（urbildlich）でもなければならなかった。すなわち、原型的なもの（das Urbildliche）が、彼の中に完全に歴史的になっていなければならず、また、その存在のあらゆる歴史的瞬間が、同時に、原型的なもの（das Urbildliche）を体現していなければならなかった[41]」。

3　ヴィルヘルム・ヘルマンの「新しい歴史の概念」
——自然的真理と信仰の真理［歴史的真理］の二元論

ヴィルヘルム・ヘルマン（Wilhelm Herrmann, 1846-1922）は、新カント学派の影響を受けた神学者であり、リチュル学派の一員である。ヘルマンは、リチュル学派の中で、われわれの考察に最重要の人物である。ヘルマンは没年一九二二年まで四三年間、マールブルク大学の組織神学教授であったが、彼とほぼ同時代マールブルク哲学部に在職した、ヘルマン・コーエンとパウル・ナトルプを中心とする新カント学派のマールブルク学派の一員ではない。ヘルマンはむしろ、リチュル学派の一員として、西南ドイツ学派の新カント学派に影響を与えた哲学者ヘルマン・ロッツェ（1817-1881）の影響を受けていた。ロッツェの哲学は、物自体は認識不能であるが、現象界における物自体の作用を通して物自体を知ることができることを主張する。晩年、哲学部のコーエン、ナトルプが力を失い、マールブルク学派が衰退した後も、マールブルク大学にあっては、神学部の組織神学者ヘルマンが異彩を放ち、多くの神学者たちがその下に蝟集した。また、死後も現代神学者たちに多大の影響を及ぼした。

ヘルマンは二種類の実在性、すなわち、「自然的実在性」と「歴史的実在性」を区別した。このヘルマンにおける「新しい歴史概念」の発見が、近代自由主義神学の第三の契機を構成する。カントは、信仰に場所を空けるために、知識を制限し、空いた場所を道徳信仰に割り当てた。シュライエルマッハーは、宗教は認識でもなく、道徳でもなく、生き生きとした宗教体験、敬虔自己意識の領域とした。ヘルマンは、カントの「自然と自由」の二元論とシュライエルマッハーの宗教体験を継承し、科学的真理の対象である「自然的実在」と宗教的真理の対象である「歴史的実在」とを区別した。ヘルマンにとって、信仰のために空けられた場所は「歴史的真理」、「内的出来事」の場所であった。「自然的実在」は、カントの言葉通り、感官と悟性が実験と悟性推論によって因果的に認識する自然法則に基づく自然的に実在するもののことである。「歴史的実在性」とは、自然的真理のように感性的感官と悟性による自然の法則的認識によって把捉可能な実在ではなく、「歴史」(Geschichte)の語源たる「内的生起」(geschehen)が意味する如き、人間の内的生に関わる人格的真理の実在性のことである。自然法則によって概念的に把握する実在と道徳法則によって実現しようとする人格性の内部に体験する実在がある。

『信仰の真理』は次のように語る。「もし、われわれが誰かに、自然的に実在的なもの(das *natürlich* Wirkliche)を示そうと欲するならば、われわれは、彼に健全な感官と健全な悟性(gesunde Sinne und ein gesunder

Verstand）を使用することだけを求めさえすればよい。それさえあれば、難しい事例においても、実験と数学的証明の不可避的論理によって（durch das Experiment und durch die unausweichliche Logik mathematischer Beweisführung）、自然的に実在的なものの認識は必然的に得ることができる（*erzwungen*）。歴史的に実在的なもの（das *geschichtlich* Wirkliche）の認識の場合は、事情は全く別である。一人の人格を私が理解する場合、私が私自身をその人格の内的生（ihr inneres Leben）の中へ移入する（versetzen）ことのできるかぎりにおいてである[42]」。

「自然の実在性（*die Wirklichkeit der Natur*）は自然法則に基づいており、歴史の実在性（*die Wirklichkeit der Geschichte*）は道徳法則に基づいている。自然法則は感官が異常でないかぎり、すべての人の承認をかちとることができ、道徳法則は自由意志にその承認を要求する。自然の中に生きることは、自明のことであり、歴史の中に生きることは、われわれの課題である（*In der Natur zu leben ist das Selbstverständliche; in der Geschichte zu leben ist unsere Aufgabe.*）[43]」。

自然的真理は健全な感覚と悟性に開かれた自然法則の自明の事実真理である。歴史的真理は、人格の中に内的に生起する道徳的課題の真理である。ヘルマンにとっては、宗教的真理は、科学的真理よりも深い内的生に関わる人格的真理である。信仰の真理は歴史的真理であるとはこの意味である。この歴史的真理の地層の発見は、その後のブルトマンなどを初めとする現代神学者の具体的歴史、内的歴史の概念に大きな影響を与えている。

ヘルマンにおいては、信仰は、イエスの内的生に触れる衝撃によって覚醒する内的生起的出来事であり、信仰の真理は、内的生起的な歴史的真理である。イエス・キリストの人格性の衝撃が、信徒の内的生の中に新しい現実性（die Wirklichkeit）、リアリティーを覚醒せしめる。カントの近代科学の基礎構造の解明とコントの科学的実証主義による急速な自然科学の発達が、逆に科学的認識では解明できない人格的真理の地層の発見をもたらしたと言える。ヘルマンは、人が自然科学の真理の本性を知らないとき、自然の真理の本性も知らないと言う。自然の真理の本性も知らないとき、これと峻別さるべき信仰の真理も知らない。そのとき、人は宗教的真理を自然認識の理論的思惟態度で解明し、宗教的真理を教義的知的命題の承認の事柄にする。ヘルマンにとって、啓示とは、歴史的に実在的なものの認識の場合、すなわち、イエス・キリストの人格を私が理解する場合、私が私自身をその人格の内的生（ihr inneres Leben）の中へ移入する（versetzen）ことによって、われわれの人格性の内的生を覚醒する力のことである。啓示とはわれわれの内的自己意識に直接働く力である。人はこれによって悟性が観察することによって構成し認識する真理とは、全く別種の真理を認識することができる。全く別種の実在性に触れることが出来る。この実在性は、人格性の内側に直接生起する内的生起的実在性であるが故に、科学の扱う「自然的実在性」よりも、もっと確実な「歴史的実在性」（die geschichtliche Wirklichkeit）と呼ばれる。いわゆる聖書の科学的「高等批評」によって退却を余儀なくされていたキリスト者にとって、ヘルマンの立場は、科学の攻撃から身を守る砦として歓迎されたのである。聖書批評学は、科学としての歴史学に基づいている。科学は、感官によって対象を受容する感性とこの感性的素材に範疇を投入しながら認識に構成する悟性・理論理性の仕事である。歴史学は、感性的素材である歴史的資料に、悟性が因果性の範疇を投入しながら、歴史的事実認識を構成しようとする学問である。従ってこの成果は、「自然的実在性」に関わる「自然的真理」であり、常に認識の相対性を免れない。イエス・キリストについての歴史的批評学の成果は常に動揺して定まらない。史的イエス像は常に変化し変転極まりない。それは歴史学が「自然的実在性」に関わる科学的認識の立場にあるからである。イエス・キリストの内的生は、その人格性に直接衝撃を受ける体験によってのみ内側から知られる。このように、ヘルマンが、啓示をイエスの内的生（das innere Leben Jesu）の移入による人格性の内的覚醒の出来事と同一視したことが、変化しない揺れ動かない信仰の真理の基礎として受容されたのである。シュライエルマッハーと同じく、啓示は、人間の自己意識内部の覚醒の「出来事」である。

「われわれは、イエスの人格が、その内的生の力によって、われわれに啓示されるという出来事（das Ereignis）において、われわれと神との交わりを最も明瞭に意識するのである。このことにのみ、キリスト教宗教の独自性が存するのである(44)」。

マールブルク時代のヘルマンは、ブルトマンをはじめとする現代神学者たちに大きな影響を与えた。彼らが評価した点は、自然的実在性に関わる科学的真理と異なった歴史的実在性に関わる信仰の真理の発見であった。信仰の真理は、変転極まりない科学的真理と異なって、内的に生起する確実なリアリティーを持っている。信仰の真理は自然の真理とは異なる次元の人格的内的生起的出来事の真理である。ここに、信仰の真理の真の強さがあると言う。

ブルトマンは、アメリカの大学における講演、『イエス・キリストと神話論』において、次のように述べている。「われわれは、その対象たる神との関係を表現する信仰の命題は、客観的には証明され得ないということを憶えなければならない。これは信仰の弱さではない。私の師、ヴィルヘルム・ヘルマンが主張したようにそれは信仰の真の強さなのである。なぜならば、信仰と神との関係が、この世（世界）的状況における主観と客観の関係が証明され得るのと同じように証明され得るのであれば、その場合、神はこの世（世界）と同じレベルに位置づけられることになろう。証明への要求は、この世（世界）の中で、正当なものであるからである」[45]。

ヘルマンの神学は、前述の如く、自然法則に基づく「自然的実在性」と道徳法則に基づく「歴史実在性」を区別した。前に引用した通り、『信仰の真理』において、「自然の実在性（die Wirklichkeit der Natur）は自然法則に基づいており、歴史の実在性（die Wirklichkeit der Geschichte）は道徳法則に基づいている」と述べていた。同じことは『信仰の真理』の終わりの部分にも繰り返されている。「信仰者自身は、信仰が彼を道徳的に自由にすることができる、この体験において、信仰の真理についての完全な明白性にもたらされる。われわれが認識する自然（die Natur, die wir erkennen）が自然法則の中にその永遠の根拠を持つと同様に、われわれが生きる歴史（die Geschichte, die wir leben）は、道徳法則の中にその永遠の根拠を持つ」[46]。「われわれが認識する自然」と「われわれが生きる歴史」の二元論である。ヘルマン神学には、カントの認識論的基礎がある。自然は感性と悟性が認識する自然法則の世界である。道徳の世界では、自然は感性的傾向性として人間の意志規定を支配しようとする。信仰の真理、救いの真理は、感性的低次の生が、感性的傾向性と欲望から解放される「自由」の体験であり、それはイエスの人格に触れて道徳法則の主体として高次の生に覚醒する内的生起的体験として生起する。それが「われわれの課題としての歴史」であり、「われわれが生きる歴史」である。そこにある根本モティーフは、聖書の「罪と恩恵の対立」「創造・堕落・救贖」ではなくて、近代哲学の「自然と自由」の対決である。創造と摂理に関する神学的命題は、認識の形而上学に属する命題として象徴的理解に止まり、信仰の真理は「内的出来事」、「宗教体験」の問題となっている。総じて近代神学においては、創造論は後退し、神学の性格は救済論的となり、しかもその救済は自己意識内在的である。創造世界の出来事は自然的真理に属することとなり、神学は、創造世界の出来事には発言しなくなる。

4　近代神学から現代神学へ
――ハイデッガーと現代神学者

ルードルフ・ブルトマン（Rudolf Bultmann, 1884-1976）は、師ヘルマンの、科学的思惟による「証明可能な実在性」とは異なった新しい「歴史的実在性」、内的生起的な宗教的実在性、出来事としての真理の発見を高く評価する。しかし、一方において師の思想を厳しく批判する。ヘルマンにとって、イエス・キリストの内的生の力によって覚醒した人格的主体とは、感性的低次の欲望から自由になり、道徳法則の意識に覚醒した道徳的主体である。宗教体験は、人が道徳法則という道徳の一般的規則に覚醒する一般的体験である。再生は、カントの道徳的意味における道徳法則や義務を意識する主体への覚醒という古い自由主義神学である。そこではイエス・キリストは「信従の原型」であり、道徳的行為の一般的原理の教師である。しかし、それでも、生き生きとした内的体験が「出来事」として新たに語られている。ブルトマンは、ヘルマンが、科学的真理と峻別される宗教的真理を、人間の内的意識の内部において生起する「出来事」（das Ereignis）として把握したことを評価する。ブルトマンはマールブルク大学時代（助教授 1921-1951）において、ハイデッガーの思想の影響を受ける。ヘルマンの没後、ハイデッガーは、マールブルク大学哲学部にニコライ・ハルトマンの後任として就職し五年間在職した（1923-1928）。この間に、『存在と時間』を著している。同僚ハイデッガーの影響を受けたブルトマンは、師ヘルマンの歴史的実在体験としての「出来事」を、師のような一般的無時間的真理への覚醒の体験でなく、「いま」、「ここで」生起する「一回的出来事」へと高める。具体的歴史的体験は、「いま」「ここで」、神の言葉を聴くことによって古き自己が死に、新しい自己へと甦る「イエス・キリストの一回的出来事」である。それは、実存論的出来事であり、終末論的出来事である。ブルトマンの実存論神学は、ハイデッガー哲学によって先行自己理解を与えられた人間が、真実の問いをもって福音に直面する道を拓いたと考えられた。

ハイデッガー（Martin Heidegger, 1889-1976）によれば、人間は世の中に投げ出された者として「世界内存在」であり、世界の道具連関の中で憂慮に満ちた非本来的存在たる「ひと」として日常性の中に埋没して生きている。「存在するもの」（Seiendes）、「存在者」（die Seienden）の故郷である「存在そのもの」（Sein）から離れた「存在忘却」（Seinsvergessenheit）、「故郷喪失」（die Heimatlosigkeit）の状態にある。理性は、存在する事物の世界に適合するものである。理性の始まりである哲学の歴史は、「存在そのもの」からの離反の歴史である。西洋の形而上学は「存在そのものの真理」を問うていないと批判する。

「形而上学は存在そのものの真理（die Wahrheit des Seins selbst）をたづねない。したがって、形而上学は、どのような仕方で人間の本質が存在の真理に属するのかを決してたずねない。この問いを形而上学はこれまで立てることさえしなかった。この問いは、形而上学としての形而上学（die Metaphysik als Metaphysik［これまで形而上学として通用してきたもの］）にとっては近付き難いもの（unzugänglich）である」[47]。ひとは「無に差し懸けられていること」（die Hineingehaltenheit in das Nichts）の意識、死の不安によって、自らの本来的自己と直面する。理性の推論を断ち切り、「存在そのもの」に参与する実存的決断（die Entschließung）によって、本来的自己に立ち帰る。「存在そのものの光の中に立つこと、私はそれを人間の実存と呼ぶのである」(Das Stehen in der Lichtung des Seins nenne ich die Ek-sistenz des Menschen.)[48]。「[現存在、Dasein の]『そこに』(Da) の『存在』(Sein) が、そしてこれだけが、実存 (Ek-sistenz) の根本特徴なのである。すなわち、実存とは、存在そのものの真理の中に脱我的に内在することである」(Dieses《Sein》des Da, und nur dieses, hat den Grundzug der Ek-sistenz, das heißt des ekstatischen Innestehens in der Wahrheit des Seins.)[49]。《Ek-sistenz》は、「存在するものの世界」から (ek) 出て、「存在そのもの」の光の中に固着する (sistere) ことが示されていると思う。「脱我的内在」(das ekstatische Innestehen) の《ekstatisch》も同じことを意味しているように思われる。

ブルトマンは、このハイデッガーの実存的思惟をヘルマンの「歴史的実在性」「体験的真理」と結合することによって、古い道徳主義的自由主義神学を克服出来ると考えたのである。ブルトマンが、神学をハイデッガー哲学の概念で解釈しているとの非難に対し、彼はハイデッガーの哲学が新約聖書の語っていることと一致していることにこそ驚くべきだと述べている。「特に、マルティン・ハイデッガーの実存論的現存在分析は、人間の現存在についての新約聖書的見方の世俗哲学的叙述そのものであると思われる。すなわち、人間は、不安に基づく自己自身についての憂慮の中に具体的歴史的 (geschichtlich) に存在し、その都度、過去と未来の間の決断の瞬間の中 (im Augenblick der Entscheidung) に存在する。人間は、眼前に現存するものの世界、すなわち、『ひと』(man) の世界に自己自身を喪失しようとするのか、それとも、あらゆる確実なものを放棄し、未来に対する全面的な明け渡しによって、自己自身の本来性 (die Eigentlichkeit) を獲得しようとするのか、この過去と未来の間の決断の瞬間の中に存在する！　人間は新約聖書においてもそのように理解されているのではないのだろうか？　私が新約聖書をハイデッガーの実存哲学の範疇で解釈していると、ひとが時々非難する時、ひとは事実、成立している問題に目を閉じているのではないかと私は恐れる。むしろ、ひとは、新約聖書が語ることを、哲学が自らすでに見ているということについて、驚くべきではないかと思う[50]」。

しかし、ブルトマンは、哲学は実存的問いを投げかけるが答は与えないと言う。哲学は人間の疎外状況について先行理解を与え、人間を自己理解についての真の問いの前に立たせる。しかし、哲学はこの問いについて答を与えることはできない。哲学が、自己の力によって、自己の実存的決断によって本来的自己の回復を企てるのは、行為義認の間違いであると言う。

「人間の本来性（die Eigentlichkeit）は、自然的性質のようには所有することのできないものであり、また処理することのできないものである。もちろん、哲学もそうは思っていない。哲学は、本来性が常に決断において（im Entschluß）把握されなければならないことを知っている。しかし、哲学は、人間の本来性についての知識が、人間にその本来性を獲得せしめ得ると考えている。人間の本来性とは、なるほど人間が常には実現していないものであるけれども、いつでも実現可能なものである。汝は為すべきがゆえに、為し能う！（du kannst, denn du sollst!）[51]」。

「なぜ人間は堕落と共に本来的生を獲得する事実上の可能性を喪失してしまったのか？　その理由は、堕落においては、人間の活動は、ことごとく、堕落した人間の活動に他ならないからである。パウロはこのことを、『義』を得ようと努力するユダヤ人がまさにこの当の義を得ることができなかったということ、また、なぜそうなのかを示すことによって明らかにしている。すなわち、その理由は、ユダヤ人は自分のわざによって『義とされる』ことを欲し、神の前に『誇る』ことを欲したからである。そこには、ユダヤ人たちが、自分たちの努力で『肉』への堕落を克服したいと思うところに、肉の堕落状態において常に主導的であるような人間的態度が示されている。すなわち、人間的態度とは、人間の自己主権性、自己権威性（*die Selbstherrlichkeit, die Eigenmächtigkeit des Menschen*）、人間が自分自身の力で生きていこうと努力すること、などである[52]」。

　ブルトマンにとって、ハイデッガーの哲学の本来的自己に関する実存的問いの答えは、新約聖書の福音である。すなわち、新約聖書の福音は、「いま、ここで、生起する、イエス・キリストの一回的出来事である。新約聖書の記者たちに生起した出来事が、説教を聴く、「いま」「ここ」で生起する。人間の意のままに処理可能な自然的実在性の世界に生きる古き人が、「いま」「ここ」で、神の十字架の言葉によって死に、自己主権性、自己権威性に破綻し、新しい人、本来的自己が生起する終末論的出来事である。本来的自己は、ハイデッガーの「存在そのものの真理の中における脱我的内在」、「存在そのものの光の中に立つこと」としての実存に呼応するが、神の恩恵に起因する出来事である。ハイデッガーのように、本来的自己の獲得のためのは、古い自己と新しい自己の間の、自己主権性と自己権威性、すなわち、人間の自律的な実存論的決断によるのでなく、恩恵の出来事である。ヘルマンの「出来事」は、イエスの人格的生の衝撃による人格的覚醒の内的生起的出来事であった。前述のヘルマンの『神との交わり』の言葉を想起する。「われわれは、イエスの人格が、その内的生の力によって、われわれに啓示されるという出来事（das Ereignis）において、われわれと神との交わりを最も明瞭に意識するのである[53]」。ブルトマンの啓示は、ヘルマンのような無時間的一般的なイエスの人格的生の道徳的出来事ではなく、いま、ここで、生起する「イエス・キリストの一回的出来事」であり、神の恩恵の終末論的出来事である。「終末論的出来事として、この『一回性』は、無時間的真理としてではなく、ここで、いま、生起することとして、宣べ伝えられた言葉の中に、常に現存的である。……言葉が説教の生ける声の中で、いまここで出来事となるから、それは終末論的一回性なのである」[54]。彼は「信仰の真理」を「自然的実在性」から峻別された「歴史的実在性」としての「内的生起的出来事」とする立場を継承しながら、「信仰の真理」を、実存的思惟の影響の下に、神の恩恵の「具体的歴史」(die Geschichtlichkeit)に属する出来事であると考える。ブルトマンが、「ハイデッガーの実存論的現存在分析は、人間の現存在についての新約聖書的見方の世俗哲学的叙述そのものであると思われる」と述べた前掲のパラグラフで、キルケゴールの名を挙げていたように[55]、神の言葉を聴くいまここで、神の恩恵の出来事として生起する「イエス・キリストの一回的出来事」は、「永遠の現在への躍入」の「瞬間」という新しいキルケゴール的時間概念を示している。啓示の出来事は、イエス・キリストの一回的出来事であり、聖書はこの出来事の記録である。

われわれはこのような歴史観をリチャード・ニーバー(Richard Niebuhr, 1894-1962)の「歴史の二層理論」(the two-aspect theory of history)にも見出すことができる。彼は『啓示の意味』の、特に第二章において、歴史の二重の意味について語る[56]。歴史の一つの意味は、「観察される歴史」(history as seen)であり、それは「事物に関する外的歴史」(the outer history of things)である。観察者(the spectator)が外から眺める歴史である。他の意味は「体験される歴史」(history as lived)であり、それは「自我に関する内的歴史」(the inner history of selves)である。参与者(the participant)が内に体験する歴史である。この煩雑な歴史の区別は、ドイツ語の〈Geschichte〉と〈Historie〉の区別を英語で表現することの困難と関係している。「事物に関する外的歴史」は、「関心を持たない傍観者でも、外部から観察できる一連の事件[57]」のことである。これは歴史学研究における理論理性の概念的、因果的把握の対象として観察することのできる非人格的量的時間における出来事の編年史的歴史である。「自己に関する内的歴史」「体験される歴史」は、人間の意識における質的持続の内的時間の人格的出来事であり、初代教会の歴史を現在のわれわれの変革の出来事として体験する歴史である。信仰の真理は後者であり、聖書はこの体験の記録、自我の内面史である。

「われわれがキリスト教会における啓示について語るとき、われわれは、われわれの歴史、自我の歴史に言及しているのであり、内部から体験され、諒解される歴史に言及しているのである[58]」。

ニーバーは、純粋理性によって外部から観察される歴史と実践理性によって内部から体験される歴史に分けるが、これは、むしろ、理論理性〔悟性〕と実践理性の区別とした方が良い。なぜなら、理論理性も、実践理性も、どちらも、アプリオリな能力として純粋理性であるからである。

「純粋理性によって外部から観察される歴史と実践理性によって内部から見られる歴史との区別がなされ、一方が他方に対して排他的妥当性を主張しないことが承認されるならば、われわれは、信仰と歴史がどのように連関し、どのように、或る場合には同盟させられなければならないかを理解することができる。内的歴史、すなわち、生ける自我の観点から尊重されるものとしての生の充溢は、常に、信仰の事柄である[59]」。

「もし、われわれが、事件についての観察者の知識から出発するならば、われわれは参与者の知解に進むことはできない。イエスの生涯の客観的探求からはじまってわれらの主キリストとして彼を知る認識に至る連続的移行はあり得ない。ただ、自己の決断、信仰の飛躍、悔い改め《メタノイア》、心術の革命だけが、観察から参与へ（from observation to participation）、観察された歴史から体験された歴史へ（from observed to lived history）至ることができる。このことは、聖なる歴史におけるすべての他の出来事についても事実である[60]」。

第四章で、彼は師ヘルマンの啓示観を引用している。「ヘルマン教授は書いている。『すべての啓示は神の自己啓示である。どのような伝達であれ、われわれがその中に神を見出すことが出来るときはじめて、われわれは、それを啓示と呼ぶことができる。神が、言い逆らう余地なく不可抗的に、われわれに触れ、把捉し、その結果、われわれが完全に神に服従せざるを得なくなるとき、われわれは神を見出し、神を持つのである。……神は、われわれを完全に御自身に服従させることによって、御自身をわれわれに啓示するのである[61]』」。

救いは、神の力によって変革させられる体験であり、その伝達の力を啓示と呼ぶ。ここには、新カント学派の理論理性と実践理性の二元論があり、ヘルマンの信仰の真理を内的生起的出来事としての歴史的実在性の真理として理解する態度がある。

同じくハイデッガーの存在論の「存在と存在者の存在論的区別」の影響を受けているパウル・ティリッヒ（Paul Tillich, 1886-1965）について言及する。彼はハイデッガーもいた一九二四年［ヘルマンの没後二年］にマールブルク大学で一年間、助教授を務めている。彼は一九三三年、アメリカに移住し、アメリカで逝去した。ティリッヒにとって、神は「存在そのもの」（being-itself）である。神を「存在するもの、存在者」（a being, an existing）として語ることも誤りであり、神は「本質存在」（essence）と「実存存在」（existence）を超えた「存在の根拠」（the ground of being）、「存在の力」（the power of being）である。有限者はこの「存在そのもの」に参与する（participate）ことによって、存在の力を得ることができ、非存在の力に呑み込まれないのである。神についての教義的命題は、象徴的命題である。言語表象や言葉は、有限なもの、存在者について表現するための適合性を持つ「有限性の範疇」（categories of finitude）である。有限性の範疇が、無限なるものについて、何かを表現する場合、経験の切片を使用するほかない。しかし、すべての存在者は、「存在そのもの」に参与しているから「存在者」であるという「存在の類比」（analogia entis）の思想に基づいて、神についての象徴的命題は可能である[62]。

ティリッヒは、ブルトマンを「実存主義的自由主義」(existentialist liberalism) として批判する。ブルトマンは、イエスの言葉を「人間行動の一般的原則」(the general rules of human behavior) に解消する「律法主義的自由主義」(legalist liberalism) を克服しているが、なお神の国の福音の使信に対する決断を要求している。ティリッヒは、決断を要求する立場はなお律法の下にある状態であると言う。決断の力は何処から来るのか答えていないと言う。〈One could call this theology "existentialist liberalism" in contrast to the "legalist liberalism" of the first. But neither method can answer the question of wherein lies the power to obey the teachings of Jesus or to make the decision for the Kingdom of God.〉(63)

ティリッヒは、この自由主義の残滓を克服し、決断の力の根元を新しいリアリティーに求める。十字架は要求の象徴であるよりは、賜物の象徴である。この新しいリアリティーは、実存的疎外を克服し、信仰を可能にする「新しき存在」(the New Being) である。聖書は、イエスをキリストとして、すなわち、存在そのものに参与することによって、実存の窮状、非存在の脅威に打ち克った「新しい存在」(New Being) として受容する体験をした人々の記録であると考える。ここでも聖書は神からの言葉ではなく、神の言葉として受け取った受容者側の記録と見なされている。ここで、ティリッヒの「イマージュの類比」(analogia imaginis) というユニークな思想が展開される。イエス像とこの像が生じた実在の個人の生との間にアナロジーがある。この像を産み出したのは、弟子たちが遭遇したこのリアリティーなのである。言語というイマージュは、有限性の範疇に属するものであり、「存在するもの」を表現する媒体であるが、「存在そのもの」「新しい実在」への参与(participation) の体験を表現する場合、言語は象徴となる。象徴的にしか語れない深い実在への参与がある。「存在そのもの」への参与が「存在者」の根拠である〈analogia entis〉の思想を根底にして、その参与の体験を象徴的に表現する〈analogia imaginis〉の思想がある。芸術に例えてみると、表現派（the expressionism）の人々が、リアリティーに触れる体験を、キャンバスや五線紙の上にイマージュ［この場合は、言語ではない］を使用して象徴的に表現するように、キリスト教の使信は、リチャード・ニーバーが先程、引用していたヘルマンの『啓示の概念』の言葉を使えば、存在の根拠に触れて、或いは、把捉されて、実存的疎外と非存在へ滑り落ちる脅威を克服した人々が言語表象によって表現したものであり、啓示の出来事である。新約聖書は、その出来事の受容的側面（the receptive side of that event）を表現し、そのようなものとして、事実的側面を提供しているのである。[64]

この〈analogia imaginis〉の概念を下敷きにして、次章「キリストとしてのイエスにおける新しき存在」[65]において、罪、十字架、復活などが、象徴的言語として語られる。これらの象徴的言語は、実存的疎外の克服、非存在への陥落の脅威の克服の象徴的言語である。「新しき存在」とは、実存的窮状にある人間の、本質と実存との間隙を克服する概念である。「新しき存在」は本質と実存を超えている。「キリストにある人は、新しく造られた者である」。「新しき存在」としてのキリストに参与する人は、断片的にせよ、新しき人に参与している。新しき人は、二重の意味で新しい。第一に、実存的諸制約の中に潜勢的である本質存在が顕在的になる意味で新しい。第二に、実存的窮状、実存的疎外の克服として新しい。キリストとしてのイエスにおいて、新しき存在を経験するとは、彼において、また彼に参与するすべての人において、実存的疎外を克服する力を経験することである。イエスをキリストと告白することは、イエスにおいて新しき存在を経験することであり、彼において実存的疎外を克服する力を経験することである。ブルトマンを神の国に対して決断する力が何処から来るかを説明出来ない「実存主義的自由主義」と批判したティリッヒは、イエスにおける本質の顕現と実存的疎外の克服の体験を恩恵による救いの体験と考えるのである。

ハイデッガーは、前述のごとく、次のように述べていた。「存在そのものの光の中に立つこと、私はそれを人間の実存と呼ぶのである」(Das Stehen in der Lichtung des Seins nenne ich die Ek-sistenz des Menschen.)。「実存とは、存在そのものの真理の中に脱我的に内在することである」(Die Ek-sistenz, das heißt das ekstatische Innestehen in der Wahrheit des Seins.)。ティリッヒも、ブルトマンと同じく、哲学が問い、神学が答えると考えている。ティリッヒは、第一巻において、「非存在の脅威」(the threat of nonbeing)が、人間の心に、「存在論的衝撃」(the ontological shock)を与えることを述べている。存在論的衝撃の経験は、哲学の存在と非存在の根本問題に表現されている。この問題は「存在しているもの」の連鎖からは、解答不能である。「存在論的衝撃」の問題は、すべての真正の哲学の始まりである(66)。

ハイデッガーが、「存在そのものの光の中に立つこと」「存在そのものの真理の中に脱我的に内在すること」としての〈Ek-sistenz〉を説いたのは、真実の問いの始まりであった。ハイデッガーは、形而上学の全歴史、すなわち、形而上学としての形而上学が、存在忘却に陥り、「存在そのもの」を問わなくなっていると「存在と存在者の存在論的区別」を述べた。ティリッヒは、同じように、神学が神を「存在するもの」(a being, an existing)として有限性の範疇で思考し、「存在そのもの」としての神を見失っていると考える。神学の答は、恩恵による救いの体験である。イエスを「新しき存在」として受け取ることによって、実存的窮状と、非存在への頽落の脅威を克服することは、自ら「存在そのものへの参与」(participation in being-itself)によって、古い自我から脱我的に存在そのものに把捉される救いの体験である。このようなティリッヒの考えはその啓示観にも良く表現されている。「啓示においても、また啓示が受け取られる脱我的経験(the ecstatic experience)

においても、存在論的衝撃（the ontological shock）は、保存されると同時に克服もされる。それは神の現臨の無化する力（the annihilating power of the divine presence, *mysterium tremendum*）において保存され、神の現臨の高揚する力（the elevating power of the divine presence, *mysterium fascinosum*）において克服されるのである。脱我（ecstasy）は、理性がそこに追い込まれる深淵の経験（the experience of the abyss）を、理性がその深みと存在一般の深みの神秘によって把捉されるところの根拠の経験（the experience of the ground）と結合するのである」[67]。

啓示が受け取られる「脱我的経験」（the ecstatic experience）こそ、ハイデッガーの「存在の真理の中に脱我的に内在すること」（das ekstatische Innestehen in der Wahrheit des Seins）に対応するものである。ティリッヒは、その内容を第二巻の「新しい存在」において展開しているのである。〈ekstatisch〉、〈ecstasy〉は、いずれも、日常性の自我からの脱出と存在そのものへの内住の脱我的実存を意味する〈Ek-sisitenz〉の類語である。

カントの道徳宗教、シュライエルマッハーの宗教体験、ヘルマンの「歴史的実在性」としての「信仰の真理」、これらはいずれも、信仰の真理が自然の真理と異なった真理であることを主張する「自然からの自由」を宗教の課題とする近代自由主義神学であった。ブルトマンは、ヘルマンの「歴史的実在性」の発見を高く評価しながらも、それがなお古い道徳神学の根本的モティーフを克服していないものとして厳しく批判し、神の言葉の説教の中で、いま、ここで、生起する、神の恵みの出来事、実存的内的生起的出来事を「イエス・キリストの一回的出来事」としたのである。ティリッヒは、ブルトマンの実存的決断を「実存主義的自由主義」として批判し、「新しき存在」としてのキリストにおいて、「存在そのものへの参与」の脱我的経験を主張することによって、自由主義神学の残滓を克服する恩寵概念の再建を考えたのである。

しかし、このように、神概念を「存在そのもの」と同一視し、「存在そのもの」への参与の体験を宗教と考える思想は、現代の宗教的多元主義（Pluralism）にも、大きな影響を与えている。ジョン・ヒック（John Hick, 1922-）の「批判的実在論」（a critical realism）によれば、神は「究極的実在者」（the ultimately Real）であり、唯一の創造者である。宗教はすべて、この「究極的実在者」との合一の体験である。この体験が啓示であり、神学的命題はこの啓示的出来事をそれぞれの文化脈に適合する言語で表現した象徴的命題である。有限性の範疇である言語は、「存在そのもの」である神には象徴的にしか適用できない。ヒック自身、ティリッヒの宗教的言語の象徴的性格との類似性を共感をもって詳細に紹介している(68)。純粋悟性概念、すなわち、範疇が適用できる世界は現象世界であり、それを超える「存在そのもの」の世界である本体的世界には有限性の範疇は適用できないことを教え、「究極的実在」については、現象界の認識と異なる覚知の可能性を開いたのは、本体界と現象界を区別するカント的枠組みであると述べている(69)。現代の宗教的多元主義にも、近代神学の三契機とハイデッガーの「存在と存在者の存在論的区別」は前提となっている。

5　おわりに

(1)近代神学の前提である「超理論的宗教動因」は「自由と自然」の根本動因である。近代の自由はあらゆる権威からの「解放」としての自由から始まった。この自由が機械論的「自然」を呼び出した。カントにおいて「自然」は「自然必然性」を意味するようになった。この「自然」は、人間の身体的活動のみならず、精神活動をも機械論的に説明し、逆に人間の「自由」を脅かすものとなる。近代主義の宗教は、人間における「自然〔必然性〕」たる「自然的欲望」からの「解放」と「道徳法則」の定立者としての実践理性の「自律性」としての自由の回復の問題となる。モダニズムの宗教の主題は自然的存在者と理性的存在者の関係の問題であり、人間の自己意識内部の問題である。そこでは、宗教は「神と人間との関係」の問題ではない。ドーイヴェールトの言う聖書の根本的宗教動因である「創造・堕落・救贖」が、宗教的思惟を規定する超理論的前提とはなっていない。近代哲学の「自然と自由」の根本的宗教動因である。これが近代神学をも根本的に規定している。聖書的宗教は自己意識内部の「自然と自由」の関係の問題ではなく、神と人間の関係の問題であり、聖書の根本的モティーフは「罪と恩恵」の対立の問題である筈である。近代の「自然と自由」の対立と闘争は、カント哲学において「理論理性の構成する自然界・現象界」と「実践理性の目標たる自律的自由の叡智界」の二元論として調停され確立されてしまった。

(2)聖書的哲学の確立のためのカント哲学の積極的功績もある。それは、前講で扱った「キリスト教超越論的哲学」の構想に対する貢献である。理論的認識の成立の普遍妥当的条件を探る「超理論的課題」を確立したのは、カントの超越論哲学である。ドーイヴェールトは聖書の根本的モティーフを超理論的前提とするキリスト教哲学の構築を試み、「改革主義的哲学」(Reformatorische Wijsbegeerte)の可能性を開拓した。

(3)カントは現象界の認識を感性的現象界に限定し、理論理性は純粋悟性概念〔範疇〕を感性的所与に適用し、科学的理論的認識を基礎付け、「神・魂・世界」の知識の形而上学を否定した。しかし、ゲオルク・ピヒトは、カントが新しい存在概念の発見し、この「超越論的存在論」に基づいた「超越論的形而上学」の体系を構想していたと言う。ピヒトによれば、それは自然界に適用される範疇を超えた、トランス・カテゴリアールなカテゴリー使用の可能性に基づいているものである。「神アリ」の「アリ」は、「存在者そのもの」(das Wesen selbst)という新しい存在概念を示唆している。ティリッヒが〈God does not exist.〉という刺激的命題を示したのは、神存在に〈existence〉なる有限性の範疇を適用し、神を「存在するもの」の次元に貶めてはならないということである。これがハイデッガーの「存在と存在者の存在論的区別」の思想に繋がっている。ハイデッガーは「形而上学としての形而上学」(Metaphysik als Metaphysik)の歴史が、「存在忘却」(Seinsvergessenheit)の歴史であると断じた所以である。現代神学者は「存在そのもの」の概念を神概念に適用したのである。組織神学で言われる「神の不可把捉性」(die Unbegreiflichkeit des Gottes)を理解するとき、有用な概念である。「神は近寄り難い光の中に住み給う」。有限性・被造性と罪性の二重の制約を負う人間が、無限者・創造者なる神を有限性のカテゴリーによって把捉することはできない。神を「あるがままに」、「即且つ対自的」(an und für sich)に把捉することは不可能である。しかし、組織神学は、同時に「神の可把捉性」(die Begreiflichkeit des Gottes)についても語るのである。神はそのような被造性と罪性の二重の制約を持ち、自然啓示、一般啓示を通して神を把捉出来ない人間に、特別啓示、救済啓示を与え給うた。人間は救いのためには、神の自己啓示によって、救いに必要な限りの認識を持つことができる。再生理性は聖書啓示について組織的な体系的認識を持つことができる。神についての教義命題は、決して象徴命題ではない。神の「永遠の力と神性」とは、救拯論的事業においても、創造論的事業においても、明らかに啓示されている。近代神学は、この側面を軽視したため、啓示を人間の内に働く神の力、人間の自己意識内部の事柄に縮小したのである。これが近代神学が救済論的性格を強め、再生理性が再び積極的に自然啓示を理解し、創造論や被造世界の社会倫理的諸問題に積極的に発言する道を自ら塞ぐ不幸をもたらした。神の創造命令、文化命令を無視する原因となったのである。

参考文献

春名純人著『哲学と神学』法律文化社、一九八四年。

　第一部「カントの道徳神学」

　第二部「近代神学の認識論的基礎に関する弁証学的考察」

春名純人著『恩恵の光と自然の光』聖恵授産所出版部、二〇〇三年。

　第二部、第三章「宗教的多元主義と自然神学」、第四章「マルティン・ルターの宗教改革とその思想」

注

（1）Kant, Immanuel, *Kritik der reinen Vernunft*, Philosophische Bibliothek Ausgabe Band 37a, Felix Meiner, 1952. B 868.
（2）Kant, *K. d. r. V.*, B 869.
（3）Ibid. B 869-870.
（4）Kant, *Grundlegung zur Metaphysik der Sitten*, Philosophische Bibliothek Ausgabe, Band 41, Felix Meiner, 1952. S. 32.
（5）Ibid, S. 50.
（6）Ibid, S. 14f.
（7）Kant, *Kritik der praktischen Vernunft*, Philosophische Bibliothek Ausgabe, Band 38, Felix Meiner, 1952. S. 36.
（8）Kant, *Grundlegung zur Metaphysik der Sitten*, S. 65.

(9) Vgl. Picht, Georg, *Kants Religionsphilosophie*, Klett-Cotta, 1985, Teil II. SS. 287ff.

(10) Kant, *Die Religion innerhalb der Grenzen der bloßen Vernunft*, Philosophische Bibliothek Ausgabe, Band 45, Felix Meiner, 1956. SS. 28-30.

(11) Vgl. *Der Heidelberger Katechismus*, Bekenntnisschriften und Kirchenordnungen der nach Gottes Wort reformierten Kirche, Herausgegeben von Wilhelm Niesel, Theologische Buchhandlung, Zürich, 1985. S. 150.

(12) Kant, *Die Religion*, S. 45.

(13) Idem.

(14) Vgl. idem.

(15) Vgl. ibid, S. 32.

(16) Ibid, S. 39.

(17) Ibid, SS. 51f.

(18) Ibid, S. 52.

(19) Ibid, S. 53.

(20) Ibid, S. 27.

(21) Ibid, S. 55.

(22) Ibid, S. 71.

(23) Kant, *K. d. r. V.*, B 596.

(24) Kant, *Die Religion*, S. 63.

(25) Ibid, S. 64.

(26) Cf. Kroner, Richard, *Speculation and Revelation in Modern Philosophy*, Philadelphia, The Westminster Press, 1961. p. 193.

(27) Luther, Martin, *Von der Freiheit eines Christenmenschen*, übstzt von M. Jacobs, Martin Luther Ausge-

wählte Schriften, Band I, §7, S. 242, §9, S. 243f. §12, S. 246. 春名純人著『恩恵の光と自然の光』聖恵授産所出版部、二〇〇三年、第四章「マルティン・ルターの宗教改革とその思想」参照。

(28) Kant, *Die Religion*, S. 56.

(29) Kant, *K. d. p. V.*, S. 137.

(30) Kant, *Die Religion*, S. 64.

(31) Ibid, S. 65.

(32) Vgl. Ibid, S. 55.

(33) Schleiermacher, Friedrich, *Über die Religion, - Reden an die Gebildeten unter ihren Verächtern*, Philosophische Bibliothek Ausgabe, Band 255, 1958. S. 29.

(34) Schleiermacher, *Der christliche Glaube*, auf Grund der 2ten Auflage und kritischer Prüfung des Textes, neu hrsg. von Martin Redeker, 7te Auflage, Erster Band, Berlin, 1960. §3, S. 14.

(35) Ibid, §4, S. 23.

(36) Ibid, §4, 4a, S. 30.

(37) Ibid, §15, S. 105.

(38) Ibid, §64, 1a, S. 348.

(39) Schleiermacher, *Der christliche Glaube*, Zweite umgearbeitete Ausgabe, Zweiter Band, Berlin, 1960. §95, 1, S. 48.

(40) Ibid, Zweiter Band, §94, S. 43.

(41) Ibid, Zweiter Band, §93, S. 34.

(42) Herrmann, Wilhelm, *Die Wahrheit des Glaubens*, 1888, Theologisches Bücherei 36, Wilhelm Herrmann: Schriften zur Grundlegung der Theologie, Teil I, 1966, Chr. Kaiser Verlag, München, S. 142f.

(43) Ibid, S. 143.

(44) Herrmann, Wilhelm, *Der Verkehr des Christen mit Gott*, 1886, 7te unveränderte Aufl., J. C. B. Mohr, 1921, Tübingen, S. 63.

(45) Bultmann, Rudolf, *Jesus Christ and Mythology*, Charles Scribner's Sons, New York, 1958. p. 72.

(46) Herrmann, *Die Wahrheit des Glaubens*, S. 148.

(47) Heidegger, Martin, *Über den Humanismus*, Vittorio Klostermann, Frankfurt am Main, 1947. SS. 12f.

(48) Ibid, S. 13.

(49) Ibid, S. 15.

(50) Bultmann, Rudolf, *Neues Testament und Mythologie*, Kerygma und Mythos I, Ein theologisches Gespräch, 5te, erweiterte Auflage, 1967, Herbert Reich - Evangelischer Verlag, Hamburg=Bergstedt. S. 33.

(51) Ibid, S. 36f.

(52) Ibid, S. 37.

(53) Herrmann, *Der Verkehr des Christen mit Gott*, S. 63.

(54) Bultmann, *Jesus Christ and Mythology*, p. 82.

(55) Bultmann, *Neues Testament und Mythologie*, S. 33. „Kierkegaards Interpretation des christlichen Seins konnte von *Karl Jaspers* in die Sphäre der Philosophie transportiert werden."

(56) Niebuhr, Richard, *The Meaning of Revelation*, 1941. Macmillan Paperbacks Edition 1960, New York.

(57) Niebuhr, ibid, p. 59.

(58) Ibid, p. 60.

(59) Ibid, p. 76f.

(60) Ibid, p. 83.

(61) Ibid, p. 152. Vgl. Herrmann, *Der Begriff der Offenbarung*, 1887. Theologisches Bücherei 36, Wilhelm Herrmann: Schriften zur Grundlegung der Theologie, Teil I, 1966, Chr. Kaiser Verlag, München, S. 127f.

„Alle Offenbarung ist Selbstoffenbarung Gottes. Irgendwelche Mitteilung können wir erst dann Offenbarung nennen, wenn wir Gott darin gefunden haben. Gott aber finden und haben wir, wenn er uns unwidersprechlich so berührt und ergreift, daß wir genögt werden, uns ihm gänzlich zu unterwerfen. . . . Gott offenbart sich uns, indem er uns zwingt, ihm ganz und gar zu vertrauen.“

(62) Tillich, Paul, *Systematic Theology*, Vol. I, Chicago 1951, Seventh Impression 1961. pp. 235-241.

(63) Tillich, Paul, *Systematic Theology*, Vol. II, Chicago 1957, Fourth Impression 1960. p. 106.

(64) Cf. ibid, Vol. II, Part III. Existence and the Christ, II. The Reality of the Christ, A. Jesus as the Christ. pp. 97-118.

(65) Cf. ibid, Vol. II, Part III, II. The Reality of the Christ, B. The New Being in Jesus as the Christ, pp. 118-138.

(66) Cf. ibid, Vol. I. Part I. Reason and Revelation, II. The Reality of Revelation, A. The Meaning of Revelation, p. 113.

(67) Ibid, Vol. I, p. 113.

(68) ジョン・ヒック著、間瀬啓允・稲垣久和訳『宗教の哲学』勁草書房、一九九四年、一四頁、一八四頁以下参照。

(69) 同書、二五二頁以下参照。

第二部　ネオ・カルヴィニズムの伝統——「原理」と「展開」

カルヴィニズムとは、「あたかも、われわれが、神の目の下にいるかのごとく、神ご自身の御前を歩むこと」（coram Deo ambulare, ac si essemus sub ejus oculis. Calvin）である。

第一章　ネオ・カルヴィニズムの運動と「世界観」

オランダにおける学問、政治の刷新に関わるネオ・カルヴィニズムの運動の中心人物は、アブラハム・カイパー（Abraham Kuyper, 1837-1920）である。彼の仕事には、オランダの教会人が改革主義運動のモニュメンタルな三大事績と呼ぶ、「改革派教会の再建」、「アムステルダム自由大学の創設」、「反革命党の結成」などがある。教会の刷新について言えば、カイパー以前に、一八世紀後半から一九世紀前半にかけて、ビルダーダイク（Willem Bilderdijk）やフルーン・ファン・プリンステラー（Guillaume Groen van Prinsterer）による「レヴェイユ」（Reveil）と呼ばれるリヴァイヴァル運動があり、カイパー生誕時には、すでに、デ・コック（Hendrik de Kok）を中心に約二万人が改革派教会（国教会）を脱退する第一回「分離」（Afscheiding）が起こっており、「十字架の下にあるオランダ改革派教会」が存在していた。一八八六年、自由主義的教理教育を会員に教えることを拒否したカイパーを含むアムステルダム教会の小会議員が戒規に付されたことに端を発する教会刷新運動は、一八八七年の第二回「分離」へと発展し、遂に一八九二年に、第一回分離派をも結集する「オランダ改革派教会」（GKN）が成立した。カイパーをもって嚆矢とするネオ・カルヴィニズムの運動は、突然変異的運動ではなく、改革派教会の「レヴェイユ運動」の文脈のなかで理解されるべきことである。(1)

カイパーは、聖書的基盤に基づく学問研究の必要性と高等教育のカルヴァン主義的刷新の必要性を強く自覚しており、一八七八年にユトレヒトに「改革派基盤に基づく高等教育協会」(de Vereeniging voor Hooger Onderwijs op Gereformeerden Grondslag)を創設し、直ちにアムステルダム自由大学の設立準備に着手した(大学創立一八八〇年)。フェーンホフは、「アムステルダム自由大学の理事会が、カルヴァン主義的学問的営為の哲学的基礎の必要性(de noodzakelijkheid van een wijsgeerige fundeering van den Calvinistischen, wetenschappelijken arbeid)に注意を払ったのは全くカイパーの影響のお陰であることは些かの疑いもない[2]」と述べている。一八九五年に、アムステルダム自由大学は一連の命題集を刊行したが、それは、自由大学が継承する高等教育協会の定款にある「改革派原理」(Gereformeerde beginseln)という表現の意義を取り扱うものであった。「特に注目すべきことは、この命題の中に、カルヴァン主義哲学の必要性(de noodzakelijkeheid van een Calvinistische wijsbegeerte)を非常に強調する一つの命題があることである[3]」。この命題一六は、カイパーが、カルヴァンにもまだ自覚されていなかった課題、カント以降の学問的認識の成立の条件の探求に関する課題、すなわち、哲学の超越論的課題を自覚し、この課題を「改革派原理」の立場から基礎付けることが、聖書的哲学とこれに基づく有神論的諸学の建設に必須であることを自覚していたことを示している。

命題一六「改革派高等教育協会の定款第二項は、われわれの時代のために、改革派原理(de Gereformeerde beginselen)の基礎に立つ種々の学問研究に生命を与えることを意図しているから、あらゆることに優先して、次のことが必要である。認識主観に関するカントの研究以来はじめて前面に現れてきた問題、また一六世紀には未だ誰にも、したがって、カルヴァンにも、その充分な意味では持ち上がっていなかった問題に対する解答もまた、この改革派原理から引き出されるべきということである。われわれの認識の性格と本質、この認識能力と認識対象の関係における認識能力の働き方、われわれの認識の限界、自然科学、精神科学それぞれに、認識に到達する方法、これらの諸問題に関しては、これまでのカルヴィニストにおいては、どのような充分満足のゆく解答も見出され得ないのである」[4]。

カイパーは一九〇〇年の高等教育協会の年次総会で、私の祈りは、独自の改革派原理(de eigen, gereformeerde beginselen)に基づいて建てられた哲学体系を立てることのできる人々を主なる神が送ってくださるということである、と述べたと言われる[5]。

アムステルダム自由大学理事会文書の第六項を読むと、カイパーは哲学者ではないが、カントが『純粋理性批判』で展開した超越論的課題が、近代哲学に認識論におけるコペルニクス的転回をもたらし、理性の自律性の原理に基づく「近代主義原理」が自律的理論理性の自然科学と自律的実践理性の道徳哲学の二元論を生み出し、これに基づく道徳神学の性格の色濃い自由主義神学を生み出したことの危険性を深く理解していたことを理解することができる。カイパーは自らのスホルテンの自由主義神学の犠牲となった痛ましい経験から、原理には原理で対抗するため、「改革派原理」に基づく理論的思惟の革新と「カルヴァン主義哲学」の必要性の使命を自覚したのである。フォレンホーフェンとドーイヴェールトの登場は、カイパーの周到な準備と祈りに対する神の応答であった。フォレンホーフェンは『カルヴィニズムと哲学の革新』を、ドーイヴェールトは、カルヴィニズムにおける『純粋理性批判』とも言うべき『理論的思惟の新批判』を著したのである。

はじめに、ネオ・カルヴィニズムの伝統、特に「キリスト教哲学の革新」の運動はカイパー以外にはどのような主要人物によって担われた伝統であるかを明らかにする必要がある。現代のこの運動の担い手の一人であるアルバート・ヴォルタースの簡略な説明を参考にしながら明らかにする[6]。

ネオ・カルヴィニズムという言葉は、一九世紀オランダにおけるカルヴィニズム復興に関係する言葉である。ネオ・カルヴィニズムという言葉はもともとはアブラハム・カイパーの敵対者による造語であったが、カイパーとその同僚によって受け入れられた言葉である。なぜなら、このオランダのカルヴィニズムのレヴェイユは、単なる一六―一七世紀のカルヴィニズムの復興ではなく、その発展と受け止められたからである。

ヴォルタースは、「キリスト教世界観」と「宗教的対立の原理」を共有する、聖書的基盤に基づく学問構築運動としてのネオ・カルヴィニズム運動の第一世代として、カイパー、ヘルマン・バーフィンク、ヴォルチェル、ヘーシンクを挙げ、第二世代として、フォレンホーフェン、ドーイヴェールト、ヘンドリク・ストーカーを挙げている。第二世代の特色は、彼らは哲学者であるということである。

ヘルマン・バーフィンク（Herman Bavinck, 1854-1921）は、カイパーとは違った種類の資質の人ではあるが、カイパーと理想を共有した人物である。ヘルマン・バーフィンクは、既に第一回の「分離」（afscheiding）によって国教会からの脱退していた「十字架の下にあるオランダ改革派教会」の出身である。カイパーと同じく、自由主義神学の牙城であるライデン大学から学位を受けたが、スホルテンの自由主義神学からの回心者カイパーと違って、己が出自の正統信仰から一度も逸脱したことはなかった。公的活動は、フラーネカーでの一年間の牧会の後、最初の二〇年間はカンペン神学校の組織神学教授（1882-1902）を勤め、後の二〇年間はアムステルダム自由大学（1903-1921）でカイパーの後継者として勤務した。生涯の最後の一〇年間は、彼の関心は哲学へと移った。

D・H・Th・フォレンホーフェン（Dirk Hendrik Theodoor Vollenhoven, 1892-1978）は、一九一一年アムステルダム自由大学に入学し、バーフィンクの下で神学を学ぶ積もりであったが、この時期のバーフィンクの関心は既に哲学に移っていた。彼はバーフィンクの関心に従い、一九一八年に学位論文『有神論的見地から見た数理哲学』を書いた。彼は一九二六年にへーシンクの後継者の哲学教授となり、一九六三年の引退までその職にあった。改革主義哲学にとって、彼の重要著作は『カルヴィニズムと哲学の改革』(*Het Calvinisme en de Reformatie van de Wijsbegeerte*, H. J. Paris, Amsterdam, 1933)、『哲学史』(*Geschiedenis der Wijsbegeerte*, Eerste Band, T. Weber, Franeker, 1950) など多数に上る。

ヘルマン・ドーイヴェールト (Herman Dooyeweerd, 1894-1977) は、一九二六年から一九六五年までアムステルダム自由大学の法学教授であった。義兄弟フォレンホーフェンと共にカルヴィニズム哲学の発展のために協働した。ドーイヴェールトはオランダ改革主義哲学者の中では、著書の多くが英語に翻訳されていることもあって国際的に最も有名である。主著『法理念の哲学』(H. Dooyeweerd, *De Wijsbegeerte der Wetsidee*, H. J. Paris, Amsterdam, Boek I en II, 1935, Boek III, 1936)、英語版 (*A New Critique of Theoretical Thought*, H. J. Paris, Amsterdam and The Presbyterian and Reformed, Philadelphia, Vol. 1, 1953, Vol. 2, 1955, Vol. 3, 1957. Deel I, Prolegomena, durch Dooyeweerd umgeschrieben)。

フォレンホーフェンとドーイヴェールトの二人に並ぶ第三の人は、南アフリカのヘンドリク・ストーカー (Hendrik Stoker, 1900-) である。ストーカーは一九二二年に自由大学のバーフィンクの下に学びに来たが、バーフィンクはその年に召天した。学びの計画を妨げられたストーカーは、現象学者マックス・シェーラーの下にケルンに学び、一九二五年に学位論文を書いた。彼は南アフリカに帰国し、ポチェフストローム大学の哲学教授となり一九六四年の定年まで勤めた。彼の哲学はフォレンホーフェンとドーイヴェールトと緊密な関係にあり、そのことは自分の哲学を「創造理念の哲学」と名付けたことでも分かる。〔春名、南アフリカのダニエル・マランの『ドーイヴェールトの立場から見たストーカー哲学の批判的研究』という興味深い著作がある。D. J. Malan, *'N Kritiese Studie van die Wysbegeerte van H. G. Stoker vanuit die Standpunt van H. Dooyeweerd*, Buijten & Schipperheijn, Amsterdam, 1968.]

ヴォルタースによれば、フォレンホーフェンとドーイヴェールトとストーカーの三人は、時にアムステルダム学派と呼ばれる、自由大学から始まった改革主義哲学運動における最も独創的な哲学者である。もちろん第二世代はこの三人だけというわけではない。例えば、ヘルマン・バーフィンクの甥、宣教学教授、ヨハン・H・バーフィンク（Johan Herman Bavinck, 1895-1964）は、キリスト教哲学者も強く推奨する神学的古典となった『宗教的意識とキリスト教信仰』を書いた（Johan Herman Bavinck, *Religieus Besef en Christelijk Geloof*, eerder verschenen bij J. H. Kok - Kampen in 1949,「一般啓示と非キリスト教宗教」［1955］を付加した増補版、J. H. Kok - Kampen in 1989）。さらに、もう一人忘れてはならないのは、ヴァレンタイン・ヘップ（Valentijn Hepp）の業績である。彼はアントワープの改革派教会の牧師の後、アムステルダム自由大学でヘルマン・バーフィンクの後継者となった人物である。以上がアルバート・ヴォルタースによる第一世代、第二世代のネオ・カルヴィニストたちの概要である。(7)

ネオ・カルヴィニストが共有する最も重要な改革派原理は「カルヴァン主義的世界観」である。これは春名がたびたび論及してきたカイパーの「福音の宇宙論的意義」(8)の主張に関連する。カイパーは、福音の救拯論的（soteriologisch）な意義を確認したのち、魂の救済に留まらない被造世界全体に関わる意義、すなわち、カルヴァンが再発見した福音の宇宙論的（kosmologisch）な意義を強調する。

「パウロは、『すべてのものがキリストによって造られ、キリストによって成り立っている』と証言している。さらに贖いの御業の目的は、単に個々の罪人を救うことではなく、世界（*de wereld*）を救うことであり、天にあるもの、地にあるもの、すべてのものを、唯一の頭の下に、再び有機的結合に回復することである（weer onder één hoofd te herstellen in hun organischen samenhang）と証言している。キリスト御自身も、単に、こころの再生（de wedergeboorte van het hart）のみならず、全被造物の再生（de wedergeboorte van heel de Schepping）についても語っておられる。（ἀνακεφαλαίωσις）。［英語版は「キリスト御自身も、地（earth）の再生のみならず、宇宙（cosmos）の再生について語っておられる」となっており、マタイ福音書一九章二八節を挙げている。しかし、オランダ語版は上記のごとく、「こころの再生のみならず、全被造物の再生についても語っておられる」となっており、聖書の参照箇所を示す括弧内に、ただ一語、（ἀνακεφαλαίωσις）と書いている。エフェソ書一章一〇節の「ひとつにまとめること」（ἀνακεφαλαιώσασθαι）を指示していると思われる。ἀνακεφαλαιόω は、「一つにまとめる、総括する」の意味である。「こうして、時が満ちるに及んで、救いの業が完成され、あらゆるものが、頭であるキリストのもとに一つにまとめられます。天にあるものも地にあるものもキリストのもとに一つにまとめられる（アナケファライオーサスタイ）のです」］。全被造物は、神の子たちの栄光の出現を待望しつつ、呻いている。パトモス島のヨハネが、ケルビムと贖われた者たちの讃美の歌を聞いた時、すべてのものは、栄誉と讃美と感謝を、天と地（*en de aarde*）を創造し給うた神に捧げていた。黙示録は創世記一章一節の出発点、『初めに、神は天と地（*én de aarde*）を創造された』に帰っている。これ［出発点］に呼応して（dienovereenkomstig）、聖書の［救いの］計画も、贖われた魂の単なる霊的存在だけの終幕を目指すのではなくて、そのとき［終わりの日］、一新された新天新地において神がすべてにおいてすべてとなられる全宇宙の回復（een herstel van den ganschen kosmos）を目指しているのである。さて、カルヴァンがはじめて、福音のこの広汎な、全包括的、宇宙論的意義（die breede, alomvattende, kosmologische beteekenis van het Evangelie）を再び把握した。彼はこの意義を論理的推論によって把握したのではなく、彼が人格的に神の尊厳（*de majesteit Gods*）によって生きた、深い印象によって把握したのである」(9)。

カイパーが*ἀνακεφαλαίωσις*「まとめ」と書いたのは、贖いの御業の目的は、単に個々の罪人の救いにとどまらず、世界（*de wereld*）を救うことであり、天にあるもの、地にあるもの、すべてのものを、唯一の頭、キリストの下に、再び有機的結合に回復すること、キリストの主権の下に一つにまとめられること、全被造物の再生という、福音の宇宙論的な意義を示そうとしたからにほかならない。

チャールズ・ホッジは、〈*ἀνακεφαλαιώσασθαι*〉を〈to bring together in one〉と訳し、彼自身は消極的であるが、多くの教父たちは、「更新すること」（to renew）という解釈を支持し、彼らはエフェソ書のこの言葉をローマ書八章一九―二二節と並行的に考えていると述べている。神はキリストを通してすべてのものを回復し刷新する（to restore or renovate all things）ことを計画しておられる。すなわち、宇宙の再生（*παλιγγενεσία*）を成就すること、いま腐敗の重荷に呻いている全被造物を再生する計画である(10)。

カイパーの「ひとつにまとめる」も「万物更新」の意味である。キリスト再臨の日が万物更新の日である。罪の堕落の結果、人間は神と隣人を憎むものとなった。神と隣人を愛する道徳命令への服従は、神のかたちに創造された生命の契約者が、「地を従わせよ」との創造命令、文化命令を実行する条件である。罪の結果、悲惨は人間と被造世界全体に及んでいる。罪の結果、神と人間との間は霊的に空虚とカエキタス（目の見えないこと）の関係となり、人間は「偶像崇拝者」となった。人間と人間との関係は、道徳的格律の根拠が顛倒し、「憎む者」となった。人間と地との関係は、額に汗する者と茨と薊の土地の関係となり、人間は「破壊者」となった。被造世界全体は虚無に服しつつ、呻きながら、神の子たちの出現と解放を待ち望んでいる。福音は、宗教と道徳と文化の三基本関係において、イエス・キリストの主権の下に、一つにまとめられる希望の福音である。エフェソ書のこの箇所は、神が御子を愛する喜び（エウドキア、五、九節）において、御子に与えられた民は、救いと神の子の身分を与えるために、キリストにあって予め定められた者であることを述べている。神の永遠の「御意志の秘められた計画」（九節）は、福音において啓示され、救済史の時間の経過の中で進展し、終わりの日、キリストにおける万物の贖いにおいて成就する。贖いの福音は、単に人間の魂の救いにとどまらず、身体の贖い、キリストにおける万物の更新において完結する壮大な神の御計画の啓示である。ネオ・カルヴィニズムが共有するのは、この三基本関係における「聖書の全包括的世界観」である。

アルバート・ヴォルタースはヘルマン・バーフィンクも、これを強調していると述べている。「私は改革主義的キリスト教世界観と非改革主義的キリスト教世界観の根本的な区別を簡単に説明したい。ひとは、かつてヘルマン・バーフィンクによって与えられたキリスト教信仰の定義を使用するとき、この区別を明確に知ることができる。すなわち、『父なる神は、御自身が創造されたが、しかし堕落した御自身の世界を、御自身の御子の死によって和解させ、御自身の御霊によってそれを神の国へと回復・一新する（vernieuwen）』（H. Bavinck, *'Het wezen des Christendoms'*, opnieuw uitgegeven in zijn *'Verzamelde Opstellen'*, Kok, Kampen, 1921, blz. 34）。この改革主義的世界観（de reformatorische wereldbeschouwing）は、この公同的三位一体論的信仰告白のすべての核心的重要概念を宇宙論的・全包括的意味（een universale, alomvattende zin）において理解する。和解、創造、堕落、世界、回復・一新、神の国などの言葉は、宇宙論的（kosmisch）に理解されなければならない」[(11)]。

ネオ・カルヴィニストが共有する世界観は、カイパーのアナケファライオーシスに収斂する、福音のコズモロジカルな意味に立脚する「創造目的の回復と実現」の世界観である。そのテーゼは「恩恵は自然を回復する」(gratia restituit naturam.) である。ネオ・カルヴィニズムの世界観は、近代哲学の認識論に立つ近代自由主義モダニズムやローマ・カトリシズムの世界観に対抗する「改革派原理」に立脚するものであった。それは如何なる意味でも、「綜合と順応」(synthesis et accommodatio) の自然神学に対抗する原理であった。後者の二つの立場は、いずれも「人間本性の全的堕落」を承認せず、自然［的理性］と恩恵のシュネルギスムスに成立する。そのテーゼは「恩恵は自然を廃棄せず、完成する」(gratia non tollit naturam, sed perficit.) である。

このように、オランダの一九世紀中頃から二〇世紀初頭にかけてのネオ・カルヴィニズムの運動は、オランダのすべての（ライデン、ユトレヒト、フローニンヘン）大学とオランダ改革派教会（国教会）を中心とする近代自由主義神学との戦いの中から生まれてきた運動であり、教会と学問と政治の全生活領域にわたる革新運動であった。近代自由主義神学の根底にある近代主義的原理と世界観に対抗するカルヴィニズムの原理と世界観の樹立を目指した運動である。ネオ・カルヴィニズムの神学者と哲学者が世代を問わず共有する「原理」(het beginsel) は、福音の宇宙論的意義に立つ「キリスト教的世界観」(de christelijke wereldbeschouwing) である。また、カイパーやヘルマン・バーフィンクが近代主義的世界観に立つ自由主義的神学や人本主義的学問と対峙したとき、またドーイヴェールトやフォレンホーフェンが近代哲学に対峙したとき、彼らがその根底に共有していた第二の原理は、「宗教的対立」(de religieuze antithese) の原理である。「宗教的対立」の原理とは何か。

クラックヴァイク (Jacob Klapwijk) は、「対立」(Antithese) という言葉は、神から離反した背信的な非キリスト教的世界観とキリスト教的世界観の間に存在する、根元的宗教的な「架橋し難い対立」(de onoverbrugbare tegenstelling)、「根本的対立」(the fundamental opposition) を意味する言葉であると言う。カルヴィニストが最も警戒するのは、非キリスト教思想との関係における、トマス的「綜合」(Synthese) の思想であり、「順応」(accommodatio) の思想である。カイパーの当時、「対立」(Antithese) か「綜合」(Synthese) かの激しい議論があり、「自然神学」(theologia naturalis) に対する極端な警戒があった。根底に宗教的対立を宿しながら、非キリスト教思想と綜合したり、これに順応することは不可能である。従って「対立」(Antithese) は「綜合」を前提にする「反定立」ではなく、「根本的対立」である。カイパーの出発点は、創世記三章一五節である。「お前と女、お前の子孫と女の子孫の間に、わたしは敵意を置く。彼はお前の頭を砕き、お前は彼のかかとを砕く」。神はキリストの民とサタンに属する者たちの間に「敵意」(inimicitiae) を置いているということがすべての思惟の出発点である。この観点から、キリスト教的学問と非キリスト教的学問の「対立」の方向性を決定した契機になったものとして、クラックヴァイクが挙げているのは、次の概念の展開である。カイパーの「再生」(palingenesie) の概念［「再生者と非再生者の二種類の自己意識」とこれに基づく「二種類の学問論の展開」］、アムステルダム自由大学理事会定款の「改革派原理」(de gereformeerde beginseln) の明記、ヘルマン・バーフィンクの「キリスト教的世界観」(de christelijke wereldbeschouwing) の主張、ドーイヴェールトの「宗教的根本動因」(het christelijk grondmotief) の提起、フォレンホーフェンの「カルヴァン主義的人生観・世界観」(de calvinistische levens- en wereldbeschouwing) の定式化、これらの主張において、キリスト教思想と非キリスト教思想の間の学問における「宗教的対立」の原理が賞讃されたのである。(12)

注

（1）詳細については、拙著『思想の宗教的前提――キリスト教哲学論集』（聖恵授産所出版部、一九九三年）、第三章「アブラハム・カイパー」、第四章「アブラハム・カイパーの学問論」参照。
Cf. Vanden Berg, Frank, *Abraham Kuyper*, Paideia, St. Catharines, 1978. p. 11, pp. 20f., pp. 31-35.
Cf. Godfrey, W. Robert, Calvin and Calvinism in the Netherlands. in: *John Calvin, His Influence in the Western World*, ed. by Stanford Reid, Grand Rapids, 1982. p. 118.

（2）Veenhof, C., *In Kuyper's Lijn - Enkele opmerkingen over den invloed van Dr Kuyper op de „Wijsbegeerte der Wetsidee,"* Oosterbaan & Le Cointre, Goes, 1939. blz. 9.

（3）Veenhof, op. cit., blz. 9f.

（4）Veenhof, op. cit., blz. 10. „Heraut ; No. 941; Jan. 1896. De stellingen zijn gedateerd 15 Nov. 1895 en werden opgesteld in verband met het bekende conflict Lohman.

（5）Veenhof, op. cit., blz. 9.

（6）Cf. Albert Wolters, Dutch Neo-Calvinism: Worldview, Philosophy and Rationality, in: *Rationality in the Calvinian Tradition*, Edited by Hendrik Hart, Johan van der Hoeven and Nicholas Wolterstorff, University Press of America, 1983. pp. 117-120.

（7）Idem.

（8）春名純人著『恩恵の光と自然の光』（聖恵授産所出版部、二〇〇三年）、第一部「キリスト教的世界観」。春名純人「聖書と哲学」『講義録』Vol. 2. 神戸バイブル・ハウス、二〇一〇年（本書第一部収録）、他。

（9）Kuyper, *Het Calvinisme*, blz. 111-112. Zes Stone-lezingen, in october 1898 te Princeton gehouden, Höveker & Wormser, Amsterdam.

（10）Hodge, Charles, *Commentary on the Epistle to the Ephesians*, Fleming H. Revell, Old Tappan, New Jersey, pp. 48-49.

（11） Albert Wolters, *Schepping zonder grens, Bouwstenen voor een bijbelse wereldbeshouwing*, Buijten & Schipperheijn in samenwerking met Stichting voor Reformatorische Wijsbegeerte, Amsterdam, 1988. blz. 19. このオランダ語版訳者コーイストラの訳注（Albert Wolters, op. cit., blz. 21, Noten 4）の中で「ヘルマン・バーフィンクは、『キリストの贖いの御業と恩恵の契約の宇宙論的、全世界包括的性格』（het kosmische, heel de wereld omvattende karakter van Christus' verlossingswerk en van het verbond der genade）を強調している」と述べている。そして、ヘルマン・バーフィンクの言葉を引用している。「キリストは、［単に魂だけのではなく］まるごとの人間の救い、有機的統一的な人間と世界全体の完全な贖いである。キリストは、この充全的な意味で、世界を救うために、この地上に来られた」（H. Bavinck, *Handleiding bij het Onderwijs in den Christelijken Godsdienst*, J. H. Kok, Kampen, 1932. blz. 147）。そして「改革主義的世界観が、フォレンホーフェンとドーイヴェールトによって、そして後に、ヴォルタースのような人たちによって、練り上げられ、より鮮明に表現されるようになったのは、このバーフィンクの線上に沿ってのことである」と述べている。

　このコーイストラの註に引用されている上記バーフィンクの *Handleiding* からの引用文は一九三二年版からの引用である。„hij is de volkomene verlossing van den ganschen mensch, van geheel het organisme <u>van de</u> menschheid en van de geheele wereld. En Christus is op aarde gekomen, om dezen vollen zin de wereld zalig te maken.” 春名所蔵の一九一三年版では下線部分と頁数が違っている。ニュアンスが微妙に相違する。一九一三年版では次のようになっている。„hij is de volkomene verlossing van den ganschen mensch, van geheel het organisme <u>der</u> menschheid en van de geheele wereld. En Christus is op aarde gekomen, om dezen vollen zin de wereld zalig te maken.” (Kok, Kampen, 1913. blz. 149.)

（12） Vgl. Jacob Klapwijk, Antithese, Synthese en de Idee van Transformationele Filosofie, in: Jacob Klapwijk, *Transformationele Filosofie - Cultuurpolitieke ideeën en de kracht van een inspiratie*, Kok Agora, Kampen, 1995. blz. 176f.

Cf. Jacob Klapwijk, Antithesis, Synthesis, and the Idea of Transformational Philosophy, *Philosophia Reformata*, 51e Jaargang 1986, Nrs. 1 en 2. p. 139.

第二章　アブラハム・カイパーの「対立の原理」

カイパーにおける「対立の原理」は、『神学綱要』の第二巻第三章「学問の二種類の発展」一三節「二種類の人間」、一四節「二種類の学問」、及び『カルヴィニズム』第四講「カルヴィニズムと学問」に展開される「二種類の人間」（Tweeërlei soort menschen）と「二種類の学問」（Tweeërlei wetenschap）の議論に具体的表現を見出す[(1)]。

「二種類の人間」とは再生者と非再生者のことであり、特にそこでは「再生者の自己意識」と「非再生者の自己意識」の対立が論じられる。人間の「こころ」（heart, hart, καρδία, cor）は、人間のいのちとすべての営為の源泉であり（箴言四・二三）、知性、理性、意志などの心的諸能力の座（カルヴァン）である。カイパーは「こころ」を「自己意識」と同一視し、再生者の自己意識と非再生者の自己意識の内容を全く異なったものと見る。再生（palingenesis）とは、知識と義と聖におけるこころの再創造である（エフェソ四・一七―二四、ローマ一二・一―二）。「神は、人間を、善く、また、ご自身の像《かたち》に似せて、すなわち、真《まこと》の義と聖とにおいて創造されました」（『ハイデルベルク信仰問答』第六問）が、人間の本性は罪の堕落において腐敗し（第七問）、こころは「顛倒した」（verkehrt）ものとなり（第六問の問い）、「生来《せいらい》、神と隣人を憎む傾向を持つ（geneigt）」（第五問）者となった。人間は、神の御霊によって再生しないかぎりは、善に対する無能力、あらゆる悪に対する傾向性を持つ（geneigt）ものとなった（第八問）。再生は「キリストにあってこころが知識と義と聖において神のかたちに新しく創造されることである」。再生は、神と隣人を憎むこころの「捻れ、顚倒性」（Verkehrtheit）を、神と隣人を愛する創造のこころの秩序に「再顚倒」し、善に対する無能力と悪に対する「傾向性」（Neigung）を、正しい神認識と善認識の心的能力に再創造することである。それは、創造目的の遂行者への再生である。神のかたちにおける人間の創造は「人間が、自分の創造主である神を正しく認識し、心から愛し、永遠の祝福の中に神と共に生き、神をほめたたえ、讃美するためである」（第六問）。人間のこころには、なお罪の残滓があり、キリスト者と雖も、思いと言葉と行いにおいて、こころの秩序はしばしばなお顚倒する。しかし、罪を憎み、義を愛する再生者の新しいこころは、神の御前にあるこころであり、「人のこころを見る」と言われる神の前には、キリストの義を纏う、原理的には義人のこころである。「罪人にして同時に義人」である。

カイパーは、こころは、神のかたちの宿る座であり、人間のすべての営みが、そこから流れ出る出発点であると考える（Out of the heart are the issues of life. 箴言四・二三）。現代の哲学用語で言えば超越論的自我である。彼は、このこころに刻み付けられた内容が、人間の自己意識（sensus sui）であると考える。彼はキリスト者の自己意識の内容として三つの要素を挙げ、これら三つの要素を欠いては、キリスト者の自己意識そのものが成立しないと言う。ここのカイパーの議論は、「ウェストミンスター小教理問答」の「有効召命論」（第三〇―三一問）を想起させる。知識と義と聖において神のかたちに再創造された再生者の自己意識の内容は、有効召命によってのみ、聖霊によって直接こころに刻み込まれる内容である。キリスト者の自己意識の内容は、第一に「罪意識、罪観念」(the consciousness of sin, het zondebewustzijn, het zondebesef)、第二に「信仰の確信」(the certainty of faith, de geloofszekerheid, the assurance of faith, de geloofsverzekerdheid)、第三に「聖霊の証言」(the testimony of the Holy Spirit, het Testimonium Spiritus Sancti, het getuigenis des Heiligen Geestes)である。聖霊の再生の御業に与ったものは、自己を罪人と認識している。第二の「信仰の確信」は、キリストの贖いの御業の認識である。回心者はキリストの十字架と復活による贖罪の御業の確かな救拯的信仰を保持している。第三の「聖霊の証言」は、聖霊の証言を受けた者が聖書を神の言葉と信じる信仰を意味している。一方、カイパーは非再生者の自己意識の内容も宗教的意識であることを、カルヴァンの「宗教の種」(een zaad der religie, semen religionis)と「神聖意識」(sensus divinitatis)から説明する。〈sensus divinitatis〉を「神聖感覚」と訳すのは誤解を生む。カルヴァンはこれを〈sensus deitatis〉とも呼ぶが、前者は「神聖意識」、後者は「神意識」と訳すべきである。「神聖感覚」と訳すと、何か漠然としたフィーリングのごとき印象を与える。しかし、実際は、その内容は、ドーイヴェールトの言う、ギリシアのオルフェウス宗教の「形相-質料」、トミズムの「自然-恩恵」、近代人格性宗教の「自由-自然」の明確な宗教的アプリオリであり、決して漠然とした宗教感情ではない。かくして、再生者と非再生者のこころに刻印された自己意識の内容である神意識は一致しない。一方は、切り取られキリストに接ぎ木されて再生した意識であり、他方は自然のままの偶像崇拝的自己意識である。[2]

カイパーは非再生者の自己意識の内容について次のように語る。「非再生者は、罪についての本質的知識を持つことができない。また、未回心者は、信仰の確信を持つことができない。また、聖霊の証言を欠いている者は、聖書を信じることができない。これらすべてのことは、キリストご自身の痛烈な御言葉によれば『水と霊から再び生まれない者は、神の国を見ることはできない』のであり、また使徒の言葉によれば『自然の人は、神の霊の事柄を理解することができない』のである」[3]。

非再生者の自己意識の内容は、被造世界に燦然と輝く創造者の「永遠の力と神性」の一般啓示に対して、堕落したこころが激しく真理阻止的抑圧的に反応するところから生じる「神聖意識」（sensus divinitatis）、或いは「神性意識」（sensus deitatis）である。一般恩恵は保存恩恵であり、創造世界とその秩序は保存されている。人間のこころとこれを座とする心的能力は保存されている。そこにすべての人間の宗教性の根拠がある。宗教的に無記なる人はなく、人間のこころにはカルヴァンが、「宗教の種」（semen religionis）と呼んだ宗教性が宿っている。この宗教の種は正しく配慮し育成すれば、真の神認識に成長する宗教性ではない。非再生者のこころの宗教性と神認識は、「神の目には」、弁解の余地なき神の裁きの対象である。それは、神意識を保持しながら、創造者を正しく認識せず、不敬虔をもってこの真理を抑圧する神意識である。それが裁きの対象であるのは、「神を知っていながら神として崇めず感謝もしない」宗教性であるからである。「人間の宗教性」、「聖書とカルヴァンにおけるこころの概念」、「再生者と非再生者の自己意識の問題」などは、何度か煩瑣な詳述を反復しているので、ここでは繰り返さない[4]。

したがって、「二種類の人間」（Tweeërlei soort menschen）とは「二種類の自己意識」（tweeërlei menschelijk bewustzijn）のことであり、二種類の自己意識からは「二種類の学問」（Tweeërlei wetenschap）が発出する。「それぞれの自己意識が、第一真理（het primum-verum）であり、そこからあらゆる学問に携わる人が必然的に出発し、かつ出発しなければならないのであれば、そこから帰結することは、両者の一致（overeenstemming）を見出すことは不可能であり、両者を一致させようとするあらゆる努力は必ず不毛（onvruchtbaarheid）

に終わるということである。両者は、誠実な人間として、それぞれ自分の自己意識に堅く固定されている基礎に適合する全宇宙の学問を、それぞれに、建築する（optrekken）ほかないのである[5]」。

「いかに、両者が形式的に同じことをしたとしても、両者の仕事は互いに異なっている。なぜなら、彼らは異なった出発点（uitgangspunt）を持っているからである。すなわち、全く本性において異なったものとしてこの仕事に参加しているからであり、したがって、事物を全く異なった風に見ているからである。彼ら自身がそれぞれ異なって存在しているから、彼らにとって諸事物は異なって存在している。したがって、彼らは一つの家の異なった部分を建築しているのではなくて、彼らはそれぞれ自分の家を建築している（optrekken）のである[6]」。

「彼らが彼らの成果（hun resultaat）に到達した時、彼らは、諸成果が多くの点で矛盾しており、全く異なっていることを隠すことはできない。そして事情がかくの如くであるかぎり、各々のグループは、一方のグループがどんな反対のことを主張しようとも、自ら提出するものによって、当然に、それを否定するのである[7]」。

このように、カイパーの「二種類の自己意識」と「二種類の学問」に関する議論は、聖書とカルヴァンの「こころ」と「知性」に関する理解と一致するものである。

非再生者のこころは、「こころの空しさ」（ματαιότης τοῦ νοός）、「こころの硬化、こころの目の見えないこと」（πώρωσις τῆς καρδίας）の状態にあると言われている。

「そこで、わたしは主にあっておごそかに勧める。あなたがたは今後、異邦人がむなしい心で歩いているように歩いてはならない。彼らの知力は暗くなり、その内なる無知と心の硬化とにより、神のいのちから遠く離れ、自ら無感覚になって、ほしいままにあらゆる不潔な行いをして、放縦に身をゆだねている」（エフェソ

四・一七—一九［口語訳］）（Τοῦτο οὖν λέγω καὶ μαρτύρομαι ἐν κυρίῳ, μηκέτι ὑμᾶς περιπατεῖν, καθὼς καὶ τὰ ἔθνη περιπατεῖ ἐν ματαιότητι τοῦ νοὸς αὐτῶν, ἐσκοτωμένοι τῇ διανοίᾳ ὄντες, ἀπηλλοτριωμένοι τῆς ζωῆς τοῦ θεοῦ διὰ τὴν ἄγνοιαν τὴν οὖσαν ἐν αὐτοῖς, διὰ τὴν πώρωσιν τῆς καρδίας αὐτῶν, οἵτινες ἀπηλγηκότες ἑαυτοὺς παρέδωκαν τῇ ἀσελγείᾳ εἰς ἐργασίαν ἀκαθαρσίας πάσης ἐν πλεονεξίᾳ.）。

第一に、カルヴァンは、『エフェソ書註解』（ラテン語版）において、一七節の「異邦人のこころの空しさ」について次のように注釈している。「パウロは『彼らのこころ（mens）は空しい』と述べている。だがこころ（mens）とは、人間の生の中で最高位を保持するもの、（ea, quae primas tenet in hominis vita）であり、理性の座（sedes rationis）であり、意志（voluntas）に先行し、腐敗した欲望（appetitus）を抑制する。それゆえ、いまでも、こころはソルボンヌの神学者によって『女王』（regina）と呼ばれているのである。しかし、事実、パウロは、そこに、空しさ（vanitas）以外の何の残余物も残さないのである」[8]。カルヴァンは、「こころ」を「人間の生の中で最高位を保持するもの」と呼び、「理性の座」と呼んでいる。カトリックの神学者が、そこまでは罪の腐敗の及んでいない部分として「女王」と呼ぶところ、パウロは正に、そのところが「空虚」（vanitas）であるという。

第二に、カルヴァンは、「彼らのディアノイアは暗くなり、その内なる無知と心のポーローシスとにより、神のいのちから遠く離れ、自ら無感覚になって、ほしいままにあらゆる不潔な行いをして、放縦に身をゆだねている」について、次のように理解していると思える。この節は、「こころの目の見えないこと」と「内なる無知」の二つの「διά」の原因・結果を逆転して、「こころの目の見えないことによる」（διὰ τὴν πώρωσιν τῆς καρδίας）「内にある無知によって」（διὰ τὴν ἄγνοιαν τὴν οὖσαν ἐν αὐτοῖς）「神のいのちから遠く離れてしまっている」（ἀπηλλοτριωμένοι τῆς ζωῆς τοῦ θεοῦ）と読むことができる。こころの目の見えない状態は、神についての無知を招き、「神のいのちから遠く離れる」こと、すなわち、「霊的死」に至る。カルヴァンは、「こころの目の見えないことによる、内なる無知によって、神のいのちから遠く離れる」ことの理由に注意しなければならないと言う。それは、「神の知識が、魂の真実のいのちであるように、逆に無知は魂の死であるからである」（Nam sicuti Dei cognitio vera animae vita est, ita exadverso ignorantia est mors）[9]。また、この無知が外から来た悪であると考えられないように（哲学者たちは多くの誤謬が、どこか他のところから引きよせられたと考えている）、パウロは、根（radix）は心の目の見えないこと（caecitas cordis）にあることを教えたのである。カルヴァンは、πώρωσις τῆς καρδίας を「こころ、カルディア、cor の目の見えないこと」（caecitas cordis）と理解し、「こころの硬化」とは理解しない。ウルガタ訳も「心の目の見えないこと、caecitas cordis と訳している。フランス語版[10]もそのように書いている。〈La racine est dans l'aveuglement de coeur.〉「根はこころの目の見えないことにある」。この言葉によって、パウロは、こころの目の見えないことが、人間本性そのものの中に根をおろしていることを指し示している（Quo significat residere in ipsa natura.）[11]。

このように見てくると、カルヴァンにとっては、非再生者（異邦人）の「こころの空しさ」（マタイオテース）と「こころの目の見えないこと」（ポーローシス）は、人間本性における同じ事態を意味しており、人間の神についての知識の無知（ignorantia）を引き起こし、このこころの無知は「神のいのちから遠く離れる」魂の霊的死を意味する。人間存在の根（radix）であり、神のかたちの宿る座（sedes）である、「こころの目の見えないこと」は、このこころに根差す「こころの能力」を暗くする。「彼らの知力は暗くなる」（ἐσκοτωμένοι τῇ διανοίᾳ）と言われている。われわれは、先程、上記で、カルヴァン『エフェソ書註解』（ラテン語版）の「こころの空しさ」についての文章を引用した。「パウロは『彼らのこころは空しい』と述べている。だがこころとは、人間の生の中で最高位を保持するものであり、理性の座であり、意志に先行し、腐敗した欲望を抑制する。それゆえ、いまでも、こころはソルボンヌの神学者によって『女王』と呼ばれているのである。しかし、事実、パウロは、そこに、空しさ以外の何の残余物も残さないのである」[12]。カルヴァンはその続きに、「彼らの知力は暗くなる」の「知力」にラテン語ではなくギリシア語（διάνοια）で言及し、知力（悟性、知性）を「こころの息子」（filia mentis）と呼んでいる。彼は「人間の生の最高位を保持するこころ」は、人間のこころの諸能力の座であることが暗示している。こころの能力は、知性、理性、意志である。こころにおける神のかたちの喪失、霊的死、空しさ、目の見えないことは、こころに根と座を持つ、心性の諸能力が「暗くなる」（σκοτόω）ことである。「知性」「悟性」（διάνοια）は、こころの諸能力（facultates mentis）の総称として用いられている。

「エフェソ書」は、異邦人のこころと対立するキリスト者のこころを明確な対比において語る。

「しかしあなたがたは、そのようにキリストに学んだのではなかった。あなたがたはたしかに彼に聞き、彼にあって教えられて、イエスにある真理をそのまま学んだはずである。すなわち、あなたがたは、以前の生活に属する、情欲に迷って滅び行く古き人を脱ぎ捨て、心の深みまで新たにされて、真の義と聖とをそなえた神にかたどって造られた新しき人を着るべきである」（四・二〇―二四〔口語訳〕）。

カルヴァンは、『キリスト教綱要』において、エフェソ書四章二三節とローマ書一二章二節に言及しながら、人間の魂の最高位の部分である「こころ」について次のように語る。「パウロは単に肥満した欲望の数々を無に追い込むことばかりではなく、われわれがこころの深みまで新たにされること（nos spiritu mentis renovari）〔エフェソ四・二三〕を命じるのである。さらに別の所では、われわれがこころの一新によって造り変えられること（transformari nos in novitate mentis）［ローマ一二・二］を命じている。そこから明らかになることは、魂の優位性（praestantia）と高貴性（nobilitas）が最高度に輝くその部分［こころ］は、単に傷付いているばかりでなく、そんなにも腐敗しているので、単に治療されなければならないという程度ではなく、新しい本性を纏わせなければならないということである。われわれは、間もなく、精神（mens）とこころ（cor）とが、どれほど、罪に占領されているかを見ることになる[13]」。

カルヴァンは『ローマ書註解』においても、「こころの一新によって造り変えられること」（一二・二）について、同様のことを語る。「それでは、ここで、どのような一新（innovatio）がわれわれに要求されているのであるかに注意しなければならない。それは、明らかに、決して、［ソルボンヌの神学者たちによって、肉というような名は魂の劣った部分（inferior animae pars）と解釈されているような］肉の一新ではない。『われわれの最も卓絶した部分であるこころ』（mens, quae pars est nostri excellentissima）、『哲学者たちが最高権威をそれに帰しているこころ』（mens, cui principatum attribuunt Philosophi）の一新のことである[14]」。

パウロは、エフェソ書四章二〇―二四節では、キリストにある者が教えられ学んだ真理を三つの不定詞で示している。第一は、「古き人を脱ぎ捨てること」（ἀποθέσθαι ὑμᾶς κατὰ τὴν προτέραν ἀναστροφὴν τὸν παλαιὸν ἄνθρωπον τὸν φθειρόμενον κατὰ τὰς ἐπιθυμίας τῆς ἀπάτης）、第二は「こころの深みまで新たにされること」（ἀνανεοῦσθαι δὲ τῷ πνεύματι τοῦ νοὸς ὑμῶν）、第三に「真理の義と聖において神にかたどって造られた新しい人を着ること」（ἐνδύσασθαι τὸν καινὸν ἄνθρωπον τὸν κατὰ θεὸν κτισθέντα ἐν δικαιοσύνῃ καὶ ὁσιότητι τῆς ἀληθείας）である。コロサイ書三章九―一〇節では「あなたがたは、古き人をその行いと一緒に脱ぎ捨て、『造り主のかたちに従って新しくされ、真の知識に至る新しき人を着たのである』（καὶ ἐνδυσάμενοι τὸν νέον τὸν ἀνακαινούμενον εἰς ἐπίγνωσιν κατ’ εἰκόνα τοῦ κτίσαντος αὐτόν)」と述べている。異邦人のこころと対立するキリスト者のこころは、「こころの霊」、「こころの深み」まで新しくされたこころ（νοῦς）であり、「真理の義と聖」（δικαιοσύνη καὶ ὁσιότης τῆς ἀληθείας）、「真の知識」（ἐπίγνωσις）をそなえた神のかたちに再創造されたこころである。「だれでもキリストにあるならば、その人は新しく造られた者である」（IIコリント五・一七）とあるように、キリスト者は、そのこころにおいてキリストのかたちに再創造された再生者である。

このように、人間は、「精神の健全性」（sanitas mentis）と「こころの正しさ」（rectitudo cordis）を喪失していた［『綱要』二・二・一二］。これが知識と義と聖の神のかたちに再創造されることによって回復することが新生である。カイパーは自由主義神学から解放される苦闘の中でのカルヴァン研究から徹底的にこのことを学んだのである。したがって、「根」であるこころに「座」を持つ、こころの「能力」（facultas）、「知力」はもはや「暗くなく」、再生した諸力となる。知性による諸学は、二種類の学問となり、それぞれの知性は、それぞれの建物を建築するのである。

カイパーの「二種類の学問論」には、自らの「対立の原理」に矛盾する不徹底性があった。少なくとも三つの領域は、再生者と非再生者の区別が必要ない共通領域と考えられた。すなわち、如何なる場合でも「宗教的対立」が明確なわけではない。カイパーは以前の引用文において、二つのグループの成果が対立的であり、両者の主張が相互に否定的である、と言った。しかし、それに続いて次のように言う。「このことは、少なくとも、すべてのキリスト教国においては、もし両グループの発展が、最初から、純粋に、自分たちの限定された範囲の中で、展開したなら、直ちに明白になったであろう。しかし、事情はそのようではなかったし、そうあり得なかった。事情が直ちにそうはなり得なかった理由は、二つのグループの区別が如何なる影響も与えない非常に広い研究領域があるからである」(Dit kon reeds aanstonds niet, omdat een zeer breed terrein van onderzoek is, waarop het verschil tussen beide groepen *geen* invloed oefent.)[15]。

第一の共通領域は、数学と自然科学である。これらの学問は、長さや重さの計測、数の計算など原初的知覚に基づく領域であり、これらの諸研究には、「出発点や立場の相違が関係しない共通領域」(een *gemeenschappelijk* terrein, waarop het verschil van uitgangspunt en standpunt zich niet laat gelden.)が存在する[16]。

第二の共通領域は、或る種の精神科学(de geestelijke wetenschappen)の諸領域である。心理学、言語学、歴史学などを挙げているが、いずれも、学問の対象が、精神活動と身体的性質の相関において成立している。この学問研究は、外的に知覚し得る事実の表現である。これらの精神科学は身体的知覚の対象である出来事や事実や資料を扱うかぎり、低次の自然科学である。「これらすべての研究は、或る程度までは、低次の自然科学(de lagere natuurkundige wetenschappen)と同等である[17]」。

第三の共通領域は、論理学である。「思惟という形式的な仕事は、罪の事実によっても損なわれてはいない、いし、そのために、再生者(de palingenesie)が、この思惟の営みにおいても、如何なる変化も引き起こすということはない。二種類の論理があるのではなく、ただ一つの論理があるだけである(Er is niet tweeërlei, er is slechts ééne logica.)[18]」。

このように、カイパーは、両グループの区別の外にある共通領域、こころの出発点の第一真理を承認することによって、「宗教的対立」の原理との自家撞着に陥っている。

ヴァン・ティルは、その著『一般恩恵』において、カイパーの『神学綱要』の「出発点や立場の相違が関係しない共通領域」の思想に激しく反撥する。三つの領域が、キリスト者と非キリスト者に共通であると考えられるのは、原初的知覚の共有性、計量の形式性、論理の外面性に幻惑されてのことである。「カイパーの論証によれば、罪が形而上的状況を変化させなかったところでは、両者の相違は前面に持ち出される必要がないと考えられるべきである。このことは、結局、客観的状況が変化していないかぎり、主観的変化は考慮される必要がないということである[19]」。「計量や計測（weighing and measuring）、形式的推論（formal reasoning）［論理］、これらは一つの統一された解釈的行為の諸側面に他ならない。偽装、自律的人間は、未解釈的原事実（brute or bare facts）と考えている対象を、抽象的非人格的原理と考えるものの助けによって、計測し計量している。キリスト者は、自らが神の被造物であることを認識しているので、神によって創造された事実と考えている対象を、神によって創造された法則と考えるものによって計量し計測している[20]」。

一般恩恵によって保存されている被造世界がある。その被造世界には神の永遠の力と神性の一般啓示がある。被造者はそれを解釈するように要請されている。非再生者の自己意識は、形而上的存在論的状況を未だ誰も解釈していない「未解釈的原事実」（brute fact）、「ただ拡がっているもの」（res extensa）と考える。「再生されないかぎり、自分自身と宇宙を神なしに解釈することを実際に求めないような、罪人は存在しない。自然的人間［生まれながらの人］は、創造の諸事実を、あたかもこれらが神から離れて存在しているかのように記述するために、彼の論理的能力を使用する[21]」。非再生者の自己意識は、この客観的状況を自律的と自称する、暗い知性によって定立した普遍的法則によって解釈する。罪人の自己意識には、「神意識」（sensus divinitatis, sensus deitatis）があり、「法意識」（sensus legis）が残されている。これは「神のかたちの残滓」である。これは神の一般啓示に激しく宗教的応答をする。「神を知っていながら、神として崇めず、感謝もしない」、「不義をもって真理を抑圧する」偶像崇拝的反応である。「神の目の前には」(coram Deo)、罪であり、弁解の余地を封じられている。再生者の自己意識の内容は、カイパーが三つの内容を示した通りである。再生者は存在を、神の創造世界、神の解釈［一般啓示］の貫徹した世界と見ている。再生者は、世界を、神によって創造された世界、いま恩恵によって存続しつつ、罪によって呻いているが、終わりの日にキリストによる和解によって回復される世界と見ている。知識と義と聖において、認識的、倫理的に神のかたちに再創造された自己意識に座を持つ、再生した知性は、創造の法の貫徹した世界を神の栄光のために解釈する学問を樹立する。認識の対象世界も認識主観も罪による変化を受けている。一般啓示の解釈作業としての学問は、自己意識と知性の相違によって、解釈的行為の全面にわたって、二種類の学問を建てるというのが、カイパーの趣旨であった筈である。

近代哲学の認識論においては、計量と計測も、原初的知覚も、それ自体、共通の中立的領域でも、中立的作業でもなく、知性の学問的解釈的営為である。非再生者は、計量も計測も、自律的悟性が先天的に保持する悟性概念を、まだ秩序の入っていない現象世界に投入することによって成立する自律的構成作業であると考えている。「計測可能な長さを持ったものがある」、「計量可能な重さを持ったものがある」ということ自体が、既に人間の自律的認識能力の作業の結果である。「いわゆる中立的な計測と計量は、神の目の前には、恐ろしい罪である」[22]。

カイパーは、「数を数える」とか「長さを測る」とかを、未解釈としての共有の「原初的知覚」(de primitieve waarneming)と考えているが、カントにおいては、それは原初的知覚ではなく、学問的認識である。「長さを測ること」ということは、認識主観が認識与件を既に「長さという計測可能なもの」という秩序において見ているということである。それは超越論的統覚が、認識与件を既に自律的に「時間系列」という秩序においてみているからである。「われわれにそう見えているものは、われわれがそのように見ているからそう見えるのである」。超越論的統覚は、「感性的直観」と「悟性概念」(「範疇」)の綜合である「先天的総合判断」の主体である普遍的理性である。超越論的統覚は、「量」の範疇である「単一性」「多数性」「全体性」というアプリオリな悟性概念(範疇)を、感性の形式である時間に図式化し、「一つの時間」「多数の時間」「全体の時間」の流れである「時間系列」と見る。そして、超越論的統覚は、それ自体、「先天的綜合判断」である「原則」を立てる。「量」の範疇の原則は「直観の公理」である。認識の材料は、未解釈的「原初的知覚」(de primitieve waarneming)ではなく、超越論的統覚が自律的に構成した「感性的直観」(die sinnliche Wahrnehmung)である。「長さをもった計測可能なものがある」ということは、既に、超越論的統覚が「時間系列」「外延量」「数系列」として現象的世界を観ているからである。「計量」すなわち、「重さを持っている」についても、同様である。これは「質」の範疇である「実在性」「否定性」「限定性」を、感性の形式である時間に図式化し、「満たされた時間」「空虚な時間」「多・少の時間」による「時間内容」と観ることである。超越論的統覚は、それに基づいて、「知覚の予料」の「原則」を立てる。

計測、計量、原初的知覚は、理論理性、悟性が、この「すべての直観は外延量である」という「直観の公理」の原則「すべての現象において、感覚の対象である実在的なものは、内包量、すなわち、度を持つ」という「知覚の予料」の原則を適用すること、すなわち、超越論的統覚の構成作用による、それ自体「先天的綜合判断」である。さらに、数学と数学的諸科学が可能なのは、悟性、理論的理性が、この二つの「数学的原則」を、現象世界に投入し、理論的認識を構成するからである。

自然科学の成立根拠については、簡略に言及するにとどめる。自然科学は、超越論的統覚が「関係」の範疇、

「実体性」「因果性」「相互性」を「時間順序」の範疇に図式化し、「経験の類推」の原則を立てることによって成立する。しかし、いまは、第二の「因果性」に関する第二類推「因果性の法則に従う時間継起の原則」についてのみ限定して考える。この原則の命題は「すべての変化は、原因と結果の結合の法則に従って生起する」である。なぜ世界に法則性が存在するかという問題は、存在論、形而上学の問題であって、認識論はそのような問題は問わない。認識論が問うのは、自然科学的認識の成立根拠である。自然科学的認識は、理論理性、悟性が、この「原則の体系」を現象世界に投入することによって成立する。学問的理論的認識の原理は、認識構成的原理であり、発見的原理である。現象界に法則性があるのは、認識主観が、この因果性の原則を投入しながら法則性を付与し、発見していくからである。これが、カントの認識論が、認識論におけるコペルニクス的転回と言われる所以である。(23)

ヴァン・ティルの計測、計量に関する批判は上記引用した言葉で明確である。「計量や計測（weighing and measuring）、形式的推論（formal reasoning）［論理］、これらは一つの統一された解釈的行為の諸側面に他ならない。偽装、自律的人間は、未解釈的原事実（brute or bare facts）と考えている対象を、抽象的非人格的原理と考えるものの助けによって、計測し計量している」（前記、註20）。

また自然科学的認識については次の如く述べている。「科学者は、実在の小さな領域、あるいは、より大きな側面、さらに大きな次元についての彼の記述が成立するためには、実在全体は科学者によって構造を構成されるまでは、自然において非構造的であるということを仮定しなければならない。手つかずの、すなわち、全く何の解釈もなされていない『事実』という理念（the idea of brute, that is utterly uninterpreted “fact”）［未解釈的原事実―春名］は、科学的事実の次元の事実を発見するための前提である。近代科学者が当然とする想定によれば、『事実』は、人間悟性の究極的構成力によって事実に構成されるまでは、事実とならない。近代科学者は単に事実の記述者であると偽装しつつ、実際は、事実の創造者である」[24]。

ヴァン・ティルの認識構成説に対する批判の正当性は明確であると思う。しかし、ヴァン・ティルは、上記のように述べるにとどまり、カントの『純粋理性批判』の「原則論」から自論を裏付ける検証を何一つしていない。この論証については、筆者の詳しい論証を参照していただきたい[25]。

カイパーが、「アムステルダム自由大学」の理事会の命題集の命題一六に書いた文章を先に第一章で引用した。重要な一節であるので再度引用する。「改革派高等教育協会の定款第二項は、われわれの時代のために、改革派原理の基礎に立つ種々の学問研究に生命を与えることを意図しているから、あらゆることに優先して、次の事が必要である。認識主観に関するカントの研究以来はじめて前面に現れてきた問題、また一六世紀には未だ誰にも、したがって、カルヴァンにも、その充分な意味では持ち上がっていなかった問題に対する解答もまた、この改革派原理から引き出されるべきということである。われわれの認識の性格と本質、この認識能力と認識対象の関係における認識能力の働き方、われわれの認識の限界、自然科学、精神科学それぞれに、認識に到達する方法、これらの諸問題に関しては、これまでのカルヴィニストにおいては、どのような充分満足のゆく解答も見出され得ないのである」[26]。

カイパーは自らの若き日の痛ましい経験から、近代自由主義神学を基礎付けているモダニズムの前に弱々しく退却を繰り返すのではなく、原理には原理で対抗するために「近代主義原理には改革主義原理で対抗するために」、聖書的基盤に基づく学問の批判主義的課題、超越論的課題に挑戦しようとしたのである。そこで、学問的認識の出発点として、再生者のこころと自己意識を問題としたのである。異なった宗教性を内容とする異なったこころ（カルディア）とこれに座を持つ知性（ディアノイア）による「二種類の科学論」を構築しようとした。しかし、数学や自然科学などに広大な共通領域を承認することとなった。それはカイパー自身が、「原初的知覚」を「未解釈的原事実」と承認し、「原初的知覚」に基づいて自然現象を解明する学問領域では、自己意識の相違は何ら問題にならないと考えたのである。これは彼自身が、自然現象の領域と道徳、神学の叡智的領域の区分に捕らわれていたことの現われであり、二種類の学問は、非常に狭い特殊領域に限定されることになった。ドーイヴェールトの創造の法領域の言葉で言えば、宗教的対立の原理が妥当するのは、創造の法の規範的領域においてのみであり、創造の法の自然法則的領域は、両者に共通の領域ということになる。彼自身が現象的領域と叡智的領域の二元論のカント主義を学問論では払拭できなかったことの証左である。自由大学命題集の「認識主観に関するカントの研究以来はじめて前面に現れてきた問題、また一六世紀には未だ誰にも、したがって、カルヴァンにも、その充分な意味では持ち上がっていなかった問題に対する解答もまた、この改革派原理から引き出されるべきということである」という課題は、哲学的には、「哲学の超越論的課題」のことである。彼の祈りのごとく、「改革派原理」に基づくこの課題への挑戦は、ドーイヴェールトの『理論的思惟の新批判』、フォレンホーフェンの『カルヴィニズムと哲学の革新』を待たねばならなかった。彼ら哲学者の出現によって、例えば、ドーイヴェールトは、互いに相違するこころにある「超理論的宗教的根本動因」［オランダ語版では、宗教的アプリオリ］によって規定される、異教哲学［ギリシア哲学、スコラ哲学、近代哲学］とキリスト教哲学の二種類の理論的思惟の対立を哲学的に基礎付け、カイパーの世界観の対立の原理を哲学的思惟の対立の原理として継承したと言える。同時に、ドーイヴェールトの哲学は、キリスト者と非キリスト者が、互いにそれぞれの「宗教的超理論的前提」とパラダイムを持つ解釈者共同体の哲学である自覚に基づいて、却って両者に対話の可能性を開いたと言い得ると思う。

しかし、カイパーに不徹底があったにせよ、彼が「聖書的基盤に基づく諸学問の建築」を目指す「二種類の学問」を主張したのは、学問的思惟を含む、人間のあらゆる営みが、「神の御前に」営まれなければならないという確信であったことを忘れてはならない。カイパーが最も大事にした原理は、コーラム・デオーの原理である。「こころにおける神の働きのお陰で、『人間の生の全体をもって神の御前に立つ』（*staan met heel zijn leven voor Gods aangezicht*）ということがカルヴィニズムの根本思想（de grondgedachte van Calvinisme）となった。この感動的な観念によって、いな、むしろ、この力強い事実によって、人間の生のあらゆる領域における行動が支配されることとなった。カルヴィニズムの豊かな世界観の全体（geheel de rijke levensbeschouwing van het Calvinisme）が生まれたのは、この母胎的思想（die moedergedachte）からである[27]」。

キリスト者の学問に矛盾や誤謬があっても、人間の営為が、「神の目の前に」、どのように映るかという問題である。キリスト者が数学や自然科学の真理を扱う時、その学問的思惟は、神のかたちに再生したこころに根を持つ再生知性が、神が創造し、神の解釈の貫通した世界［一般啓示］を、神の栄光のために、神の解釈［聖書］に従って再解釈する「類比的思惟」（ヴァン・ティル）である。それに対して非キリスト者の学問は、自律的理性が未解釈的原事実に「原則の体系」を投入しながら法則性の世界に構成していく作業であり、究極的には人間の栄光のための自然支配を目的とする。このように両者の学問は、多くの形式的同一性を保持しながらも、「神の御前に」（coram Deo）は、「神の現臨の場において」（in the presence of God）は、「神の目の前で」（voor Gods aangezicht）は、認識成立可能性の条件も、学問探究の動機も目的も、全く異なる種類のものである。非キリスト教的学問における真理契機の存在と研究における協働の問題は、一般啓示論、一般恩恵論などから説明される、また別の課題である。カイパーは、どのような人間生活も学問的営みも、神の目には、全く異なった営為であることを主張した点において正当であったけれども、「原初的知覚」に基づく自然科学的諸学問の基礎付けにおいては、甚だ首尾一貫性を欠いた。カイパーにおける学問の共通領域の承認は、こころの再生に基づく画期的な「宗教的対立」の原理に対する矛盾であることは間違いない。

注

（1） Vgl. Abraham Kuyper, *Encyclopaedie der Heilige Godgeleerdheid*, J. A. Wormser, Amsterdam, 1894. Deel twee, Eerste Afdeeling, Hoofdstuk III, Tweeërlei ontwikkeling der wetenschap, §13 Tweeërlei soort menschen, §14 Tweeërlei wetenschap.

Abraham Kuyper, *Lectures on Calvinism*, Stone Lectures 1898, Wm. B. Eerdmans, Grand Rapids, 1931, 4th printing 1953, Lecture 4. Calvinsm and Science.

Abraham Kuyper, *Het Calvinisme, Zes Stone-lezingen*, in october 1898 te Princeton gehouden, Höveker & Wormser, Amsterdam, IV Het Calvinisme en de wetenschap.

（2） Kuyper, Cf. *Lectures on Calvinsm*, pp. 136-138, Vgl. *Het Calvinisme*, pp. 129-130.

（3） Kuyper, *Het Calvinisme*, p. 130. Wie niet wedergeboren is, *kan* geen wezenlijke kennise van zonde hebben, en wie niet bekeerd is, *kan* geen geloofszekerheid bezitten; wie het Testimonium Spiritus Sancti mist, *kan* niet gelooven in de Heilige Schrift; en dit alles naar de snijdende uitspraak van den Christus zelven: „Wie niet wedergeboren is uit water en geest, *kan* het Koninkrijk Gods *niet zien*" zelfs; of ook naar die andere uitspraak van den apostel: „de natuurlijke mensch *kan* niet verstaan de dingen die des Geestes Gods zijn."

（4） 「人間の宗教性」「再生者と非再生者の対立の原理と関係の原理」については、次の拙論参照。

春名純人「キリスト者と非キリスト者の学的思惟における〈対立の原理〉」『福音主義神学』第一一号、一九八〇年（拙著『哲学と神学』に収録。法律文化社、一九八四年。第三部、第二章「キリスト者と非キリスト者の学的思惟における〈対立の原理〉」）。

春名純人「カルヴァンにおける心と神の像」、『カルヴァンの信仰と思想』日本カルヴィニスト協会創立二〇周年記念論文集、すぐ書房、一九八一年。（拙著『哲学と神学』に収録。法律文化社、一九八四年。第三部、第三章「キリスト者と非キリスト者の〈関係の原理〉」）。

春名純人『思想の宗教的前提』聖恵授産所出版部、一九九三年、第二章「啓示論」、第八章「人間はなぜ宗教的存在か」。

春名純人「宗教的多元主義と自然神学」、『カルヴィニズム』第二〇号、日本カルヴィニスト協会、二〇〇一年。（拙著『恩恵の光と自然の光』に収録。聖恵授産所出版部、二〇〇三年。第二部、第三章、三「人間の宗教性」）。

春名純人「聖書と哲学」、『講義録』Vol. 2、第二講、第三講、神戸バイブルハウス、二〇一〇年（本書の第一部に収録）。

（5） Kuyper, vgl. *Het Calvinisme*, blz. 130.

（6） Kuyper, *Encyclopaedie der Heilige Godgeleerdheid*, J. A. Wormser, Amsterdam, 1894. Deel twee, Eerste Afdeeling, Hoofdstuk III, Tweeërlei ontwikkeling der wetenschap, §13 Tweeërlei soort menschen, §14 Tweeërlei wetenschap. blz. 102.

（7） Kuyper, *Encyclopaedie*, deel twee, blz. 103.

（8） Jean Calvin, *Commentarii in Pauli Epistolas ad Galatas, ad Ephesios, ad Philippenses, ad Colossenses*, edidit Helmut Feld, IOANNIS CALVINI OPERA OMNIA, SERIES II, OPERA EXEGETICA, VOL. XVI, Librairie Droz, Genève, 1992. p. 239.

（9） Calvin, op. cit., p. 241.

(10) Calvin, *Epitres aux Galates, Ephésiens, Philippiens et Collosiens*, COMMENTAIRES SUR LE NOUVEAU TESTAMENT, Tome 6, Édition nouvelle publiée par la société calviniste de France sous la direction de Pierre Marcel, Genève. 1965, pp. 203-204.

(11) Calvin, *Commentarii in Pauli Epistolas ad Galatas, ad Ephesios, ad Philippenses, ad Colossenses*, edidit Helmut Feld, IOANNIS CALVINI OPERA OMNIA, SERIES II, OPERA EXEGETICA, VOL. XVI, Librairie Droz, Genève, 1992. p. 241.

(12) Calvin, op. cit., OPERA EXEGETICA, VOL. XVI, p. 239.

(13) Calvin, *Institutio Christianae Religionis*, JOANNIS CALVINI OPERA SELECTA, ediderunt Petrus Barth et Guilelmus Niesel, Volumen III, Editio tertia emendata, Chr. Kaiser, 1967. 2: 1: 9, S. 239.

(14) Calvin, *Commentarius in Epistolam Pauli ad Romanos*, ediderunt T. H. L. Parker et D. C. Parker, IOANNIS CALVINI OPERA OMNIA, SERIES II, OPERA EXEGETICA, VOL. XIII, Librairie Droz, Genève, 1999. p. 257.［ソルボンヌの神学者たち、すなわち、カトリックの神学者たちは、罪の腐敗は、女王と呼ばれる魂の最高部分に及ばず、魂の或る部分を侵害していると考えている］（春名）。

(15) Kuyper, *Encyclopaedie der Heilige Godgeleerdheid*, deel zwee, blz. 104.

(16) Kuyper, op. cit., blz. 105.

(17) Kuyper, op. cit., blz. 105-106.

(18) Kuyper, op. cit., blz. 106-107.

(19) Van Til, Cornelius, *Common Grace*, The Presbyterian and Reformed Publishing Company, Philadelphia, 1954. p. 43.

(20) Van Til, op. cit., p. 44.

(21) Van Til, op. cit., p. 43.

(22) Van Til, op. cit., p. 85.

（23） Vgl. Kant, Immanuel, *Kritik der reinen Vernunft*, Besonders. Zweiter Teil: Die transzendentale Logik, Erste Abteilung: Die transzendentale Analytik, Zweites Buch: Die Analytik der Grundsäze, B 170-349. Bibliothek Ausgabe, Felix Meiner, Auflage 1952.

（24） Van Til, op. cit., p. 4.

（25） 春名純人著『哲学と神学』法律文化社、一九八四年。第三部、第二章、第二節「対立の原理」、第二項「ヴァン・ティルによる批判」。

春名純人「聖書と哲学」『講義録』Vol. 2. 神戸バイブル・ハウス、二〇一〇年。第三講 3. 2.（3）「カイパーの不徹底性」参照（本書第一部第三章2の§3収録）。

（26） Veenhof, C., *In Kuyper's Lijn - Enkele opmerkingen over den invloed van Dr A. Kuyper op de „Wijsbegeerte der Wetsidee"*, Uitgave Oosterbaan & Le Cointre N.V., Goes, 1939. blz. 10.

（27） Kuyper, *Het Calvinisme*, blz. 17-18.

第三章　「一般恩恵論」
——関係の原理

カイパーは二種類の自己意識を出発点とする二種類の学問論を展開したが、「原初的知覚」を共有する学問領域を承認することによって、画期的な「対立の原理」を裏切る不徹底性を指摘された。しかし、キリスト者の学問と非キリスト者の学問は、「神の御前には」(coram Deo)、「神の目の前には」(voor Gods aangezicht)、認識の成立根拠も動機も目的も異なる全く異なった営為であることは、カイパーの目に明白な原理であったのであるから、彼はこの原理を被造世界の全領域の認識に徹底すべきであった。キリスト者のすべての営みは、すなわち、「飲むにも、食らうにも、すべてのことは、神の栄光のため」になされる。この「宗教的対立」を基礎とする二種類の学問論を徹底した上で、キリスト者と非キリスト者、キリスト教的学問と非キリスト教的学問の関係と協働の問題、すなわち、「関係の原理」を問うべきであった。そうすることによって、その「関係の原理」は、単にキリスト教的学問と非キリスト教的学問の関係という学問の問題に留まらず、広くキリスト者と非キリスト者の関係と協力・協働の問題にも展望を開いたはずである。カイパーの不徹底性を厳しく批判したヴァン・ティルの『一般恩恵』は、カイパーの『一般恩恵』が、現代の一般恩恵論論争の中で生かされていることを示すことによって、協働の原理に道を拓く可能性を秘めていることを示唆している。カルヴァン、カイパー、ヴァン・ティルの「一般恩恵」論を参考にしながら、甚だ困難な課題ながら、「関係の原理」を整理してみたい。

カイパーの『カルヴィニズム』における「福音の全包括的、宇宙論的意義」の強調と「アナケファライオーシス」の一語に示唆した、頭なるキリストの下における被造世界の有機的結合の回復、「地」(de aarde) と「世」(de wereld) に対する関心については上述した通りである。キリストを仲保者とする救いの恩恵は、父なる神の創造の回復である。「かくして、カルヴァンがこのことを明らかにし、それによって、当然のことながら、世界の蔑視 (de verachting der wereld)、時間的事物の無視 (de verwaarloozing van het tijdelijke)、宇宙的事物の過小評価 (de onderschatting van het kosmische) をきっぱりと終わらせた。宇宙的生は、永遠的生を犠牲にすることなく、神の創造としての、神の御手の業としての、神の良きご性質の啓示としての価値を回復したのである」[1]。カイパーは、カルヴァンとカルヴィニズムにおける地上的事物に関する諸学問への関心と貢献について論じ、彼らが神の二つの御業、すなわち、創造と救贖の御業の前に立つことを強調する。「われわれの改革派信仰告白は、われわれが神を認識する二つの手段、すなわち、聖書と自然について語っていることも注目すべきことである。さらに注目すべきことは、カルヴァンが、自然を単なる覚書として (*pro memorie*) 脇へ除けていたような多くの人々と全く相違して、聖書を、呪われ傷付いた神の創造の書物 (het Goddelijk schrift der Schepping) を再び解読することをわれわれに可能にする一つの眼鏡に他ならないと呼ぶことである」[2]。天的対象の研究と劣ることのない価値を持つ、地上的事物の研究の価値の回復は、キリスト者と非キリスト者、カルヴィニズムと人本主義との間に関係を可能にするという。「ここからカルヴィニズムと人本主義の適切な協調関係（de betamelijke verstandhouding）が説明されなければならない[3]」。

次いで、彼は「一般恩恵」の教理について語る。彼は、先ず、堕落による超自然的恩恵の喪失、人間本性の全的堕落を強調したあと、プラトンやキケロの哲学を高く評価し、いわゆる「異教徒の美徳」（de „deugden der heidenen"）について語る[4]。カイパーの異教哲学の評価は、トミズムの自然神学とトミズムのキリスト教哲学の主張ではない。なぜなら、彼は「超自然的賜物は取り去られ、自然的賜物は腐敗している」というアウグスティヌスとカルヴァンの命題を前提にしているからである。トミズムは超自然的原義の賜物は取り去られて、自然的賜物は混乱を来しているが、腐敗はしていないと主張するからである。「恩恵は自然を破壊せず、完成する」（gratia non tollit naturam, sed perficit.）がトミズムの原理である。キリストの恩恵の光が自然の不完全な光を補修すると、恩恵の光と自然の光は綜合・順応し、神・人間・世界についての自然的理性の認識を啓示的認識が補完するキリスト教哲学が成立する。信仰によるキリストの恩恵の注入が、人間の自然の傷付いた力を補修するとき、二つの力のシュナージーは、セミ・ペラギウス主義の救いの教理を産む。カイパーの一般恩恵論は、「自然的賜物は腐敗している」という「人間本性の全的堕落」を前提にしており、彼の世界観は、異教主義、トミズム、モダニズムに反対するものである。トミズムの立場は、人を「天上的事物の領域の研究と瞑想」（de studie voor de sfeer der hemelsche dingen en de contemplatie）のとりこにするのに対し、カルヴィニズムは、地上的事物の研究（de studie der aardsche dingen）に魅了する[5]。カイパーが「カルヴァンが、世界の蔑視、時間的事物の無視、宇宙的事物の過小評価をきっぱりと終わらせた」と述べるのは、彼の福音の宇宙論的意義の観念に基づいていることは勿論であるが、世界、時間的事物、宇宙的事物についての関心、もう一冊の書物としての自然に対する研究の価値が、カルヴィニストに地上的事物についての学問研究を推奨すると共に、

「カルヴィニズムと人本主義の適切な協調関係」を生み出すと考えるのである。カイパーは、一般恩恵論において、二種類の学問論を堅持しながら、非再生者の学問を評価し、協調する地盤を探っていると言い得る。一般恩恵論は、「全的堕落」「自然的賜物の腐敗」にもかかわらず存在する、非再生者にある地上的善と良きものを説明する。従って、一般恩恵は、堕落後も被造世界を存続させてくださる神の保存恩恵であり、罪の力を抑えて、非再生者にも地上的な良きものを産出させてくださる神の抑制恩恵である。カイパーは、一般恩恵が、保存恩恵であると同時に抑制恩恵であることを示している。カルヴィニズムは、一方において、厳しい罪の判断（全的堕落）を取り、他方において、一般恩恵の教理に基づいて、「堕落した人間における良きもの」(het goede in den gevallen mensch) を説明する。

「カルヴィニズムが、聖書に一致して語るのは、罪が抑制されないで、また弱められないでほうっておかれたならば、罪はたちどころに人間生活の完全な崩壊の結末をもたらすということである。それは、大洪水の前に見られたような何かそのような状態である。しかし、神は、それが神の御手の業の完全な壊滅に導くことになるので、そのことを許容しなかった。神はすべての人間に、すべての人類に、われわれの自然そのものに、一般恩恵によって、介入し給うた。この恩恵は絶対に罪の核心を克服するものではない。この恩恵は永遠の生命のための救いには関係ないが、人間の洞見が野獣の憤怒を抑制するのと同じように、罪の働きを抑制する」[6]。この一文の中には、一般恩恵が、救いの特別恩恵ではなく、創造秩序の保持と罪の働きの抑制の恩恵であることが明確に語られている[7]。カルヴィニストは、「創造の秩序」(de scheppingsordinantiën) と「一般恩恵」(de gemeene gratie) を大切にすることによって、地上的事物に対する関心を持ち、異教徒の諸学問に敬意を払うことができる[8]。

カイパーは、大著『一般恩恵』において、異教徒の諸学問と良きものに敬意を払うことができず、これを拒否するのであれば、再洗礼派の誤謬に陥り、また全的堕落を承認せず、本性の自律の部分を承認するのであれば、アルミニウス主義の誤謬に陥ると述べている。どちらの道も一般恩恵の教理を必要としない。前者は、一般恩恵による罪の抑制を承認せず、この世的な文明を一切排除しようとするし、後者は、全的堕落、人間本性の創造の秩序、こころの秩序の顚倒を承認せず、救いにおける人間本性の寄与を承認するから、ことさらに創造の秩序の保存恩恵を考える必要がない。

「一般恩恵の教理は、哲学的思索からではなく、罪の死に至る性格についての信仰告白（de belijdenis van het doodelijk karakter der zonde）から出てきたものである。われわれの改革派の先人たちは、常に、この罪の死に至る性格に固執してきた。『生来、罪と諸々の悪事によって死んでいる』はあらゆる告白に明らかであった。しかし、この告白は明らかに現実と一致しなかった。罪の世にも、教会の外にも、沢山の美しいもの、沢山の尊敬すべきもの、沢山の妬みの感情をかきたてかねないものがあった。このことは人々を選択の前に立たせた。すなわち、人々の好意的判断に反して、これらすべての良きものを拒否し、再洗礼派（de Doopers）の道に彷徨うか、それとも、堕落した人間を、そんなに深刻には堕落していない者として提示して、アルミニウス主義の異端（de Arminiaansche ketterij）の道に迷うか、という選択である。改革派信仰告白は、この二つの道に直面して、この二つの道のどちらも採ることを拒否してきた。われわれは、教会の外や非信仰者やこの世にある良きもの美しきものに対して目を閉ざしてはならない。この良きものは存在するし、そのことは承認されてきた。しかし、罪ある本性の完全な腐敗（de volstrekte verdorvenheid der zondige natuur）に反対する余地は全く存在しない。この外見上の矛盾の解決はここにある。すなわち、教会の外にも、異教徒の間にも、この世の只中にも、神の恩恵は働いている。しかし、それは永遠の恩恵でもなく、救いに至る恩恵でもなく、罪の中に隠れている破滅を抑制するための（tot *stuiting van het verderf, dat in de zonde school*）、一時的恩恵である[9]」。

ここにも、非救済恩恵としての一般恩恵が、人間本性の完全な腐敗の教理と矛盾しない、神の善性に基づく保存と抑制のめぐみであることが語られている。

第一に、一般恩恵は保存恩恵である。

(a)世界の保存

大洪水のあと、また、ノアの礼拝行為のあと、ノアに象徴される教会に約束されたことは、人の心が良いから二度と地を滅ぼさないということではなく、人が心に思い計ることは生来、悪いから、二度と地を呪わず、滅ぼさないということであった。

「主はその香ばしいかおりをかいで、心に言われた、『わたしはもはや二度と人のゆえに地をのろわない。人が心に思い図ることは、幼い時から悪いからである。わたしは、このたびしたように、もう二度と、すべての生きたものを滅ぼさない。地のある限り、種まきの時も、刈入れの時も、暑さ寒さも、夏冬も、昼も夜もやむことはないであろう』」（創世記八・二一―二二［口語訳］）。

神の永遠の御意志の御計画（ト・ムステーリオン・トゥ・テレーマトス・トウ・テオウ）は、時間における創造と摂理の展開の中で、恩恵の契約に基づく救済史の過程の進展、福音の啓示の進展（父祖たちの予示、預言者たちの預言、儀式律法による予示、キリストにおける成就、キリストの来臨におけるアナケファライオーシス）の中で、完成に向かう。神の創造目的は、幼い時から甚だ悪性の罪の中で、神が御子を愛する喜び（エウドキア）の中で、御子に与えられたキリストの民、選びの民が、あらためて担うことになる。神は、地の保全を約束し、再び、創世記九章一―九節において、文化命令、創造命令を与え、このキリストの民と地の民の分化の過程としての救済史の展開とその分化の展開の共通基盤としての被造世界の保存と保全をノア契約において約束されたのである。堕落後も創造世界と「創造の秩序」（de scheppings ordinantiën）は保全されている。一般恩恵による保存世界は、被造世界における「神の永遠の力と神性」の一般啓示の世界である。一般啓示は創造者による罪人への悔い改めの要請であると共に、弁解の封印でもある。

(b) 人間の心（cor, mens）と心の諸能力（facultas mentis, facultates mentis）の保存

一方、保存恩恵としての一般恩恵は、被造者なる人間の心理機構を保存している。非再生者も、自己意識、神のかたちの宿る座としてのこころを保存し、何らかの神のかたちの残滓（residuum）が保存されている。「神のかたちの第一位の座は精神とこころに、あるいは、魂とその諸力にあった」（primaria sedes Divinae imaginis fuerit in mente et corde, vel in anima eiusque potentiis）[10]。知識と義と聖、すなわち、認識的、倫理的、宗教的に正しく健全な神のかたちを喪失し、「こころの正しさ」（rectitudo cordis）と「精神の健全さ」（sanitas mentis）が取り去られたこころにも、神のかたちの第一位の座としてのこころそのものは、保存され、その自己意識は、宗教の種子、神意識、法の種子、道徳感覚などの心的意識として、恩恵によって保存されている。またこのこころを根（radix）とするこころの諸能力（facultates mentis）、すなわち、上述のごとく、カルヴァンが「暗くなったディアノイア」と総称する、知性（intelligentia, intellectus）、理性（ratio）、意志（voluntas）

などが保存されている。これらは心的意味における神のかたちの保存である。心的創造秩序という形而上的意味における神のかたちの保存である。

「われわれは、彼［アダム］において、神のかたちは徹底的に奪い去られ、消し去られたわけではなかったと認めるのであるが、しかし、それはそれほど非常に腐敗したので、残っているものは何であれ、恐ろしいまでの醜悪さに過ぎない」（Quae etsi demus non prorsus exinanitam ac deletam in eo fuisse Dei imaginem, sic tamen corrupta fuit, ut quicquid superest, horrenda sit deformitas.）[11]。

カルヴァンは、アウグスティヌスの命題に賛意を表している。「自然的賜物は、人間においては、罪によって、腐敗しており、他方、超自然的賜物は、完全に奪い尽くされている」（naturalia dona fuisse corrupta in homine per peccatum, supernaturalibus autem exinanitum fuisse.）[12]。カルヴァンの言う超自然的賜物とは、天上的事物の霊的認識、救いの知識と救いに足る義のことであり、この意味における神のかたちは完全に根絶されている。しかし自然的賜物も残されてはいるが、こころも心的諸機能も、全的に腐敗した醜悪なものである。神の一般啓示に対して、こころのポーローシス（目の見えないこと）と暗いディアノイアは、神の目には（voor Gods aangezicht）、偶像崇拝と不義の抑圧的反応しか為し得ず、すなわち、天上的事物に関する霊的認識と救いの知識に関しては、神を崇めず、感謝もせず、弁解の余地を封じられていく。

(c) 法意識［道徳法則、自然法則、市民法］の保存

しかし暗いディアノイアは、地上的事物の認識においては充分鋭敏であり、分化の過程の中にある未分化の段階においては、一時的に、壮麗な学問体系、文化と芸術の宮殿を建築し得る。非再生者のこころにある法の

種子、法感覚は、創造秩序に対して、鋭い文化的反応をもって応答する。文化の場合の「法感覚」は、「実在の諸側面にある秩序」（cosmic law）の感覚である。カインの末裔、ヤバルは、天幕に定住し畜産する者の先祖となった。ユバルは、竪琴や笛を奏する者の先祖となった。トバル・カインは、青銅や鉄でさまざまな道具を作る者の先祖となった。

カルヴァンは、罪によって腐敗している自然的賜物としての知性（intellectus）は、「天上的事柄」（res caelestes）については、無力であっても、「地上的事柄」（res terrenae）については、真理の感覚と洞察力（perspicientia）を持ち、これが生まれながらに真理を愛することに駆り立てると言う。「事物のどのような種類においても、いかなる認識［フランス語版、地上的認識］も残っていないというように、絶えざるカエキタス［目の見えないこと、ポーローシス］のゆえに、知性を定罪することは、単に神の御言葉にのみならず、一般的感覚の経験にも矛盾する」（Perpetuae caecitatis ita eum damnare, ut nihil intelligentiae ullo in genere rerum reliquum facias, non modo verbo Dei, sed sensus etiam communis experimento repugnat.）[13]。

カルヴァンは、知性が地上的事物を対象とする諸学問を網羅的に列挙して、それらの卓越性を述べている[14]。彼は、諸学問の優れた認識は、「敬虔な人々にも、不敬虔な人々にも」（pius et impiis）、共通に（promiscue）与えられているから、正当に、自然的な贈り物の中に数えられる」と述べ、これらの知性による普遍的理解（universalis comprehensio）が人間の中に生まれながらに植え付けられているということは、天上的事物の認識と救いの知識に関係がないので、「独特な神の恩恵」（peculiaris Dei gratia）であると言い、それが一般恩恵であることを明らかにしている[15]。しかし、いかに良きものを樹立しても、神に立ち帰らない限り、神の目の前には弁解の余地をなくしている。

「自然的賜物は、人間においては、罪によって、腐敗しており、他方、超自然的賜物は、完全に奪い尽くされている」。天上的事物についての認識と救いの知識という超自然的賜物の喪失と罪によって腐敗している自然的賜物の暗い知性が、一般恩恵によって、地上的事物については卓越した諸学問と良きものを樹立するということは、矛盾しない。全的堕落の教理と一般恩恵の教理は、矛盾に陥ることなく、また再洗礼派やアルミニウス主義に陥ることなく、非再生者の諸学問の成果を評価し、受け入れることを可能にする。非再生者における良きものは、被造世界の創造秩序とこころの心的機構の保存恩恵によって可能となる。

第二に、一般恩恵は抑制恩恵である。

ヴァン・ティルによれば、カイパーの「一般恩恵論」の中心点は、罪の破壊力の抑制（the restraint of the destructive force of sin）である。ヴァン・ティルは、カイパーの『一般恩恵』（全三巻）の第一巻は、一般恩恵の本質を、罪ある歴史の展開過程に対する神の或る程度の抑制（a certain restraint of God upon the process of the sinful development of history）を取り扱い、第二巻は、罪人が神の賜物によって為し得る、歴史における或る程度の積極的な成果（a certain positive accomplishment in history）を取り扱うと理解している[16]。抑制の中には、発展もあるので、後者を発展恩恵と呼ぶ人もある。カルヴァンの言うごとく、「暗いディアノイア」も、地上的事物に向かう時、高度な学問を産出する。バベル文化、すなわち、良質の煉瓦作りやアスファルトの発見などに支えられている高度な建築技術は、近代技術と同じく、人間の傲慢に根差すものであり、技術天国を目指すものである。いかに優れたものであっても、神の目の前には、科学技術の成立根拠も目的も異なった他種類の文化であり、それ自体は廃墟となる。人間の罪の破壊力を抑制する恩恵は、抑制の恩恵行為の中で、発展を許容する恩恵でもある。この成果は、キリスト者の文化の文脈の中に取り入れられ、神の栄光と創造目的の実現のために用いられる。

ヤーコプ・クラックヴァイクは、同じく、カイパーの『一般恩恵』三巻をまとめている。そこには、一般恩恵が、保存恩恵、抑制恩恵、発展恩恵であることが示されている。一般恩恵の内容について言えば、一般恩恵は、それ自体の中には、一切、救済恩恵の要素を含まない、人類と被造世界に対する神の一時的祝福である。神が堕落した死すべき人類に与えられた一般恩恵が、恩恵であるのは、刑罰（永遠の死）が最後の日まで延期されていること、また、この歴史の延期のために、時間の余地が空けられていること、また、人間においてのみならず、被造世界全体において、罪の死の毒が抑制されていること、これらのことにおいてである（Kuyper, *De Gemeene Gratie*, I, 9, II. 243ff, 265ff.）。一般恩恵の範囲について言えば、一般恩恵は、世界と人類の全体に妥当する普遍的恩恵である。神が創造の秩序を保存することから、キリスト者のみならず、すべての人が恩恵を受ける。芸術と文化、哲学と学問が、罪にもかかわらず、この世において可能であり続けていることは、すべての人に恵みである。一般恩恵の目的は、罪を抑制し、被造世界を保存すること、もっと積極的に言えば、すべての見事な多様な文化果実を、世界の歴史の過程の中で現実化していくことを通して、創造に固有な潜在性の開示（the disclosure of the possibilities inherent in the creation）を可能にすることである（GG II, 616-23）[17]。

一般恩恵が抑制恩恵であることは、神が本来ならばもっとすさまじい罪の破壊力の爆発を抑制しておられる恩恵であることを意味している。神は、永遠の秘められた御意志の聖定的御計画を、時間秩序における神の御業である、創造と摂理の中で、実行し給う。神はこの御計画を福音において啓示したもうた。堕落後の人類に対する、恩恵の契約に基づく福音の啓示は、楽園におけるサタンと女の裔との「敵意」の啓示において、父祖たちの福音の予告において、預言者たちの預言において、儀式律法の予示において進展し、遂に御子の来臨において成就した。この時間における救済史の過程は、この終わりの時代においては、復活の主の支配の下に、完結した救いの啓示、福音の宣教を通して進展し、主の再臨の時、天と地が一つにまとめられるアナケファライオーシスにおいて、神の創造目的の実現において終末する。御父は「あなたはわたしの愛する子、わたしはあなたを喜ぶ（エウドケーサ）」（マルコ一・一一）と言われた。「御子を喜ぶ」と言われた。御父は、御子への愛と喜び（エウドキア）において、御子に御子の民を与え給うた。イエス・キリストによって神の子にしようと、神の御意志の喜びによって（カタ・テーン・エウドキアン・トウ・テレーマトス・アウトウ）、イエス・キリストにおいて、予め定め選び給うた（エフェソ一・四―五）。このキリストの民らこそが「見えざる公同の教会」であり、従って、キリストの民らの選びは、教会の選びである。救済史の全過程は、キリストの民と地の民が分化していく過程である。この御子に与えられたキリストの民は、この終わりの時には、教会の宣教を通して興される。創造が被造世界と人間の心的機能において保存され、罪の破壊的爆発が抑制されて、歴史が引き延ばされているのは、福音宣教を通してキリストの民が興されることによる、神の国と地の国の分化のためである。キリストの民のすべてが興されたとき、分化の過程は終息する。「一般」は特殊化の原理である。福音の「一般」提供、「一般」啓示、「一般」恩恵は、すべて、特殊化への分化の原理である。後者の二つは、救拯的恩恵の要素を一滴も含有していないが、神の良き創造啓示と一般的愛顧的態度に対する阻止的反応による「弁解の余地を封じる」、滅びへの特殊化の原理である。ただし、人生の最後的態度決定までは、人間の目には、「分かたれた者」として他者を見ることは許容されないであろう。しかし、歴史は分化の過程であるから、時代が終わりに近付くにつれ、時代の性格は、次第に、認識的にも倫理的にも、従順と反逆において自覚的精度を上げ、神は「阻止する力」「抑制する力」としての御手を緩め、「共通の」(promiscue) 恩恵としての一般恩恵は減少する。

「主の日はすでにきたとふれまわる者があっても、すぐさま心を動かされたり、あわてたりしてはいけない。だれがどんな事をしても、それにだまされてはならない。まず背教のことが起り、不法の者、すなわち、滅びの子が現れるにちがいない。彼は、すべて神と呼ばれたり拝まれたりするものに反抗して立ち上がり、自ら神の宮に座して、自分は神だと宣言する。わたしがまだあなたがたの所にいた時、これらの事をくり返して言ったのを思い出さないのか。そして、あなたがたが知っているとおり、彼が自分に定められた時になってから現れるように、いま彼を阻止しているものがある。不法の秘密の力が、すでに働いているのである。ただそれは、いま阻止している者が取り除かれる時までのことである。その時になると、不法の者が現れる。この者を、主イエスは口の息をもって殺し、来臨の輝きによって滅ぼすであろう」(Ⅱテサロニケ二・二b―八〔口語訳〕)。

アウグスティヌスは、『神の国』(*De civitate Dei*) において、地の国と天の国の特徴について述べている。「地の国」(civitas terrena = der irdische Staat) は、「神を軽蔑するまでの自己愛」(amor sui usque ad contemptum Dei = die Selbstliebe bis zur Gottesverachtung) の造った国であり、「天の国」(civitas caelestis = der himmlische Staat) は、「自己を軽蔑するまでの神への愛」(amor Dei usque ad contemptum sui = die Gottesliebe bis zur Selbstverachtung) が造った国である。(18)

「二つの愛が二つの国を造ったのである。すなわち、神を軽蔑するに至る自己愛が地的な国を造り、他方、自分を軽蔑するに至る神への愛が天的な国を造ったのである。要するに、前者は自分を誇り、後者は主を誇る。

なぜなら、前者は人間からの栄光を求めるが、後者にとっては神が良心の証人であり最大の栄光だからである。前者は自分を栄光としてそのこうべを高くし、後者は神に向かって『私の栄光よ、わたしのこうべを高くするかたよ』（詩編三・三）と言う。前者においてはその君主たちにせよ、それに服従する諸国民にせよ、支配欲によって支配されるが、後者においては人々は互いに愛において仕え、統治者は命令を下し、被統治者はそれを守る。前者は自分の権能の中にある自分の力を愛するが、後者はその神に向かって、『わが力なる主よ、わたしはあなたを愛そう』（詩編一八・一）と言う。それゆえ、前者においてはその賢者たちは人間に従って生き、身体や霊魂の、あるいはその両方の善を追い求める。彼らは神を知っても『神としてあがめず、感謝せず、かえってその思いは空しくなり、その無知な心は暗くなった。彼らは自ら知者と称しながら——（すなわち、彼らは高慢が支配したために、知恵において自分を高くしたのである）——愚かになり、不朽の神の栄光を変えて、これを朽ちる人間や鳥や獣や這うものの像に似せたのである——（彼らはこのような偶像崇拝に人々を導く者、あるいは導かれる者となった）——。そして彼らは創造者の代わりに被造物を拝み、これに仕えたのである。創造者こそ永遠にほむべき者である』（ローマ一・二一—二五）。しかし後者においては、人間の知恵とは、真の神を正しく拝する敬虔以外のものではない。この敬虔は、『神がすべてにおいてすべてであるように』（Iコリ一五・二八、ローマ一一・三六参照）、人間のみでなく天使をも含む聖徒たちの社会における褒美を待ち望んでいるのである」[19]。

アウグスティヌスは、このように、歴史を「神の国」と「地の国」の分化の過程と考える壮大な歴史哲学を展開した。ユダヤ人の中にいたエドム人ヨブのごとく、旧約時代にも、霊のイスラエル、霊的エルサレムの民、神の国の民は、他民族の中にもいた。「しかし、他民族の中にもまた、地上の結合ではなく天上の結合によって、真のイスラエル人に属する人間たち、天上の祖国に属する市民たちが存在したことを、彼ら［ユダヤ人たち］は、否定することは出来ない」（homines autem quosdam non terrena sed caelesti societate ad veros Israelitas supernae cives patriae pertinentes etiam in aliis gentibus fuisse negare non possunt;）[20]。

われわれにはすでに成就したイエス・キリストの福音、また父祖たちに予告されたイエス・キリストの福音の啓示があるので、同一の信仰が、彼ご自身によって、「神の国、神の家、神の神殿に予め予定されているすべての人々」(omnes in Dei civitatem, Dei domum, Dei templum praedestinatos - ibid. p. 54）を、神に導くのである。「わたしたちがこの一つの例［ヨブの例］から、霊的なエルサレムに属し、神に従って生き、神に喜ばれた人々が、他の民族の中にもいたことを知るのは、疑いもなく神の摂理によるものである。だが、このことは、神と人との間の唯一の仲保者、人なるキリスト・イエスが神によって啓示された人以外には、だれにも許されていないと信ずべきである。キリストはすでに到来したとわれわれに告げられているように、彼が肉のうちに到来することは、昔の聖徒たちに予告されていたので、彼を通じて、同一の信仰が、神の国、神の宮に定められているすべての人々を神へと導くのである[21]」。

この文章は、福音の啓示の進展の段階の救済史の進展の中にあっても、多民族の混在の中にあっても、歴史をイエス・キリストにおける神の国と地の国の霊的分化の過程と見る洞見を示している。歴史は、福音の一般提供の召集への応答による神の国の市民、キリストの民、不可見的公同教会（eine universale unsichtbare Kirche）の会員が、福音を拒否する民、またこれに触れることがなくても、神の一般啓示の要請への阻止的反応と神の一般恩恵の愛顧的態度への無視と忘恩によって弁解の余地をなくしていく地の国の民から分化していく霊的過程である。

このように、歴史はキリストの民と地の民の分化の過程である。全的堕落と腐敗にある全人類が楽園と共に消滅することなく存続するのは、創造目的の実現の御計画、キリストの民の救いの御計画が、福音の啓示の長い時間歴史において進展し、キリストの救いの事業の成就とキリストの再臨におけるアナケファライオーシスにおいてコンスムマーティオーに達するためである。そのために、神は堕落後の長い福音の啓示の進展、天地創造このかた続いている一般啓示、救済史の長い摂理の時間過程の継続をよしとし給うた。この創造目的実現の過程が少しずつ進展するためには、被造世界の存続と人間の罪の爆発を抑制する、堕落から終末までという意味で、一時的（tijdelijk）な、一般恩恵が必要である。

ヴァン・ティルは、アウグスティヌスと同じく、歴史は「分化の過程」（the process of differentiation）であると言う。彼は一般恩恵を歴史の初期恩恵と考える。選びの民が興されていく後期においては、次第に、共通恩恵は減少して行く。「信徒と非信徒がすべてのものを完全に共有している領域や次元は一つもない。上述したごとく、最も低い次元における事実の記述であっても、形而上学や認識論の体系を前提する。従って、中立的な協力の領域はあり得ない。しかし、非信者は、数学の領域においてよりも、宗教の領域におけるほうが、より認識論的に自覚的である。分化の過程は高い次元におけるほど、低い次元においては進展していない」(22)。「このように数学や計測というような低次の次元では、分化の過程は進行していないから、人々は認識論的に無自覚なだけであって、いわゆる中立的な計量や計測は、神の目の前に恐ろしい罪であることに変わりはないことを述べている」。罪が抑制されているところでは、罪人は、その本性の堕落にもかかわらず、自己の悪性についてそれほど認識的自覚的でなく、或る場合には、神の律法や自然啓示を通して聞こえてくる神の御意志の声を阻止しようとし、或る時には、神の良きものを喜び善を行う。彼らはその程度に応じて神の愛顧の対象である。しかし、歴史の後期過程においては、非信徒は、すべての領域とすべての行為において、神の良きものに対して、認識論的に自覚的（epistemologically self-conscious）に「真理阻止的」「反逆的」になってくる。彼は、前述の第二テサロニケ書二章の聖句を挙げて、「阻止する力」が、悪の力の爆発を抑制し、「滅びの子」、「不法の子」の出現を阻止していることを強調する。(23) 神の一般恩恵はそれに対応して減少してくる。来臨のイエスがその口の息をもって不法の者を滅ぼす時、一般恩恵は終息する。このように、この救済史における分化は、神の御意志の啓示とこれに対する人間の反応の相関の中で、進展していくのである。

「このようにして、神の一般的摂理、神の一般啓示、人間における神のかたちの残滓、福音の一般的外的召命、人間の悪い本性、これらの諸概念が、調和のとれた統一において理解され得るのである。これらすべての事柄は神の摂理に従って生起する。これが根本的なことである。この摂理に従って、悪の方向への発展と善の方向への発展が可能となる。これら二つの発展は、互いの結び付きと相関の中で進展していくのである。……いま述べた二つの部分に分かれる歴史の一般的発展は、神の御自身についてのありのままの提示によって生起する。すなわち、人間に対するさまざまな程度の自己啓示、この提示に対する人間の反応によって生起する」(24)。

全的堕落の教理と一般恩恵は矛盾するものではない。地の国の民は、保存恩恵によって保存された創造の秩序、神のかたちの心的機構の中で、抑制恩恵によって相対善や諸学問を産出しながら、認識論的に自覚的に反逆的になることによって、正に自らの状態を遺棄に相応しい者と弁解の余地を封じていくのである。地の国の民は、認識論的に自覚的でない、神聖意識や自然法意識という心理学的感覚に基づいて神の良きものを讃美と感謝なく享受しているのである。一方、神の民は、罪の残滓のために、自らの「神の子」の身分に自覚的でなく、その程度に応じて神の不興の対象の側面がある。両者の間には、広大な「共通感覚」「共通意識」の領域が広がっており、それはキリスト者と非キリスト者の協働の原理であり、御言葉と各人の賜物と創造の富の分かち合いによる「伝道」の肥沃な領域である。

第三に、一般恩恵は社会正義の恩恵である。

社会正義の恩恵は、保存恩恵と抑制恩恵の綜合に成立する恩恵である。社会正義の意識が保存されることによって、人間の罪本来の悪性が抑制されている。カルヴァンが、「超自然的賜物は取り去られ、自然的賜物は腐敗している」というアウグスティヌス命題を前提としていたことは、前述の通りである。すなわち、堕落後の人間は、知識と義と聖における神のかたち（imago Dei）、すなわち、「こころの公正」（rectitudo cordis）と「精神の健全」（sanitas mentis）を喪失し、「こころの目の見えない状態」（caecitas, ポーローシス）に陥り、「天上的事物の認識」と「救いの知識」については無力である。しかし、洪水後も「幼い時から思い計ることは、みな悪い」と言われるこころ（cor et mens）と意識（sensus）は保存されている。異邦人は、「意識の空虚」（vanitas sensus, マタイオテース・トウ・ヌース）の中で歩いている。しかし、そのこころの自己意識（sensus sui）には、神のかたちの存在論的、意識的な「残滓」（residuum）、すなわち、「宗教の種子」（semen religionis）、「神聖意識」（sensus divinitatis）、「神意識」（sensus deitatis）が保存されている。このこころには、「心の諸機能」（facultates mentis）、すなわち、知性、理性、意志が、神の真理と正義に関する公正性と健全性を喪失した形態で、保存されている。しかし、この諸力の総称たる「暗くなった知性」は、「地上的事物」（res terrenae）の探求においては、充分に鋭敏であるのは、こころの諸力が対峙している創造世界と創造の秩序が保存されているからである。洪水後、神は二度と被造世界を滅ぼすことはないと宣言して、創造命令、文化命令を再度、人類に与えられた。この創造の保存秩序を通して神の永遠の力と神性の啓示としての一般啓示があり、これに対して人間は、激しく反応する。その反応が、人間の側にある「意識」（sensus）であると言い得る。知性の創造法秩序に対する反応は、「神意識」と並ぶ、「法意識」（sensus legis）であり、人間のこころには、「法の種子」（semen legis）が植え付けられていると言われる。「法意識」（sensus legum）も、「法の種子」（semina legum）も、複数形が用いられているのは、被造世界（コスモス）の全法領域の諸学問の基礎になる「宇宙法、被造世界全体の法」（cosmic law）が含まれるからである。それに対応する神のかたちの反応の「意識」（sensus）は、「自然的法則」（the natural law）の意識であり、「道徳法則」（the moral law）の意識（ローマ二・一五参照）であり、さらに、「社会的正義の法」（the civil law）の意識であるからである。これらの意識に基づいて、自然的知性は、地上的事柄に関しては、人間の目には、卓越した諸学問を産出する。創造の秩序と人間の心的機構の保存は、人間の自己意識の中に「法意識」を生み、この意識を通して罪の悪性の爆発が抑制されている。

カルヴァンは、その中に「政治学」（politia）を挙げ、その根拠として「政治的秩序の種子」、「政治的秩序の意識」について述べている。「人間は、生来、社会的動物なので、また自然的刺激によって、その社会を保持し保全しようとする傾向を持っている。それゆえ、われわれは、すべての人間の魂のうちに、或る程度の市民の公正と秩序についての多くの普遍的印象（civilis cuiusdam honestatis et ordinis universales impressiones）が存在することを認める。それで、ここから、すべての人間の団体は、もろもろの法によって拘束されねばならないことを知解しない者、また、これらの法の原理を精神（mens）のうちに理解しない者、このような者は一人も見付け出され得ないということが起こるのである。ここから、すべての民族、同様に、また個々人の間の、法における永久的共通意識（perpetuus in leges consensus）も来る。なぜなら、教師もなく、立法者もなくとも、法の種子（ipsarum semina = legum semina）がすべての人に植え付けられているからである」[25]。

カルヴァンは、これに続いて、法を犯す人間のこころの無力（debilitas humanae mentis）と知性の暗さについて語ったのち、それでもなお人間のこころに残る神のかたち、「法意識」の残存とこれによる腐敗の抑制の一般恩恵について語るのである。「それでもやはり、一人残らずすべての人に、或る種の政治的秩序の種子（aliquod semen ordinis politici）が蒔かれているということは、保存し続ける。そして、このことは、この世の生の組織において、如何なる人間も、理性の光（lux rationis）から見捨てられていないという、充分な証拠である」[26]。

人間は、天上的事物の認識、真正の神認識、天上の生を獲得する律法の義については無知、無力であるが、社会的正義の意識を持ち、政治的秩序の種子を持ち、一般恩恵の組織である国家を建て、良心と信仰の自由を守り、これを尊重するかぎりにおいて、神の一般的恵みの対象であり、キリスト者と非キリスト者の間には、心的意識的には、広汎な「共通意識」（consensus）の共通領域が広がっている。非キリスト者は、市民の公正と秩序についての多くの普遍的意識、政治的秩序の意識に基づいて、市民的悪徳を許容せず、社会的正義の維持に努力し、国家を建て、無自覚的にせよ、神の秩序と権威を喜び、享受する限り、神の愛顧（a favorable attitude）の対象である。神は特別恩恵の秩序として教会を建て、一般恩恵の秩序として国家を建てておられる。

「主キリストがその一般恩恵のうちに国家を立てておられるのは、国民の福祉を増進し不正を抑制するような立法・行政・司法において御自身に仕えさせるためであり、この目的のために彼は国家為政者を任命された。

このように、国家為政者は、悪を行なう者を罰し善を行なう者を賞するための神のしもべであって、いたずらに剣をおびているのではない[27]」。

主イエス・キリストは、教会と国家の本源的主権者であり、教会と国家にそれぞれ別個の派生的領域主権を委託しておられる。為政者が非キリスト者であっても、その権威はキリストから委託された派生的権威であり、彼は無自覚的であっても神の権威を行使し、国民の信教と良心の自由を保障し、これを擁護し、人権を守り、国民の安全を保障し、環境保全に努力するかぎり、抑制恩恵と発展恩恵に与っている。そこには、市民的正義の共通意識（con-sensus）に基づく協働が成立し、両者は良きパートナーである。彼らが委託されていない宗教的祭儀を強要し、これに基づく良心の自由を拘束する時、彼は認識的自覚的に行動しているので、そこに分化が生起し、協働は成立しない。仮に両者が協働している場合でも、キリスト者が、自らの「神の子ら」の身分に認識的に自覚的であるとき、同じ政治的公正と秩序の意識（sensus）の共通基盤に基づいていても、「神の目の前には」、行動の根拠と目的が相違する行動である。神の子らは、呻きつつある被造世界に創造目的の実現のために派遣された者である。

注

（1） Kuyper, *Het Calvinisme*, blz. 112.
（2） Kuyper, *Het Calvinisme*, blz. 113.
（3） Kuyper, *Het Calvinisme*, blz. 112-113.
（4） Vgl. Kuyper, *Het Calvinisme*, blz. 114.
（5） Vgl. Kuyper, *Het Calvinisme*, blz. 116.

(6) Kuyper, *Het Calvinisme*, blz. 116.

(7) Vgl. Kuyper, *Het Calvinisme*, blz. 114-116.

(8) Vgl. Kuyper, *Het Calvinisme*, blz. 118.

(9) Kuyper, *De Gemeene Gratie*, Eerste deel, vierde onveranderde druk, J. H. Kok, Kampen, blz. 11.

(10) Calvin, *Institutio Christianae Religionis 1559*, Opera Selecta, III, ediderunt Petrus Barth et Guilelmus Niesel, 1:15:3, p. 178.

(11) Calvin, op. cit., Opera Selecta, III, 1:15:4, p. 179.

(12) Calvin, op. cit., O. S., III, 2:2:12, p. 254.

(13) Calvin, op. cit., O. S., III, 2:2:12, p. 255.

(14) Calvin, op. cit., O. S., III, 2:2:14-2:2:16, pp. 257-259.

(15) Calvin, op. cit., O.S., III, 2:2:14, pp. 257-258.

(16) Cf. Van Til, Cornelius, *Common Grace*, 2nd Printing, Presbyterian and Reformrd, Philadelphia, 1954. p. 15.

(17) Cf. Klapwijk, Jacob, Antithesis and Common Grace, in: *Bringing into Captivity Every Thought - Capita Selecta in the History of Christian Evaluations of Non-Christian Philosophy*, Edited by Jacob Klapwijk, Sander Griffioen and Gerben Groenewoud, University of America, 1991. p. 172.

(18) Augustinus, *De civitate Dei*, Liber XIV, 28. Latin Text, The Loeb Classical Library, IV, p. 404.
Vgl. *Der Gottesstaat*, 2ter Band, In Deutscher Sprache von Carl Johann Perl, Otto Müller, Salzburg, 1952. S. 387.

(19) アウグスティヌス『神の国』第一四巻、第二八章、『アウグスティヌス著作集13』「神の国⑶」、泉治典訳、教文館、一九八一年、二七七―二七八頁。

(20) Augustinus, *De civitate Dei*, Liber XVIII, 47. Latin Text, The Loeb Classical Library, VI, p. 52.

(21) アウグスティヌス『神の国』第一八巻、第四七章、『アウグスティヌス著作集14』「神の国⑷」、大島春子・

岡野昌雄訳、教文館、一九八〇年、三六六―三六七頁。
(22) Van Til, Cornelius, *Common Grace*, p. 85.
(23) Cf. Van Til, op. cit., p. 89.
(24) Van Til, op. cit., p. 90.
(25) Calvin, op. cit., O. S., III, 2:2:13, pp. 256-257.
(26) Calvin, op. cit., 2:2:13, p. 257.
(27) 『教会と国家に関する信仰の宣言』「日本キリスト改革派教会創立三十周年記念宣言」二ノ(一)。

第四章　ヤーコプ・クラップヴァイクの「変容の哲学」(Transformationele filosofie)

ネオ・カルヴィニズムの「対立の原理」は「過ぎたるはなお及ばざるが如し」なのか。それは大切な原理ではあるが、中庸を超えた過激な原理となっているのか、という問題がある。この課題を問い、自らもネオ・カルヴィニズムの伝統に立つ者として、「対立の原理」を尊重しながらも、非キリスト教思想や非キリスト教哲学に対する敵視を改め、逆に対話の道を開こうとするのが、クラックヴァイクの「変容の哲学」である。クラックヴァイクは、キリスト者の学問における誤謬の存在と非キリスト者の学問における真理の存在という観点から、カイパーの「二種類の学問」論を批判する。

クラップヴァイクは自らの提唱する「変容の哲学」(the philosophy of transformation)の説明のためにアウグスティヌスの「エジプト人たちからの掠奪」(spoliatio Aegyptiorum)の譬えを度々取り上げている。この「掠奪の主題」(a theme of despoliation)はアウグスティヌスのみならず、教父たちのお気に入りの主題であったと述べている。イスラエルの子等がエジプトを去る時、エジプト人の金銀を掠奪するように命じられた故事に由来する主題である。聖書の箇所とアウグスティヌスの『キリスト教の教え』における説明は次の通りである。

「そしてイスラエルの人々はモーセの言葉のようにして、エジプトびとから銀の飾り、金の飾り、また衣服を請い求めた。主は民にエジプトびとの情を得させ、彼らの請い求めたものを与えさせられた。こうして彼らはエジプトびとのものを奪い取った」（出エジプト一二・三五―三六［口語訳］）。

Feceruntque filii Israel sicut praeceperat Moyses: et petierunt ab Aegyptiis vasa argentea et aurea, vestemque plurimam. Dominus autem dedit gratiam populo coram Aegyptiis ut commodarent eis: et *spoliaverunt Aegyptios.*

「ところで哲学者と呼ばれる人々が、たまたま真実なことや、われわれの信仰と合致することを述べたとき、とくにプラトン主義者の場合、彼らをたんに怖れてはならないばかりでなく、いわば不正な所有者からのように、彼らから返却を要求してわれわれのために役立てるべきである。たしかにエジプト人は、イスラエル民族が嫌悪し、逃げ出すことになった偶像と重荷をもっていた。しかしそれだけでなく、イスラエル民族がエジプトから逃亡する際、よりよく利用しようとしてひそかに自分たちのために要求した金銀で造った器や、装飾品とか衣類をもっていた。イスラエル民族はこれを自分たちの権威によってでなく、神の命令にもとずいて要求した。ところがエジプト人はこれをうまく用いていなかったので、その価値に気付かずに与えてしまったのである。このように異教徒たちのすべての学問は、にせの、迷信的な像と、無意味な労働という重荷を背負っている。われわれはめいめい、異教徒の社会から、キリストを導き手として脱出するにあたって、こうしたものを嫌悪し回避しなければならない。とはいえ真理のために用いるのがふさわしい自由学芸やきわめて有益なある種の道徳律も、そこには含まれている。そして唯一の神をあがめることについてのある真実な考えも、彼らの中にみとめられる。これらはいわば彼らの金銀である。これは彼らがつくり出したのではない。これをいたるところに注がれている神の摂理という、いわば鉱山から発掘したのである。それなのにこれを逆用し、ダイモンに仕えるために不正にも濫用した。キリスト者たる者は、ダイモンとのみじめな交際からその精神によって自らをきり離したならば、彼らから金銀を奪い取って、福音を宣べ伝えるという正しい目的のために用いなくてはならない。彼らの衣装にしても人間が考え出したものであるが、人間の社会に適したもので、地上の生活において衣服なしではすまされない。こういうものを受容し所有することは、キリスト教的に利用することに方向を変える場合にはゆるされるであろう(1)」。

クラックヴァイクは、「エジプトの掠奪」主題はキリスト教思想と非キリスト教思想の関係を考える上に有益なアナロジーとして度々言及するが、その際、留意すべきこととして、次の二点を挙げる。第一は、エジプト人の金銀を自分たちのものにしたイスラエルの人々は、エジプトの金銀を「幕屋の仕事」（出エジプト三五・二一）と「聖所の仕事」（出エジプト三六・一、三）のために使用する召命を受けたということ、第二に、これらの財宝は、神奉仕の器として用いられる前に、溶解され、精錬されなければならないということである。もともと、世の財宝はファラオのものではなくて、唯一の創造者なる神の所有である。一般恩恵による神の創造の保持による良きものを、一般啓示に対する不義の反逆的阻止的反応によって、偶像礼拝的に溶解し、精錬した財宝である。われわれが非キリスト教思想の中にある良きものを摂取するのは、これを再度、溶解し、精錬し、われわれの主への奉仕の業の中に取り入れる「批判的掠奪」（critical appropriation）でなければならない。非キリスト教思想の中にある良きものを部分的に取り入れるとか、キリスト教思想に順応させることであってはならない。「自然の光」と「恩恵の光」の「綜合と順応」（synthesis and accommodation）のスコラ主義と折衷主義を退けなければならない。キリスト教思想が非キリスト教思想から摂取した哲学的概念を溶解し、精錬する必要があるのは、如何なる哲学的概念も洞察も、世界観、或いは、イデオロギー全体、すなわち、生の全体観の枠組みの中でのみ機能するからである。われわれが非キリスト教思想の財産を使用することが可能と考えるのは、それらをわれわれの神礼拝と神奉仕を中心とするキリスト教世界観の中に統合する（integrate）――綜合や順応ではない――ことが可能と考えるかぎりにおいてである。キリスト教哲学は非キリスト教哲学との対話において、非キリスト教哲学をその世界観の中にある「神の真理に抵抗しこれを抑圧する」（ローマ一・一八）心的装置と文脈から解放しなければならない。神のものである金銀を神に再び奉献すること、これが哲学の「批判的変容」（critical transformation）である。クラックヴァイクは、使徒パウロが非キリスト教思想について「わたしたちは理屈を打ち破り、神の知識に逆らうあらゆる高慢を打ち倒し、あらゆる思惑をとりこにしてキリストに従わせる」（Ⅱコリント一〇・四b―五）と語る時、彼の心にあったのはこの「拒絶と掠奪の過程」、「批判と変容の過程」であったと示唆している。哲学の改革（a reformation）のプログラムは、同時に、哲学の絶えざる変容（an on-going transformation）への召命である。(2)

クラックヴァイクは別の論文においては、「エジプト人たちからの掠奪」（spoliatio Aegyptiorum = de beroving der Egyptenaren）主題を更に精緻な変容哲学のアナロジーとして論じている。(3)「エジプト人からの掠奪」主題のアナロジーで注意すべきことは、エジプトを脱出したイスラエルの子ら（filii israel）が、エジプトの略奪品（分捕り物、新共同訳）を、「幕屋の仕事」（出エジプト三五・二一）と「聖所の仕事」（出エジプト三六・一）のために使用する召命を自覚する前は、これらを偶像崇拝のために、溶解し、精錬したことである。再生者のこころは原理的には再生していても、なお罪の残滓があり、間違いを犯す。これが「逆変容」（de inverse transformatie）の危険である。イスラエルの子らは、エジプト人の動物犠牲を続け、金の子牛を造り上げ、「イスラエルよ、これこそあなたをエジプトの国から導き上ったあなたの神々だ」（出エジプト三二・四）と叫んだ。イスラエルの子らがこのことを学んだのは後のことである。このアナロジーの意味する要請は、第一に非キリスト教思想の無批判的受容の拒否である。非キリスト教思想はわれわれのキリスト教的生の全体観の目的に合致する枠組みの中に批判的に摂取されなければならない。第二に、非キリスト教思想の外面的摂取の拒否である。非キリスト教思想の摂取（我が物にすること、toëigening）はキリスト教実在観への外面的適用（een uitwendige aanpassung *aan* een christelijke werkelijkheidsvisie）において成立してはならないのであり、むしろキリスト教実在観の内部における批判的吸収（een kritische verwerking *binnen* een christelijke werkelijkheidsvisie）でなければならない。キリスト教思想の伝統の中にも、ギリシア哲学の物質的なものの軽視の影響を受けた信仰一元論、アリストテレスとの順応を企てたスコラ的綜合のキリスト教哲学など、ギリシア哲学の無批判的摂取がある。実存的疎外の思想に逆変容を起こした実存論神学、政治的解放概念に逆変容を起こした解放の神学などは、近代人本主義哲学との無批判的同化の実例である。逆にアウグスティヌスのプラトニズムの批判的摂取の実例もある。クラックヴァイクのアナロジーの意味する変容（transformatie）は、キリスト教思想による非キリスト教的学問や哲学の批判的専有と加工・吸収（de kritische toeëigening en verwirking）である。規範的意味における変容は、非キリスト教思想の価値ある洞察を、それが生育してきたイデオロギーの土壌から引き抜き、キリスト教的世界観の中に統合すること、また神奉仕へと統合すること（in een christelijke werkelijkheidsbeschouwing en in de dienst aan God *integreren*）である。批判的加工・吸収は、溶解と精錬（een omsmelting en een zuivering）であり、批判の精錬の火に耐え得ないものを暴露し棄却すること（aan de kaak stellen en uitdrijven）である。

クラックヴァイクの変容思想は、解釈学哲学の批判的摂取による変容でもある。変容とは、私自身の生の最内奥の確信のために、眼前のテキストを、キリスト教的意味において、新しい文脈から自覚的に解釈することでもある。すなわち、「哲学のさまざまな考え方や哲学的概念をキリスト教的世界観の枠組みにおいて、或いは、キリスト教的世界観の枠組みから再解釈すること」（een reïnterpretatie van wijsgerige concepten en concepties in en vanuit het raamwerk van de christelijke wereldbeschouwing）である。この再解釈には、相手のテキストへの高い評価と尊敬の要素と同時に攻撃的スポリアティオの要素も存在する。(4)

ネオ・カルヴィニズムの伝統が大切にしてきた譲ることのできない根本原理は、教会とこの世との「宗教的対立」（de religieuze antithese）の原理である。女の子孫とサタンの子孫の間には「敵意」（inimicitiae）の楔が打ち込まれている。これは恩恵の契約である。神の友はサタンの敵であり、サタンの友は神の敵である。クラップヴァイクは、この「対立の原理」の誤解による適用が不幸な事例を産むことを危惧する。「対立の原理」がこの世の文化の財宝に敵対的であると、「孤立」（isolement）を招き、変容の祝福を喪失する。他方、変容の祝福に必須的なこの世の文化的財宝の溶融・精錬が、福音の本質の溶融となり、キリスト教信仰のこの世の文化への「順応」（accommodatie）となる「逆変容」（de inverse transformatie）が起こる。逆変容はキリスト教信仰の世俗化であり、福音にとっての呪詛である。要するに、「対立の原理」は「孤立・孤高の原理」となってはならず、また、「関係の原理」は「綜合・順応の原理」となってはならない。「孤立」も「綜合」も哲学的変容課題の無視である。「宗教的対立の原理」は、信仰と不信の間の綜合は存在しないということである。如何なるタイプのキリスト教哲学的思惟も、それが真にキリスト教的であるかぎり、「対立的要素」（een antithetisch ferment）を含むが、同時に、それが真に哲学的であるかぎり、否応なしに「統合的要素」（een synthetiserend element、以前の箇所では integreren という言葉を使用していたが、この言葉の方がスコラ的綜合の誤解を招かない）を含んでいる。そこにある緊張は「対立」と「綜合」の弁証法ではなくて、キリスト教哲学の緊張は、むしろ、「変容と逆変容の弁証法」（de dialectiek van transformatie en inverse transformatie）である。キリスト者は、この世の不信仰との戦いにおいて、「綜合哲学　対　対立哲学」（'synthese-filosofie' *versus* 'antithetische filosofie'）の二律背反に陥ってはならない。宗教的対立、すなわち、あらゆる反神的力の面前における神の国の到来は、哲学思想の対決の場においては、綜合的立場と対立的立場の「弁証法」においてではなく、変容と逆変容の「弁証法」において現れる。これは、変容が容易に逆変容に急転し、祝福が呪詛に急変し得る危険な「弁証法」である。「変容と逆変容の弁証法」は、殆どすべてのキリスト教哲学者の傷つきやすさ（kwetsbaarheid）を意味しており、キリスト教哲学者はこの世の哲学との命がけの対話において容易に転ぶのである。しかし、キリスト教哲学者は、「自ら選んだ孤立」（zelf gekozen isolement）においてであれ、「意図的な順応」（opzettelijke accommodatie）においてであれ、「われわれの変容の課題」（onze transformerende taak）を放棄することはできないのである。(5)

クラックヴァイクが変容哲学の特質として挙げるのは、キリスト教哲学の「文脈的」（contextueel）な性格である。キリスト教哲学は、キリストが人間を、不安と絶望の中に、すなわち、人間存在の具体的文脈の中に尋ね求められたように、キリスト教哲学も、ユダヤ人にはユダヤ人のように、ギリシア人にはギリシア人のように、「生の具体的状況にある人間」（mensen in concrete levenssituaties）に語りかける、「文脈的哲学」（contextuele filosofie）でなければならない。キリスト教哲学は、文脈哲学として、生の具体的状況にある人間の時代性、生活世界、言語、思惟様式の特殊性を理解することによって、現代の社会生活と学問的思惟に貢献することができる。クラックヴァイクの文脈哲学は、カイパー以来の信仰と不信仰の「宗教的対立の原理」を前提にした上で、「対話の原理」を追求する思索であるので、シュライエルマッハー以来の解釈学の伝統のように、使信そのものの逆変容に繋がるような、時代の世界観や言語から使信を解釈する文脈化を是認するものではない。ブルトマンやティリッヒの実存論神学は、新約聖書の福音を、ハイデッガーの存在概念の影響を受けて、「存在そのもの」の光の中に内在することによる、実存的窮状の脱我的癒しの体験に逆変容した。もともと哲学者の疎外概念はキリスト教からのスポリアティオであるが、現代実存哲学の溶鉱炉で溶解・精錬されて、異なる福音に逆変容した。近代的疎外概念は、罪による神からの離反の深層を喪失した。しかし、キリスト教哲学は、変容と逆変容の弁証法の危険性を自覚しつつ、実存哲学の指摘する「存在そのもの」から疎外される存在忘却と「存在するもの」にのみ捕らわれている科学・技術時代の日常性に生きる現代人の実存的窮状を理解し、この苦痛を自らの文脈に取り入れなければならない。ここにも変容の相互性の課題が存在する。文脈哲学の課題は、ティリッヒが言うような「哲学が問い、神学が答える」という単純な話ではない。ティリッヒの「使信と状況の相関」(the correlation of kerygma and situation) は、使信そのものを逆変容した。相関の神学は、クラックヴァイクの相互性と文脈性とは、異質の主張である。文脈化哲学は、人間が置かれている「生活世界」(Lebenswelt) に密着した、キリスト者と非キリスト者の真剣な「相互的批判的尋問」(wederzijdse kritische ondervraging) を課題とする。実存主義の疎外概念は、キリスト教からのスポリアティオであるが、キリスト教本来の神からの離反という深層次元を喪失した。しかし、キリスト教哲学は、「没収者の収用」の原理に従って、この概念を本来の領地に再スポリアティオし、神からの離反の根元的深層を回復し、罪の概念は単なる「実存的窮状意識」(een existentieel gevoel van tekort) 以上のものではないのかと批判的に尋問しなくてはならない。しかし、キリスト教哲学の側も、実存哲学の提起する現代人の実存的窮状の実存論的分析を応用することなしに、人間について語ることができるかを自ら尋問しなければならない。マルクス主義の労働疎外と「解放」の概念、ネオ・マルキシズムの「希望」の概念――クラックヴァイクは言及していないが、現代社会哲学の「正義」の概念も――は、キリスト教からのスポリアティオである。しかし、キリスト教哲学は、彼らに対して、社会的不正義は、権力構造と富の公正な配分以上の問題、すなわち、神と人との関係、神と富の関係の問題が深く関係しているのではないのかと批判的に尋問しなくてはならない。しかし、また逆に、キリスト教哲学は、第六戒と第八戒の戒めを、富の分配に関する社会構造的不正と他者の生命の保全に関する現代正義論に学ぶことなしに、現代に適合する聖書的社会倫理を構築することができるかを自問しなければならない。キリスト教哲学者は、「われわれ自身の人生観」(onze eigen levensopvatting) を他者の批判的問いの光の中で検討し、必要とあらば修正しなければならない。しかし、最も重要なことは、われわれはそのような他者の問いを、もう一度、「われわれ自身の根本的確信」(onze eigen grondovertuigingen) の光の中で、批判的に検討することである。われわれは、揺るがないイエス・キリストの使信と確信の中で、さまざまな文脈の中にある他者の批判的尋問を検証するのである。キリスト教会は、イエス・キリストにある唯一の救いの真理を世界中に証言しなければならない。しかし、われわれは、この真理が「すべての聖徒と共に」(エフェソ二・一八) ある真理であることを理解しなければならない。すべての聖徒は、それぞれ異なった文化と歴史の文脈の中に生きている。ここでも、われわれは、変容の相互性とキリスト教哲学の文脈性を理解しなければならない。(6)

クラックヴァイクは、キリスト者の学問にある誤謬、非キリスト者の学問にある真理、この事実問題 (de facto) を理由に、「二種類の学問論」を批判しているが、それぞれの学問研究が「神の目の前に」(coram Deo, voor Gods aangezicht）どう映るかという権利根拠の問題（de jure）、原理的問題であることに対する無理解があるのではないかと思われる。キリスト者も思いと言葉と行いにおいて、日毎に罪を犯す弱い存在である。こころの動機の格律の選択において、日毎に顛倒の罪を繰り返すが、原理的には知識と義と聖において神のかたちに再創造されたこころの保持者、真理の知識と聖が上位支配する格律秩序を真の義として回復しているこころの保持者である。神はこころを見る。したがって、キリスト教的学問にある誤謬の存在、非キリスト教的学問にある真理の存在、この事実は、キリスト者にある罪の残滓、肉の性質の存在と、非キリスト者にある一般恩恵による神の良きものの享受から来るのであって、決して「神の目の前にある二種類の学問」を原理的に否定するものではない。しかし、クラックヴァイクの学問論は、「変容と逆変容の二種類の学問論」とも言うべきものであり、現代哲学に直面するキリスト教哲学に大きな示唆を与えるものである。

注

（1）アウグスティヌス、加藤武訳『キリスト教の教え』第二巻、第四〇章「異教徒の学問の効用」、六〇節、『アウグスティヌス著作集6』教文館、一九八八年、一四〇―一四一頁。

（2）Cf. Jacob Klapwijk, Antithesis and Common Grace, in: *Bringing into Captivity Every Thought - Capita Selecta in the History of Christian Evaluations of Non-Christian Philosophy*, Edited by Jacob Klapwijk, Sander Griffioen and Gerben Groenewoud, University of America, 1991. esp. pp. 186-188. (9) Critical transformation.

（3）Cf. Jacob Klapwijk, Antithesis, Synthesis, and the Idea of Transformational Philosophy, *Philosophia Reformata*, 51e Jaargang 1986, Nrs. 1 en 2.

Cf. Jacob Klapwijk, Antithese, Synthese en de Idee van Tranformationele Filosofie, in: Jacob Klapwijk, *Transformationele Filosofie - Cultuurpolitieke ideeën en de kracht van een inspiratie*, Kok, Agora, Kampen,

1995.

上記、Philosophia Reformata 論文（英文）がこのオランダ語著作の第一〇章に収録された経緯についてはこの章に次の注記（p.175）がある。何度も講演を繰り返すうちに一九九五年のこの書物に溶融、精錬されていく過程が理解できる。(Nederlandse versie van het artikel 'Antithesis, Synthesis, and the Idea of Transformational Philosophy', verschenen in: Philosophia Reformata 51, 1986. pp. 138-154. Laatstgenoemd artikel is een bewerking van een voordracht, gehouden voor de staf van Redeemer College, Hamilton op 4 december 1984; voor het Institute for Christian Studies, Toronto op 7 december 1984; als ook voor de Studieconferentie van de Vereniging voor Calvinistische Wijsbegeerte te Amsterdam op 4 januari 1985.) この講演から一〇年後にこのオランダ語単著に収録された。

（4） Vgl. Klapwijk, *Transformationele filosofie*, blz. 183-186. *Phisosophia Reformata*, pp. 145-147.

（5） Vgl. Klapwijk, *Transformationele filosofie*, blz. 188-189. *Phisosophia Reformata*, pp. 148-149.

（6） Vgl. Klapwijk, *Transformationele filosofie*, blz. 191-193. *Phisosophia Reformata*, pp. 150-152.

第五章　「一般恩恵」と「社会正義」

カイパーの「宗教的対立の原理」は、ネオ・カルヴィニストの共有する原理である。全的堕落と恩恵のみによる救済と繋がる前提である。再生者のこころと自己意識は、聖霊の有効召命による「罪の自覚」「キリストの救いの御業の認識」による新生の自己意識である。カイパーの「二種類の自己意識」と「二種類の学問」は正当な議論である。しかし、彼は、「アムステルダム自由大学」の定款にあった哲学的超越論的批判主義の必要性を自覚しながらも、彼を悩ませたライデン大学のスホルテンの道徳神学の根底にある近代哲学の認識批判を充分に咀嚼することが出来なかった。その結果、原初的知覚に基づいている数学や自然科学の成立根拠を批判主義的に見ることができず、これらの領域を認識的共通領域であるかのごとく述べた。キリスト者の学問と文化は、神の解釈［創造の法と一般啓示］の貫通した実在を、神の解釈［聖書］に類比的に、創造目的の実現と神の栄光のために行っているので、認識の成立根拠も、動機も、目的も、非キリスト者のそれとは相違している。また、キリスト者は、飲むにも食らうにも、何事も神の栄光のために行っている。神の目の前には（voor Gods aangezicht）、あらゆる営為が二種類である。ただ認識論的自覚的に分化の進展が充分でない領域においては、認識の形式的類似性のために、共通領域と述べたのであって、『一般恩恵論』（De gemeene gratie）においては、類似性が神の恩恵による保存と抑制と発展のためであることが充分に理解されている。カイパーや同僚バーフィンクは、カルヴァンに倣って、「コーラム・デオー」の原理を最も重要視した人である。ヘルマン・バーフィンクは次のように述べている。「ルターに比し、カルヴァンは一層強く、人生そのものが、――その凡ての広さ長さ深さに於て――神を礼拝することであらねばならぬと主張した。彼にとっては人生は一種宗教的なものであって、神の国に従属し、その一部分である。カルヴァン自身の慣用語を以て言い表わすならば、基督者生活は常にまた何処にても、神の聖前にある生活、神の聖顔の前を歩む生活である。『彼の聖前を歩むこと、否、彼の目の下にあらねばならない』〔春名修正『あたかも、われわれが、彼の目の下にいるかのごとく、彼ご自身の御前を歩むこと』〕（coram ipso ambulare, ac si essemus sub ejus oculis. イザヤ二三・一二註解）」(1)。

あたかも、われわれが、神の目の下にいるかのごとく、神ご自身の御前を歩むことを目指すならば、現代社会における正義の蹂躙に目を閉ざすことはできない。クラックヴァイクの「変容の哲学」は、興味深い試みである。非キリスト教哲学を掠奪、溶解して、神礼拝と神奉仕に用いるキリスト教哲学のスポリアティオは、相互的ダイナミズムと文脈化に成立する。非キリスト者によるもともと神の所有である創造の賜物の掠奪と溶解は、一般恩恵の保存と抑制の過程そのものである。われわれは、クラックヴァイクの「哲学の変容」の概念を、ロールズの「正義論」に応用してみたい。キリスト教哲学は、聖書の「神と富」の関係の問題と道徳命令の第二の板のユスティティアの問題の文脈の中で、現代正義論の現代的状況理解を批判的に摂取し、キリスト教正義論として展開できるのではないかと考える。ロールズの「正義論」における正義の意識は、カルヴァンの言う、「法における永久的共通意識」（perpetuus in leges consensus）に基づいていると思う。カントの道徳哲学と道徳神学は、福音書道徳の自律主義的再解釈である。カントの道徳形而上学における「定言命令」の思想と法哲学の影響なしに、ロールズの『正義論』を語ることはできない。ここに既にスポリアティオの相互性と文脈化があるが、更に進んで、われわれは、一般恩恵としての「社会正義」を参考に、現代の正義論の「スポリアティオ」を考える。非キリスト教哲学の影響を受けてキリスト教の福音そのものが改変されるのは、「対立の原理」を忘却した「逆変容」である。しかしその弁証法的危険を意識しながら、われわれ自身が「正義論」をわれわれの文脈の中に摂取することは、「綜合と順応」ではなく、良い意味の変容である。

ロールズの「正義論」は、カントの『道徳形而上学の基礎付け』の「定言命令」の綿密な研究から出たものである。ロールズの『道徳哲学史』の編者、バーバラ・ハーマンは「編集者序文」において、ロールズが、コロンビア大学の講演において、「『正義論』のカント的ルーツを、より明瞭に拡大すること」(die kantianische Wulzeln der *Theorie der Gerechtigkeit* deutlicher auszubreiten) と「カント的形式の構成主義を、より詳細に記述すること」(Kants Form des Konstruktivismus eingehender darzustellen) を重要視したと書いている。(2) この書物は『道徳哲学史』となっているが、全体の三分の二程度がカントの「定言命令」の研究である。カントの「定言命令」の基本型は、「汝の意志の格律が、常に、同時に、普遍的立法の原理として妥当し得るように行為せよ」(Handle so, dass die Maxime deines Willens jederzeit zugleich als das Prinzip einer allgemeinen Gesetzgebung gelten könne.) である。ロールズは、『道徳形而上学の基礎付け』において展開される「定言命令」の三つの導出定式について、詳しく論じている。カントは、『宗教論』において、福音書の道徳律法を自律主義的に解釈している。すなわち、「定言命令」の言うところはこうである。理性的存在者が或る行為をなそうとするとき、必ず行為の格律［動機］がある。その動機の選択において、自ら自愛的利己的動機を排除し、普遍的な道徳法則の原理として妥当すると確信が持てるような格律を採用し、それに従って行為せよ、ということである。神の命令という他律的道徳を退け、自律的に立法する自律的道徳の勧めである。その場合、各理性的存在者の格律選択行為がなぜ普遍的道徳法則となるかを保証しているのが、ゲオルク・ピヒトの指摘する「普遍的意志」（volonté générale）の存在である。[3] 丁度、認識の場合に、各理論理性が自律的に立法して普遍的自然法則となるかを保証するのが普遍的自我たる「超越論的統覚」であったのと平行する事態である。道徳律法の第二の板のスポリアティオによる逆変容である。しかも、立法者は自律的理性であるが、その背後に「普遍的意志」と言う理性の理想を前提にしている。あくまで立法者を拡大された普遍的な実践理性としたい、自律的道徳への近代的固執がある。立法者は創造主なる神ではなく、普遍的自律的理性である。

カントの『道徳形而上学の基礎付け』における「定言命令」の第二定式は、「人間性を目的そのものとして使用する」ことを命じる定式である。第二定式は次の通りである。「汝が、汝の人格と他者の人格の中にある人間性を、常に、同時に、目的として使用し、決して、単に手段として使用せぬよう、行為せよ」（Handle so, daß du die Menschheit, sowohl in deiner Person als in der Person eines jeden anderen, jederzeit zugleich als Zweck, niemals bloß als Mittel brauchst.）[4]。この定式は次のことと同じである。「『すべての理性的存在者（汝自身と他者）との関係においては、この存在者が汝の格律において、同時に、目的そのものとして妥当するように行為せよ』という原理は、『すべての理性的存在者に対する格律自身の普遍妥当性を自らの中に含んでいるような格律に従って行為せよ』という原理と根本において同一である」（Das Prinzip: handle in Beziehung auf ein jedes vernünftige Wesen （auf dich selbst und andere） so, daß es in deiner Maxime zugleich als Zweck an sich selbst gelte, ist demnach mit dem Grundsatze: handle nach einer Maxime, die ihre eigene allgemeine Gültigkeit für jedes vernünftige Wesen zugleich in sich enthält, im Grunde einerlei.）[5]。すなわち、この「目的そのもの」

を契機とする定言命令は、定言命令の根本定式との関係を言っているのである。「汝の意志の格律が常に同時に普遍的立法の原理として妥当し得るように行為せよ」と合わせて考えると、自己と他者を含めてすべての理性的存在者の人格を、決して目的達成の手段として扱わず、「目的そのもの」（Zweck an sich）として扱うことを普遍妥当的と考えるような格律に従って行為することが、普遍的立法の原理として妥当するということである。

ロールズは、この第二定式に「正義」の観点から注目する。彼は『道徳形而上学』（*Metaphysik der Sitten*, 1797）の「徳論」（Tugendlehre）と「法論」（Rechtslehre）における「正義」の問題を取り扱うことによって、『道徳形而上学の基礎付け』（1785）の格律選択の純粋性のみを問題にする内心的義務の形式的道徳を超えて、「正義」の外在的義務を扱う実質的人倫の道徳へと進むのである。ロールズは次のように述べている。「われわれの内なる人間性とは、すなわち、われわれの理性と思惟の能力、および、道徳的判断力と道徳的感情の能力である。われわれが、正義の事柄に関して、諸々の人格を決して単に手段として扱わず、常に目的として扱うならば、――すなわち、人格の内なる人間性を目的として扱うならば――、その時、われわれは、われわれと他人格が共有する人間理性の前に、公共的（öffentlich）に正義と認められ得るような仕方で振舞っているのであり、また、状況がそれを必要とするとき、実際にそのような正義を提供できるような仕方で振舞っているのである。もし、その上さらに、正義がわれわれにとって切実な問題であるならば、――諸々の人格の権利も、われわれの目的の一部に数えられることによって、われわれが義務責任を負うことの概念を遙かに超えて、われわれの義務概念を拡張するならば［*Metaphysik der Sitten*, Akademie-Ausgabe, Band VI, S. 390f.］――、そのとき、われわれは、カントが言うように、徳の義務付け（Tugendverpflichtung）［*Mds*, S. 410］に基づいて行為することになる。われわれは、他の諸々の人格が、彼らの側でも公共的に同意できるような仕方で、彼らと協力することに、純粋な実践的関心を持つのである。これは極めて重要な思想である」[6]。

カントの第三導出形式は命令の形を取っていないが、ロールズは、他の二つの定式の内容をも考慮しつつ、これを定言命令の形で次のように定式化する。「汝がそれにしたがって行為する格律の全体が、汝が汝自身をこれらの格律によって公共的な道徳命令の統一的システムを構築する何者かとして見なすことができるような性質のものであるように、常に行為せよ。更に言えば、汝の格律の全体が、汝が汝自身をこれらの格律によって、このシステムへのあらゆる理性的で合理的な人格の側の同意が彼らの人類性と首尾一貫し、(恵まれた条件の下であれば) 目的の王国をもたらすような、そのような公共的な道徳命令の統一的システムを構築する何者かとして見なすことができるような性質のものであるように、常に行為せよ」(Handle immer so, daß die Gesamtheit der Maximen, nach denen du handelst, so beschaffen ist, daß du dich selbst als jemanden sehen kannst, der durch diese Maximen ein einheitliches System öffentlicher Moralgebote umsetzt, dessen Billigung seitens aller vernünftigen und rationalen Personen mit ihrer Menschlichkeit konsistent ist und (unter günstigen Bedingungen) ein Reich der Zwecke hervorbringen würde.)[7]。人間がお互いに理性的存在者として特に他者を尊敬し、決して、他者を自分の目的実現の手段として使用せず、目的そのものとして理性的存在者の尊厳と正義を維持することに仕え合うことの連帯が、目的の王国 (das Reich der Zwecke) の理想である。「これらのことを背景にしてわれわれが言いたいことは、われわれは定言命令の三つの定式化すべてを利用することによって、目的の王国の理想、すなわち、道徳的共同体の観念を解明するために、理性の理念 (道徳法則) を直観に近づけ得るということである。道徳的共同体は、その成員が定言命令の要求を尊敬するときに、彼らの行為によって、諸目的の体系的結合へ秩序付けられるのである」[8]。このような理性の理想がロールズの正義の二原理を生み出す力になったのである。

現代は、近代と異なって、戦争、貧困、飢餓、難民、災害など、人間の力を超えた社会倫理的諸問題に直面する時代である。この時代に、富の創造者なる神認識と人間の罪の認識の欠如したところでは、カントの「定言命法」は、その根元形式と三つの導出定式を含めて、過酷な命令ではないか。また、人権の無視、教育の均等的機会の剝奪、破壊による劣悪な環境、科学技術の負の成果、このように人間の理性的存在者の尊厳を奪われたところでは、そもそも、人間が、理性的存在者として、自分の格律の選択を普遍的立法の原理として妥当し得るようにと、自問自答する条件が欠落しているのではないか。理性的存在者として、他者の人格を手段として扱わず、目的そのものとして扱うような格律に従って行為せよ、との定言命令に従って、「目的の王国」や「道徳的共同体」の形成を目指す前提条件が欠落しているのではないかと思われる。理性的存在者である前に、すべての人間は、心に神のかたちを宿す存在者として、むしろ「自分と他者のいのちと生活条件を危険に曝すおそれのあるものを除去し、むしろそれらを増進する努力」を命じられているのではないかと思われる。

ロールズの正義の第二原理（最終版、第46節）は次の通りである。「社会的・経済的不平等は、次の二条件を充たすように編成されなければならない。(a)そうした不平等が、正義にかなった貯蓄原理と首尾一貫しつつ、最も不遇な人びとの最大の便益に資するように（to the greatest benefit of the least advantaged）。(b)公正な機会均等の諸条件のもとで、全員に開かれている職務と地位に付帯する［ものだけに不平等がとどまる］ように」。第二原理は、最初（第11節）、次のようであった。「社会的・経済的不平等は、次の二条件を充たすように編成されなければならない――(a)そうした不平等が各人の利益になると無理なく予期しうること、かつ(b)全員に開かれている地位や職務に付帯する［ものだけに不平等をとどめるべき］こと」[9]。平等と公正な機会均等が保証されている場合の社会的、経済的不平等は許されるが、この社会的、経済的不平等は、結局、最も不遇な人々の最大の利益になると理性的に予期し得る場合のことである。他の人に比べて不平等な恵まれた境遇によって獲得された利益が、社会的に最も不遇な人々の利益に繋がるようにならなければならないということである。富と生活条件に恵まれている人は、恵まれていない不遇な人々の富と生活条件を最大化するために、そのために恵まれているのである。

アマルティア・センは、不遇な人々の幸福の最大値を期待する富の配分システムの追求という政治哲学、経済哲学の問題に取り組み、その関心は、不平等、貧困、開発、福祉に及んでいる。彼は、ロールズの「最も不遇な個人の期待の最大化」の原理を受容し、最も不遇な個人をその環境下で彼の期待を最大化できるような資源移転を、その社会の全構成員を母体として、共同体の枠を超え、世代を超えて実行できるシステムを考えた[10]。

彼ら人本主義的内在主義の哲学者が、いのちの危殆に瀕する不遇な人々の幸福の最大化に目を向け、富の配分のシステムを根本的に改めようとする努力は、正に公正と正義の意識、法の種子に基づく一般恩恵の賜物である。そこには、富に関する創造の法の存在と道徳法則の存在、公正と正義の市民的正義の意識がある。これらの意識（sensus）の保存とこれを通して人間の争いを抑制する神の恩恵がある。カルヴァンは「法意識」（sensus legis）の中でも、道徳律法の意識（ローマ 二・一四―一五）を指す場合には、「法」を〈Lex〉と大文字で書き、生まれながらに、異邦人のこころの中に、「律法の正義」（justitia Legis）が刻み付けられているので、生の道理に関しては（in vitae ratione）無知ではなく、何程かの「律法の知識」（Legis notitia）があると言う[11]。カルヴァンは、天上的認識と天的義を喪失した人間には、道徳律法の第一の板については、「宗教の種子」

と「神意識」、第二の板については、「法の種子」と「法意識」で説明し、その目的は、「弁解の余地を封じるためである」と言う。しかし、第二の板の正義については、「或る程度の市民の公正と秩序についての多くの普遍的印象」、「或る種の政治的秩序の種子」の存在が「より積極的な生の道理」の意識の意義を積極的に語るのである。非キリスト者の正義論は、道徳律法の第一効用、「政治的用益」（usus politicus legis）[12]が社会の保存と正義のための一般恩恵であることを示しているが、人間の罪を考慮しない道徳律法の自律的立法は、それ自体如何に美しいものであっても、罪人は、自己犠牲を払う格律に従っては行動しないし、「生来、神と隣人を憎む傾向を持っている」（『ハイデルベルク信仰問答』第五問）ことを認識していない。

しかし、このような人本主義的正義論の思想的営為の存在それ自身が、神の一般恩恵である。これをキリスト教思想に批判的に摂取し（スポリオー）、溶解し、変容することは、「神と富」に関する聖書の教えの深い現代的理解へと導くものと思われる。このスポリアティオは、「宗教的対立の原理」に矛盾することでもなく、「綜合と順応」の自然神学に陥ることでもない。変容点は、現代の非キリスト教哲学の社会倫理には、当然のことながら、欠落している意識があるという点である。「富」の所有者は誰かという「起源者」の意識、「富」の使用に関する「罪」の意識、「富」の使用の目的の意識である。キリスト教社会倫理は、摂取し、融溶し、神讃美と神奉仕に有用な新たな「正義論」を造り上げなければならない。キリスト者は、富が神の創造であり、神の所有であることを自覚的に認識している。「神を知りながら神として崇めない」という種子的な起源者（an origin）の意識ではなく、全能の世界創造者（the Origin）の意識である。「地とそれに満ちるもの、世界と、そのなかに住む者とは主のものである」（詩二四・一［口語訳］）。ギリシア哲学は、貴族や哲学者を、資本主義は資本家を、マルクス主義は労働者を、「富」の所有者と考えた。いずれも「富」は人間の所有である。

マルクス主義の依拠する哲学は、存在が意識を規定するという唯物論である。キリスト者の依拠する哲学は、神の意識が存在を規定するという有神論である。「万物は、神からいで、神によって成り、神に帰するのである。栄光がとこしえに神にあるように、アァメン」(ローマ一一・三六〔口語訳〕)。唯物論に立つ限り、新しい生産力と生産関係をもたらす革命を経ても、「富」の所有者が、資本家から国家官僚に移行しただけで、「富」の労働者への公正な配分は実現していない。

徹底したキリスト教有神論の宗教的アプリオリは、「創造－堕落－救贖」である。ヒューマニズムに立つ正義論が、上述の富の創造主への帰属性の認識の欠如に次いで、認識を欠いている第二点は、人間の罪に関する問題である。カントの素晴らしい「定言命令」が無力であるのも、人本主義の正義の原理が力を発揮しないのも、人間本性の堕落と罪の腐敗性、道徳的格律の選択における顚倒性を承認しないからである。道徳律法の第二の板は、第一の板が確立してこその正義である。

聖書の道徳律法は、元々このような現代の正義論を批判的に摂取する文脈を潜在的に含んでいる。エルシー・アン・マッキーは、カルヴァンは、第二の板をカリタスの律法というよりは、ユスティティアの律法であると教えたと言う。「ユスティティア、すなわち義と正義とは、律法の第二の板、すなわち、隣人への愛を要約するのに、カリタスの代わりとしてカルヴァンが好んで用いる言葉である。不正に取り扱われている人の公正な権利を要求することは、神を崇めることであり、神の子どもたちの中にある神の似姿を認識することである。『キリスト教綱要』の中で、カルヴァンは正義のための奉仕は、神への奉仕であると主張している」(13)。

また『ウェストミンスター小教理問答』は、道徳律法の第二の板について次のように神の要求し給うユスティティアを教えている。キリスト者は、律法の第三用益として、救いの感謝の応答としてこれに聴き、神奉仕と隣人の益のための「正義論」を考えなければならない。

第六八問「第六戒『殺してはならない』が要求していることは、わたしたち自身の命と他者の命を保持するための、あらゆる正当な努力である」。

第六九問「第六戒が禁止していることは、わたしたち自身の命、あるいは、わたしたちの隣人の命を不当に奪うこと、あるいはまた、どのようなことであれ、そのようなことに傾くすべてのことである」。

第七四問「第八戒『盗んではならない』が要求していることは、わたしたち自身と他者の富と生活条件を、正当に獲得し、促進することである」。

第七五問「第八戒が禁止していることは、どのようなことであれ、わたしたち自身とわたしたちの隣人の富と生活条件を不当に妨害したり、またその恐れのあるすべてのことである」。

これが「殺すなかれ」「盗むなかれ」の要求する正義である。『ウェストミンスター小教理問答』の提示する「他者性に関する正義」は、わたしたちの隣人の命を不当に奪うこと、どのようなことであれ、そのようなことに傾くすべてのこと（whatsoever tendeth thereunto）を禁止し、わたしたちの隣人の富と生活条件を不当に妨害したり、またその恐れのあるすべてのこと（whatsoever doth or may unjustly hinder our neighbour's wealth or outward estate）を禁止することである。それのみならず、積極的に、他者の命を保持するための、あらゆる正当な努力と、他者の富と生活条件を、正当に獲得し、促進すること（the lawful procuring and furthering the wealth and outward estate of others）である。キリスト者の意志の格律は、自分のこころの中で、このような、神の御意志が、普遍的立法の原理となっているかを、行動の度毎に自問することである。これが真の道徳法則である。

御言葉も言う。「弱い者と、みなしごを公平に扱い、苦しむ者と乏しい者の権利を擁護せよ。弱い者と貧しい者を救い、彼らを悪しき者の手から助け出せ」（詩八二・三―四［口語訳］）。

「だれでも、二人の主人に仕えることはできない。一方を憎んで他方を愛するか、一方に親しんで他方を軽んじるか、どちらかである。あなたがたは、神と富（マモーナス）に仕えることはできない」（マタイ六・二四）。富そのものが悪ではなく、「神の良き賜物」であり、「創造の賜物」である。一部の者の富の寡頭的独占が悪であり、富の公正な配分が今日の「正義論」と「社会倫理」の最大の課題である。より多くの富に恵まれている人は、命の危殆に瀕している人の命を救い、そのようなことに傾く恐れのあることを除去し、生活条件を改善するために、その富を「分かち合う」ために、「より多く恵まれている」のである。富の真の起源者と罪の腐敗を忘却するとき、二人の主人に仕えることはできないから、富を物神化しマンモニズムに陥る。「仕える」（ドゥーレウオー）は、奴隷として服従し拝跪する意味である。真の神を知り、すべての人とすべてのものの創造主なる神を、すべての良きものの根元者と認識するとき、感謝して富を受け、これを公正に「分かち合う」のである。ゼルターは言う。「マモーナスという言葉の否定的な意味は、すべての所有の禁止とか、修道院的禁欲主義を教えているのではなく、すべての所有の正当な扱いを教えているのである。富は、人間にとって、自己目的化して、神に背く悪魔的な力となるべきでない。人間は、富に依存せず、神に従順であるときに、富を正しく管理することができる。……不正な富に対してでも責任応答的な態度を取ることは、神が与えようとされる永遠の賜物の管理に対する保証である。このとき、人間は富にマモンの神として仕えるのでなくて、富をもって、真の神に仕え始めるのである」(14)。

イエス・キリストは、「宝を天に積みなさい」と命じ給う。「あなたがたは地上に宝を積む（テーサウリゾー

＝宝を積み上げる）ことをしてはならない。……あなたがたのために、天に宝（テーサウロス）を積みなさい。……あなたの宝のあるところに、あなたの心（カルディア）もある」（マタイ六・一九―二一）。聖書では、心という言葉は、知性と理性と意志の根、神のかたちの宿る座を示す言葉である。どの権威ある辞典も、大筋で、前に紹介したカルヴァンの解釈に従っている。こころが神の命から遠く離れ、霊的に死に、「健全と公正」を欠くとき、知性は暗い。知性も理性も意志も、富と宝を絶対化し、生活の全体がその富と宝に向かって方向付けられ、自己柱という柱の周囲に富と宝を巻き付け、積み重ね、他者性の視点を絶対的に喪失する。キリストは、何よりもまず神の支配（バシレイア＝レグヌム）と神の義（ディカイオシュネー＝ユスティティア）を求めなさい、と言われる（マタイ 六・三三）。「天に宝を積む」とは、自分の所有（マモーナス＝Besitz）を神の栄光と他者の益のためにわたしたちに委託された神の所有として用いることである。イエス・キリストは、金持ちの議員に言われた。「持っているものをみな売り払って、貧しい人々に分けてあげなさい。そうすれば、天に宝（テーサウロス）を持つことになる」（ルカ一八・二二）。「分けてあげる」（ディアディドーミ）は、文字通り「分割して与えること」、すなわち、「分かち合う」ことである。富の公正な分配論は、キリスト教用語で言えば、「神の創造の富」の公正な「分かち合い」の問題である。

また教会は、律法の第一用益、社会的・政治的用益として、神のユスティティアの要求を社会に発信しなければならない。受信先には法の種子、市民的正義の意識の保存と罪の抑制機構が存在する。変容の相互性が成立する基盤は一般恩恵である。一般恩恵はキリスト者と非キリスト者に共通の社会的規範を保証しており、これは両者の協同と協働を可能にする原則である。この社会正義の意識は、「伝道」の観点からも重大な意義を持っている。日本キリスト改革派教会の「二十周年宣言」（一九六六年）が、御言葉と愛の執事的奉仕の包括的伝道を主張したことは画期的なことであった。「キリスト教伝道の実践にあたっては、み言葉によるのみでなく、愛の行いにもよるべきことが、主イエス・キリストの御《み》教えと模範である。わが教会の伝道も、神学と愛の執事的奉仕とを一元的に実践するものでなければならない」。この愛の執事的奉仕の概念は、その後の「宣言」において深化を見せ、「五十周年宣言・伝道の宣言」（一九九六年）においては、信徒の賜物を分かち合う愛の奉仕の強調となった。「教会は、また、キリスト御自身の教えと模範に従い、言葉によると共に、多くの人びとと神の賜物を分かち合う愛の行いによっても、福音の恵みを豊かに伝えることを期待されています」［第十項］。また「六十周年宣言」（二〇〇六年）は、神の被造世界の良き管理と創造の賜物の分かち合いを通して、神の国の完成に奉仕することを強調し、愛の奉仕を正義論の範疇に高めている。「キリストの支配による神の国は、正義と愛と平和の御《み》国です。神の民であるわたしたちは、神の国とその秩序をわたしたちの内に映し出し、世にあっては地の塩、世の光として労します。わたしたちは、和解と平和の実現のために働き、あらゆる差別、暴力、不義、不正と戦い、試練と苦難の中にある『最も小さい者の一人』のために奉仕します。被造物は今なお虚無に服しています。栄光の神の国は、創造の回復であり、完成です。御《み》国の相続者であるわたしたちは、被造物への暴力的支配と乱用に抗して、神の栄光と人類の福祉のためにそれ［被造物］をふさわしく管理して用い、創造の賜物を喜び、感謝し、神の国の完成に奉仕します」［二ノ四］。

福音は、神と人、神と世界（コスモス）との和解（Ⅱコリント五・一九）の福音であり、それゆえ、伝道命令は「全世界に出て行くこと」と「全被造物に対する福音宣教」（マルコ一六・一五）の命令である。人間の罪の結果、被造世界は虚無に服し、呻きつつ、神の子らの派遣と解放を待望している。一般恩恵は、創造の保持と罪を抑制しつつ、宣教の進展の時間を保証する恩恵である。一般恩恵は、選びの民がすべて興され、神の子らと不法の者、神の国と地の国の分化が終了する歴史の終末において「無」となる初期的恩恵である。キリストの民は、偶像崇拝的儀礼を共有する恐れがない限り、また非キリスト者が、「神の創造の良きもの」に対して認識的自覚的に反抗的、神僭称的（Ⅱテサロニケ二・四）でない限り、「創造の富の分かち合い」と「悲惨の軽減」に全力で協働する。同時に、キリストの民は、非キリスト者と同じことをする協働においても、認識的自覚的には、創造目的の実現の文脈の中で、文化命令に応答し、神の国建設の派遣労働者であることを召命的に自覚しなければならない。カルヴィニズムとは、「あたかも、われわれが、神の目の下にいるかのごとく、神ご自身の御前を歩むこと」である。

注

（1）ヘルマン・バーフィンク著、岡田稔訳『カルヴァンと一般恩寵』聖恵授産所、一九六八年、四一頁。

（2）Rawls, John, *Geschichte der Moralphilosophie*, hrsg. von Barbara Herman, übszt. von Joachim Schulte, Wissenschaftliche Buchgesellschaft, 2002. S. 13.

（3）Vgl. Picht, Georg, *Kants Religionsphilosophie*, Klett-Cotta, 1985. S. 507.

（4）Kant, Immanuel, *Grundlegung zur Metaphysik der Sitten*, Bibliothek Ausgabe, S. 52. 参考までに第一定式は次の通りである。「汝の行為の格律が、汝の意志によって、あたかも、普遍的自然法則となるべきであるかのように、行為せよ」（Handle so, als ob die Maxime deiner Handlung durch deinen Willen zum allgemeinen Naturgesetz werden sollte. S. 43）。

（5）Kant, Immanuel, op. cit., S. 62.

（6）Rawls, John, *Geschichte der Moralphilosophie*, S. 260. ロールズがここでカントの「義務責任という概念を遙かに超える義務概念の拡張」と述べてカントの『道徳形而上学』の箇所を挙げている点は「正義論」の核心である。引用しておく。〈Obzwar die Angemessenheit der Handlungen zum Rechte（ein rechtlicher Mensch zu sein）nichts Verdienstliches ist, so ist doch die der Maxime solcher Handlungen, als Pflichten, d. i. die Achtung fürs Recht, verdienstlich. Denn der Mensch macht sich dadurch das Recht der Menschheit, oder auch der Menschen zum Zweck und erweitert dadurch seinen Pflichtbegriff über den der Schuldigkeit（officium debiti）: weil ein Anderer aus seinem Rechte wohl Handlungen nach dem Gesetz, aber nicht daß dieses auch zugleich die Triebfeder zu denselben enthalte, von mir fordern kann. Eben dieselbe Bewandtniß hat es auch mit dem allgemeinen ethischer Gebote: „Handle pflichtmäßig aus Pflicht.“ Diese Gesinnung in sich zu gründen und zu beleben ist so wie die vorige verdienstlich: weil sie über das Pflichtgesetz der Handlungen hinaus geht und das Gesetz an sich zugleich zur Triebfeder macht.〉Kant, *Metaphysik der Sitten*, Akademie-Ausgabe, Band VI, SS. 390-391.

（7） Rawls, John, op. cit., S. 275. カントの第三定式は命令の形式をとっていないが、次のように書かれている。「ここから［あたかも自然法則であるかのようにという第一定式と目的そのものとしての各々の理性的存在者という第二定式から］意志の第三の実践的原理が導出される。それは、意志と普遍的実践理性との一致の最高制約であり、それは普遍的に立法する意志としての各々の理性的存在者の意志という理念である」（hieraus folgt nun das dritte praktische Prinzip des Willens, als oberste Bedingung der Zusammenstimmung desselben mit der allgemeinen praktischen Vernunft, die Idee *des Willens jedes vernünftigen Wesens als eines allgemeinen gesetzgebenden Willens.* Kant, *Grundlegung*, S. 54）。「おのおのの理性的存在者は、自己の意志のすべての格律によって普遍的に立法する者と見なし、この視点から自己自身と自己の行為を判定しなければならない。この理性的存在者の概念は、これに結び付いている非常に実り豊かな概念、すなわち、目的の王国（*ein Reich der Zwecke*）の概念へと導くのである。私はこの王国（*ein Reich*）を、多様な理性的存在者の共有の法則［法律］による体系的結合（die systematische Verbindung verschiedener vernünftiger Wesen durch gemeinschaftliche Gesetze）と理解する。さて、法則は諸目的をその普遍妥当性に従って規定するから、人が各々の理性的存在者の個人的相違を捨象し、同様に、その個人的目的のすべての内容を捨象するならば、すべての目的（目的そのもの［Zwecke an sich］としての理性的存在者と各々の理性的存在者が自分自身のために定める独自の目的）の体系的結合における全体、すなわち、上記の諸原理に従って可能である目的の王国が考え得るであろう。なぜなら、すべての理性的存在者は自分自身と他のすべての理性的存在者を決して単に手段として（*niemals bloß als Mittel*）扱わず、常に、同時に目的そのものとして（*zugleich als Zweck an sich selbst*）扱うべきであるという法則の下にあるからである。このことによって、共有の客観的法則による理性的存在者の体系的結合、すなわち、一つの王国（eine systematische Verbindung vernünftiger Wesen durch gemeinschaftliche objektive Gesetze, d. i. ein Reich）が成立する。この王国は、これらの法則がまさに理性的存在者の目的と手段の相互関係を意図しているから、目的の王国（もちろん、理想としてではあるが）と呼ばれ得るのである」（Kant, *Grundlegung*, SS. 56-57）。

（8） Rawls, John, op. cit., SS. 284-285.

（9） ジョン・ロールズ著、川本隆史・福間聡・神島裕子訳『正義論』（改訂版、紀伊國屋書店、二〇一〇年）、第46節（四〇三頁）、第11節（八四頁）。

Cf. Rawls, John, *A Theory of Justice*, Harvard University Press, Forth Printing, 2001, §46, §11. ロールズの正義の第一原理［平等な自由の原理］は次の通りである。「各人は、平等な基本的諸自由の最も広範な全システムに対する対等な権利を保持すべきである。ただし最も広範な全システムといっても［無制限なものでなく］すべての人の自由の同様［に広範］な体系と両立可能なものでなければならない」。上記邦訳、第46節（四〇二―四〇三頁）、第11節（八四頁）。

筆者の直前のパラグラフにおける議論はこの第一原理に関係している。

（10） アマルティア・セン、後藤玲子共著『福祉と正義』後藤玲子論文、東京大学出版会、二〇〇八年、一―三、二三七―二三八頁。

（11） Calvin, op. cit., Opera Selecta, III, 2:2:22, p. 264.

（12）Vgl. Fritz Büsser, Die Bedeutung des Gesetzes, *Handbuch zum Heidelberger Katechismus*, hrsg. von Lothar Coenen, Neukirchener Verlag, 1963. S. 160f.

ビュッサーは、この政治的用益を「人間社会の保持のための律法の使用」（der Gebrauch des Gesetzes zur Erhaltung der Gemeinschaft）と名付け、『ハイデルベルク信仰問答』の序文「カテヒスムスについて」が、人間社会の保持のため、市民的秩序と平和のための律法の使用について明確に述べていると書いている。

（13）エルシー・アン・マッキー著、井上正之・芳賀繁浩訳『執事職——改革派の伝統と現代のディアコニア』一麦出版社、一九九八年、一四七頁。

（14）Vgl. Lothar Coenen, Erich Beyreuther und Hans Bietenhard（Hrsg.）, *Theologisches Begriffslexikon zum Neuen Testament*, Band 1, Theologischer Verlag R. Brockhaus Wuppertal, 3. Studien-Ausgabe, 1983. S. 100.

おわりに　カルヴィニズムと芸術
——「慰め」と「予表」

以上の論考の執筆中、常に東北大震災のことが念頭にあった。カルヴィニストとして、カルヴィニズムの「福音のコズモロジカルな意味」、「創造の回復」、「一般恩恵論」などが、大きな希望と慰めとなる。最後に、カイパーが「カルヴィニズムと芸術」について述べていることに言及して終わる。東北大震災においても、音楽が大きな希望と慰めの力となったことが報道されている。オランダの改革派教会においても、この震災を覚えて、あちらこちらで、コンサートが開催されている。カイパーの芸術論で心に残るのは、次の二点である。第一に、芸術は、一般恩恵として、罪と悲惨の中に呻吟する人間への「慰め」(consolation = troost) であるということ、第二に、芸術は、来るべき栄光の「予表」(anticipation)、「前味を味わうこと」(vooruitgenieting) であるということである。

カイパーは、最初にカルヴァンの見解を紹介する。聖書が最初に芸術の出現に言及するのは、カインの末裔、アダの子、ユバルが、兄ヤバルの造った天幕の中で、竪琴や笛の演奏を始めた時のことである。ユバルは、「竪琴や笛を奏でる者すべての先祖となった」(創世記四・二一)。カルヴァンは、この聖句は「聖霊の卓越した賜物 (*praeclara Spiritus Sancti dona*) を扱っている」と言い、また『出エジプト記註解』では、「すべての芸術は、神から出たものであり、神の創作物として尊ばれるべきものである」と宣言している。芸術は、この罪と悲惨の生の抑圧状況の中で、神から与えられた慰め（troost bij dezen lagen stand onzes levens）である。カルヴァンは、それに留まらず、芸術に、罪の呪いによる人生と自然の腐敗に反抗し、「この罪と腐敗の世がわれわれに差し出すものよりも、より高い実在を開示する尊い召命」（de roeping, om ons een *hoogere* werkelijkheid te ontsluiten dan deze zondige en ingezonken wereld ons bood）を帰している。[1]

カルヴァン的信仰告白、すなわち、創造、堕落、贖いの告白において美を考える芸術は、最終的に天上的美の予表を使命とする。「世界は、嘗て美しかったが、いまは、罪の呪いによって腐敗している。しかし、最後の破局を通って、エデンの美を凌駕する栄光に満ち満ちた状態へと変化する。このように告白するならば、芸術は御手のわざの失われた美を想起させ（reminding）、その来たるべき完全な光輝ある美の栄光を予表せしめる（anticipating）神秘的使命を持っている。この最後の事例こそがカルヴァン主義的信仰告白である［オランダ語版　芸術は、失われた美への郷愁（het heimwee）を通って、来たるべき栄光の前味を味わうこと（de vooruitgenieting）へと登って行く、という神秘的な使命を持っている。ところで、この最後の点こそが、カルヴァン主義的信仰告白である］」。[2]

カイパーはこのカルヴァンの線上で、すなわち、カルヴァンの芸術観と福音のコスモロジカルな被造世界の回復の意義に即して、カルヴィニズムの芸術論を考える。「カルヴィニズムは外的世界の贖いも、天的栄光の支配の中で実現されることを予言した。この立場からカルヴィニズムは、芸術を、聖霊の贈物として、またわれわれの現世における慰め（consolation）として、大いに尊び、この罪の人生の中に、背後に、より豊かな、より栄光に満ちた背景を発見することを可能にするものと考えた。この嘗ては壮麗に美しくあった被造世界の廃墟に佇みつつ、芸術が、カルヴィニストに指し示すものは、廃墟になお見える創造の原初的計画の方針と、更に、至高の芸術家、卓越した建築家にいます神が、終わりの日に、神の創造の原初的美を更新し、それ以上の美に高めてくださる、輝かしい回復（restoration）である」[3]。芸術家は、保存恩恵による創造の原初的秩序の残存とこれに呼応する人間の心における美の法意識の残存により、芸術家の構想力は芸術作品を創作し、罪と悲惨の世界に呻吟する人間に、より高い実在を開示し、「慰め」を与える。それのみならず、芸術は、終わりの日の、人間と世界の贖いの完成、創造の回復した神の国の壮麗な美を予表する。被造性と罪性の二重の制約を負う人間は、神の国を「あるがままに」（an und für sich）、知ることはできないが、聖書はこれを黙示的に示している。「天使はまた、神と小羊の玉座から流れ出て、水晶のように輝く命の水の川をわたしに見せた」（黙示録二二・一）。芸術家の構想力（Einbildungskraft）も、天国の姿（Bild）を描くことは出来ないが、それを信仰において、予表することができる。それは罪と悲惨の世界における大きな「慰め」である。認識的自覚的に反神的芸術家の作品は別であるが、そうでない非キリスト者の芸術家も、一般恩恵により、神の賜物を享受し、慰めに満ちた作品を制作する。主権者なる神はカインの末裔、アダの子ユバルを音楽の祖とし給うた。それは、「芸術がカイン的であるという意味ではなく、最高の賜物を罪によって失った人間が、カルヴァンが美しく述べているごとく、少なくとも、芸術という地上的賜物においては、神の恩恵の或る証拠を保持しているということである。芸術的能力が人間本性の中に残存していることは、人間が神のかたちに似せて創造されたからである」[4]。このように、芸術は、堕落後も野獣や木石でない人間に、堕落後も残存する神のかたち、こころと心的能力［構想力は悟性の一種であり、暗くなった知力の一つ］の保存が一般啓示に反応するからである。「創造の後、神はすべてのものが良いことを御覧になった。すべての人間の目が閉じられ、すべての人間の耳が塞がれてしまった後も、美は存在する。神は美を見、聞いておられる。なぜなら、『神の永遠の力』のみならず、『神の神性』も、天地創造このかたずっと、全ゆる被造物において、霊的にも、身体的にも、認められているからである[5]。しかし、信仰者レンブラントの絵画や信仰者バッハの音楽が大きな慰めを与えるのは、それが罪と悲惨の世界にある喜びと希望の対比を、自覚的に、見事に表現し、天的喜びを予表しているからである。「音響の世界、形像の世界、色彩の世界、詩的直観の世界、これらの世界の起源は神以外に存在しない。美しい世界を芸術的に再現し、人間的に享受する知覚を持っていることは、神のかたちの保持者としてのわれわれの特権である[6]」。

注

（1） Cf. Kuyper, *Lectures on Calvinism*, p. 153. Vgl. *Het Calvinisme*, blz. 147-148.
（2） Kuyper, *Lectures on Calvinism*, p. 155. *Het Calvinisme*, blz. 149.
（3） Kuyper, *Lectures on Calvinism*, p. 155.
（4） Ibid, pp. 155-156.
（5） Ibid, p. 156.
（6） Ibid, pp. 156-157.

主題に関連するネオ・カルヴィニストの著作

Herman Bavinck:
Herman Bavinck, *Gereformeerde Dogmatiek*, 4 Bde., J. H. Kok, Kampen, 1895-1901.
Herman Bavinck, *Publicatie van den Senaat der Vrije Universiteit inzake het onderzoek ter bepaling van den weg*

die tot kennis der Gereformeerde beginseln leidt, J. A. Wormer, Amsterdam, 1895.

Herman Bavinck, *De Zekerheid des Geloofs*, J. H. Kok, Kampen, eerste druk 1901, zweede vermeerde druk 1903. 英訳版 *The Certainty of Faith*, translated by Harry der Nederlanden, Paideia Press, St. Catharines, Canada, 1980.

Herman Bavinck, *Christelijke Wetenschap*, J. H. Kok, Kampen, 1904.

Herman Bavinck, *Christelijke Wereldbeschouwing*, J. H. Kok, Kampen, 1904.

Herman Bavinck, *The Philosophy of Revelation*, Wm. B. Eerdmans, Grand Rapids, 1953. [The six Stone Lectures on the Philosophy of Revelation delivered in Princeton in 1908-1909 and four other lectures delivered elsewhere about the same time]

Herman Bavinck, *Wijsbegeerte der Openbaring*, J. H. Kok, Kampen, 1908. [Stone-lezingen voor het jaar 1908, gehouden te Princeton N. J.]

Herman Bavinck, *Handleiding bij het Onderwijs in den Christelijken Godsdienst*, J. H. Kok, Kampen, 1913.

Dirk Hendrik Theodoor Vollenhoven:

D. H. Th. Vollenhoven, *Logos en Ratio - Beider Verhouding in de Geschiedenis der westersche Kentheorie*（『ロゴスと理性——西洋の認識論における両者の関係』）, J. H. Kok, Kampen, 1926. [アムステルダム自由大学文学・哲学部教授就任演説、一九二六年一〇月二六日]

D. H. Th. Vollenhoven, De Beteekenis van het Calvinisme voor de Reformatie van de Wijsbegeerte, in: Antirevolutionaire Staatkunde, 5de Jaargang, J. H. Kok, Kampen, 1931.

D. H. Th. Vollenhoven, *De Noodzakelijkheid eener Christelijke Logica*, H. J. Paris, Amsterdam, 1932.

D. H. Th. Vollenhoven, *Het Calvinisme en de Reformatie van de Wijsbegeerte*, H. J. Paris, Amsterdam, 1933.

D. H. Th. Vollenhoven, *Hoofdlijnen der Logica*, J. H. Kok, Kampen, 1948.

D. H. Th. Vollenheven, *Geschiedenis der Wijsbegeerte*, T. Wever, Franeker, 1950.

D. H. Th. Vollenhoven, 'Calvinistische Wijsbegeerte,' in: *Oosthoeks Encyclopedie*, 16 deelen, Utrecht, 1959-1966 (5e ed), deel 3 (1960), p. 108.

Herman Dooyeweerd:

H. Dooyeweerd, *De Beteekenis der Wetsidee voor Rechtswetenschap en Rechtsphilosophie*（『法学と法哲学に対する法理念の意義』）, J. H. Kok, Kampen, 1926.［アムステルダム自由大学教授就任演説、一九二六年一〇月一五日］

H. Dooyeweerd, *De Crisis in de Humanistische Staatsleer in het Licht eener Calvinistische Kosmologie en Kennistheorie*, W. Ten Have, Amsterdam, 1931.

H. Dooyeweerd, *De Wijsbsgeerte der Wetsidee*, Boek I, Boek II, 1935, Boek III, 1936, H. J. Paris, Amsterdam.

H. Dooyeweerd, *Vernieuwing en Bezinning om het Reformatorisch Grondmotief*, eerste druk 1959, tweede druk 1963, J. B. van den Brink, Zutphen, English translation: *Roots of Western Culture - Pagan, Secular, and Christian Options*, Translated by John Kraay, Wedge, Toronto, 1979. この原本は、週刊誌 Nieuw Nederland に、一九四五年八月から一九四八年五月まで連載されたものである。

H. Dooyeweerd, *Reformatie en Scholastiek in de Wijsbegeerte*, Boek I Het Grieksche Voorspel, T. Weber, Franeker, 1949.

H. Dooyeweerd, *A New Critique of Theoretical Thought*, Vol. I, 1953, Vol. II, 1955, Vol. III, 1957, Vol. IV（Index）, 1958, H. J. Paris, Amsterdam and The Presbyterian and Reformed, Philadelphia.

H. Dooyeweerd, *In the Twilight of Western Thought - Studies in the Pretended Autonomy of Philosophical Thought,* The Presbyterian and Reformed, Philadelphia, 1960. 邦訳、春名純人訳『西洋思想のたそがれ――キリスト教哲学の根本問題』法律文化社、一九七〇年。

H. Dooyeweerd, *Verkenningen in de Wijsbegeerte, de Sociologie en de Rechtsgeschiedenis*, Buijten & Schipperheijn, Amsterdam, 1962. Inhoud: 1. Calvinistische wijsbegeerte, 2. Grondproblemen der wijsgerige sociologie, 3. Individu, gemeenschap en eigendom.

H. Dooyeweerd, Die Philosophie der Gesetzesidee und ihre Bedeutung für die Rechts- und Sozialphilosophie, in: Archiv für Rechts- und Sozialphilosophie LIII, 1967.

H. Dooyeweerd, *A Christian Theory of Social Institutions*, The Collected Works of Herman Dooyeweerd, Volume I, The Herman Dooyeweerd Foundation, La Jolla, California, 1986.

H. Dooyeweerd, *Essays in Legal, Social, and Political Philosophy*, The Collected Works of Herman Dooyeweerd, Series B, Volume 2, The Edwin Mellen Press, 1997.

H. Dooyeweerd, *Christian Philosophy and the Meaning of History*, The Collected Works of Herman Dooyeweerd, Series B, Volume 1, The Edwin Mellen Press, 1997.

H. Dooyeweerd, The dangers of the intellectual disarmament of Christianity in Science, in: *Christian Philosophy and the Meaning of History*, ed. by D. F. M. Strauss et al., translated by John Vriend, pp. 67-104. The Edwin Mellen Press, 1997. 邦訳、春名純人訳「科学の領域におけるキリスト教の知的武装解除の危険」『改革派神学』第二七号、神戸改革派神学校、二〇〇〇年（英訳編集者によると、この論文は元々一九三七年にアムステルダムで出版された論集に掲載されたもの。出版社不明。原題 De gevaren van de geestelijke ontwapening der Christenheid op het gebied van de Wetenschap）。

Valentijn Hepp:

V. Hepp, *Het Testimonium Spiritus Sancti*, eerste deel: Het Testimonium Generale, J. H. Kok, Kampen, 1914.［アムステルダム自由大学提出、学位論文］

V. Hepp, *De Antichrist*, J. H. Kok, Kampen, 1919.

V. Hepp, *Dr. Herman Bavinck*, W. Ten Have, Amsterdam, 1921.
V. Hepp, *Gereformeerde Apologetiek*, J. H. Kok, Kampen, 1922.［アムステルダム自由大学神学教授就任演説、一九二二年一〇月二七日］
V. Hepp, *Calvinism and the Philosophy of Nature*, Wm. B. Eerdmans, Grand Rapids, 1930.（The Stone Lectures Delivered at Princeton in 1930）
V. Hepp, *Dreigende Deformatie*, J. H. Kok, Kampen, 1936-1937.
I. Diagnose, 1936, II. Symptomen A. Het voorbestaan, de onsterfelijkheid en de substantialiteit van de ziel, 1937, III. Symptomen B. De vereeniging van de beide naturen van Christus, 1937, IV. Symptomen C. De algemeene genade, 1937.

第三部　キリスト教超越論哲学——ヘルマン・ドーイヴェールトの「法理念の哲学」

真の敬虔とは、内的心情状態を意味するのみならず、被造世界の全領域における神の主権の承認を意味する。

第一章　アブラハム・カイパーとヘルマン・ドーイヴェールト

1　「改革主義原理」

フェーンホフは『カイパーの線上で――アブラハム・カイパー博士の「法理念の哲学」に対する影響についての若干の考察』という小著を著している。序言によると、フェーンホフはこの著作の目的を、アムステルダム自由大学のドーイヴェールト教授とフォレンホーフェン教授によって展開されている「若いカルヴァン主義哲学」(de jonge Calvinistische wijsbegeerte) はその「法理念の哲学」の建設に際して、カイパーから豊富な建築資材を受け取り、感謝してこれを用いたこと、その程度と方法についての若干の考察をすることと書いている。ドーイヴェールト自身、カイパー生誕一〇〇年に際して、「カイパーはカルヴァン主義哲学の創始者(grondlegger der Calvinistische wijsbegeerte) の名誉ある称号に相応しい」と述べている。(1)

フェーンホフはまた同書においてドーイヴェールトの『法理念の哲学』の二個所の記述も指摘している。(2)「その発展過程は随分早い時期から始まり、この当該著作においてその最初の組織的成果を見出すことになったこの『法理念の哲学』は、オランダでアブラハム・カイパー博士の名と切り離しがたく結び付いている、カルヴァン主義的信仰復興運動（het Calvinistisch réveil）の果実としてのみ理解されるべきである」[3]。「法理念の哲学において、その哲学的表現を見出しているのは、前世紀に、特にアブラハム・カイパー博士によって取り上げられたカルヴァン主義的改革運動の生き生きとした根本思想（de levende grondgedachten der Calvinistische Reformatie）である」[4]。

ヤーコブ・クラックヴァイクはカイパーについて次のように述べている。「アブラハム・カイパー（1837-1920）はライデン大学で神学を学んだ。彼は自由主義神学の影響下にあったが、彼の回心の後にこれと関係を断った。彼はユトレヒトやアムステルダムの教会の牧師として有能な説教者であった。彼の力は単に教会の革新のみならず、国家と社会のキリスト教化にも向けられた。この目標は、キリスト教ジャーナリズム、キリスト教政党、キリスト教大学、すなわち、アムステルダム自由大学（1880）など、さまざまなキリスト教組織の創設に現された。カイパーは、神学者として、政治家（内閣総理大臣1901-1905）として、ジャーナリストとして有名になり、一八九〇年から一九二〇年まで、オランダにおける、いわゆるネオ・カルヴィニズムの覚醒運動の公認の指導者であった。すでに早くからカイパーはキリスト教哲学を展開する必要性を強調していたが、もっとも、カイパーにおいてはそれへの萌芽以上のものは見出され得ないのである。カイパーは、彼の学問的活動――自由大学の教義学講師であった――にもかかわらず、当時の彼の置かれた状況からやむを得ない面もあるが、主として彼は実践の人（ein Mann der Praxis）であった。これに対してヘルマン・ドーイヴェールト（1894-1977）の場合は少し異なっている。彼の仕事の重点は理論的領域にあった。彼は学問の人（ein Mann der Wissenschaft）であった」[5]。

ジョン・ヴィットはドーイヴェールト著作集第一巻の『キリスト教社会制度論』の序文において、カイパーの死を契機に、オランダ反革命党の研究政策機関として創立されたアブラハム・カイパー博士記念財団（ドーイヴェールトは一九二一年の終わりから一九二六年までこの財団の副責任者であった）についての注記の中で、カイパーを次のように紹介している。「この財団はアブラハム・カイパー（1837-1920）の死を機に創立された。カイパーは優れたカルヴィニストの神学者、牧師、ジャーナリスト、政治家であった。神学者、牧師としてカイパーは内容豊かな組織的カルヴァン主義神学を体系的に表現し、オランダにおける草の根カルヴィニズムを覚醒させ、オランダの古い改革派教会（Hervormde Kerk）から分離して新しい改革派教会（Gereformeerde Kerken）を建てる分離運動（Scheiding）を指導した。彼は、政治家、ジャーナリストとしては、反革命党を再建し、政権を取り、一九〇一年から一九〇五年まで、オランダの内閣総理大臣をつとめた。カイパーは生涯を通して、彼の生きたすべての分野に改革派信仰を適用することに献身した。この精神において、彼は一八八〇年にアムステルダム自由大学を創立した。彼は大学憲法の中で、すべての学問領域に、カルヴィニスト原理（Calvinist principles）が浸透することを要求した。彼が、また、プリンストン大学において『カルヴィニズム』（*Lectures on Calvinism*）の講義を行ったのも、この精神においてであった。この講義は、宗教、政治、法、学問［科学］、芸術についての根本的カルヴィニスト原理を組織的に述べたものであった。彼の死に際して、彼の弟子たち（Colijn and Idenburg）がアブラハム・カイパー財団を創設したのも、この精神においてのことであった。財団の目的は、法、政治、社会、経済のカルヴィニスト原理を組織的に表現するフォーラムを提供し、それらの原理を政治の特定の問題の解決に適用するためであった(6)」。

カイパーはライデン大学人文学部と神学部を卒業して新進気鋭の自由主義神学者、牧師としてベースドの教会に赴任した。彼はこの教会でカルヴァンの『キリスト教綱要』を用いて古い保守的信仰を墨守しているグループと出会った。彼はこの教会で霊的精神的葛藤を経験し、カルヴァンの著作を新しい光の下に徹底的に研究し、没頭し、ついに歴史的改革派信仰へ覚醒した。当時のオランダの三大学、ライデン大学、ユトレヒト大学、フローニンヘン大学の大学教授の九割がノーマリスト（自律理性主義的自由主義者）であったといわれている。(7) 自律主義者の立つ「近代主義原理」に対抗して、彼は「改革派原理」を高く掲げ、ネオ・カルヴィニズム覚醒運動の公認の指導者となり、カルヴァン研究から得たこの「改革派原理」を鮮明にし、これを各領域に適用する諸学問の建設と各領域におけるキリスト教刷新運動を目標とした。一八七八年、「改革派原理」に基づく高等教育を目指す「改革派基盤に基づく高等教育協会」を設立し、これを基盤として、一八八〇年にアムステルダム自由大学を創立、神学教授に就任した。(8)

フェーンホフはカイパーの「大仕事」（De groote taak）について、次のように述べている。「カイパーは当時の殆どの人々の目に滑稽と思われた企て、すなわち、キリスト教信仰が、神ご自身と神の被造物と両者の関係についての神の啓示に基づいた全く独自の学問の創造に至らねばならないということを宣言することを企てた。カイパーは、このことを単に宣言するに留まらず、全力を尽くしてこれに着手した。そして、ベルンハルドゥス・デ・モールの時代以来、眠っていた壮麗な墓の中から改革派神学を取り出し新しい生命へと覚醒させた。その上、彼は躊躇することなくカルヴァン主義的聖書的様式で建つ、諸学問の殿堂の建築の計画を立てた」。(9)

カイパーの大仕事は改革派神学の構築と「改革派原理」に基づく諸学問の基礎工事であった。フェーンホフはカイパーの文章（De Heraut: No. 942: 12 Jan. 1896）を引用している。「学問のさまざまな学科のためにこの原理の意義を明らかにするために、少なくとも、二、三世代がその力を尽くさなければならないだろう。もしいま生きている世代がこの基礎を据え終わり、地にいくつかの壁を立てることに成功するなら、それだけでも謙遜な感謝の材料に満ちていると言うべきであろう[10]」。

この「ヘラウト誌」の記事を書いた時、カイパーは、すでに専門の神学分野における『神学綱要』三巻(Kuyper, Abraham, *Encyclopaedie der Heilige Godgeleerdheid*, J. A. Wormser, Amsterdam, Deel I-III, 1894) の大仕事を成し遂げていたし、ヘルマン・バーフィンクも『教義学』三巻をすでに刊行していた。次の問題は「改革派根本思想」、或いは「改革派原理」に基づく諸学問の建設である。

しかし、諸学問［諸科学］の根底には哲学がある。哲学の根底には根本的確信［ドーイヴェールトの宗教的アプリオリ、宗教的根本動因に発展］がある。「カイパーはさまざまな学問の基礎に関する透徹した原理的哲学的省察の必要性を強く感じていた。すべての学問を支配する論理的、存在論的、宇宙論的、人間学的諸原理についての批判的考察がなされなければならないとカイパーが強調するとき、それは積極的キリスト教哲学研究(positief-christelijke wijsgeerige studie) 以外のなにものでもない[11]」。

フェーンホフの紹介するカイパーの主張はこうである。「われわれの信仰告白に適合する哲学に到達するために、われわれは、カルヴァンと共に、「キリスト教哲学」(Philosophia Christiana)、すなわち、神の言葉を考慮する哲学をあくまで主張し続けなければならない[12]」。

この「キリスト教哲学」という言葉は、カイパー、バーフィンク、ドーイヴェールト、フォレンホーフェンなどすべてが用いている言葉である。クラップヴァイクは「キリスト教哲学」について次のように述べている。「教父アウグスティヌスの時代から、繰り返し、偉大な哲学者たちによって、キリスト教哲学 (philosophia Christiana) は必要とされてきた。もっともなことである！『神の言葉はわれわれの足の灯火、われわれの道の光である』（詩編一一九・一〇五）ということが正しいのであれば、なぜこの灯火は、こともあろうに、しばしば見通しのきかない哲学と学問［科学］の道を本当に照らさないのだろうか！　哲学と学問［科学］が、そう自称したがるとしても、それらは神の言葉の真理要求から解放された中立的領域ではない。一六世紀のキリスト者が聖書の真理に全く服従することを忘れ去っていたのちに、やっと彼らが悟ったことは、宗教改革が神学と教会に限定されてはならないのであって、人間の生全体を——哲学をも——巻き込まなければならないということであった。これについては、古典的な個所がジャン・カルヴァンの『キリスト教綱要』の中に見出される」(13)。

クラップヴァイクは、この文章に続いて、カルヴァンの『キリスト教綱要』から引用する（ドイツ語訳からの引用）。

「自分が自分の主人ではないことを認識し、したがって、自分自身の理性から支配と統治を奪い、それらを神にのみ委ねる人は、それだけで、いかに進歩した人であろうか！……なぜなら、人間が、自分が自分自身に従うところでは、人間をただ滅ぼすことになるだけの有害な疫病が支配するからである。……救いの唯一の港は、われわれが自分自身によっては何も考えず、自分自身によっては何も欲せず、ただわれわれに先立って歩まれる主にのみ従って歩むことの中にあるからである！　第一歩は、人間が自分自身と決別し、自分の精神のすべての力を、主の御意志に従うことに置くことにある。そのような従順ということで私が理解していることは、単に御言葉に対する服従ということばかりでなく、そこでは、人間の心が、すべての自分自身の肉的感覚から空しくなって、神の聖霊の御意志の方へ完全に回心するという意味である。パウロが『心の革新』（エフェソ四・二三）とも呼ぶこの変革は、いのちへの第一歩であるにもかかわらず、すべての哲学者たちにまったく知られていなかった。彼らは理性のみをすべての人間の上に女王として任命し、理性にのみ聞くべしと考え、彼らは実際に理性にのみ生の支配権を委ね、許可するのである。それに反して、キリスト教哲学（Christiana philosophia）は、理性を退かせ、聖霊に服従し、その支配に入ることを理性に課するのである。この後は、人間が自分自身で生きるのではなく、キリストが、生きそして支配する御方として、人間自身の中で働きたもうためである（ガラテヤ二・二〇参照）[14]」。

クラップヴァイクは「この同じ哲学的思惟の改革を求める声が、一九世紀以後、オランダのカルヴィニズムにおいて、すなわち、アブラハム・カイパーとヘルマン・ドーイヴェールトによって響き渡った」と語る[15]。この響き渡る鐘の音は、カイパーの切実な祈りと準備作業、それに応えて数十年後に登場するドーイヴェールトの『法理念の哲学』（一九三五年）とフォレンホーフェンの『カルヴィニズムにおける哲学の革新』（一九三三年）においてこだますることになる。フェーンホフによると、カイパーは一九〇〇年の「改革派基盤に基づく高等教育協会」の一九〇〇年度総会においてこのように述べたという。「私の祈りは独自の改革派原理に基づいて建てられた哲学体系（een wijsgeerig stelsel opgebouwd uit de eigen, gereformeerde beginselen）を立てる人々を主なる神が送ってくださるということである[16]」。

自由大学理事会は、カイパーの影響の下に、カルヴァン主義的学問研究の哲学的基礎づけの必要性について関心を示し、一八九五年に「改革派原理」（Gereformeerde beginselen）という表現の意義について取り扱った一連の命題集（stellingen）を刊行した。この「改革派原理」という言葉は、自由大学を維持していた「改革派高等教育協会」の定款（statuten）に現れるものであった。この自覚的な命題集は「諸原理の方法論」であり、広範多岐にわたる学問的営みの基礎にあるべき改革派原理に至る道筋を指示するものであった。注目すべきは、この命題集の中に「カルヴァン主義哲学の必要性」（de noodzakelijkheid van een Calvinistische wijsbegeerte）を非常に強調する一冊があることである。第一六命題（de zestiende stelling）の中に次の重要な文章がある[17]。

「改革派高等教育協会の定款第二項は、改革派原理に建つ種々の学問研究に、われわれの時代のために、生命を吹き込むことを意図するから、あらゆることに優先して次のことを必要とする。認識主観に関するカントの研究以来はじめて前面に現れてきた問題、また一六世紀にはまだ誰にも、したがって、カルヴァンにも充分な意味では生じていなかった問題に対する解答もまたこの諸原理から引き出されるべきであるということである。われわれの認識の性質と本質、認識能力の働き方、認識能力と認識対象の関係、われわれの認識の限界、自然科学、精神科学それぞれに、認識に到達する方法、これらの諸問題に関しては、これまでのカルヴィニストにおいては、どのような満足のいく返答も見出し得ていないのである[18]」。

これを見て驚くことは、第一に、カントの認識と認識能力についての超越論的批判の課題を明確に把握していること、第二に、聖書と「改革派原理」に立って、この超越論的批判を敢行する課題を明確に自覚していること、第三に、四〇年後、ドーイヴェールトが『法理念の哲学』（英訳名『理論的思惟の新批判』）を著して、実際にキリスト教超越論的批判の課題に取り組んだことである。この新しい哲学は、キリスト教的思想の確立ではなく、聖書的前提にあまねく規定された理論的思惟［理論的な考え方そのもの］の改革を志向するものである。カイパー自身は三年後（一八九八年）プリンストン大学で、記念碑的講演、『カルヴィニズム講義』（ストーン講義）を行って、「世界観としてのキリスト教」、「固有領域における主権」、「創造－堕落－回復としての福音の構造」、「人間の諸機能の根、あらゆる営為の源泉と出発点としての心」、「再生者と非再生者における自己意識の相違」、「対立の原理」、「一般恩恵」などの「改革派原理」（de Gereformeerde beginselen - Reformed principles）を世界に発信した。

「改革派基盤に基づく高等教育協会」（De Vereeniging voor Hooger Onderwijs op Gereformeerden grondslag, 1878）、「アムステルダム自由大学」（Vrije Universiteit te Amsterdam, 1880）、「カルヴァン主義哲学協会」（Stichting voor Calvinistische Wijsbegeerte, 1935）と続く「カルヴァン主義哲学」研究の伝統は、現在、「改革主義哲学協会」（Stichting voor Reformatorische Wijsbegeerte, 1978）と改称されて持続し、その研究者はオランダにとどまらず、全世界に広がっている。カナダのトロントにある「キリスト教学術研究所」（Institute for Christian Studies, 1967）は、この系譜を引く研究所である。現在の「改革主義哲学協会」（本部、ユトレヒト）を紹介する小冊子には次の記述がある。「政治家、神学者であるアブラハム・カイパーの熱烈な指導の下に、ネオ・カルヴィニズム［或る時は軽蔑的に］と呼ばれる運動が、オランダで非常にユニークな発展を遂げた。キリスト教政党を結成し、多くのキリスト教学校を創立したのち、一八八〇年にアムステルダム自由大学を創設した。この大学では、学問は「改革派原理」（Reformed principles）に基づいて遂行された。アブラハム・カイパーと同僚キリスト者を動かしたものは何か、その簡明なステートメントは『カルヴィニズム』（ストーン講義）において知ることができる[19]」。

カイパーは、『神学綱要』（一八九四年――この年ドーイヴェールト生まれる）を、バーフィンクは『改革派教義学』（一八九五年）、『キリスト教的学問』（*Christelijke Wetenschap*, 1904）を著した。ヴァレンタイン・ヘップによると、カイパーの『神学綱要』第二巻、バーフィンクの『キリスト教的学問』は、独自の学問論のための貴重な素材を提供し、またバーフィンクの『キリスト教的世界観』は哲学の梗概を示したという。これらは、後の「カルヴァン主義哲学」の準備作業（vóór-arbeid）となる重要な学問論となった[20]。カイパーはこの間

(1901-1905) までオランダ首相を務めたから、彼の各領域におけるキリストの主権と王権への服従の姿勢は徹底的であり、活動は活発多忙であった。

ドーイヴェールトは、最初、彼の哲学を「カルヴァン主義哲学」と呼んでいたが、次第にこの名称を用いなくなった。クラップヴァイクは、その理由を、ドーイヴェールトがネオ・カルヴィニズムの覚醒運動に由来する出自を否定するからではなくて、むしろ「カルヴァン主義哲学」の名称によって起こりかねない教派的意味の誤解を避けるためであったと考えている。彼は自分の哲学の主要動因の教会的普遍性を要求したのである。「ドーイヴェールトは、意図的に彼の哲学を教会的或いは神学的方向性へ繫ぎ止めようとはしなかった。彼は、自分の思想の聖書的‐改革主義的主要動因 (das biblisch-reformatorische Leitmotiv) を、一つの教派のみならず、キリスト教界全体に役立つために、充分、根元的かつ普遍的と見なしていた[21]」。

この問題をドーイヴェールト自身の言葉で聞いてみる。彼は『カルヴァン主義哲学』(*Calvinistische Wijsbegeerte*, 1956) という著作において、この名称はこの哲学運動がカルヴァン主義の覚醒運動から成立したという歴史的事実を示すためであるが、誤解を招くかもしれないという。しかし、カイパーにとっては「カルヴァン主義」という名は必然性を伴うものであった。カイパーの宗教改革運動は、キリスト教と学問、文化、地上の全生活との関係を革新的意識へもたらす運動であり、教会と神学の改革にとどまることができない全包括的なものである。その聖書的出発点は心であり、人間のすべての営み、全生活は、この宗教的根元から流れ出るからである。カイパーは、このような洞察がカルヴァンにおいて最も純粋に表現されていることを発見したので、自分の立場を、全包括的人生観‐世界観としての「カルヴィニズム」と語るようになった。ドーイヴェールトのこの著作の題名は依然として『カルヴァン主義哲学』である (『法理念の哲学』は一九三五年であるが、英訳『理論的思惟の新批判』は一九五三―一九五七年であるから、この時期の著作である）。

「この命名は、ただこの哲学運動が『カルヴァン主義のレヴェイユ運動』（Calvinistisch réveil）から成立したという事実から歴史的にのみ説明され得る。このリヴァイヴァル運動は、前世紀の最後の数十年に、アブラハム・カイパー博士の新しい息吹を吹き込む活力ある指導の下に、キリスト教宗教と学問、文化、地上の全生活との関係についての革新的な意識へ導く運動であった。その上、カイパーは、偉大な宗教改革運動（de grote Reformatie-beweging）は、教会改革と神学だけにとどまることはできない、ということを示した。その聖書的出発点はすべての地上生活の宗教的根元（de religieuze wortel）に触れるものであり、ここから地上生活の全領域に影響を及ぼさなければならない。カイパーは、改革主義キリスト教の立場のこの洞察がカルヴァンにおいて最も純粋に表現されていることを発見した。これが、カイパーが、よりよい表現がないので、全包括的人生観－世界観（een alomvattende levens- en wereldbeschouwing）としての「カルヴィニズム」と語るようになった理由であった。この人生観－世界観は、ローマ・カトリックの人生観－世界観に対しても、近代人本主義の人生観－世界観に対しても、自らを明瞭に際立たせている[22]」。

ドーイヴェールトによれば、カイパー自身も「カルヴィニズム」という名称に対する異議を充分に意識していたと言う。聖書的運動、改革主義運動（de reformatorische beweging）を一人の個人の名に帰するということは、教会の普遍的公同的意義を傷付け、特定グループのセクト形成に導くのではないかという恐れがあった。カイパーは、カルヴァンが推進した改革主義原理（het reformatorisch beginsel）を、再び、生の全体を包括する原理（een heel het leven omvattend principe）として回復し、「キリスト教」の領域と「この世」の領域を区別する二元論的分離に反対し、生の全領域におけるキリストの普遍的王権（het universale koningschap van Christus over alle terreinen van het leven）の再認識を要求したのである。カイパーにとって最も深い意味で問題であったのは聖書の中心的統一性から来る人間の生と思惟であった。聖書の中心的統一性（de centrale eenheid der Heilige Schrift）とは、聖書が神の御言葉の霊的な力（de geestelijke *dynamis* van het goddelijk Woord）として人間を所有し、無条件的自己放棄を要求するということである。聖書の中心的統一性とは、御言葉と共に、人間の中心としての心と自己意識に直接働く聖霊の力である。これは人間が受け入れる神学的知識や解釈のことではない。それは人間の理論的思惟以前（vóór alle theoretische overlegging van het menselijk denken）のことである。心に直接刻まれた神知識［教義学的神認識のことではない］と自己意識は、心から人間の営みの全領域に流れ出て、人間の生態度、素朴経験、理論的認識の全体に広がり、これらを規定する。この改革主義哲学の運動がオランダのレヴェイユ運動に繋がる霊的覚醒運動に繋がっている運動であることが理解できる。[23] ドーイヴェールトの次の言葉は、カイパーに対する深い敬意と鋭い理解を示しており、同時に、ドーイヴェールト哲学が師から継承した最も重要な点を表現している。「カイパーは、人間の生と思惟を動かしているけれども、そのものとしては、神学的、或いは、学問的問題の水面には上がってこない、最も深い、絶対的に中心的な霊的推進力に至るまで、神学的、哲学的争点の背後に入り込んだのである。なぜなら、各々の理論的省察は既に前以てその霊的推進力の支配の下にあるからである。この霊的中心的推進力（de centrale geestelijke drijfkrachten）は、人間が内的に御言葉によって触れられるとき、真の意味で、人間の深みを曝くのである。神は御言葉において、ご自身を人間に啓示したまい、また、神は御言葉において人間に人間自身を発見させせたもうからである[24]」。

ドーイヴェールトは、心という宗教的根元（de religieuze wortel）を支配する宗教的根本動因、宗教的アプリオリが地上的人間的生と認識と行為を規定するという思想を継承している。キリスト者の霊的中心的推進力とは、心を支配しすべての地上的営為を規定する聖書の中心的根本動因、すなわち、創造、罪の堕落、聖霊の交わりにおけるイエス・キリストによる贖い（schepping - zondeval - verlossing door Christus Jesus in de gemeenschap van de Heilige Geest）である。宗教的に中立的な人間は存在しない。非キリスト教的異教的根本動因が宗教的根元を支配するとき、人間はこれに気付かず、地上的生と認識の自立性（eigenmachtigheid）と自律性（autonomie）を容認する。そのとき、人は理論的思惟の超理論的前提に気付かず、自らの理性を自律的と考える。これをドーイヴェールトは、理性の偽装自律性、或いは、誤想自律性と呼ぶ。「そう思い込んでいる自律性」（de vermeende autonomie = die vermeinte Autonomie）という意味である。ドーイヴェールトの「法理念の哲学」は、この思い込み的偽装自律性の批判を核とする「超越論的自律理性批判の哲学」である。キリスト者の宗教的根元（de religieuze wortel = 人間存在の宗教的な根）から芽生え出る生と認識と実践は、被造世界の全領域を、創造、堕落、贖いの宗教的根本動因の根本的規定の下に置くことにある。被造世界は神の絶対的主権（Zijn absolute souvereiniteit）の下にある。神の言葉の中心的支配（de centrale greep）は、単にキリスト者の個人的生活や制度的共同体としての教会に関わるのみならず、人間の政治、文化、学問、哲学などすべての人間の集団的行為全体に関わるのである。すべての領域は、キリストに根差す新しい人類の共同体としての神の国とこれに敵対する闇の国の間の闘争である[25]。

罪の堕落の霊と神の御言葉の霊的力の対立は、心という宗教的中心領域における究極的対立（de uiteindelijke antithese）である。この根元的対立は人間の生と思惟における態度決定を迫るのである。法理念の哲学は、カイパーに従って、聖書の中心的、根本的、総括的動因である、創造－堕落－贖いの動因から出発する理論的思惟態度を選択する。この聖書的中心動因における神知識と人間知識は、理論的認識、すなわち、神学的解釈学や教義学に依存する知識ではない。聖書的動因は認識の鍵（de sleutel der Kennis）としての神知識・人間知識である。その根元的意味は、聖霊の働きによって直接心に啓示されるものである。ドーイヴェールトはこの心における神知識と自己認識を『西洋思想のたそがれ』においては〈Deum et animam scire〉と呼び、カルヴァンの「真の自己認識は真の神認識に依存する」という思想に源を見出している。この根元的意味における知識は、知識（kennen）というよりは、告白（be-kennen）である。教会はこの告白の上に立っている。この中心的動因は、教派に関係なく、宗教改革の聖書的精神である「改革主義原理」によって生きる公同教会の結合点（het oecumenisch verenigingspunt）である。カイパーは、近代主義の「原理」やトミズムの「原理」に対して「改革主義原理」をもって対抗したのであり、その根底にある「宗教的根本動因」の異教宗教性を批判したのである。ドーイヴェールトは、カイパーが、或る者たちを教派的傾向のためにミリチア・クリスチから排除しないという普遍的キリスト教的出発点に忠実であり続けたという。ドーイヴェールトは、こうした論点から、「カルヴァン主義哲学」という言葉が誤解を招きやすいと言っているのであって、「改革主義原理」の範型をカルヴァンに見ていることは確かである[26]。

彼は法に関するカルヴァンの理解を詳細に検討したのち、次のように結論する。「われわれは、これらすべてのことを考慮し、カルヴァンが改革主義的キリスト教的根本概念（de reformatorisch-Christelijke grond-conceptie）を純粋な法理念（een zuivere wetsidee）において把握した最初の人であったことに注目するとき、われわれは哲学的思惟の本質的改革は、ルターの線上においてではなく、カルヴァンの線上においてのみ発展され得るであろうという結論に達する[27]」。

この難解な言葉は一八年後の英訳〈*New Critique*〉(1953)では次のように訳されている。〈〈*Calvinistische Wijsbegeerte*〉はさらに遅く一九五六年の著作である〉。両方を見比べてやっとその意味するところ、重要な意味が見えてくる。この訳はドーイヴェールト同意の翻訳であり、「法理念」の内容とカルヴァンの「法」の概念との関係が良く示されている。「われわれがこの状況の全体を考慮し、カルヴァンが、法(lex)の概念を、その起源と根元的宗教的統一と時間的多様性において明確な言葉で表現した最初の人であったことを思い起こすとき、われわれは哲学的思惟の真の改革が歴史的にはルターからではなく、ただカルヴァンの出発点からしか起こり得ないという結論に到達する」[28]。

伝統的形而上学はすべて、神、魂、世界の三理念からなる体系である。アリストテレスの神学〈theologia〉、魂の学〈psychologia〉、コスモスの学〈cosmologia〉、或いは、デカルトの「我」、「神」、「世界」の三実体、カントの神(Gott)、霊魂(Seele)、世界(Weltall)の三理念しかりである。「カルヴァンが、法(lex)の概念を、その起源と根元的宗教的統一と時間的多様性において明確な言葉で表現(formulate)した最初の人であった」とは、何を意味しているか。ドーイヴェールトの三つの超越論的理論的理念とは、第一に「時間的被造世界の様態的多様性と関係性と全体性としての被造的存在者の存在」、第二に「人間自我の根元的統一としての宗教的根元の存在」、第三に「神的起源者の存在」である。ドーイヴェールトの超越論的批判哲学はこの三つの理念の超越論的課題の研究である。ドーイヴェールトは『カルヴァン主義哲学』をこの言葉で締め括っている。「意味とは、あらゆる被造的存在者の存在、宗教的根元の存在、神的起源者の存在である」(*De zin is het zijn vanalle creatuurlijk zijnde en is van religieuze wortel en van Goddelijke Oorsprong.*)[29]。

カルヴァンはこの三理念を明確に述べている(formulate)だろうか。「起源者」の理念は問題外として、カルヴァンは、「宗教的根元」の問題を、『エフェソ書講解』や『ローマ書講解』において、人間の心の解釈として詳述している。彼は、心（cor, mens）を人間の生の中で最高位を占めるところ（ea, quae primas tenet in hominis vita）として、理性、意志、感情などの心の諸能力（facultates mentis）と区別し、心を諸能力の根底にある座（sedes）、根（radix）と述べている。人間の罪への堕落はこの根を腐敗させている。罪への堕落は、心にある「知識と義と聖」としての神の像の喪失である。しかし、異教徒の心は空しいが、その心には「宗教の種」（semen religionis）が蒔かれており、神意識（sensus deitatis）、神聖感覚（sensus divinitatis）が残存している。その心は知らざる神を拝む偶像の製造工場であり、自然啓示を不義をもって阻止し、神の怒りを招く異教的宗教性に満たされている。しかし、知識（認識論的）と義（倫理的）と聖（宗教的）においては神の像を喪失しているが、神は創造を破壊されることはない。人間の心（cor, mens）とこれに座を持つ心の諸能力（facultates mentis）［理性、感情、意志など］は醜悪なまま残存している。存在論的、感覚的・心理的な神の像の残存は自然神学を生み出すことはないが、神聖感覚は福音宣教の接触点となる。宣教は「心の一新、刷新」を待っている心に対してなされる業である。異教徒の心はカイパーが非再生者の自己意識の内容を神聖感覚で説明していたが、ドーイヴェールトは、異教的宗教性として異教的根本的宗教動因で説明し、非キリスト教的思惟の根底にある理性の自律性の公理を生み出す源泉と考えた[30]。

次にカルヴァンは被造世界の多様性、すなわち、「法」（lex）の問題をどのように考えているか。神の一般恩恵は保存恩恵として堕落後も心と共に知性や意志など心的機構や被造世界とその秩序を保持したもう。堕落後の心には「宗教の種子」ばかりでなく「法の種子」（semen legis, pl. semina legum）も残されている。堕落後も創造世界は神の所有であり、創造の秩序は保存されている。神は洪水ののち、二度と被造世界を滅ぼすことはないと宣言されて、あらためて人類に文化命令、創造命令を与えられた。被造世界の多様性、関連性、全体性はこの宣言と命令によって保証されている。堕落後の心にも「神意識、神聖感覚」のみならず、さまざまな「法」(lex)の意識、感覚(sensus legis, pl. sensus legum)が残されている。堕落後の人間にも、宇宙法(cosmic laws)、道徳法(moral laws)、市民法(civil laws)の意識(sensus)が残存している。腐敗した心に座を持つ「知性は暗い」が、この知性(intellectus)は天上的事柄(res caelestes)事物については暗く無力であるが、地上的事柄(res terrenae)については甚だ鋭く、真理の感覚と洞察力(perspicientia)を持っている。天上的事柄[救いに関する事柄]についての盲目性(ポーローシス)のゆえに、地上的認識についても知性を断罪することは、御言葉にも人間の経験にも矛盾する。カルヴァンは知性が地上的事物を対象とする諸学問を網羅的に列挙して、それらの卓越性を述べている。諸学問の認識は、敬虔な人々にも不敬虔な人々にも共通に与えられた共通恩恵である。(31) 学問とこれを支える理論的思惟の基礎は、「宇宙‐法の理念」(cosmo-nomic idea)とこれに感応する人間の側の意識(sensus)である。特に政治学(politia)の根拠について、「政治的秩序の種子」、「政治的秩序の意識」を挙げ、次のように述べている。「人間は、生来、社会的動物なので、また自然的刺激によって、その社会を保持し保全しようとする傾向を持っている。それゆえ、われわれは、すべての人間の魂のうちに、或る程度の市民の公正と秩序についての多くの普遍的印象(civilis cuiusdam honestatis et ordinis universales impressiones)が存在することを認める。それで、ここから、すべての人間の団体は、もろもろの法によって拘束されねばならないことを知解しない者、また、これらの法の原理を精神(mens)のうちに理解しない者、このような者は一人も見付け出され得ないということが起こるのである。ここから、すべての民族、同様に、また個々人の間の、法における永久的共通意識(perpetuus in leges consensus)も来る。なぜなら、教師もなく、立法者もなくとも、法の種子（ipsarum semina = legum semina）がすべての人に植え付けられているからである[32]」。

上記の筆者のカルヴァン研究を基礎に考量すれば、「カルヴァンが、改革主義的キリスト教的根本概念を、純粋な法理念において把握した最初の人であった」という『法理念の哲学』の言葉を、「カルヴァンが、法（lex）の概念を、その起源と根元的宗教的統一と時間的多様性において明確な言葉で表現した最初の人であった」と英訳したのは的確な意訳であると認めることができる。カルヴァンは哲学者でもなくまた哲学的体系を樹立した人でもないが、このようにドーイヴェールトの言う「超越論的理念」を明確にし、地上的事物についての学問研究とあらゆる領域における活動に道を拓く「改革主義原理」を樹立した最初の人であったと言える。ドーイヴェールトは「カルヴァン主義哲学者」である。

2　「固有領域における主権」

「固有領域における主権」（de souvereiniteit in eigen kring）、いわゆる「領域主権」の原理は、重要な「改革派原理」（Gereformeerde beginselen = reformed principles）、「改革主義原理」（Reformatorische beginselen = reformational principles）の一つである。この言葉はギヨーム・フルーン・ファン・プリンステラー（Guillaume Groen van Prinserer, 1801-1876）によって造り出され、カイパーが自由大学の創立講演に演題としたことによって有名になった。フルーンの場合には、国家と教会は、それぞれ独自の構造性と固有性と責任性を持った制度であることを意味した。

クラップヴァイクによれば、この原理は、フルーンとカイパーにおいて、三つの点で相違があるという。第一に、カイパーの場合は、主権性の原理は、フルーンの場合よりも包括的である。カイパーはこの原理を教会と国家に限定せず、他の諸領域に拡大する。大学、家庭、企業なども独自の法則と権限と責任を持った主権的領域である。第二に、それぞれの制度における権威者の主権性の主張は、神の主権性とキリストの王的支配に基づいている。それぞれの権威は、天と地における一切の権能が付与されている復活と高挙のキリストから委託された権能である。第三に、カイパーが領域主権を創造原理（Schöpfungsprinzip）と呼ぶことである。それぞれの主権的諸領域は、創造に適合する構造の豊かな多様性、創造秩序（Schöpfungsordnungen）を表している。カイパーの自由大学創立講演は、大学の教会と国家からの相対的独立性と主権性を主張するものであった。しかし、カイパーの「領域」という概念が明確でないうえ、創造の秩序という概念の曖昧な適用を引き起こした。地方自治体の自律は、領域主権とは関係のない「分権」の問題である。[33]

これに対して、ドーイヴェールトの功績はいくつかの原理的区別を導入したことであった。ドーイヴェールトはフォレンホーフェンと共に「カルヴァン主義哲学」、或いは「改革主義哲学」（die reformatorische Philosophie）の体系的構想に着手したとき、ドーイヴェールトがはじめて「主権性」（die Souveränität）と「自律性」（die Autonomie）の概念を明確に区別した。「主権性」は「異種の社会領域（die heterogen Sektoren der Gesellschaft）が保持する独自の権威」を表現する。教会と国家の独立性はそれぞれが異なった生領域（Lebenskreis）に所属していることに基づいている。「自律性」は「同種の生領域の社会集団」（der Sozialverband eines homogenen Lebenskreises）で歴史的に変動する権能のことである。たとえば、スイスの州［カントーン］と連邦国家との関係、ドイツの州［ラント］と連邦共和国との関係は、歴史的に変動する同種の大小権能である。地方教会は領邦教会に対しては、同種集団であるから、或る種の自律性はあっても主権性はない。しかし、教会と国家は異種集団であるから、相互に主権的である。国家の側からの領域侵犯（国家主義）も教会の側からの領域侵犯（教権主義）は他の主権への侵害である。「固有領域の主権」は、厳密な意味での創造の秩序に基づく異種の集団ないし領域の主権性である。(34)

ドーイヴェールトの別の貢献は、この「固有領域における主権」を哲学的存在論に高めたことである。これはドーイヴェールトの「理論的思惟の超越論的批判」の第一の超越論的課題に関係するのでのちほど詳述する。簡単に触れると、固有領域における主権性の理論は、理論的認識の成立する被造世界の多様性と連関性の基礎となる、創造の法に起因する経験的様態性の区別を可能にする様態法の諸領域の主権性を意味することになる。「固有領域における主権」はドーイヴェールト哲学の存在論（die Ontologie）である。ドーイヴェールト哲学の認識論（die Epistemologie）は、論理的様態が非論理的様態の一つを、対象関係（Gegenstand-verhältnis）において綜合する間様態的綜合（die intermodale Synthese）において成立する。このように「領域主権論」の「改革的原理」は「法理念哲学」の核心的部分へと展開する。第一の超越論的理論的理念についてドーイヴェールトは次のように述べている。「第一に、いずれの哲学も、『対象－関係』（de Gegenstand-ralatie）の中に分離的－相互並立的に置かれたわれわれの経験的地平の諸様態（modaliteiten）の相互連関性と関係性の理念を前提にしている」。(35)

3 「宗教的対立」

「宗教的対立」論は、カイパーの案出によるものでなく、聖書の福音全体を貫く思想である。神が女の子孫と蛇の子孫の間に敵意を置くと言われた原福音において現れるテーマである。サタンと女の子孫との間の「敵意」は神の恩恵の福音である。サタンに対する「神の否」(Gottes Nein) を意味する。この対立は神の恩恵である。

クラップヴァイクはこの創世記(三・一五)の文章は、世界史を理解する鍵であるという。神の保存恩恵(Gottes erhaltende Gnade) による世界の保存はサタンの破壊に対立する。世界と人間の救いはこの敵意に懸かっている。アウグスティヌスは世界史の意味を神の国と地上の国の対立として捉えた。ドーイヴェールトはカイパーから「対立の原理」を継承しているが、批判するのは、カイパーの「組織化された対立」(die organisierte Antithese)、すなわち、対立の組織化の思想である。カイパーの考えは対立を公共的 (öffentlich) に明らかにし、キリスト者の団体、制度を組織することである。罪の原理と恩恵の原理の対立はキリスト教団体の中にも存在し、いな、キリスト者自身の中にも存在するから、キリスト教団体、集団、制度は、旗幟鮮明でなかったり、妥協を重ねたり、結局、成功には至らない。しかし、対立を組織化しなくても、肉と霊の対立と闘争を、自己自身の中で、組織において、文化において、推進することこそが、キリスト者の生である。クラップヴァイクはカイパーの貢献は文化の没価値性 (die Wertfreiheit) を否定したことであるという。キリスト者は肉の性質を残存させつつも、身分においては神の子である。この恵みの特権が覆ることはない。したがって、原理的には神の子である。知識と義と聖において神の像に再創造された心は、生のすべての営みが流れ出る出発点である。地上の営み、すなわち、文化は、原理的には、中立的ではなく、再生的自己意識と再生的思惟に基づく文化か異教的自己意識と思惟に基づく自律主義文化である。真実のキリスト者の営みは、神の前には、原理的に正しいキリスト教文化を樹立する。カイパーはキリスト教的文化的使命を遂行し、アムステルダム自由大学からヨーロッパ文化の再キリスト教化を始めようとした。彼は二種類の学問論を説く。再生者の自己意識から出発する学問と非再生者の自己意識から出発する学問である。両者は別々の建物を建築している。カイパーは原理には原理で対抗しようとした。学問の「近代主義原理」に対抗して「改革派原理」(Gereformeedre beginselen) を鮮明にした。彼は一八九八年にプリンストン大学の『カルヴィニズム講義』においてこれらの原理を論証的に展開した。クラップヴァイクは、学問の客観性と没価値性が不可侵の公理と思われていた時代に挑戦するこの講演に、一方の人々は讃嘆し、他方の人々は懐疑的な態度を示したという。(36)

4　ドーイヴェールトの「対立と対話」

ドーイヴェールトはカイパーの宗教的対立の見解を継承していたが、しかし、ドーイヴェールトは、再生者と非再生者の対立というよりは、「アダムにある人類」(die Menschheit in Adam) と「キリストにある人類、すなわち、『人類の新しい根元』であるキリストにある人類」(die Menschheit in Christus,〈die neue Wurzel der Menschheit〉の対立について語った。ドーイヴェールトは対立（Antithese）を霊的－精神的性質（von geistig-geistlicher Art）の対立と見なし、民族のキリスト教側と非キリスト教側に境界線を引くことではなかった。対立はキリスト教的生の領域を貫き、人類全体を貫いている二つの霊的原理の和解の余地なき闘争である。対立はキリスト者生活の全体を貫き、パウロをしても「なんと悲惨な人間！」（ローマ七・二四）と叫ばせる霊的原動力なのである。(37)

学問的理論的思惟の根元的前提まで底に超越し、その根元的異教的宗教的前提を指摘して、それが動因となって理性を自律的と思い込ませている、「理性の誤想的自律性」（die vermeinte Autonomie der Vernunft = de vermeende autonomie der rede）を指摘するところに、正しい批判的議論と正しい連帯が始まる。これが「超越論的批判」（die transzendentale Kritik）の仕事である。そうでない「超絶的批判」（die transzendente Kritik）は一方的断罪と断絶になり反発に終わる。同時に正しい超越論的批判は、キリスト者自身の理論的思惟の正しい自己批判ともなる。超越論的批判は、キリスト者自身の思惟の中に近代的異教的な人間人格性の理想や異教的科学理想といった「自由と自然」の異教的宗教的アプリオリが混入する二元論の誤謬に陥っていないかの自己検証作業ともなる。キリスト教的実存哲学は前者の誤謬であり、自然界を科学技術支配に委ねる自由主義的道徳主義的キリスト教は後者の誤謬である。また「恩恵と自然」のスコラ的アプリオリが混入する自然神学的綜合の誤謬に陥っていないかなどの自己検証作業ともなる。

超越論的思惟批判の先駆者はカントである。彼は認識の成立するアプリオリな条件を探究した。しかし彼にとっては理性の自律性は自明の公理であった。理論的認識における「超越論的統覚」という普遍的自我、実践的認識における「普遍的意志」は普遍的実践的自我である。彼の認識論の認識構成説確立の根底には理論理性を普遍的立法者とする近代的科学理想の宗教性があり、彼の道徳論の根底には実践理性を道徳律法の普遍的立法者とする近代的人間人格性の理想がある。これらは近代の「自然と自由」の宗教的根本動因である。カントは理性の自律性の公理自体を超越論的批判とテストにかけていない。カントの認識が成立する普遍妥当的条件としての認識のアプリオリな条件の追求は近代の超越論的哲学の始源としての燦然たる遺産であるが、そこでは宗教的アプリオリが看過されている。ドーイヴェールトの超越論的哲学は理論的思惟におけるこの宗教的アプリオリ、究極的宗教的前提を解明しようとしている。ドーイヴェールトの創造の法に基づく被造世界の法領域の多様性と連関性、人間存在の根元（wortel）、根（radix）としての心の次元の発見、根元としての心の宗教性、宗教的根本動因の指摘、これらはドーイヴェールト哲学における三つの超越論的課題である。これらはキリスト者としてのドーイヴェールトの心に聖霊が直接刻印された聖書的アプリオリであり、彼の素朴経験と理論的思惟を規定する根本動因（radix に関わる radical な推進力）である。彼は聖書的根本動因を規定力とするキリスト教哲学の構築を志向した。人間存在のこの次元を異教的根本動因が支配するとき、理性の誤想自律性が公理となる。非キリスト教哲学の根底にある根本的宗教動因の指摘は哲学的討論の接触点であり、キリスト者の思惟の自己批判の試金石である。

　クラップヴァイクの明解な言葉がある。「超越論的批判は思想家に彼独自の前‐理論的前提と動因（seine eigenen *vor-theoretischen* Voraussetzungen und Motive）に対する目を開かせようとしているのである。ドーイヴェールト哲学の特質は、彼がこの前理論的制約を宗教的（*religiös*）と特徴づけることである。理論的二律背反とそして体系そのものに理由のある矛盾とは、学問的観察と分析の不完全性にその根元（Ursprung）を持っているのでなく、種々の宗教的根本的立場（unterschiedliche religiöse Grundeinstellungen）にその根元

(Ursprung) を持っているのである。なぜ、哲学的諸理論と諸学派はしばしば激しく相争うのかという問いは、その理論的レヴェルにだけ立てられるならば、究極的には答えられないままに終わる。より深いところにある宗教的推進力（die tiefer liegenden religiösen Triebkräfte）に注目する内在的－理論的分析だけが、この厄介な問題を解決することができる[38]」。

「信仰と認識は、異なった本性を持っているにもかかわらず、内的接点（*ein innerer Berührungspunkt*）を示している。この関係点（der Bezugspunkt）は人間の心の宗教的動機（die religiöse Motivation des menschlichen Herzens）であり、この心の宗教的動機が理性的討論に方向性と衝動を与えるのである。ドーイヴェールトは宗教と理性の内的結合点を思惟体系の《世界－法理念》（die kosmonomische Idee, *wetsidee*）と名付けた。世界－法理念は、それぞれの科学者が自覚的にせよ無自覚的にせよ、それによってその知識を秩序付け整える最も普遍的な枠組条件（die allgemeinsten Rahmenbedingungen）を示すもう一つの名称である。それぞれの思想構造は、ドーイヴェールトによれば、信仰か不信仰かの宗教的基礎の上に建っている。比喩を用いて言えば、世界法理念は歯車であり、それによって宗教的推進力が［ハブとして］思想の複雑な歯車装置を動かしている[39]」。

注

（1） Vgl. C. Veenhof, *In Kuyper's Lijn - Enkele opmerkingen over den invloed van Dr A. Kuyper op de „Wijsbegeerte der Wetsidee"*, Uitgave Oosterbaan & Le Cointre N.V., Goes, 1939. blz. 3.
（2） Veenhof, *In Kuyper's Lijn*, blz. 21.
（3） Dooyeweerd, Herman, *De Wijsbegeerte der Wetsidee*, Boek I, Amsterdam, 1935. blz. 491.
（4） Dooyeweerd, *Wijsbegeerte der Wetsidee*, Boek III, Amsterdam, 1936. blz. VIII.

(5) Klapwijk, Jacob, *Philosophische Kritik und göttliche Offenbarung*, Immanuel-Verlag, Riehen / Schweiz, 1986. Teil V Zur Frage einer christlichen Philosophie: Herman Dooyeweerds Kritik der autonomen Vernunft, S. 81.

(6) Herman Dooyeweerd, translated by Magnus Verbrugge, edited with an Introduction by John de Witte jr., *A Christian Theory of Social Institutions*, The Collected Works of Herman Dooyeweerd, Vol. I, The Herman Dooyeweerd Foundation 1986, La Jolla, California, U.S.A. John Witte, jr., Introduction, p. 7-8, note 3.

(7) Cf. Kuyper, *Lectures on Calvinism*, Wm. B. Eerdmans, Grand Rapids, Fourth printing, 1953. p. 138f.

(8) オランダ改革派教会の創立、アムステルダム自由大学の創立などの詳細については、拙著『思想の宗教的前提』聖恵授産所出版部、一九九三年、三「アブラハム・カイパー」、四「アブラハム・カイパーの学問論」参照。

(9) Veenhof, *In Kuyper's Lijn*, blz. 5f.

(10) Veenhof, *In Kuyper's Lijn*, blz. 7.

(11) Veenhof, *In Kuyper's Lijn*, blz. 8.

(12) Kuyper, de Heraut; No. 950; 8 Maart 1896. Cf. Veenhof, op. cit., blz. 9.

(13) Klapwijk, Jacob, *Philosophische Kritik und göttliche Offenbarung*, SS. 79v.

(14) Calvin, J., *Institutio religionis Christianae*, 1559. *Unterricht in der christlichen Religion*, deutsch von E. F. K. Müller, 1928^2, III. 7. 1.

(15) Klapwijk, *Philosophische Kritik und göttliche Offenbarung*, S. 80.

(16) Vgl. Veenhof, *In Kuyper's Lijn*, blz. 9.

(17) Vgl. Veenhof, *In Kuyper's Lijn*, blz. 9-10.

(18) „de Heraut"; No. 941; 5 Jan. 1896. 命題集の日付は 15 Nov. 1895 であり、命題集は有名な Lohman 論争に関連して作成されている。

(19) Organizations for Calvinist philosophy in the Netherlands, p. 3.

(20) „De Reformatie"; III, 49; 7 Sept. 1923. vgl. Veenhof, op. cit., blz. 15.

(21) Klapwijk, *Philosophische Kritik und göttliche Offenbarung*, S. 82.

(22) Dooyeweerd, H., *Calvinistische Wijsbegeerte*, in: Dooyeweerd, H., *Verkenningen in de Wijsbegeerte, de Sociologie en de Rechtsgeschiedenis*, Buijten & Schipperheijn, Amsterdam, 1962. S. 11.

このドーイヴェールト著『カルヴァン主義哲学』はもともと、Scientia; handboek voor wetenschap, kunst en religie. Deel I, 2e druk, 1956, p. 127-159 に掲載されたものである。一九六二年に、J. Stellingswerff の編集による〈Christelijk Perspectief〉のシリーズが開始された時に、第１巻として〈Dooyeweerd, H., *Verkenningen in de Wijsbegeerte, de Sociologie en de Rechtsgeschiedenis*, Buijten & Schipperheijn, Amsterdam, 1962〉が出版された。これはその第一章である。充分、単著としての分量と内容があり、一九五六年版そのままである。ドーイヴェールト哲学の全体の概要を知るためには、この〈*Calvinistische Wijsbegeerte*, 1596〉と〈*In the Twilight of Western Thought*, 1960〉、〈*Die Philosophie der Gesetzesidee und ihre Bedeutung für die Rechts- und Sozialphilosophie*, in: Archiv für die Rechts- und Sozialphilosophie LIII, 1967, I, SS. 1-30, und IV, SS. 465-513〉の三著が最適である。

(23) Vgl. Dooyeweerd, *Calvinistische Wijsbegeerte*, blz. 11-12.

カイパーは、聖霊によって直接心に刻まれるキリスト者の自己意識の内容として、「罪の意識」、「信仰の確実性」、「聖霊の証言」を挙げていた。Kuyper, *Het Calvinisme*, blz. 129-130. これをドーイヴェールトは「聖書の中心的統一性」と表現している。

(24) Dooyeweerd, *Calvinistische Wijsbegeerte*, blz. 13.

(25) Vgl. Dooyeweerd, *Calvinistische Wijsbegeerte*, blz. 12v.

(26) Vgl. Dooyeweerd, *Calvinistische Wijsbegeerte*, blz. 13v.

(27) Dooyeweerd, *De Wijsbegeerte der Wetsidee*, Boek I, 1935. blz. 489.

(28) Dooyeweerd. *A New Critique of Theoretaical Thought*, 1953. Vol. I, Philadelphia, 1953. p. 522.
(29) Vgl. Dooyeweerd, *Calvinistische Wijsbegeerte*, blz. 64-66.
(30) 本書の「カルヴァンにおける心の解釈」、「一般恩恵論」などの章節参照。また、拙著『哲学と神学』法律文化社、一九八四年、第三部、第三章参照。
(31) Vgl. Calvin, *Institutio*, 2:2:12-16. Opera Selecta III, Chr. Kaiser, 1958. pp. 254-259.
(32) Calvin, *Institutio*, 2:2:13, Opera Selecta III, pp. 256-257.
本書「ネオ・カルヴィニズムの伝統」の「一般恩恵」に関する章節参照。また、拙著『哲学と神学』法律文化社、一九八四年、第三部、第三章参照。
(33) Vgl. Klapwijk, *Philosophische Kritik und göttliche Offenbarung*, SS. 82-84.
(34) Vgl. Klapwijk, *Philosophische Kritik und göttliche Offenbarung*, SS. 85-87.
(35) Dooyeweerd. *Calvinistische Wijsbegeerte*, blz. 64.
(36) Vgl. Klapwijk, *Philosophische Kritik und göttliche Offenbarung*, SS. 88-90.
(37) Vgl. Klapwijk, *Philosophische Kritik und göttliche Offenbarung*, SS. 90v.
(38) Klapwijk, *Philosophische Kritik und göttliche Offenbarung*, S. 93.
(39) Klapwijk, *Philosophische Kritik und göttliche Offenbarung*, SS. 93-94.

第二章　理論的思惟の超越論的批判

1　ドーイヴェールトの超越論哲学

少し前に、フェーンホフの資料に基づいて、自由大学理事会が、カイパーの影響の下に、カルヴァン主義的学問研究の哲学的基礎づけの必要性について関心を示し、一八九五年に「改革派原理」（Gereformeerde beginselen）という表現の意義について取り扱った一連の命題集（stellingen）を刊行したことを述べた。この「改革派原理」という言葉は、自由大学を維持していた「改革派高等教育協会」の定款（statuten）に現れるものであった。この命題集の中に「カルヴァン主義哲学の必要性」（de noodzakelijkheid van een Calvinistische wijsbegeerte）を非常に強調する一冊があり、その第一六命題（de zestiende stelling）の中に次の重要な文章がある[1]。以下の文章は筆者のこれまでの論考において何度か引用したものであるが、現在の文脈において再度引用する。

「改革派高等教育協会の定款第二項は、改革派原理に建つ種々の学問研究に、われわれの時代のために、生命を吹き込むことを意図するから、あらゆることに優先して次のことを必要とする。認識主観に関するカントの研究以来はじめて前面に現れてきた問題、また一六世紀にはまだ誰にも、したがって、カルヴァンにも充分な意味では生じていなかった問題に対する解答もまたこの諸原理から引き出されるべきであるということである。われわれの認識の性質と本質、認識能力の働き方、認識能力と認識対象の関係、われわれの認識の限界、自然科学、精神科学それぞれに、認識に到達する方法、これらの諸問題に関しては、これまでのカルヴィニストにおいては、どのような満足のいく返答も見出し得ていないのである」[2]。

超越論哲学とは超越論的課題を問題とする哲学である。上記の文章にあるように、カントにおいて初めて自覚された問題、すなわち、認識の性質と本質、認識能力の働き方、認識能力と認識対象の関係、認識の限界などに関する問題である。カイパーは自由大学のカルヴァン主義的学問研究の哲学的基礎づけの課題を認識し、次代の哲学者の出現に期待を託したのである。

「私は、直接、対象に関わる認識ではなくて、対象についてのわれわれの――アプリオリに可能であるかぎりでの――認識の仕方に関わるすべての認識を、超越論的（transzendental）と名付ける」（Ich nenne alle Erkenntnis transzendental, die sich nicht sowohl mit Gegenständen, sondern mit unserer Erkenntnisart von Gegenständen, insofern diese a priori möglich sein soll, überhaupt beschäftigt.）[3]。この『純粋理性批判』の有名な言葉に示されているごとく、カントは対象の認識ではなくて対象認識の仕方（Erkenntnisart）についての認識を問題にした。すなわち、彼は対象を可能にする科学的認識の成立するためのアプリオリな普遍妥当的条件を問題にし、科学的認識の基礎づけ（Begründen）という超越論的批判の仕事に従事した。超越論的課題は、「直接、対象に関わる認識ではなく、アプリオリに可能であるかぎりでの、われわれの認識の仕方に関する認識」である。超越論的批判は、対象を可能にする科学的認識が成立する普遍妥当的条件を研究する仕事である。カイパーが問題にしていたのは、まさに哲学の超越論的課題である。超越論的とは、経験を超えていながら、同時に経験そのものを可能にするようなアプリオリな条件や制約に関わることを意味する言葉である。科学的認識を可能にするのは、認識を経験から帰納的に説明する経験主義（後天的総合判断、synthetisches Urteil a posteriori）や単なるアプリオリな概念から演繹する合理主義（先天的分析判断、analytisches Urteil a priori）でもない。なぜなら、前者は懐疑論に、後者は独断論に陥り、いずれも科学的認識を基礎付けることはできなかった。経験を無視しては科学的認識は成り立たない。経験からだけでは科学的認識は普遍性を持たない。経験を超えていながら、かえってそれが経験を成立させ経験を可能にする普遍妥当的条件は何かということである。それは先天的総合判断（synthetisches Urteil a priori）でなければならぬ。〈a priori〉と〈a posteriori〉は、〈前のことから〉と〈後ろのことから〉というラテン語から由来し、もともと原級を欠く比較級のみの形容詞〈prius〉である。何々より前、何々より後ろを意味するのではなく、一対で成り立つ概念で、一対の他方よりは前、一対の他方よりは後ろを意味する。経験論と合理論との対比から、「先天的」「後天的」と一対で考えられているので、「先天的」は、必ずしも生物学的先天性を意味するのでなく、カントに由来するこの言葉は論理学的先天性を意味している。(4) このような、学的思惟を成立させる普遍妥当的条件の探究とか学的認識の基礎づけという超越論的課題に携わる哲学を超越論的哲学（eine transzendentale Philosophie）と呼ぶならば、カイパーとドーイヴェールトの時代も、今日も、この超越論的哲学に対する関心は非常に高い。カント以後、今日までの哲学の歴史の中で、超越論的課題に取り組んだ新カント学派の哲学、フッサールの超越論的現象学、現代のアーペルの超越論的言語遂行論などの超越論哲学の系譜に属する諸哲学を見ても、これらは、いずれも、学的認識を成立させる普遍妥当的条件の探究という超越論的批判を問題にしている。新カント学派の影響を受けたスホルテンの自由主義神学の下で育ち、これ払拭するのに苦闘したカイパーにとって、この根底にあるカントの諸科学を認識論的に基礎づける近代的原理に対抗する「改革派原理」に立つ諸学問を樹立するために、諸学問の有神論的に基礎づける超越論的課題を強く意識していたということである。

アルバート・ヴォルタースは、ドーイヴェールトに対する新カント学派と現象学の関係と影響について概略、次のように語る。ドーイヴェールトが大学院の学生であった頃、オランダの四つの大学の哲学教授はすべて新カント学派の学者であった。自由大学の教授たちも同情的であった。新カント学派は科学的実証主義と戦い、宗教と信仰に正当な場所を空けるものとされていた。自由大学の神学教授で哲学も教えていたへーシンクも、カントの批判主義哲学に傾斜しつつあった。ドーイヴェールトは、『理論的思惟の新批判』の序文で次のように述べている。「私は最初、新カント学派の強い影響の下にあり、次いでフッサールの現象学の強い影響を受けた」と。もちろん、何から何まで新カント学派に同調したわけではない。新カント学派の理性の自律性の原理はすべての学問の宗教的性格というカイパー的理念とは両立し難いものであった。ドーイヴェールトがカントから受けた影響の最大のものは、彼の哲学の最大の課題を理論的思惟の批判という超越論哲学と考えたことであった。理論的思惟を超越論的批判の吟味にかけねばならない。しかし、人間の根底的自我は、カントの超越論的統覚のような論理的自我ではなく、聖書が〈心〉と呼ぶ宗教的自我である。ドーイヴェールトにとって、理論的認識は、理論理性の範疇による構成ではなく、思惟を可能にする条件の最も根底的な条件は、心にある宗教的アプリオリである。またドーイヴェールトには新カント学派、中でも西南ドイツ学派のヴィルヘルム・ヴィンデルバントとハインリッヒ・リッケルトからの影響も見られる。カントの超越論的弁証論と形而上学の妥当性を重視する姿勢は、リッケルトに由来し、創造の法を規範の領域と自然法則の領域に分ける考え方は、ヴィンデルバントに由来している。また諸科学を統括する中心に哲学を置く考え方は、新カント派の法学者、ルドルフ・シュタムラーに由来する。この理論的思惟の主観的アプリオリと並んで、対象世界の客観的アプリオリとしての創造の法の多様性は、フッサールの現象学とニコライ・ハルトマンの「多層理論」の影響がある。現象学の特徴は、経験の客観的所与の独立的実在性の主張にある。意識の志向性に基づいて現象学的に還元される生活世界は、経験論の哲学の言う感覚的所与の世界より遙かに広い、或いは論理的構成や心理的構成による世界より遙かに広い多様性の世界である。ハルトマンは、新カント学派の一つであるマールブルク学派の哲学者パウル・ナトルプの後継者である。ハルトマンは、現象学の影響も受けて、『認識の形而上学』を著し、新カント学派の認識論的観念論に別れを告げ、認識論的実在論を説いた。実在は多様なそれぞれ他に還元不能の存在論的地平を持つという「多層理論」(Schichtentheorie)は、ドーイヴェールトの様態側面の理論に影響を与えたのではないかと言われている(5)。

このヴォルタースの言葉と関連して想起するドーイヴェールトの新カント学派からの離脱の転機となったのは、宗教的根元としての心の発見である。ドーイヴェールトの超越論的批判の中心は宗教的根元としての心と心を支配する宗教的アプリオリの問題である。

「私は、最初、新カント学派の哲学、後にフッサールの現象学の強い影響を受けていたが、思惟そのものの宗教的根元の発見(de ontdekking van den religieuzen wortel van het denken zelve)は、私の思惟における大転換点(het groote keerpunt in mijn denken)を意味した。この発見によって、人間理性の自己充足性への信仰(het geloof in de zelfgenoegzaamheid der menschelijke rede)に根差している哲学とキリスト教信仰の間に内的結合を樹立しようとするあらゆる試み——当初、私自身によってもなされた——の幾度も繰り返された失敗について、新しい光が私を照らした。聖書によって繰り返し人間存在全体の宗教的根元として明らかにされている『心』（het hart）に中心的意義が帰属していることを私は理解するに至った」[6]。

ドーイヴェールト哲学は、理論的思惟を可能にする普遍妥当的条件を解明する超越論的課題に取り組む超越論哲学である。西洋哲学の根底に、宗教的前提からの独立を意味する哲学的思惟の自律性のドグマが存在している。真理と虚偽の究極的審判者としての人間の理論的理性への信仰が問題とされない限り、この自律性のドグマへの信仰は、公理として受け入れられてしまうだろう。それ故、理論的思惟の自律に関する独断的主張を批判的課題にすることが必要である。この問題は、思惟の理論的態度そのものに対する超越論的批判によってだけ答えることができる。この超越論的批判ということによって、われわれが理解しているのは、それだけが、理論的思惟を可能にするところの、また、この思惟そのものの内的構造と本性によって要求されるところの、普遍妥当的条件への徹底的に批判的な探究である[7]。

超越論的批判とは何か。この定義を彼の著書によって時系列的に正確に記すと次のようである。ここで目につく「理論的思惟態度」「理論的経験態度」という言葉は、「素朴経験態度」と対比的に使用される言葉である。思惟態度には理論的態度と前理論的態度がある。学問的思惟や哲学的思惟は、論理的様態と非論理的様態の間様態総合によって対象を把握する理論的経験態度である。これに対して素朴経験は前理論的思惟態度（de voor-theoretische denkhouding）である。以下は単に理論的思惟と素朴経験と表現することにする。

「このこと［理論的思惟態度の超越論的批判］によって、我々が理解しているのは、それのみが理論的思惟を可能にする普遍妥当的条件、そしてこの思惟そのものの内在的構造によって要求される普遍妥当的条件への批判的研究――いわゆる理論的公理を一つも認めない批判的研究――である」（By this we understand a critical inquiry [respecting no single so-called theoretical axiom] into the *universally valid conditions which alone make theoretical thought possible, and which are required by the immanent structure of this thought itself.*[8]。

「理論的思惟の超越論的批判という言葉で、法理念の哲学が理解するのは、理論的思惟態度をはじめて可能にする普遍妥当的条件、そして理論的思惟態度そのものの内在的構造によって要求される普遍妥当的条件、この条件についての本質的批判的研究である。ここで「批判的」研究というのは、いわゆる哲学的公理を一つも考慮しない研究という意味である」(Onder een transcendentale critiek van het theoretisch denken verstaat de wijsbegeerte der wetsidee een wezenlijk critisch - geen enkel zgn. wijsgeerig axiom ontziend - onderzoek naar de algemeen geldige voorwaarden, die de theoretische denkhouding eerst mogelijk maken en *die door de immanente structuur van deze laatste zelve geëist worden.*[9])。

「理論的思惟と理論的経験態度の自律性という伝統的公理に対して、批判的な問いが提起される。すなわち、それだけが、理論的思惟-経験態度を可能にするところの、また、この理論的思惟-経験態度そのものの内的構造と本性によって要求されるところの、普遍妥当的条件は何か?」(Dem traditionellen Dogma der Autonomie des theoretischen Denkens und der theoretischen Erfahrungshaltung wurde die kritische Frage entgegengehalten: Welche sind die notwendigen Bedingungen, welche die theoretische Denk- und Erfahrungshaltung erst ermöglichen und durch die innere Art und Struktur dieser letzteren selber gefordert werden?[10])。

端的に言えば、理論的思惟の超越論的批判とは、理論的思惟そのものを可能にする普遍妥当的条件の研究である。この普遍妥当的条件は理論的思惟そのものの内的構造によって要求される。この普遍妥当的条件についての本質的に批判的な研究である。超越論的批判の「批判的」というのは、理論的思惟の自律性という伝統的公理さえも批判のテストにかけ、理性の自律性そのものを批判的課題にする徹底的批判主義的作業であるという意味である。理論的思惟の構造そのものが宗教的アプリオリに規定されている。理論的思惟の構造は決して理性の自律性の公理、理論的思惟の自律性の公理を容認しない。

さらに、哲学的思惟の自己充足性（de zelfgenoegzaamheid）を公理（een axioma）として承認することに抵抗しなければならない。この公理もまた本質的に徹底的な超越論的批判（een wezenlijk *radicale* transcendentale denkcritiek）の課題とされなければならない(11)。

理論的思惟の内的構造は、宗教的根元を規定する宗教的アプリオリが理性を規定するという構造である。異教宗教的アプリオリが自己意識を規定するとき、理性の自律性という公理が生じる。理性は元来、自律的ではないので、これは誤ってそう思われた自律性、すなわち、誤想的自律性（die vermeinte Autonomie）である。しかも、異教的宗教的アプリオリは、ギリシア哲学、スコラ哲学、近代哲学によってその内容が異なるので、それぞれの哲学的思惟の誤想的自律性の内容は相違する。逆に言えば、この宗教的アプリオリの相違がそれぞれの哲学の性格を決定する。理論的思惟の内的本性はこのような構造を持っている。この構造を明らかにするのも超越論的批判の仕事である。この間の事態をドーイヴェールトは次のように語っている。はなはだ興味深い文章である。

「ここ二十年、〈法理念の哲学 Philosophie der Gesetzesidee〉という名称——最近分かったことであるが、残念ながら人に誤解を与えるような名称——で登場したこの哲学は、第一義的には、徹底的に批判主義的な意味におけるキリスト教超越論哲学である。この哲学は、第一に、理論的思惟、経験的思惟そのものを超越論的批判に服せしめた。理論的思惟の自律性、理論的経験的思惟の自律性という伝統的ドグマに対して、批判的問いが投げかけられた。すなわち、理論的思惟、理論的経験的認識を可能にする必然的条件は何か、また、このような理論的認識、或いは理論的経験的認識の内的性格と構造がおのずと明らかにされる必然的制約は何か、という問いである。この問いによって、自明の哲学的公理としての〈理論理性〉の自律性という独断的仮定が取り出された。これまで純粋に学問的と想定されてきたこの公理が、超越論的批判的課題へと変化した。この伝統的ドグマの信奉者たちに対して、前もって直ちにそのドグマを放棄することが要求されたのではない。ただ、このドグマが学問的な哲学研究の自由の必然的条件であるとか、それゆえ、このドグマが学問的思惟の内的本性に根差しているとかというような性急な判断を下すのを少し待つように要求したのである。一体、何が理論的思惟、理論的経験的認識の内的本性と内的構造であるか、理論的思惟の内的本性と内的構造が本当に理論的思惟の自律性を可能ならしめているのかどうか、この問いが超越論的批判的吟味に服せしめられるまでは、性急な判断を引き延ばすように要求しているのである。この問いは、超越論哲学においても、実際に新しいものであることは否定できない。カントの『純粋理性批判』においても、フッサールの超越論的現象学においても、理論理性の自律性は、自明の前提として承認されていた。それは彼らの〈批判的方法〉に塡め込まれた独断的投入物であった。それは、特にフッサールの超越論的現象学において、彼が晩年にそれに要求した〈究極的認識論、徹底的批判的認識論〉という資格付けと鋭く矛盾するものであった。人は、西洋思想史において主張されてきた理論的思惟の自律性の多義性に真摯に直面していたなら、学問的公理としてのその自明性を疑う機縁を持ったことであろうにと思われる。ギリシア思想においては、自律性の原理は、伝統的なトマス的スコラ哲学におけるそれとは全く違った意味を持っていた。更にこの自律性は、デカルト以後、啓蒙主義以後の近代思想においては、全く新しい意味を得ることになった。フッサールの死後出版された『ヨーロッパ諸学問の危機と超越論的現象学』（*Die Krisis der europäischen Wissenschaften und die transzendentale Phänomenologie*）においてフッサール自身も免れなかった自律性の意味の変化の最も深い原因を人が批判的に説明しようとするやいなや、人はそのように誤って思い込んでいる誤想的自律性の意味を明らかに規定している宗教的根本動因に直面させられているのに気付くであろう。《理論理性の自律性についての彼の理念を究極的に規定している宗教的被制約性は、上述の遺稿において非常に明らかに浮かび上がっているので、彼がこの被制約性をあらゆる先入主の普遍的超越論的・現象学的判断中止（epoché）の要求において完全に誤解したということが如何にして可能であるのかと人は自問するほどなのである。私はここで例えば次の注目すべき文章を挙げることにする。『その上、恐らく、次のことも示されている。すべての現象学的態度とそれに属する判断中止はまず第一に本質的に完全な人格的変化を引き起こす能力があり、この変化は宗教的回心に比較され得る。さらにそれを超えて、人間性としての人類に課せられている最大の実存的変化を内に蔵している』（Edmund Husserl, *Die Krisis der europäischen Wissenschaften und die transzendentale Phänomenologie*, Hrsg. von Walter Biemel, Husserliana, Bd. VI, S. 140. この引用文の中には「態度とそれに属する」（Einstellung und die ihr zugehörige）が欠落している）。他の箇所では次のように記されている。『完全な超越論的判断中止の比類なきラディカリズムによって獲得された絶対的な先入主のない状態によって初めて、伝統的な誘惑［すなわち、精神の客観主義的誤解の誘惑……これはドーイヴェールトの挿入］からの現実的解放が可能となる』（Edmund Husserl, ibid., S. 267）》。このような事態は、純粋に学問的な意味における理論的思惟の現実的な自律性と調和させることは困難である。ともかく、この事態は、誤想自律性の要請の真の本性についての判断を理論的思惟と理論的経験的認識態度の超越論的批判に委ねよというわれわれの要求の正当性を示すには充分である。一方、この批判は、理論の外にある前提、超理論的前提に依存しないという意味での理論的思惟の自律性が可能なのかどうかという問いを、もちろん事実問題（quaestio facti）としてではなく、取り扱うことができる。この批判は、少なくとも第一義的には、西洋の歴史の過程において、事実問題として、理論的思惟が自律的思惟として活動したかどうかということを探求する必要はない。批判の問題設定は、第一義的には、理論理性の自律性の要請が、理論的思惟態度、理論的経験的認識の内的本性と構造に基づいているのか、それとも逆に、自律性の要請は、思惟の内的構造によって排除されるのかという権利根拠の問題（quaestio juris）に必然的に関係しているのである。後者の場合〔自律性の要請は理論的思惟の内的構造によって排除される〕においては、この自律性の要請は理論の外の、超理論的源泉に淵源しているのに相違ない(12)」。

ドーイヴェールトの時代、オランダの四つの大学の哲学教授はすべて新カント学派の哲学者であったこと、ドーイヴェールト自身も「私は最初、新カント学派の強い影響下にあった」と述べていたことは前述した通りである。ドーイヴェールトは、人間存在の宗教的根元の発見による理性の自律性の公理の誤想性に覚醒するまでは、新カント学派の影響下にあった。ドーイヴェールトは理論的思惟の超越論的批判を通して、カントと近代哲学の根底にある「自由と自然」の宗教的アプリオリを批判する。新カント学派の哲学は、カントの「現象的人間」（homo phaenomenon）と「叡智的人間」（homo noumenon）の二元論を前提にする。科学的認識は自然の現象界の必然性の領域に成立し、理論理性は自然の現象世界を認識する因果法則の自律的立法者である。人間の自由は科学的認識の限界を超える叡智界に存在し、実践理性〔意志〕は道徳法則の自律的立法者である。新カント学派の哲学者も新カント学派の影響を受けた近代自由主義神学者もこの二元論を継承している。自然の世界の認識は、感性が受容する感性的直観を理論理性が悟性概念を適用しながら構成していくところに成立する。形而上学の入り込む場所はない。カントは「信仰に場所を空けるために認識を制限した」と言われる。

知識を制限され空けられた場所をカントは道徳と道徳信仰の場所とした。シュライエルマッハーはこの空けられた領域を宗教体験の領域とした。新カント学派のリッケルトはこの空けられた場所を価値の領域とし、価値哲学を主張した。要するにカント以後の哲学は、少なくとも自然の現象世界の領域は理論理性の自律的認識構成の領域として自然必然性の世界とし、専ら叡智的領域における人間の自由を防衛しようとした。近代的聖書批評学の学問的成果に信仰の脅威を感じた神学者たちが、科学的認識の及ばない世界に信仰の砦を見出したということは、或る意味では理解可能なことではある。近代神学者たちは創造世界の認識には口出しできない領域として世界を喪失したと言える。神学における創造論の喪失である。近代神学は、自分たちの領域を道徳の領域に、宗教体験の領域に、内的出来事の歴史的世界に、実存的決断の領域に内在化していく過程であった。

　新カント学派の哲学者ヘルマン・ロッツェの影響を受けた神学者ヴィルヘルム・ヘルマンの『信仰の真理』の言葉はこの「自然と自由」の二元論に立つ「新しい歴史の概念」の発見を裏付ける。「もし、われわれが誰かに、自然的に実在的なもの（das *natürlich* Wirkliche）を示そうと欲するならば、彼に健全な感官と健全な悟性（gesunde Sinne und ein gesunder Verstand）を使用することだけを求めさえすればよい。それさえあれば、難しい事例においても、実験と数学的証明の不可避的論理によって（durch das Experiment und die unausweichliche Logik mathematischer Beweisführung）、自然的に実在的なものの認識は必然的に得ることができる（*erzwungen*）。歴史的に実在的なもの（das *geschichtlich* Wirkliche）の認識の場合は、事情は全く別である。一人の人格を私が理解する場合、私が私自身をその人格の内的生（ihr inneres Leben）の中へ移入する（versetzen）ことのできるかぎりにおいてである[13]」。

「自然の実在性（die Wirklichkeit der Natur）は自然法則に基づいており、歴史の実在性（die Wirklichkeit der

Geschichte）は道徳法則に基づいている。自然法則は感官が異常でないかぎり、すべての人の承認をかちとることができ、道徳法則は自由意志にその承認を要求する。自然の中に生きることは自明のことであり、歴史の中に生きることはわれわれの課題である（*In der Natur zu leben ist das Selbstverständliche; in der Geschichte zu leben ist unsere Aufgabe.*）」[14]。

健全な感性と健全な悟性を持つすべての人に自然的認識は必然的な開かれた真理である。それに対して、信仰の真理は、イエス・キリストの内的生に触れる人が受ける人格的衝撃によって内心に起こる《geschehen》内的生起的出来事という歴史的（geschichtlich）真理である。ヘルマンの場合は、この出来事は道徳的主体に覚醒する出来事であったので、この二元論を継承する弟子たちからも、古い自由主義神学として批判を受けた。ブルトマンは、道徳的主体に覚醒する無時間的真理ではなく、神の言葉を聞く「いま、ここで」生起する、古い自己に死に新しい自己に復活する「一回的出来事」としての「具体的歴史」（Geschichtlichkeit）を主張した[15]。

新カント学派や実存論神学においては、カントの二元論が認識論的基礎をなしている。いずれにしてもカント以後の近代哲学者にとって、自然的実在性を捉える自然的真理は、人間の感性と悟性というアプリオリな認識能力、感性の形式であるアプリオリな「時間と空間」、悟性の形式であるアプリオリな純粋悟性概念［範疇］、超越論的時間規定たる時間関係に図式化された悟性原則を現象に適用して悟性の統一を得る経験的認識を意味する。自然的真理は、綜合的統一の根底には普遍的自我としての超越論的統覚が立法者として一つの自然を構成していく現象世界の事柄である。「信仰に場所を空けるために知識を制限した」というが、制限された自然的真理の世界は制限なく広い客観的科学的真理の世界であり、神学は創造世界に対する発言権を喪失した。自然の世界は自然必然性のみが支配する現象世界の統一であり、この自然必然性の法則性を産出しているのは超越論的統覚という普遍的悟性である。ここには、あらゆる宗教的権威から解放されるという人本主義的解放動因としての「自由」が呼び出した機械論的自然という人本主義的科学理想の「自然」動因と現象を一つの自然に構成する立法者としての人間の人格性の理想としての「自由」動因がある。他方、信仰の世界は道徳的主体に覚醒することであったり、いま、ここの一回的決断の瞬間的真理の世界であったり、要するに、人間的自由の真理は、心の中の内的生起の出来事の中に閉じ込められ、広汎な創造の世界は信仰の関心事の外に置かれた。奪われた自然における人間の自由を心の中で回復し、せめて道徳信仰の世界で、立法者的自由を確立する。ここには近代ヒューマニズムの宗教的根本動因たる「自然と自由」の宗教的アプリオリが存在する。われわれは、新カント哲学もその後の哲学も承認する自然的実在性に関わる自然的真理の認識の本性と構造を考察し、カントに始まる学問的認識のアプリオリな普遍妥当的条件の超越論的研究を考察する必要がある。自由大学理事会の文書にあった、カントにおいて初めて自覚された問題、すなわち、認識の性質と本質、認識能力の働き方、認識能力と認識対象の関係、認識の限界などに関する問題を、自由大学理事会がカルヴァン主義的学問研究の哲学的基礎づけの課題として認識していたことは、新カント学派の影響下にあった当時のオランダの哲学界の事情とカイパーの苦闘した自由主義神学の構造を考えるとき、まずカントの超越論的批判と対決しようとするカイパーの慧眼を感じる。ドーイヴェールトの超越論的批判は人間存在の宗教的根元の発見と宗教的アプリオリを理論的認識の構造に内在的なものと見なすのである。ドーイヴェールトは、近代人本主義的哲学のカント的「自由と自然」の宗教的アプリオリに対して、聖書的アプリオリである「創造‐堕落‐救贖」を対比し、被造世界を回復し、被造世界に関する諸学の建設を試みようとしているのである。さもなければ、キリスト者は被造世界の自然的真理に属するさまざまな事象と認識に発言権を失ったままに終わることになるからである。ドーイヴェールトの「法理念の哲学」の「法理念」(cosmonomic idea) は、コスモスとノモスの合成語であり、法理念の哲学は被造世界の創造の法に基づく哲学である。創造の法は、被造世界の自然的領域を支配する法則と精神的領域を支配する規範からなる。理論的思惟は被造世界を複数の様態的領域に分離し、それぞれの様態的領域を独自の創造の法［法と規範］が支配する。ドーイヴェールトの超越論的批判の第一課題は、「領域主権」の改革主義原理を存在論の問題に拡大した。「様態性」の側面を自然的領域から規範的領域まで拡大し、数学、物理学などの自然科学から法学、倫理学、神学などに至る諸科学、諸学問の理論的認識の基礎づけを構想した。学問は、論理的様態性と非論理的様態性の一つ［数、物理、法律、道徳など］との間の間様態的総合である。カントが理論的認識を感性的側面と論理的側面の間様態的総合として捉えたことを評価しつつも、ドーイヴェールトの超越論的批判は、間様態的総合はこれ一つではなく、論理的様態とそれ以外の諸様態の一つとの間に成り立つ間様態的総合と捉え、被造世界の諸領域の自然科学と精神科学の成立の基礎づけ、学問の対象として創造世界を回復した。

2　カントの超越論哲学——「近代主義原理」

§1　先天的総合判断 (Synthetisches Urteil a priori)

まず最初に、『純粋理性批判』の有名な第二版の序論から「先天的総合判断」についての論述を考察する。[16]
カントが超越論的批判の課題に取り組んだのは、自然科学的認識は、いかにして可能であるかという科学的認識の基礎づけの問題があったからである。事実問題（quid facti, quaestio facti）としては、ニュートンの古典物理学が偉容を誇っているとしても、その権利根拠の問題（quid juris, quaestio juris）は、必ずしも自明とは言えない。科学自身は、学的認識の構造の解明とか基礎づけとかの課題には携わらないので、あくまで、現象の中の法則性の解明とか事実認識、対象認識そのものに関わっている。しかし、この権利根拠の解明とか基礎づけという哲学的課題が科学的認識の質を確定しなければ、科学的認識以外の他の質の知の領域も指定できないし、科学的知識の限界も明らかにならない。従来の哲学は、科学的認識の可能性の普遍妥当的条件の解明による科学的認識の基礎づけという超越論的課題の批判主義的視点に目覚めていなかった。経験主義（Empirismus）の哲学は、学的認識を経験からだけ基礎づけようとして懐疑論に陥り、合理主義（Rationalismus）の哲学は学的認識を先天的概念のみによって基礎づけようとして独断論、或いは、独断論的知識の形而上学に陥った。或いは、批判（Kritik）を欠く学的認識は科学的認識を絶対化する実証主義への道を拓いた。なぜなら、実証主義は、一方では、経験的知覚のみを真実とする経験主義であり、一方では、数学的・物理的因果性の明証性にのみ確実性を認める独断主義であるからである。批判という言葉の語源は「分ける」（クリネイン）の意味であるように、カントの超越論的批判は、学的認識の可能性の基礎づけに際して、認識における経験的要素と先天的要素とを分離することから出発した。カントは「われわれのすべての認識は経験と共に始まるにしても、だからといって、認識がすべて経験から生起するわけではない」（Wenn aber gleich alle unsere Erkenntnis m i t der Erfahrung anhebt, so entspringt sie darum doch nicht eben alle a u s der Erfahrung. - B. 1）と語っている。なるほど認識は経験と共に始まるけれども、認識におけるすべての要素が経験から来るわけではないということである。経験からくる感覚的素材的なものと、経験から来ないアプリオリな形式的なものを区別するところから出発しているのである。

およそ、科学的認識を基礎づけることのできる判断は、科学に必要な認識の綜合的拡張性と認識の必然性、客観性を基礎づけるものでなければならない。経験主義の哲学は、後天的綜合判断（synthetisches Urteil a posteriori）の基盤に立つので、認識の拡張性を説明できても、その必然性と普遍性を基礎づけることができないので、科学的認識については懐疑論（Skeptizismus）に陥らざるを得ない。「経験判断そのものは、総じて、綜合的である」（B. 11）と言われるように、経験判断というアポステリオリな判断においては、主語Aに含まれていないもの、すなわち、主語の概念の外にあるもの（ganz außer dem Begriff A liegen - B. 10）が述語に付け加わる。従って、この綜合判断（ein synthetisches Urteil）は、主語の概念に述語を付け加える（hinzutun - B. 11）ことによって、認識の拡張をもたらすから、拡張判断（Erweiterungs-Urteil - B. 11）と呼ばれる。しかしながら、「経験は判断に真の厳密な普遍性（wahre oder strenge Allgemeinheit）を与えることは決してできない」（B. 3）のである。すなわち、経験判断においては、判断の普遍性を支えるものは経験的確証であるから、いくら多数の枚挙による例証を積み重ねてみても、「われわれが、これまで知覚（wahrnehmen）したかぎりでは、この、或いはあの規則には例外は存しない」（B. 3f）と言えるだけで、経験的普遍性は大抵の場合に妥当する妥当性を、すべての場合に妥当する妥当性に恣意的に高めているだけである」（B. 4）。従って、判断が、すべての場合に妥当する普遍妥当性を持つ場合には、それはアプリオリな必然性を持つ判断でなければならない（Vgl. B. 3）。経験判断は、普遍妥当性（Allgemeingültigkeit）と必然性（Notwendigkeit）を持つことができない。例えば、『すべての変化は、或る原因を持たなければならない』（Alle Veränderung eine Ursache haben müsse）という命題を見てみる。この命題においては、原因の概念（der Begriff der Ursache）は、結果との結合の必然性の概念（der Begriff einer Notwendigkeit der Verknüpfung mit einer Wirkung）と規則［因果性］の厳密な普遍性の概念（der Begriff einer strengen Allgemeinheit der Regel）を含んでいるから、この命題の判断は、必然的な、最も厳密な意味で普遍的な、アプリオリな純粋判断（notwendige und im strengsten Sinne allgemeine, mithin reine Urteile a priori）の一つである（Vgl. B. 4f）。この命題は、因果性の概念が時間順序の図式に図式化されて生じた純粋悟性の原則の一つである。だから、この命題は直観を援用している純粋判断であるる。この原則が現象に適用せられて先天的綜合判断（synthetisches Urteil a priori）としての科学的認識が成立するのである。しかるに、ヒュームは、この原因の概念を、或る生起が先行する生起に屢々随伴することから生じた、因果概念を結合する習慣（Gewohnheit）から導出しようとしたが、そのようにするなら、原因の概念そのものが成立しなくなるのである。経験的習慣からの説明は、科学的認識の前提としての認識の必然性と普遍妥当性を基礎づけることができないので、懐疑論に陥ることになり、経験主義の立場では、科学的認識を基礎づけることはできない。習慣や印象は蓋然性（Wahrscheinlichkeit）を克服することはできない。

一方、合理主義の哲学は、先天的分析判断（analytisches Urteil a priori）の基盤に立つので、認識の普遍妥当性と必然性を説明できても、その拡張性を基礎づけることができないので、科学的認識については独断論（Dogmatismus）に陥らざるを得ない。分析判断（ein Analytisches Urteil）は、「述語Bが主語Aの概念の中に含まれている或る物として主語Aに属する」（B. 10）ような判断である。述語においては、主語に含まれている限りのことが説明せられるので、説明判断（Erläuterungs-Urteil）と呼ばれる。分析判断は経験に基づかない先天的な判断である。「分析判断を経験に基づかせるとすれば、それは無意味なこと（ungereimt）になろう。なぜなら、私が分析判断を構成するためには、私の概念［すでに持っている概念］から一歩も出る必要がなく、それ故、いかなる経験の証言（ein Zeugnis der Erfahrung）をも必要としないからである。〈物体は延長をもつ〉（Alle Körper sind ausgedehnt.）というのは、アプリオリに確立している命題であって、いかなる経験判断（Erfahrungsurteil）でもない」（B. 11f）。それに対して、〈物体は重さを持つ〉（Alle Körper sind schwer.）という命題は、綜合判断である。この述語は、「私が物体一般という単なる概念において、思惟しているものとは全く異なったもの」（B. 11）である。私は、この命題においては、述語において、主語の概念の外に超え出ていく（über den Begriff hinausgehen - Vgl. B. 11）ことになるからである。したがって、先天的分析判断は学的認識における拡張性を基礎づけることのできない判断である。すなわち、分析判断における概念の分析は、われわれの概念を拡張（erweitern）するものではなくて、これを分解する（auseinandersetzen - Vgl. B. 9）にすぎないのである。しかし、アプリオリな分析判断は、科学的認識に不可欠な認識の必然性と普遍妥当性を基礎づけることができる。けだし、「必然性と厳密な普遍性は、アプリオリな認識の確かな徴表であり、両者は不可分離に結び付いている」（Notwendigkeit und strenge Allgemeinheit sind also sichere Kennzeichen einer Erkenntnis a priori, und gehören auch unzertrennlich zueinander. - B. 4）からである。合理主義の哲学は、科学的認識を基礎づけることができない。なぜなら、先天的分析判断は、常に判断の必然性と厳密な妥当性を主張できるとはいえ、経験を媒介しないために認識の拡張性を基礎づけることができない。ところが、経験を媒介にしないで、先天的概念の分析による判断の命題的明証性を真理の確実な徴表（Kennzeichen）とするならば、弁証論的仮象の拡張が起り、デカルトの三実体論の形而上学に見られるような独断論、或いは独断的知識の形而上学に陥る。「ひとが、経験の範囲を超えてしまうと、もはや経験によって論駁されることのないことは確かである。認識を拡張したいという衝動は、非常に大きいので、ひとは明白な矛盾に遭遇することさえなければ、その前進を阻まれることはないほどである」(B. 8)。経験の範囲を超えて、認識を拡張したい形而上学的要求は、人間本性に刻み込まれたものであり、ここに知識の独断論的形而上学に陥る危険性が潜んでいる。

このように、合理主義の先天的分析判断も経験主義の後天的綜合判断も科学的認識を基礎づけることができないとすれば、経験に裏付けられた認識の拡張性とアプリオリな認識のしるしである必然性と厳密な普遍性を兼ね備えた「先天的綜合判断」(ein synthetisches Urteil a priori) があれば、それこそが科学的認識を真に基礎づける判断であるということになる。けだし、認識は経験と先天的の両要素を持つものだからである。これが、前に掲げたカントの有名な言葉の意味である。「われわれのすべての認識は経験と共に始まるが、だからといって、認識がすべて経験から生起するわけではない」。われわれの科学的認識は経験と共に始まる経験的認識であるけれども、経験的認識も実は、われわれ自身の認識能力のアプリオリな形式と認識能力(悟性)の自発性の綜合作用によって可能となるもので、感覚的受容と概念的自発の合成なのである。すなわち、「われわれの経験的認識でさえ、われわれが感性的印象によって受容したものと、われわれ自身の認識能力が自分自身から取り出したものとの合成物 (ein Zusammengesetztes) なのである」(B. 1)。それゆえ、経験的認識も、先天的綜合判断の原理の純粋認識を根底に含んでいるのである。

したがって、「先天的綜合判断はいかにして可能であるか」がカントの批判哲学の重要な課題となるが、しかし、先天的綜合判断は、すでに純粋数学、純粋幾何学、純粋自然科学において、事実 (quid facti) として成立している。問題は、それがいかにして可能かという権利根拠 (quid juris) の問いなのである。数学的判断 (Mathematische Urteile) はすべて先天的綜合判断である。数学的命題は「経験から得られないところの必然性を伴っている」(B. 14) から先天的判断である。また、例えば、7＋5＝12という命題における「二つの数の和という概念」（der Begriff der Summe von 7 und 5）は、「二つの数を合わせて一つにする」（die Vereinigung beider Zahlen in eine einzige）という以上のことを含んでいないのであるから、すなわち、「そのような可能的な和の概念をいくら分析（zergliedern）してみたところで、私は、12という概念には出会わないのである」（B. 15）から、この命題は綜合的命題である。ということは、この判断において、ひとは「直観の助けを借りる」（die Anschanung zur Hilfe zu nehmen）ということである。すなわち、この命題は、7という概念に、五個の点とか五本の指とかの直観を用いて五個の単位を付け加えていく（hinzutun）ことによってのみ可能となる。「私は、なるほど、7と5の和という概念において、7に5が付け加えられなければならぬということを考えた。しかし、この和が12という数であるということまでは考えてはいない。それゆえ、算術的命題は常に綜合的である。――われわれがいくら数の概念をいじくりまわしてみたところで直観の助けを借りることなしには（ohne die Anschanung zu Hilfe zunehmen）、概念の単なる分析によっては、和の合計（die Summe）には決して到着しないからである」（B. 16）。このように、純粋数学の命題は、単なる概念の分析からだけでは成立しない先天的綜合判断であることが分かるが、この純粋数学における「先天的綜合判断がいかにして可能であるか」は、量のカテゴリーが「原則の分析論」の「図式論」において時間系列に図式化されたのち、「原則の体系」における「直観の公理」「すべての直観は外延量である」において説明されることになる。

また、事実問題としては、自然科学（物理学）も先天的綜合判断を原理として自らの中に含んでいる。例えば、「物体界のすべての変化において物質の量は常に不変である」という命題（der Satz: daß in allen Veränderungen der körperlichen Welt die Quantität der Materie unverändert bleibe. - B. 17）はアプリオリな起源と必然性を持った綜合命題であるということは明らかである。この命題において、物質という概念で考えられていることは、空間を満たすことによって空間の中に現存しているということ（ihre Gegenwart im Raume durch die Erfüllung desselben. - B. 18）であって、物質の持続性（die Beharrlichkeit）ということまでは含まれていない。それゆえ、この命題においては、物質という概念において考えられていなかった何かアプリオリなものを付け加えるために、物質という概念を超え出ている（über den Begriff der Materie hinausgehen）のである。恒常性は先天的概念、範疇である。「それゆえ、この命題は分析的ではなく、綜合的であり、しかもアプリオリに考えられたものであり、このことは、自然科学の純粋部門に属する他の命題についても同様である」（B. 18）。自然科学が、このような先天的綜合判断の純粋原理としての多くの命題を持つことは事実であるが、問題は、そのような先天的綜合判断がいかにして可能なのかということである。そのことについては、「原則の分析論」における「純粋悟性概念の図式論」と「純粋悟性の原則の体系」において詳述されるところである。

以上が第二版序論から学ぶ「先天的総合判断」についての概要である。その中で述べられたように、「われわれのすべての認識は経験と共に始まるが、だからといって、認識がすべて経験から生起するわけではない」というのがカントの基本的立場である。われわれの科学的認識は経験と共に始まる経験的認識であるけれども、経験的認識も実は、われわれ自身の認識能力のアプリオリな形式と認識能力（悟性）の自発性の綜合作用によって可能となるもので、感覚的受容と概念的自発の合成なのである。

§2　超越論的感性論（die transzendentale Ästhetik）——空間と時間

本論の「超越論的原理論」（Transzendentale Elementarlehre）は第一部「超越論的感性論」（Die transzendentale Ästhetik）から始まる。[17] われわれ自身の認識能力のアプリオリな形式と認識能力（悟性）の自発性の綜合作用によって可能となる経験的認識の第一部は、認識の質料である感覚的受容の問題である。科学的認識を可能にする普遍妥当的条件の研究が超越論的認識である。超越論的認識とは、直接、対象に関わる認識ではなく、認識の仕方に関する認識、先天的総合判断（Synthetisches Urteil a priori）の可能性の条件の認識である。「超越論的感性論」は感覚的受容の条件の研究であり、次の「超越論的分析論」は概念的自発の可能性の条件の研究である。いまは「超越論的感性論」の課題である。先走って「感性論」の結語の言葉を見る。「ここ［超越論的感性論］でわれわれは超越論哲学の普遍的課題、すなわち、如何にして先天的総合命題は可能であるか？　という問いの解決のために必要な［二つの］部分の一つを得た。それは空間と時間という先天的純粋直観である……」（Hier haben wir nun eines von den erforderlichen Stücken zur Auflösung der allgemeinen Aufgabe der Transzendentalphilosophie: wie sind synthetische Sätze a priori möglich? nämlich reine Anschauungen a priori, Raum und Zeit, in welchen . . . - B. 73）。この空間と時間は、概念と綜合的に結合する感性的直観の先天的純粋直観形式である。

感性（die Sinnlichkeit）は「受容性の能力」（das Vermögen der Rezeptivität）であり、それ自体アプリオリな能力である。感性がアプリオリな空間と時間という純粋直観形式を通して対象を受け取り、認識の材料［質料］たる感性的直観が成立する。経験的直観が成立するために既に経験に由来しないアプリオリな空間と時間の形式が源泉となっているから空間と時間は二つの認識源泉（zwei Erkenntnisquellen - B. 55）とも呼ばれている。外官の形式としての空間と内官の形式としての時間とを通して与えられる感性的直観以外に認識の所与はない。知的直観を持たない有限的存在者なる人間の経験的認識は、空間・時間的世界、現象的世界に限定される。これを超える叡智的世界、超感性的世界に理論的認識を主張することは独断的形而上学となる。

§3　純粋悟性概念と超越論的統覚（die Kategorien und die transzendentale Apperzeption）

超越論哲学の普遍的課題、すなわち、いかにして先天的総合命題は可能であるか？　という問いの解決のために必要なもう一つの部分は純粋悟性概念である。「超越論的感性論」で成立したのは、経験的認識の質料となる感性的直観である。経験が成立するためには、この感性的所与を思惟しなければならない。「直観は感性的以外ではあり得ないということ、すなわち、われわれが対象によって触発される仕方のみを含むというのがわれわれの本性である。これに対して、感性的直観の対象を思惟する能力は悟性である。感性と悟性という二つの特性は、いずれかが他に勝っていることはない。感性がなければわれわれに如何なる対象も与えられないし、悟性がなければ如何なる対象も思惟され得ない。内容なき思惟は空虚であり、概念なき直観は盲目である（Gedanken ohne Inhalt sind leer, Anschauungen ohne Begriffe sind blind.）」（die transzendentale Logik, Einleitung, B. 75）。換言すれば、「直観なき概念は空虚であり、概念なき直観は盲目である」。先天的総合判断の成立する第二の部分である純粋悟性概念を取り扱うのが、「超越論的原理論」の第一部「超越論的感性論」に続く第二部「超越論的論理学」（Die transzendentale Logik）、第一章「超越論的分析論」（Die transzendentale Analytik）である。この「超越論的分析論」は「概念の分析論」と「原則の分析論」に分かれている。この純粋悟性概念［範疇］と超越論的統覚の問題は「概念の分析論」[18]において論じられる。

感性的直観を思惟する認識能力は悟性（der Verstand）であり、悟性は「自発性の能力」（das Vermögen der Spontaneität）である。悟性の先天的形式は概念［純粋悟性概念、reine Verstandesbegriffe］である。悟性は自らの内にこれらの概念をアプリオリに含んでいる。純粋悟性概念は範疇（Kategorie）とも呼ばれ、範疇は伝統的判断表から演繹された一二の範疇である（B. 106）。

(1)量（die Quantität）――単一性（Einheit）、数多性（Vielheit）、全体性（Allheit）

(2)質（die Qualität）――実在性（Realität）、否定性（Negation）、制限性（Limitation）

(3)関係性（die Relation）――内属性と自存性（Inhärenz und Subsistenz）［実体と偶有性（substantia et accidens）］、原因性と依存性（Kausalität und Dependenz）［原因と結果（Ursache und Wirkung）］、相互性（Gemeinschaft）［能動者と受動者の相互作用（Wechselwirkung zwischen dem Handelnden und Leidenden）］

(4)様態性（die Modalität）――可能性‐不可能性（Möglichkeit-Unmöglichkeit）、現存在－非存在（Dasein-Nicht-sein）、必然性－偶然性（Notwendigkeit-Zufälligkeit）

感性的直観の多様を結合して纏まった直観にする働きは感官にも時間・空間のアプリオリな直観形式にも存在しない。直観形式は主観が触発される仕方（Art）にほかならない。感性的直観の多様を結合するのは表象能力の自発性の働き（ein Actus der Spontaneität）であり、この自発性は感性と区別されて悟性と名付けられる。この悟性の結合の働きは総合（Synthesis）である。悟性が予め総合しておかなければ、われわれは何ものをも客観において結合しているものとして表象することはできない。結合は客観によっては与えられ得ず、主観自身によって与えられ得る唯一のものである。しかし、結合（Verbindung）という概念は、この多様なものの総合（Synthesis）という概念以外に多様なものの統一（Einheit）という概念を自らのうちに伴っている。結合は多様なものの綜合的統一の表象である（Verbindung ist Vorstellung der synthetischen Einheit des

Mannigfaltigen.)。統一の概念が加わることによって結合の概念が可能となる。認識の客体としての感性的直観は悟性概念が総合し統一した纏まった表象として与えられる。このように認識の質料として感性的直観が与えられるということの中に、既に悟性の自発的作用があるのである。この場合の統一性（Einheit）は範疇の単一性（Einheit）ではない。すべての範疇は判断における論理的機能に基づいているが、しかし、判断においては与えられた諸概念の結合、したがって、統一（Einheit）が既に思惟されているからである。それゆえ、われわれはこの統一（Einheit）をもっと高次なもの、すなわち、悟性の可能性の根拠を含むものにおいて求めなければならない。（B. 129-131）

それこそが超越論的統覚である。感性的直観の多様における諸表象にはそれに先だって「われ思惟す」（Ich denke.）という根元的自我の自己意識の表象が伴っている。それは「超越論的統覚」（die transzendentale Apperzeption）であり、自己意識の超越論的統一、純粋統覚（die reine Apperzeption）、根元的統覚（die ursprüngliche Apperzeption）である。諸表象が一つの普遍的自己意識（ein allgemeines Selbstbewußtsein）の下に纏まる条件である（B. 132）。直観の多様の綜合的統一は、悟性がアプリオリに結合し、直観の多様を統覚の統一へもたらす、悟性自身の遂行にほかならない。統覚の統一というこの原則は全人間的認識における最高の原則である（B. 135）。

超越論的感性論においては、感性との関係におけるすべての直観の可能性の最高原則は、直観のすべての多様は空間と時間という形式的諸条件に従うということであった。しかし、「概念の分析論」のここにおいては、悟性との関係におけるすべての直観の可能性の最高原則が取り扱われている。それは、直観のすべての多様は統覚の根元的・綜合的統一（die ursprünglich-synthetische Einheit der Apperzeption）の諸制約に従うということとである。単に直観の多様の表象が与えられる最高原則ではなく、直観の多様が一つの意識において結合されるという思惟と認識に関する最高原則の問題である。前者の場合には、与えられた諸表象は「われ思惟す」という統覚の作用（der Aktus der Apperzeption, *Ich denke*）を共有していないので、一つの自己意識において総括され得ない（nicht in einem Selbstbewußtsein zusammengefaßt sein）のである（B. 136-137）。

悟性は一般的に言えば認識の能力（das Vermögen der Erkenntnisse）である。認識は与えられた諸表象を一つの客体（ein Objekt）へと関係させる特定の関係において成立する。客体とは、与えられた直観が、その概念において統一されている、その概念そのものである。諸表象のすべての合一（Vereinigung）は諸表象の総合（Synthesis）における意識の統一（Einheit des Bewußtseins）を必要とする。すると意識の統一こそが、諸表象と一つの対象（ein Gegenstand）との関係、したがって、諸表象の客観的妥当性（ihre objektive Gültigkeit）、つまり認識そのものを構成する当のものである。悟性の可能性すらこの意識の統一性に基づいている。今後の悟性使用の全体が基づいている第一の純粋悟性認識は「統覚の根元的綜合的統一の原則」（der Grundsatz der ursprünglichen synthetischen Einheit der Apperzeption）である。意識の綜合的統一はすべての認識の客観的条件である。私は客体（ein Objekt）を認識するためにこの条件を必要とするのみならず、この条件はあらゆる直観が私にとって客体となるためには、従わなければならない条件である。カントは「統覚の根元的綜合的統一の原則」が客体を認識するための客観的条件であるのみならず、「あらゆる直観が私にとって客体となるために従わなければならない条件」とまで言っているのである。意識の根元的統一としての超越論的統覚は、認識の条件であるのみならず、認識の客体の成立の客観的条件である（B. 137-138）。

統覚の超越論的統一とは、直観において与えられたすべての多様を客体の概念において合一する働きである。概念において総合することとは判断である。判断（ein Urteil）とは与えられた諸認識を統覚の客観的統一へもたらす仕方（die Art, gegebene Erkenntnisse zur objektiven Einheit der Apperzeption zu bringen）に他ならない。この仕方こそが範疇であり純粋悟性概念である。判断における「……である」という繫辞〈ist〉は、諸表象の必然的統一、諸表象と根元的統覚との関係を示している。「物体は重さをもつものである」（Die Körper sind schwer.）という判断が先天的総合判断である所以である。これらの諸表象が経験的直観において必然的に結び付いているのではなく、これらは諸直観の総合（Synthesis）における統覚の必然的統一の力によって結び付いているのである。すなわち、そこから認識が生じ得るかぎりの、すべての表象の客観的規定の原理に従って結び付いているのである。これらの諸原理はすべて統覚の超越論的統一の原則から導出されているのである。このことによって一つの判断、客観的に妥当する関係が生じるのであって、「物体」と「重さ」という二つの表象は客観的に客体において結合していると言える。この関係はたとえば連想の法則（Gesetze der Assoziation）に従って、単に主観的妥当性しか持たない表象の関係から充分に区別され得るのである。連想の法則に従えば、私が物体を持つとき、私は「重さという圧力」（ein Druck der Schwere）を感じるということだけであって、「物体が重さをもつものである」ということではない。「物体」と「重さ」という両表象は客体において結合しているとは言えない（B. 139-142）。

これはヒュームの主観的連想説の批判である。経験主義は経験の繰り返しによる後天的主観的判断であって、究極的には科学的認識の基礎づけどころか懐疑主義に落ち着くことになる。リヒャルト・クローナーは、「カントは、これらの重要な言葉において、ヒュームの主観的連想説を批判することによって、事柄の核心を突いている」（In these momentous words Kant hits the heart of the matter by criticizing Hume's theory of subjective associations.）と述べている。

クローナーの言葉を詳しく引用するとカントの「分析論」の文脈がよく見える。

「客観的認識は如何にして可能であるか。これはカントの超越論的分析論の根本問題である。対象はわれわれには与えられず、ただ対象の印象のみが与えられるのであるから、如何にしてわれわれの判断が正しいか誤りかを知ることが可能なのか。カントの論じるところでは、判断の主語と述語の客観的に妥当な関係は、『ただ――それらが連想の法則に従って結合されるときのような――主観的妥当性のみをもつ同じ表象の関係から充分に区別され得る。後者の場合には、私が言い得るすべては、〈もし私が物体を持てば私は重さの印象を感じる〉ということであり、〈物体は重さをもつものである〉とは言えないであろう。このように、〈物体は重さをもつものである〉と言うことは、いかにしばしば知覚が繰り返されようとも、二つの表象は常に私の知覚において共在しているということを言明しているだけではない。われわれが主張していることは、主体の状態がいかなるものであれ、二つの表象が客体において結合されているということである』（B. 142）。カントは、これらの重要な言葉において、ヒュームの主観的連想説を批判することによって、事柄の核心を突いている。知覚の根底にあり知覚の認識的核心である判断の論理的分析は、印象あるいは概念の連想のみならず、論理的主語と論理的述語の関係を見出すのである。問題は思惟する悟性の中にあるこの論理的関係が悟性の外にある客体にどのようにして届くかということである。どのようにして悟性は客体について判断するために自分自身を超越することができるか。カントはこの問いに「超越論的なもの」としての悟性の教説（a doctrine of the understanding）によって答えるのである。「超越論的悟性」は客体に入り込み客体についての認識を獲得する力を持っている。見かけ上も実際上もヒュームによっては不可能であったこの一見したところ不可能な課題を、超越論的悟性はどのようにして遂行するのか」[19]。

感性的直観において与えられた多様は必然的に統覚の根元的綜合的統一の下へともたらされる。直観の統一はこのことによって可能となる。直観であろうと概念であろうと、与えられた諸表象の多様を統覚の下にもたらすこの悟性の働きが判断の論理的機能なのである。すべての多様なものは判断の論理的機能を通じて規定され意識一般へともたらされる。つまり、直観の多様は一つの意識にまとまるのである。この論理的機能こそ範疇である。感性的直観の多様もこの範疇に従うのである（B. 143）。

§4　超越論的図式論（der Schematismus）と原則の体系（System aller Grundsätze）

「超越論的分析論」の第一節「概念の分析論」を終わり、次の第二節「原則の分析論」に入る[20]。その中心は「純粋悟性概念の図式論」と「純粋悟性の原則の体系」である。

「原則の分析論」を語るとき超越論的判断力について語らなければならない。高級認識能力（die oberen Erkenntnisvermögen）は、悟性（Verstand）、判断力（Urteilskraft）、理性（Vernunft）という心の諸力（die Gemütskräfte）である。悟性は概念を取り扱い、判断力は判断を、理性は推論を取り扱うという秩序がある。しかしこれらの心の諸力は悟性一般という広汎な名称の下に理解されている（B. 169）。「原則の分析論」は判断力のための基準（ein Kanon für die Urteilskraft）となり、この基準は、アプリオリな規則に対する条件を含む悟性概念を判断力に教える。それで私は悟性の本来的な諸原則を主題にしているのに、判断力の教説（eine Doktrin der Urteilskraft）という名称を用いるのである。悟性一般を規則の能力（das Vermögen der Regeln）と説明するなら、判断力は規則の下に包摂する能力（das Vermögen unter Regeln zu *subsmieren*）である（B. 171）。

判断力の超越論的教説は二つの部分から成る。第一は「純粋悟性概念の図式論」であり、純粋悟性概念使用の感性的条件を取り扱い、第二は「純粋悟性の原則」、すなわち、すべてのアプリオリな認識の根底にある総合判断を取り扱う（B. 175）。

「純粋悟性概念の図式論」は、判断力が、感性の多様を悟性の規則、すなわち、範疇の下に包摂する場合に、どのような範疇の下に包摂されるかを判断する仕方の認識に関わるのである。判断力は、感性の多様という感性的なものを、素性の異なる悟性の規則たる範疇、純粋悟性概念の下に包摂すべきかを判断するアプリオリな能力であるが、適用を誤らないためには訓練が必要な特殊な才能（ein besonderes Talent - B. 172）である。

純粋悟性概念は感性的直観と比較すればまったく異種的（ungleichartig）である。如何にして経験的直観の悟性概念の下への包摂（die Subsumtion）、すなわち、現象への範疇の適用（die Anwendung）は可能であるのか？ そこには、一方では範疇と同種的であり、他方では現象と同種的である第三者（ein Drittes）が存在しなければならない。この媒介者の表象は、あらゆる経験的なものを含まない純粋なものでなければならず、しかも、一方では知性的（intellektuell）であり、他方では感性的（sinnlich）でなければならない。それが超越論的図式（das transzendentale Schema）である（B. 176f）。

この第三者、媒介者は時間である。悟性概念は多様なもの一般の純粋な綜合的統一を含んでいる。また時間は内感の多様なもの、すなわち、あらゆる経験的表象の結合の形式的条件である。時間は感性的多様の結合において感性的直観が与えられるアプリオリな純粋直観形式である。このように、時間は、多様なもののあらゆる経験的表象の中に含まれているかぎり、現象と同種的である。この超越論的時間規定（eine transzendentale Zeitbestimmung）は、普遍的であり、アプリオリな規則に基づいているかぎり、時間規定の統一を構成する範疇と同質的である。時間規定は直観にも範疇にも存在する。したがって、範疇の現象への適用は超越論的時間規定を媒介として可能となる。この超越論的時間規定が、悟性概念の図式として、現象の範疇への包摂（die Subsumtion）を媒介するのである（B. 177-178）。

量の範疇（単一性、数多性、全体性）の図式は、対象の継時的把捉における、時間自身の産出（総合）を表象する。この時間規定は時間系列（die Zeitreihe）である。

質の範疇（実在性、否定性、制限性）の図式は、感覚（知覚）と時間の表象との総合、或いは時間の充実を表象する。この時間規定は、時間内容（der Zeitinhalt）である。

関係の範疇（実体性、原因性、相互性）の図式は、あらゆる時間における（すなわち、時間規定の規則に従う）知覚相互の関係を表象する。この時間規定は、時間秩序（die Zeitordnung）である。

様態の範疇（可能性、現実性、必然性）の図式は、対象が時間に属しているのかいないのか、またどのように属しているのかという対象規定の相関者としての時間自身を表象する。この時間規定は、時間総括（der Zeitinbegriff）である（B. 184-185）。

量の範疇の図式についてはカントは次のように説明する。図式は構想力（die Einbildungskraft）の産出（die Erzeugung）、総合（Synthesis）である。五つの点を順番に打つ場合を考える。・・・・・と点を継起的に打つ。この五つの点は・・・・・という形像（das Bild）であるが、この手続きは純粋悟性の図式機能（der Schematismus）である。これは百とか千とかあらゆる場合の数の表象とする方法の表象（die Vorstellung einer Methode）である。量は点を打つ単一の時間から次つぎと多数の点を打つ数多性の時間へ、さらに、或る概念に形象（Bild）を提供する全体性の時間へと産出する構想力（Ein*bild*ungskraft）の普遍的働き（ein allgemeines

Verfahren）の表象こそがこの概念に対する図式なのである（B. 179）。
悟性の概念としての量（die Größe, quantitas）は数（die Zahl）である。数は、単一の1に同種の1を数多的に加えていく継時的加算を合わせて一つの数概念の全体性に総括すること（die sukzessive Addition von Einem zu Einem [gleichartigen] zusammenbefassen）[21]の表象である。それゆえ、数は同種的直観一般の多様なものの総合の統一（die Einheit der Synthesis des Mannigfaltigen einer gleichartigen Anschauung überhaupt）に他ならず、この統一は、私が時間自身を直観の把捉において産出することによるのである（B. 182）。

数系列は、単一性、数多性、全体性の範疇の図式である。感性の多様なものが或る量を持った計測可能なものとして与えられていると思うのは、悟性が対象を量の範疇の図式機能による数系列として表象しているからである。眼前の現象が纏まった量を持ったものとして表象され、それが計測可能なものとしてあるのは、人間悟性の対象把捉における時間の総合に他ならない。このような感性的直観の悟性化と純粋悟性概念の感性化の根底には超越論的統覚の統一がある。

質の範疇は、実在性、否定性、制限性である。それぞれの図式は、感覚（知覚）における時間の充実の度合い（Grad）を表象する。この時間規定は、時間内容（der Zeitinhalt）である。実在性（Realität）は感覚一般に対応するものであり、その概念そのものが時間における存在（ein Sein in der Zeit）を指示しているものである。実在性の図式は、充実した時間（eine erfüllte Zeit）である。否定性（Negation）はその概念が時間における非存在（ein Nichtsein）を表象する。否定性の図式は、空虚な時間（eine leere Zeit）である。感覚はすべて或る度または量（Grad oder Größe）を持っているが、これによって、感覚は同一の時間を、換言すれば、或る対象の同一の表象に関する内官を、それが無（零）になって終わるまで、多かれ少なかれ充たすことができる。制限性（Limitation）の図式は、多かれ少なかれ充たされた時間（mehr oder weniger erfüllte Zeit）である。人は或る量を持った感覚から、時間においてその感覚の消滅まで下降する、或いは、否定性から、その感覚の或る量へと徐々に上昇するのである。或るもの（Etwas）が時間を充たしているかぎり、この或るものの量としての実在性の図式は、時間における感覚の連続的な一様な実在性の産出である。この時間規定が時間内容の産出である。質の範疇の図式は感覚が度を持つという時間内容の規定であり、時間系列としての量の時間規定を前提としている。この図式はわれわれの感覚が最大から零へ、またその中間の一定の強度を持ち、対象が度数の計測可能なものとして現象することを意味している（B. 182-183）。

関係の範疇は、実体性、原因性、相互性である。この時間規定は時間秩序（Zeitordnung）である。実体（die Substanz）の図式は時間における実在的なものの持続性（die Beharrlichkeit des Realen in der Zeit）であり、経験的時間規定一般の基体（ein Substratum）としての実在的なものの表象である。実体といっても認識不能な叡智的実体や物自体のことではなく、科学的認識の対象となる感性的現象が時間のなかで変化していく中に変化しないものがあるということである。そうでなければ現象の変化を或るものの変化する現象として把捉することはできない。基体は他のものが変化してもそのまま留まるもののことである。それ自身変化しない形式である時間に、現象において対応するものは、現存在において変化しないもの、すなわち、実体である。原因と因果性（die Ursache und die Kausalität）の図式は物一般の継起の図式である。或る実在的なものが任意に定立されるとき、常に或る他のものがそれに続くということである。それゆえ、この図式は、それが規則に従うかぎり、多様なものの継起（die Sukzession des Mannigfaltigen）において成立する。相互性の範疇は、相互作用、諸実体の偶有性に関する相互的原因性の範疇である。その図式は同時存在（das Zugleichsein）である。すなわち、或る実体の諸規定が他の実体の諸規定と、普遍的規則に従って同時に存在することである（B. 183-184）。

様態の範疇は、可能性、現実性、必然性である。この時間規定は時間総括（Zeitinbegriff）である。可能性の図式は、さまざまな表象の総合と時間一般の諸条件との一致である。たとえば、或る事物において対立しているものは、同時には存在できないが、継時的には存在可能である。したがって、可能性の図式は或る時点における事物の表象の規定である。現実性（die Wirklichkeit）の図式は或る一定の時点における現存在（das Dasein）である。必然性の図式はすべての時点における対象の現存在である。前にも述べたように、これらの図式は、規則に従うアプリオリな時間規定に他ならず、これらの時間規定は、範疇の秩序に従って、あらゆる可能的対象に関する、時間系列、時間内容、時間順序、時間総括に関係するのである（B. 184-185）。

構想力の超越論的総合による悟性の図式機能は内官における直観の多様の統一に他ならず、間接的には、内官（受容性）に対応する機能としての統覚の統一に帰着する。純粋悟性概念の図式は、範疇に客体との関係を提供する真の唯一の条件であり、それゆえ、範疇は結局、経験的使用を超えるような如何なる使用も持ち得ないのである。範疇は、一つの根元的統覚におけるすべての意識の必然的結合によるアプリオリな必然的統一の根拠によって、現象を総合の普遍的規則に従わせ、それによって、現象を経験における汎通的結合に適合させるためにのみ役立つからである。感性の図式が純粋悟性概念・範疇を実在化する（realisieren）と共に感性の条件に制限する（einschränken）のである。超越論的論理学は現象的認識のアプリオリを扱う真理の論理学であり、形而上学の仮象的推論においても働く単なる諸表象の統一を扱う形式的論理学ではない。たとえば、実体は、単に主語となって述語とならないものといった、何ら感性的条件と関係することのない形而上学的概念となる。ここに図式論の重要性がある。図式は本来的には現象（ein Phänomenon）であり、或いは、範疇との一致における、対象の感性的概念である。数は現象的量（quantitas phänomenon）であり、感覚は現象的実在性（realitas phänomenon）であり、恒常不変性は現象的実体（substantia phänomenon）であり、永遠性は現象的必然性（necessitas phänomenon）である（B. 185-186）。

先天的総合判断の可能性、その妥当性と範囲の問題は、超越論的論理学の最も重要な仕事である。前述のごとく、超越論的時間規定（時間系列、時間内容、時間秩序、時間総括）が、悟性概念の図式として、すべての現象の範疇への包摂（die Subsumtion）を媒介するのである。すべての現象はこの超越論的時間規定に従って、数量的であり、実在的であり、因果的であり、現実的である。そのようなものとして現象が与えれることが、現象の範疇への包摂である。このような超越論的時間規定によって対象が与えられないとき、範疇は適用され得ない。認識が客観的実在性を持つということは、或る対象（ein Gegenstand）と関係するということである。或る認識が意味と意義を持つということは、対象が何らかの仕方で与えられることが可能でなければならない。対象のない概念は空虚である。対象を与えるということが直観において示すということであるならば、対象の表象を経験と関係付けるということである。経験が可能であるということは、あらゆるアプリオリな認識に客観的実在性を与えるということである。先天的総合判断が可能となるのは、われわれが、直観のアプリオリな形式的条件、構想力の総合、超越論的統覚における総合の必然的統一を可能的経験的認識一般と関係させるときである。「経験一般の可能性の条件は、同時に、経験の対象の可能性の条件である」（Die Bedingungen der *Möglichkeit der Erfahrung* überhaupt sind zugleich Bedingungen der *Möglichkeit der Gegenstände der Erfahrung.*）。経験一般の可能性の条件は先天的総合判断において客観的妥当性を持っている（B. 193-197）。

「経験一般の可能性の条件は、同時に、経験の対象の可能性の条件である」。リヒァルト・クローナーは、「この文章はカントの理論哲学全体の核心を含んでいる」と述べている。[22]「カントは、その理性批判においてプラトン主義を超え、形而上学的論理学は超越論的論理学へと変貌した」。[23] 認識の対象を与えることは対象を直観において描写し、経験と関係付けることである。対象が時間関係において図式化され実在性（Substanz）を示すのは、現象的実在性であり、プラトンのイデアのごとき叡智的実在性（intelligible Substanz）ではない。カントは叡智的実体の認識の可能性は全く承認していない。それは仮象の論理学となる。カントは対象の現象的対象性、一定の時間における現存在の可能性の論理的条件を課題にしているのである。対象の現存在と認識の可能性の論理的条件を求めているのである。経験の可能性の諸制約の論理学である。「カントの眼差しは事物、存在者に向けられているのではなく、存在者の経験可能性に向けられているのである。経験可能性が、認識される事物の性質に基づいて規定されるのではなく、事物の概念が、その経験可能性に基づいて規定されるのである。対象が経験可能であるということ、このことは対象を哲学的に特徴付けること、対象の論理的『本質』を構成することである。カントの論理学は認識の純粋な自己規定である。存在認識が認識されるのである。この存在認識の認識そのものは、いかなる存在認識でもなく、認識の認識（Erkenntniserkennen）であり、認識の理論（Erkenntnistheorie）であり、認識批判（Erkenntniskritik）であり、認識の論理学（Erkenntnislogik）である」。[24]

前述のごとく、先天的総合判断の可能性、その妥当性と範囲の問題は、超越論的論理学の最も重要な仕事である。いまや、この先天的総合判断の重要な課題は、純粋悟性の原則の問題として果たされる。現象に対応する対象の認識は純粋悟性の原則に従う規則よって可能となる。自然法則は、経験的悟性使用の根本法則として考察されるときには、同時に、必然性の表現を伴っており、また、あらゆる経験に先立ってアプリオリに妥当する根拠に基づく規定の推測を伴っている。そうでなければ、自然認識は単なる偶然的であり、先天的根拠を欠くものとなり、自然現象における客観的な対象認識とはなり得ない。自然のすべての法則は一様に悟性のより高次の諸原則に従っている。自然のすべての法則は高次の悟性原則［悟性の綜合的原則］を現象の特殊な事例へ綜合的に適用することに他ならないからである。自然現象における対象認識は、純粋悟性がそれ自体先天的総合判断である超越論的悟性原則を、現象のそれぞれの特殊な事例へ綜合的に適用することによって可能となる、先天的総合判断である。純粋悟性概念を可能的経験へ適用するとき、悟性概念の総合の使用は、数学的（mathematisch）か力学的（dynamisch）である。なぜなら、総合（Synthesis）は、直観とのみ関係する場合と現象一般の現存在と関わる場合があるからである。量と質の純粋悟性概念の客観的使用の原則は数学的原則であり、関係と様態の純粋悟性概念の客観的使用の原則は力学的原則である（B. 198-200）。

「範疇表は原則表のために全く自然な指示を我々に与える。原則は範疇の客観的使用の規則に他ならないからである」（B. 200）。

「純粋悟性の原則の体系」（das System der Grundsätze des reinen Verstandes）

(1)「直観の公理」（Axiom der Anschauung）

「直観の公理の原理――すべての直観は外延量である」（*Alle Anschauungen sind extensive Größen.*）（B. 202）。

量の範疇の超越論的時間規定による図式は時間系列である。すべての現象はこの超越論的時間規定に従って、数量的であり、その悟性原則は「直観の公理」である。

すべての現象の根底に空間と時間における直観が存在する。現象が経験的意識の中へ取り入れられるのは、与えられた感性的直観を、単一性、数多性、全体性の範疇を図式化する時間系列において、一つの時間、多くの時間、全体の時間と順次に同種的多様なものを総合統一する意識（das Bewußtsein der synthetischen Einheit dieses Mannigfaltigen [Gleichartigen]）、すなわち、量の概念である。したがって、現象としての客観の知覚さえ、与えられた感性的直観の多様の綜合的統一によって可能となるのである。この綜合的統一によって多様な同種的なものの合成の統一も量の概念において思惟されるのである。現象は総じて量であり、外延量である。外延量とは部分の表象が全体の表象を可能にするような量（したがって、部分の表象が必然的に全体の表象に先行するような量）のことである。私が一本の直線を表象するとき、どんなに短い直線であっても、一つの点からあらゆる部分を頭の中で順次産出することによって一本の直線の直観を描いているのである。このことはどんなに短い時間であっても同様であって、一つの瞬間から他の瞬間への継時的進行を思惟し、すべての時間部分とその追加によって最後に一定の時間量が産出されるのである。直観としてのあらゆる現象は空間であっても時間であっても外延量である。直観としてのあらゆる現象は部分から部分への継時的総合（sukzessive Synthesis）による覚知（die Apprehension）において認識され得るからである。したがって、すべての現象は前以て与えられた諸部分の集合量（Aggregate）として直観されるのである（B. 202-204）。

7＋5＝12は先天的総合判断である。諸現象の数学に関するこの超越論的原則は我々のアプリオリな認識に大いなる拡張性を与える。数学を精密に経験の諸対象に適用可能ならしめるのは、まさにこの原則のみであるからである。経験的直観は空間と時間の純粋直観によってのみ可能である。（B. 205-206）。

(2)「知覚の予料」(Antizipationen der Wahrnehmung)

「知覚の予料の原理――すべての現象において、感覚の対象である実在的なものは、内包量、すなわち、度を持つ」(*In allen Erscheinungen hat das Reale, was ein Gegenstand der Empfindung ist, intensive Größe, d. i. einen Grad.*)(B. 207)。

質の範疇の超越論的時間規定による図式は時間内容である。すべての現象はこの超越論的時間規定により、度量的であり、実在的であり、その悟性原則は「知覚の予料」である。知覚(Wahrnehmung)はその中に感覚(Empfindung)もあるような経験的意識である。知覚の対象としての諸現象は、空間と時間のような純粋直観、形式的直観ではない。なぜなら、空間と時間はそれ自身では知覚され得ないからである。知覚の対象としての現象は、直観を超えて何か或る客観一般のための質料(die Materie zu irgendeim Objekte überhaupt)、空間或いは時間の中に現存する何か(etwas Existierendes)を表象する質料、感覚の実在的なもの(das Reale der Empfindung)を含んでいる。直観の公理の場合は直観の量の産出の総合であったが、知覚の予料の場合は感覚の量の総合(eine Synthesis der Größenerzeugung einer Empfindung)である。感覚の量は、否定性の範疇の図式である空虚な時間は純粋直観＝0から始まり、多かれ少なかれ充たされた時間内容の限定性を通過して、実在性の範疇の図式である充たされた時間としての任意の量にまで達する。一つの瞬間における感覚の欠如は空虚すなわち否定性、0である。経験的直観において感覚に対応するものは、現象的実在性(realitas phaenomenon)である。叡智的実在性は悟性認識の限界を超えているのでここでの問題ではない。現象における実在性と否定性の間には多くの可能的中間感覚の連続的連関(ein kontinuierlicher Zusamenhang vieler möglichen Zwischenempfindungen)がある。知覚と感覚の経験的意識の対象としての現象はアポステリオリな経験であり、経験は実在性の知覚である。知覚の対象としての現象は感覚の量である感覚の実在性を含むというのはアプリオリな純粋悟性原則である。「すべての現象において、感覚の対象である実在的なものは、内包量、すなわち、度を持つ」。すべての経験的悟性認識は先取的にこのことを知っている。したがって、知覚の予料は知覚の先取的認識のことである。「人は、経験的認識に属するものを、私がそれによってアプリオリに認識し規定し得る、すべての認識を予料（eine Antizipation）と名付けることができる」（B. 208）。アポステリオリな現象認識を規定するアプリオリな先取的予料的認識がある。これこそ、経験を超えていながら、反って経験を成立させる先天的な普遍妥当的条件である。知覚の予料は、あらゆる感覚、したがって、現象におけるあらゆる実在性は、どんなにそれが小さくても、度、すなわち、内包量を持っているということである。この内包量はさらに減少され得るものであり、実在性と否定性の間には、可能的諸実在性の連続的連関であり、より小さい可能的諸知覚の連続的連関である。それぞれの色、たとえば赤は或る度を持っており、度がどんなに小さくても、最小の度0ではない。この事情は、熱、重力の内包量に関してもまったく同様である。すべての現象における感覚の対象である実在的なものが、計測可能なもの、計量可能なものとして表象されるのは、悟性の先取的認識、悟性の総合作用による（B. 207-211）。

(3)「経験の類推」（Analogien der Erfahrung）

第二版「経験の類推の原理――経験は諸知覚の必然的結合の表象によってのみ可能である」（*Erfahrung ist nur durch die Vorstellung einer notwendigen Verknüpfung der Wahrnehmungen möglich.*）（B. 218）。

第一版「経験の類推の原理――すべての現象は、その現存在から言えば、或る時間における諸現象の相互関係の規定の諸規則に、アプリオリに従う」(*Alle Erscheinungen stehen, ihrem Dasein nach, a priori unter Regeln der Bestimmung ihres Verhältnisses untereinander in eienr Zeit.*)(A. 176f)。

経験とは経験的認識、すなわち、知覚によって客観を規定する経験的認識のことである。それゆえ、経験的認識は知覚の総合(eine Synthesis der Wahrnehmungen)である。しかし、この知覚の総合は、経験的な知覚自身の中には含まれていない。知覚の総合は知覚の多様の綜合的統一(die synthetische Einheit des Mannigfaltigen der Wahrnehmung)のアプリオリな意識であり、この意識が、感性の客観の認識、すなわち、経験的認識の本質的なものなのである。経験的直観においては諸知覚は単に偶然的に集まっているので、諸知覚の結合の必然性は知覚自身からは明らかにならない。だから経験論は懐疑論に陥るのである。経験(経験的認識)は経験的直観の多様と客観、多様と現存在との必然的結合を時間において表象しなければならない。時間における客体の現存在の規定(die Bestimmung der Existenz der Objekte in der Zeit)は、時間自身は知覚され得ないのであるから、時間における客観の結合、すなわち、アプリオリに結合した諸概念によってなされるのである。それゆえ、経験的認識は諸知覚の必然的結合の表象によってのみ可能となる。経験の可能性の条件は経験の対象の可能性の条件である。すなわち、経験的認識の可能性の条件は、時間における超越論的時間規定による客観の現存在のアプリオリな必然的結合である(B. 218-219)。

関係の範疇は、実体性、原因性、相互性である。この時間規定は時間秩序(Zeitordnung)である。実体(die Substanz)の図式は時間における実在的なもの、現象的実体、現存在の持続性(Beharrlichkeit)であり、因果性の図式は現象の継起(Folge)であり、相互性の範疇の図式は同時存在(Zugleichsein)である。これらの図式は、諸現象のすべての時間関係の三つの規則である。これらの三つの規則が、あらゆる経験に先行しており、あらゆる経験をはじめて可能にするのである。これら三つの規則によって、現象のあらゆる現存在、**現象における実在的なものの関係**［ゴチックの部分はアカデミー版による補足（jeder ihr Dasein *erg.* : **Verhältnis des Realen in der Erscheinung.** Vgl. Kant's gesammelte Schriften, Akademie-Ausgabe, Bd. 23. Kant's handschriftlicher Nachlass, Berlin 1955, S. 47. A. 177. Textemendationen)］は、すべての時間の統一性に関して規定され得るのである（B. 219）。

現象の経験的認識は、感性的直観へ直接範疇を適用するのでなく、範疇の時間化による三つの図式に類比的に、実体、因果性、相互作用の範疇を経験の類推の原則として現象に適用する先天的総合判断である。原則自体が先天的総合判断である。アポステリオリな経験的認識を成立せしめる条件は経験を超えているアプリオリな時間規定である。経験の類推の三つの普遍的原則は、あらゆる時間において、経験的意識、経験的知覚に関する統覚の必然的統一に基づいている。根元的統覚は、感性的直観とその形式、すなわち、時間における多様な経験的意識とアプリオリに関係する。統覚の超越論的統一においては、感性の多様はその時間関係に従って統一されるべきである。統覚の超越論的統一がこのことを主張するからである。私の認識に属すべきものはすべて、したがって、私にとって対象となり得るものはすべて、この超越論的統覚にアプリオリに従うのである。すべての知覚の時間関係におけるこの綜合的統一はアプリオリに規定されている。それゆえ、この綜合的統一は、すべての経験的時間規定が普遍的時間規定の規則に従わなければならないという規則である。経験の類推こそこのような規則でなければならない（B.220）。

持続する実体も、継起する因果関係も、実体の相互作用も、すべて現象における現存在の時間関係であり、時間秩序である。経験の類推の原則は経験的悟性使用の原則である。諸現象は範疇そのものの下に包摂されるのではなく、その図式の下に包摂されるのでなければならない。直観の公理と知覚の予料の原則は外延量と内包量としてアプリオリに構成的に使用することができた。これによって純粋数学の可能性を証明することができた。この二原則はアプリオリな構成的原則である。それに対して経験の類推の原則は、構成的原理ではなくて、統制的原理である。なぜなら、悟性は、現象における現存在を産出する叡智的悟性ではなく、現象における実在的なものを結合する能力である。物自体をアプリオリに綜合的に認識することは不可能である（B. 221-223）。

我々は、これらの諸原則によって、類推のみに従って、概念［範疇］の論理的普遍的統一をもって、諸現象を結合し得る権利を持つのである。感性的直観に概念を適用する経験的認識は、経験の類推の原則によって範疇の時間関係における図式を現象に適用していることなのである。我々は範疇を利用するが、現象への適用においては、範疇の図式を範疇使用の鍵として範疇の代わりに使用している（B. 224）。

以上まとめて言えば、関係の範疇の超越論的規定による図式は時間秩序である。すべての経験はこの超越論的時間規定により、実体的であり、因果的であり、交互作用的である。原則の体系のうち最も重要な原則は、「関係」（Relation）の範疇［実体性（Substanz）、因果性（Kausalität）、相互性（Gemeinschaft）］が時間秩序に図式化されて生起するこの悟性原則「経験の類推」の三つの類推である。ニュートン力学の三法則の哲学的基礎付けになっている。「経験の類推」の原則は、「超越論的分析論」の第二章「概念の分析論」の最も重要な興味ある部分である。

第一の類推「実体の持続性の原則」（Grundsatz der Beharrlichkeit der Substanz）（B. 224）「現象のすべての変化に際しても、実体が持続し、その量は自然においては、増大されもしないし減少されもしない」（*Bei allem Wechsel der Erscheinungen beharrt die Substanz, und das Quantum derselben wird in der Natur weder vermehrt noch vermindert.*）。

現象のあらゆる変化は時間の中で思惟されるが、時間そのものは存続し変化しない。時間自体は知覚され得ないが、知覚の対象たる現象においては常に変わらない基体（das Substrat）、現象的実体（die Substanz）、存続するもの持続するもの（etwas Bleibendes und Beharrliches）が存在する。現象のすべての時間関係は、この持続するものとの関係においてのみ規定される。知覚の対象たる存続するものは、現象における実体であり、すべての変化の基体として同一のものであり続ける、現象における実在的なもの（das Reale der Erscheinung）である。この実体は現存在において変化しないから、自然における実体の量は増大されることも減少されることもない。我々は現象に直接実体性の範疇を適用するのではなく、実体性と偶有性の範疇の図式である時間における持続性の原則を適用するのである。我々の現象の多様における覚知は常に継時的（sukzessiv）であり、変化的（wechselnd）である。この覚知の多様が、経験の対象として、同時的に存在するのか、継時的に継続するのかを規定し得るのは、経験の根底に、常に持続的なものがあるからである。持続性（die Beharrlichkeit）は、現象のすべての現存在の恒常的相関者、すべての変化と随伴の恒常的相関者（das beständige Korrelatum alles Daseins der Erscheinungen, alles Wechsels und aller Begleitung）として、時間を表現している。持続的なものによってのみ継時的時間系列の異なった部分における現存在は一つの量を持ち、人はこれを存続（Dauer）と呼ぶ。さて、時間そのもの（die Zeit an sich）は知覚され得ないから、この現象における持続的なものはあらゆる時間規定の基体であり、したがってまた、諸知覚のすべての綜合的統一の可能性の条件、すなわち、経験的認識の可能性の条件である。哲学者の言葉は正当である。「世界におけるすべての変化にもかかわらず実体（die Substanz）は恒存し、ただ偶有性（die Akzidenzen）のみが変化する」。実体が持続的であるという綜合的命題は、我々が実体の範疇を、経験の類推という原則に基づいて、持続性という図式において、現象へ適用する根拠である。すべての現象の中には、何か或る持続的なものが存在し、これによってのみ、すべての変化するものはこの現存在の規定以外の何物でもないのである。偶有性は、常に変わらざるものを前提とした変化の徴表である。持続性の原則は先天的総合命題であり、覚知し得る経験的直観との関係においてのみアプリオリに妥当する。薔薇の花の色、香り、形状という知覚、感性的直観は、時間と共に変化するが、薔薇の花という現象的実体、持続するもの、変わらざる現存在を前提しなければ、薔薇の花についての経験的総合認識は成立しない。煙の量は、燃やされた木の重さから、残っている灰の重さを差し引いたものである。変化とは、一つの現存在様式が同じ対象の別の現存在様式へと移ることである。したがって、変化するすべてのものは存続するのであって、状態が変化するのである。実体が変化するのではない。現象における実体はすべての時間規定の基体である。持続性（die Beharrlichkeit）は、すべての現象が、事物或いは対象として、経験において規定可能となる必然的条件である（B. 224-232）。

　第二の類推「因果性の法則による時間継起の原則」（Grundsatz der Zeitfolge nach dem Gesetze der Kausalität）（B. 232）

「すべての変化は原因と結果の結合の法則に従って生起する」（*Alle Veränderungen geschehen nach dem Gesetze der Verknüpfung der Ursache und Wirkung.*）。

　もう一度繰り返すが、関係の範疇は、実体性、原因性、相互性である。この時間規定は時間秩序（Zeitordnung）である。実体（die Substanz）の図式は時間における実在的なもの、現象的実体、現存在の持続性

(Beharrlichkeit) であり、因果性の図式は現象の時間継起 (Zeitfolge) であり、相互性の範疇の図式は同時存在 (Zugleichsein) である。これらの図式は、諸現象のすべての時間関係の三つの規則である。これらの三つの規則が、あらゆる経験に先行しており、あらゆる経験をはじめて可能にするのである。

この「経験の類推」の第二の類推という純粋悟性原則は「因果性の法則に従う時間継起 (Zeitfolge) の原則」である。私は現象が相次いで継起する (aufeinander folgen) ことを知覚する。すなわち、現象的実体は持続しているが、事物の状態は、その前の状態から変化していることを知覚する。私は時間における二つの現象を結合していることになる。この結合は感性や直観の働きではなく、構想力［悟性］の総合能力の所産 (das Produkt eines synthetischen Vermögens der Einbildungskraft) である。時間継起は因果性の悟性概念［範疇］の図式である。悟性は因果性との類推において時間継起の図式をアポステリオリな現象にアプリオリに適用するのである。単なる知覚によっては継起する現象の客観的必然的因果関係は規定されない。綜合的統一の必然性を伴っている概念は、知覚の中には存在しないから、純粋悟性概念［範疇］以外にはあり得ないのであって、この場合は原因と結果の関係の概念である。先行する現象と後続する現象を知覚するだけの経験論の帰納的立場では、二つの現象の必然的因果関係を立証できず、懐疑論に陥るほかはない。我々が現象の継起と変化を因果性の法則に従わせることによってのみ、経験そのもの、経験的認識が可能となるのである。したがって、諸現象自身が、経験の対象として、正にこの法則によってのみ可能となる。経験の可能性の条件は経験の対象の可能性の条件であるというカントの認識構成説はこの因果性の法則に従う時間継起の悟性原則において典型的に表現されている (B. 232-234)。

或るものが生起するということを経験する場合、我々はその或るものは、因果律に従って継起する或るものであることを常に前提している。知覚（Wahrnehmungen）や覚知（Apprehensionen）における単なる継起は先行するものとの関係が規則に従って規定されていないなら、客観における如何なる継起も正当化しないからである。現象における知覚や覚知の主観的総合を客観的必然的総合たらしめるためには、現象を継起において先行する状態によって規定する規則に従っていることを前提している。この前提においてのみ、生起する或るもの（etwas）についての経験が可能となる。継起の表象は現象の多様においてのみならず、対象においても成立する。稲妻と雷鳴との関係を先行と後行の経験的継起の印象の連合の規則として捉えるならばその関係は偶然的である。しかし、稲妻と雷鳴の関係は悟性概念たる因果律に根拠を持つ普遍的必然性を持った結合である。薔薇の花が咲くことと萎むこととの間には薔薇の花という現象的実体の持続性と生起の変化という因果的継起が存在する。因果性の範疇を、その図式たる時間継起の原則との類推において、現象の変化に適用するとき、現象の変化は原因と結果の必然的結合において生起する。いな、我々がこの純粋悟性の原則を現象に投げ入れたから、経験的認識において、諸現象は因果的必然性において結合したものとして表象されるのである。我々が因果性というアプリオリな純粋概念を経験のうちに発見するのは、我々が経験の中に予め純粋概念を投げ入れたからである。経験的認識の可能性の普遍妥当的条件は、経験を超えていながら、反って経験を成立せしめるアプリオリな条件であり、経験の対象の可能性の条件である。この悟性の原則は経験的認識の基礎であり、経験に先行するアプリオリな悟性的統一の根拠である。我々の対象への関係は、我々の諸表象にどのような新しい性質を与えるのか、また諸表象がこれによって保つ高い品位（die Dignität）は何かということを探究するとき、我々が発見するのは、この関係が諸表象の結合を或る仕方で必然的にし、或る規則の下に従わせるということに他ならないということ、また、逆に、我々の諸表象の時間関係における或る秩序が必然的であるということによってのみ、諸表象に客観的意義が与えられるということである（B. 240-243）。

時間は現存在（das Existierende）が後続するものへ連続的に進行していく可能性のアプリオリな感性的条件を含んでいる。これと同じように、悟性は、統覚の統一を介して、諸現象のための特定の時間におけるすべての位置を、原因と結果の系列によって、連続的に規定することを可能にするアプリオリな条件である。原因は結果の現存在（Dasein）を不可避的に引き起こし、これによって、時間関係の経験的認識を、あらゆる時間にとって普遍的に、したがって、客観的に妥当せしめるのである。このようにして自然科学的認識は可能となるのである（B. 256）。

第三の類推「相互作用或いは相互性の法則に従う同時存在の原則」（Grundsatz des Zugleichseins, nach dem Gesetze der Wechselwirkung, oder Gemeinschaft）（B. 256）

「すべての実体は、それらが空間において同時的に知覚され得るかぎり、汎通的相互作用の中にある」（*Alle Substanzen, sofern sie im Raume als zugleich wahrgenommen werden können, sind in durchgängiger Wechselwirkung.*）。

関係の範疇の三番目は「相互性」（Gemeinschaft）である。この超越論的時間規定は時間秩序（Zeitordnung）である。第一番目の実体性（Substanz）の図式である時間における現存在の持続性（Beharrlichkeit）、第二番目の因果性（Kausalität）の図式である現象の時間継起（Zeitfolge）に続いて、相互性の範疇の図式は実体の同時存在（Zugleichsein）である。これらの図式は、諸現象のすべての時間関係の三つの規則である。これらの三つの規則が、あらゆる経験に先行しており、あらゆる経験をはじめて可能にするのである。

経験的直観において或るものの知覚が他のものの知覚に相互的に後続する事物は同時に存在する。月を最初に知覚し、その後で地球を知覚することも、その逆も可能である。同時存在とは同一の時間における多様なものの現存である（Zugleichsein ist die Existenz des Mannigfaltigen in derselben Zeit.）。時間自身は知覚されないから、或るものの知覚と他のものの知覚は前後しており同時ではない。月を見ている時に、いま知覚していない地球の存在を知覚する覚知における構想力の総合は主観的であり必然的ではない。客体Aと客体Bが同時に存在し、Aの知覚にBの知覚が、その逆も相互的に可能である必然的結合の認識には悟性概念、範疇が必要である。知覚の相互継起が客観に根拠を持っていることを主張するためには、それゆえ、同時存在を客観的なものとして表象するためには、前後しておりながら同時に現存するものを規定する相互継起の悟性概念が必要とされる。相互性、或いは相互作用の関係は、一方の実体が他の実体の諸規定の根拠を相互的に含むという関係である。空間における諸実体の同時存在は、諸実体の相互作用の前提下において以外には、経験において認識され得ないのである。アポステリオリな経験の成立の可能性の条件は、現象的実体の同時存在と相互作用のアプリオリな純粋悟性原則を前提にしている。それゆえ、この前提は経験の対象としての事物そのものの可能性の条件でもある（B. 256-258）。

実体Aは実体Bの諸規定の原因性を含むと同時にその結果を含む。その逆も同様の関係にある。諸実体は直接的に間接的に力学的相互性（dynamische Gemeinschaft）の関係性の中にあるから、同時存在は経験的に認識可能となる。同時に存在するかぎり、現象におけるすべての実体にとっては、相互作用の汎通的相互性の中に相互にあるということは、必然的である。ドイツ語では相互性（Gemeinschaft）という言葉には、共在（communio）と交換、相互影響（commercium）の意味がある。ここでは後者の意味の力学的相互性（dynamische Gemeinschaft）である。世界のすべての現象的実体は諸規定の原因と結果の相互影響の相互性の関係性の中にある。我々の経験が容易に気付くことは、空間のすべての位置における連続的影響のみが我々の感覚を一つの対象から他の対象へ導き得ること、我々の目と天体の間に戯れる光が我々とこれらの天体との間に直接的な相互性を引き起こし、天体の同時存在を証明することである。我々の位置の知覚は、この位置相互の影響と相互作用によってのみ、それらの位置の相互存在を示し、遙か彼方の対象に至るまで、対象の共存(Koexistenz)を示すことができるのである。この力学的共在性と相互作用によって、天体の科学的認識は可能となる(B. 259-260)。

「すべての現象が結合されているべき世界全体の統一性は、明らかに、同時に存在しているすべての実体の相互性という密かに採用されている原則の帰結に他ならない」(B. 265. Anm.)。我々が、相互性の悟性概念[範疇]との類推において、相互性の範疇の図式である同時存在の悟性原則、「すべての実体は、それらが空間において同時的に知覚され得るかぎり、汎通的相互作用の中にある」を採用し、この原則を現象に適用するから、すべての現象が結合されている世界の統一性が必然的実在関係として存在するのである。カントが、相互性の純粋悟性概念は、共在(Koexistenz)という経験的認識の可能性の根拠であると言うのはこの意味であり、だからこそ、人は共在という経験的認識から、この経験的認識の成立の条件・制約としての相互性の範疇へと逆に推論するのである(Vgl. B. 265. Anm.)。薔薇の花の現象の変化には薔薇の花という実体の時間持続がある。薔薇の花が咲くことは散ることの原因であり、散ることは咲くことの結果である。あらゆる変化は時間継起である。しかし、薔薇の花の現象の生起には、日光という実体、水という実体があり、それぞれの実体の時間持続と時間継起の変化がある。それぞれの実体は、それらが空間において同時的に知覚され得るかぎり、汎通的相互作用の中にある。これらの相互影響の中で薔薇の花の現象が生起する。経験の三つの類推は、時間における現存在を規定する原則に他ならない。時間自体は知覚の対象ではないから、実体の持続の原則、因果性の法則に従う時間継起の原則、相互性の法則に従う同時存在の原則の力学的影響（commercium）の実在的相互性（eine reale Gemeinschaft）という悟性原則の時間関係の中で、諸現象の経験的認識は成立する。諸現象の現存在は悟性の規則によってのみ時間関係に従う綜合的統一性をアプリオリに獲得することができる（B. 261-262）。

経験的意味における自然とは、必然的規則、すなわち諸法則に従う、現存在から見た諸現象の連関（der Zusammenhang der Erscheinungen ihrem Dasein nach）である。換言すれば、自然とは、現存在から見た現象が法則に従って連関しているその必然的現象連関のことである。したがって、まず自然を可能にするものは、或る種の法則、しかもアプリオリな法則である。経験的諸法則は経験を介してのみ成立し得る。しかも、経験的諸法則は、この経験そのものをまず可能とするかの根元的諸法則（jene ursprünglichen Gesetze）に従って成立し見出される得るのである。この根元的法則こそ純粋悟性原則であり、特に三つの経験の類推の原則である。三つの類推、実体の持続性の原則、因果性の法則による時間継起の原則、相互作用或いは相互性の法則に従う同時存在の原則は、元来、すべての現象連関における自然統一（die Natureinheit）を或る種の指数（gewisse Exponenten）の下に表示し、この指数は、時間がすべての現存在を自らの中に包括する限り、規則に従う総合（Synthesis）においてのみ成立し得る統覚の統一（die Einheit der Apperzeption）に対する時間の関係を表現するものに他ならない。その時間関係は時間持続、時間継起、同時存在である。この三つの類推の原則の要旨は、すべての現象は一つの自然の中にあり、また一つの自然の中になければならないということである。なぜなら、このアプリオリな統一がなければ、如何なる経験の統一も、経験における如何なる対象規定も不可能となるからである。自然は人間の悟性が超越論的統覚の下に悟性原則の秩序を現象に適用し総合し構成している時間連関の統一性である（B. 263）。

これらの超越論的自然法則（die transzendentalen Naturgesetze）は先天的総合判断であるということが重要である。この超越論的自然法則の証明とその特質は、他の先天的総合判断、すなわち、知性的であると同時に綜合的でもあるアプリオリな総合命題を証明しようとする他のあらゆる試みにとって一つの重要な指示（Vorschrift）を与える。先天的総合判断は経験を無視した概念の分析判断ではないということである。経験的諸法則は、この経験そのものをまず可能とする根元的諸法則（die ursprünglichen Gesetze）に従って成立し得るのである。この根元的法則こそ純粋悟性原則であり、特に三つの経験の類推の原則である。現存するすべてのものは持続的なものにおいてのみ見出されること（第一類推）、あらゆる出来事は、その出来事が規則に従ってそれに継起する或るものを、その先行状態において前提していること（第二類推）、同時に存在する多様なものにおいては、諸状態は規則に従う相互関係において同時に存在している（第三類推）——これら三つの類推を概念の分析から独断的に証明しようとするなら、すべての努力は全く無駄になってしまうだろう。これらは先天的分析判断ではない。もしそうならこの証明は独断論となる。なぜなら、人は或る対象とその現存在から他の対象の現存在とその存在様式へは、単なる概念の分析によっては、どんなに分析しても、達し得ないからである。ここで必要なものは、経験としての認識、経験的認識の可能性の証明である。経験は、対象の表象が我々に対して客観的実在性（die objektive Realität）を持つべきであれば、認識は結局のところすべての対象が我々に与えられ得るのでなければならない。第三の類推の本質的形式はすべての現象の統覚における綜合的統一である。第三の類推において、我々は現象におけるすべての現存在の汎通的必然的な時間規定（die durchgängige und notwendige Zeitbestimmung）のアプリオリな条件を見出したのである。この時間規定がなかったならば、経験的時間規定そのものも不可能であっただろう。そしてまた、我々は、この第三の類推において、それを介して経験を先取的に認識し得るアプリオリな綜合的統一の規則を見出したのである（B. 263-264）。

(4)「経験的思惟一般の要請」（die Postulate des empirischen Denkens überhaupt）（B. 265f）

様態の範疇の超越論的時間秩序は時間総括である。様態の範疇［可能性、現実性、必然性］の図式は時間総括であり、これによって経験の現実性が判断される。

(4)—1　「経験の形式的諸条件（直観と概念に関する）と一致するものは可能的である」（Was mit den formalen Bedingungen der Erfahrung 〈der Anschauung und den Begriffen nach〉 übereinkommt, ist m ö g l i c h.）（B. 265）

直観と概念に関する経験の形式とは直観形式（空間と時間）、悟性概念（範疇）、悟性の原則である。様態（Modaliät）の原則は、物自体の超絶的使用に関係するのでなく、経験的使用における諸事物（Dinge）とその可能性、現実性、必然性の関係に関係するものである。これら三つの範疇は経験とその綜合的統一に関係する。なぜなら、認識の対象は経験の綜合的統一にのみ関係するからである。アプリオリな綜合的概念によって思惟された対象という性格は、客観の経験的認識の形式を構成する総合から生起するのである。概念が矛盾を含まない論理的可能性が問題ではなく、概念の客観的実在性、経験と経験の対象の可能性の条件が問題である。二直線に囲まれた図形という概念には論理的矛盾はないが、そのような図形は不可能である。量の範疇の図式化である時間系列の原則、直観の公理の原則に反し、外延量を描けない。したがって、この図形の不可能性は、概念自体に基づいているのでなく、空間における概念の構成、換言すれば、空間と空間規定の諸条件に基づいている。これらの条件は、経験のアプリオリな形式を自らの中に含んでいるので、客観的実在性を持つ、すなわち、可能的事物に関わるのである。対象の可能性は経験の形式的条件との一致に基づいている（B. 266-268）。

(4)—2 「経験の実質的諸条件（感覚）と関係するものは現実的である」（Was mit den materialen Bedingungen der Erfahrung 〈der Empfindung〉 zusammenhängt, ist w i r k l i c h.）（B. 266）。

経験の形式的条件（直観形式、概念、原則）に一致するものは可能的であるが、経験の実質的条件である知覚、感覚と関係するものは現実的である。経験的認識の内容、実質、感性的直観に関する要請である。すなわち、諸事物（Dinge）の現実性（die Wirklichkeit）を認識するための要請は、経験的認識の実質的条件である知覚（Wahrnehmung）、意識された感覚（Empfindung）を要求する。この事物の現実性の要請は、現象的実体の因果関係や相互作用などの経験の類推の原則に従う、何か或る現実的知覚と対象との連関性（Zusammenhang）を要求する。経験の類推は経験一般におけるすべての現実的結合（alle reale Verknüpfung）を詳述するからである。或る事物の現存在（Dasein）や現実性は、概念の完全性とは関係なく、事物の知覚が概念に先行して与えられているかどうかに関係する。事物の知覚が与えられていれば、事物は単に可能的ではなく、現実的である。概念が知覚に先行することは、単なる可能性を意味するが、素材（der Stoff）を概念に提供する知覚は、現実性の唯一の特性である。現存在がいくつかの知覚と経験的結合の諸原則（経験の類推）に従って連関している場合には、人は事物の知覚に先立って比較的にアプリオリに事物の現存在を認識することができる。なぜなら、その場合には、事物の現存在は、可能的経験における我々の知覚と関連しあっており、我々はかの類推の原則の導きの糸に従って、我々の現実的知覚から可能的知覚の系列を辿って事物に到達し得るからである。一つの自然を可能にするのは、経験的諸法則の根底に在る経験の類推のアプリオリな根元的諸法則である。世界全体の統一性の中ですべての現象が結合されている。この世界の統一性は同時に存在する諸実体の相互性という密かに承認されている原則の帰結である。現象的諸実体の現存在の因果的結合と相互作用的結合の原則がすでに一つの自然、一つの世界の結合をアプリオリに承認しているということである。我々が、直接的に知覚できない、あらゆる物体を貫通する磁気物質の現存在を、引きよせられる鉄粉の知覚から認識することができるのはこのためである。我々が経験から始めないなら、或いは、諸現象の経験的結合の諸法則に従って前進しないなら、何か或る事物の現存在を推測と探究を見せびらかしても空しいことである（B. 272-274）。

(4)—3　「現実的なものとの関係が経験の普遍的条件に従って規定されているものは必然的である（必然的に存在する）」（Dessen Zusammenhang mit dem Wirklichen nach allgemeinen Bedingungen der Erfahrung bestimmt ist, ist〈existiert〉 n o t w e n d i g.）（B. 266）。

最後に第三の要請で問題になるのは、現存在における実質的必然性（die materiale Notwendigkeit im Dasein）であって、概念の結合における単なる形式的論理的必然性ではない。現存在の必然性（die Notwendigkeit der Existenz）は、決して概念からではなく、常に、知覚され得るものとの結合からのみ、経験の普遍的法則に従って認識され得る。他の現象が与えられているという条件の下で必然的として認識され得る現存在（Dasein）は、与えられた原因から因果性の法則に従って生じた結果の現存在（das Dasein der Wirkungen）以外にはない。必然性を識別する標識（das Kriterium der Notwendigkeit）は可能的経験の法則の中にのみある。すなわち、生起するすべてのものはその原因によって現象においてアプリオリに規定されている。これは経験の類推の第二原則［時間継起の原則］である。すなわち、「すべての変化は原因と結果の結合の法則に従って生起する」（B版）、「生起するすべてのものは一つの規則に従ってそれに続いて継起する或るものを前提する」（A版）。

この根元的法則がすべての経験的法則の中に潜んでいる。悟性がこの原則を経験的認識に投入して一つの自然を構成している。経験的認識はその因果関係を再発見するところに成立する。したがって、我々はその原因が我々に与えられている自然における結果の必然性のみを認識するのである。現存在における必然性のメルクマールは経験の分野以上には達しないということである。因果性を叡智的分野に拡大し、叡智的実体を認識することは悟性には不可能である。悟性的認識は常に現象における感性的実質をその質料として要請する。それゆえ、必然性の原則は、もし現象における或る現存在があれば、必然的に、結果としての現存在が存在する、というアプリオリな仮言的推論である。「生起するすべてのものは仮言的に必然的である」(Alles, was geschieht, ist hypothetisch notwendig. B. 280) とはこの謂である。これは世界における変化を一つの法則に従わせる原則であり、その規則がなかったならば、自然がまったく成立しなくなる必然的規則に従わせる原則である。何ものも盲目的偶然によっては生起しないという命題はアプリオリな自然法則である。また自然における如何なる必然性も盲目的必然性ではなく、原因を生起の条件とする、被制約的必然性 (bedingte Notwendigkeit) であり、悟性的必然性であるという命題もアプリオリな自然法則である。この二つの命題は法則であり、この法則によってさまざまな現象の変化が悟性の統一 (die Einheit des Verstandes) に服せしめられるのである。変化は悟性の統一においてのみ、諸現象の綜合的統一として、一つの経験に属することができるのである。これら二つの原則は力学的原則である。第一の原則は経験の類推の原則の一つである因果性の原則の帰結である。第二の原則は様態の原則に属し、様態性は因果規定に更に、悟性の規則に従う必然性の概念を付け加えるのである。これが経験的思惟一般の第三の要請、すなわち、「現実的なものとの関係が経験の普遍的条件に従って規定されているものは必然的である(必然的に存在する)」の意味である。経験の普遍的条件は悟性の総合的統一の原則である（B. 279-281）。

様態の原則は他の範疇の諸原則のようには客観的に綜合的（objektivsynthetisch）ではない。なぜなら、可能性、現実性、必然性という述語は、対象の概念に何かを付け加えることによって、主語概念を拡張するということが少しもないからである。しかし、それにもかかわらず、様態の原則は綜合的であるが、それは主観的に綜合的である。様態の原則は或るもの（ein Ding）、或る実在的なもの（ein Reales）の概念に何も述語を付け加えないが、認識能力（die Erkenntniskraft）を付け加えるからである。概念は認識能力の中で生じそこに本拠を持つのである。或るものの概念が認識能力たる悟性において経験の形式的条件とだけ結合している場合には、その対象は可能的と呼ばれる。或るものの概念が感官の質料としての知覚と連関し、そして悟性を介して、知覚によって規定される場合には、客観（das Objekt）は現実的と呼ばれる。対象の概念が、悟性概念［範疇］に従う諸知覚の連関によって規定されている場合には、対象は必然的と呼ばれる。それゆえ、様態の原則が或る概念について述べるのは、概念を産出する認識能力の力学的作用・働き（die Handlung des Erkenntnisvermögens）に他ならない。様態の三原則は、事物の概念を拡張するのでなく、概念が認識能力の結合される仕方（die Art）を指示する要請であり、実践的命題である（B. 286-287）。

『純粋理性批判』第一版の「純粋悟性概念の演繹」、「悟性と対象一般との関係と対象をアプリオリに認識する可能性について」から次の注目すべき文章を引用して締めくくりとしたい。

「我々が自然と名付ける諸現象の秩序と規則性は、我々が持ち込んだものである。もし我々が、或いは、我々の心の本性（die Natur unseres Gemüts）がそれらの秩序と規則性を根元的（ursprünglich）に投げ入れて（hineinlegen）おかなかったとすれば、我々はそれらを自然の中に見出すことはできないであろう。なぜなら、この自然の統一性（die Natureinheit）は、諸現象の結合の必然的統一性、すなわち、アプリオリな統一性であるべきであるからである。もし我々の心の根元的な認識源泉の中にそのような統一性の主観的根拠がアプリオリに含まれていなかったとすれば、また、もしこのような主観的条件が、総じて客観を経験において認識する可能性の根拠でありながら、同時に客観的にも妥当するのでなかったとすれば、いったい我々はどうのようにして綜合的統一性というもの（ein synthetische Einheit）をアプリオリに軌道に乗せることができたはずがあろうか」（A. 125f）。

このように、感性の多様を認識の質料として感性的直観に統一する構想力も、悟性概念である範疇を感性の形式である時間の形に図式化し、超越論的時間規定に従って、概念を与えられた直観に結合するのも悟性の結合の働きである。この原則の体系を現象に投げ入れ一つの自然を構成するのも悟性、超越論的統覚である。アポステリオリな経験的認識の可能性と経験的認識の対象の可能性の根拠は、我々の主観の根元的認識源泉の中にアプリオリに含まれている。このように、カントは自然科学的認識を真に基礎づけることのできる判断を「先天的綜合判断」と考え、また事実、数学や自然科学の原理の中にこのような先天的綜合判断の原則を見出して、「先天的綜合判断はいかにして可能となるか」（Wie sind synthetische Urteile a priori möglich?）という問を「純粋理性の本来的課題」（die eigentliche Aufgabe der reinen Vernunft - B. 19）と呼んだのである。その場合、悟性（理論理性）がこの原則を認識に適用する構成作用によって自然認識は成立する。科学者がその都度の学的認識において、例えば因果性の原則［すべての変化は原因と結果の結合の法則に従って生起する］を現象に適用し認識を構成するにもかかわらず、ばらばらな理解に到達するのでなく、一応の客観的な普遍的な認識が成立し、その認識の普遍性を保証するのは、認識作用の根底に超越論的統覚（Transzendentale Apperzeption）があり、〈Ich denke〉の普遍的論理的自我が前提されているからである。この普遍的論理的自我の自律性は、近代哲学の超理論的前提である。実践哲学においても同様のことが指摘できる。実践理性は自律的立法者として定言命令を立てる。自分の主観的格律が普遍的立法の原則として妥当するような格律であるという判断は各自にまかされている。しかし、それでは主観的格律が普遍的法則となり得るかどうかの判断はばらばらとなり、定言命令は客観的な道徳律として内容的には作用できない。そこには認識における「超越論的統覚」としての〈Ich denke〉があったように、道徳判断においても、「一般的意志」としての〈Ich will〉が存在することが前提となっている。[25] だからこそ、カントは『道徳形而上学の基礎付け』において、定言命法の三つの導出方式を挙げ、それぞれの方式に、自己に対する完全義務、他者に対する完全義務、自己に対する不完全義務、他者に対する不完全義務などを、当てはめることができたのである。[26] そこでは、自殺の禁止や虚偽の約束の禁止などを定言命令の内容として記述されているのである。カントの定言命令は単なる形式主義の道徳を表現しているのではない。しかし、カントにおいては、科学的認識においても道徳的認識においても、理論理性や実践理性の根底に普遍的自我を立法者として前提しており、この超理論的自我の自律性、理論的思惟の自律性そのものは公理であり前提であり、これに対する批判は超越論的課題の仕事に含まれていない。

ここで、これらの超越論哲学が関心を集める背景に共通する思想的精神的状況の存在に気付かせられる。それは科学的認識と哲学的認識の関係の問題である。カントの背景には、ニュートンの物理学があった。科学はすべてを認識するわけではない。科学的認識は「事実問題」(quid facti)の解明である。それに対して超越論的哲学の超越論的認識は「権利根拠の問題」(quid juris)の解明である。①科学的認識において働く認識能力として何と何があるか、②それぞれの認識能力の固有の働きは何か、③それぞれの認識能力の相互関係は何か、④科学的認識の限界は何か、こういった課題を探求するのが哲学の超越論的課題である。このような哲学の課題がなければ、人は科学的認識を絶対化して、科学が恰も実在のすべての領域をカヴァーするかのように思う。カントは「信仰に場所を空けるために知識を制限する」と言う。新カント学派の背景には、オーギュスト・コントに代表される科学的実証主義（Positivismus）の哲学やマルクス、エンゲルスに代表される唯物論（Materialismus）の哲学に対する反対の姿勢がある。経験的知覚の対象になるもの、数学的物理的因果性によって説明のつくもののみを存在と考えるような実証主義的態度が哲学に対する軽蔑を産み、道徳、宗教、文化などの価値の領域に関わるものに無関心となる物質万能の科学主義的態度の膨張と人間精神の貧困化の中で、新カント学派の哲学の或るものは、厳密自然科学の基礎づけとしての哲学の固有領域の主張や、或るものは、精神科学の基礎づけの中に、哲学の超越論的課題を見出した。

フッサールの超越論的現象学（Transzendentale Phänomenologie）は、知覚し得るもの、数量化し得るもの、実験によって確かめ得るもの、物理的因果性のみによって把捉されるものに存在を限定するような近代哲学の実証主義的な機械論的実在世界の狭隘化、実在の存在論的縮小に対抗して、もっと豊かな生活世界の多様性を志向性の概念を手懸りにしながら回復させようとし、彼は、自分の超越論的現象学を、認識の最も徹底的な批判と呼び、もっと豊かな多様性に富む認識の成立する普遍妥当的条件の探究に取り組んだ哲学者と見ることができる。

このように、超越論的哲学は、一貫して、経験的真理に先行し、これを可能ならしめる超越論的真理を探究するのである（B. 185）。カントは、科学的認識を成立させるアプリオリな普遍妥当的条件を探究することによって、科学的認識の基礎づけを行い、懐疑論や独断論から、科学を救出し、同時に、科学は何をどのように認識するものであるかという科学的認識の質を確定した。そして、このことによって、科学的認識の限界を定め、このような質のものではない知識の領域（道徳・美と崇高・宗教）を拓いたと言える。また、新カント学派は、実証主義や唯物論の興隆の中で、それらが見落としている、或いは問題としない科学的認識を成立させるアプリオリな条件を問題にすることによって、厳密自然科学の認識を基礎づける作業に従事し、また、特に西南ドイツ学派は、自然科学の領域を超える価値の領域に成立する精神科学、文化科学の基礎づけに携わるという、いずれも超越論的課題に取り組んだと言える。

ここで、三つの点に注目したい。第一に、超越論的哲学は、一貫して、経験的真理に先行し、経験的真理を可能ならしめる超越論的真理を探究（Vgl. B. 185）し、科学的経験的真理を成立させるアプリオリな普遍妥当的条件、超越論的条件を追求してきたということである。科学的認識、或いは学的認識、理論的思惟の可能性の条件を探究するということは、科学的認識、理論的認識の対象の可能性の条件の探究でもあり、したがって、超越論哲学の共通の課題は、学的認識の基礎づけ（Begründen）であるということである。

第二に、超越論哲学が経験的認識を可能にする超越論的真理、経験的認識に先行するアプリオリな条件を探究するということは、経験的認識、学的認識、理論的認識における超越論的アプリオリの存在を前提にしているということである。

第三に、超越論哲学は、自然の世界、時間と空間によって規定される世界、経験的に知覚し得る世界、数学的に計量・計測可能な世界、数学的、物理的因果性によってのみ規定される機械論的世界、このような「物」（Ding）の世界を超える世界の側面の多様性を強調するということである。近代科学は存在の世界を、自律的理性が幾何学的方法によって（more geometrico）再構成した物質的世界に限定するという世界の存在論的狭隘化に陥っている。近代科学は世界を無限の彼方にまで拡げたように見えながら、実は、数学的、幾何学的、物理的因果性によって確かめ得る世界にのみ還元縮小してしまっている。(27) 科学的認識を成立させるアプリオリな条件を問うということは、経験的知覚の明証性、因果的明証性、命題の明証性に尽きない認識主体の側の主観的主体的明証性のアプリオリな条件という、実証主義が問題にしないイデア的対象の領域を拓いているということである。しかし、ここで述べたいのは、それに留まらず、カントが、自然の世界に対して、道徳や宗教、美と崇高の領域を拓き、新カント学派が、精神科学や文化科学の領域を拓いたと同様に、画期的なことは、フッサールの現象学において近代における存在論的縮小に対して、豊かな多様性を伴った世界が生活世界（Lebenswelt）として回復されたということである。存在は、何も、数学的物理的計量的因果性によってだけ説明のつくものばかりではない。存在は、もっと多様なものであり、数学的、物理的因果性の範疇を超える多様な様態的側面を持っている。フッサールは、対象が表象される意識の志向性の概念を手懸かりとしながら、これに対応する存在の多様な客観的アプリオリの存在と意味を明らかにしようとした。同時に、カントや新カント学派の超越論哲学についても、認識の可能性の条件を、認識能力のアプリオリな形式の探究へと矮小化し、先験的統覚なる論理的自我を認識構成の原理としたことを批判した。

ドーイヴェールトは、カントの超越論的批判が理論理性の自律性の公理から出発していること、従ってカントの超越論的批判はこの公理そのもの、理論的思惟そのものを超越論的批判のテストにかけていないことを指摘する。当然、同じことは新カント学派の超越論哲学にも当てはまる。また、フッサールの超越論的現象学も、現象学的思惟の自律性そのものを超越論的課題にしていないことを批判し、そうするように要請している。

ドーイヴェールトは次のように述べている。

〔フッサールの超越論的現象学は、『デカルト的省察』（*Cartesianische Meditationen*）の中で、彼自身によって超越論的現象学的認識批判（*Kritik der transzendentalphänomenologischen Erkenntnis*）と見なされた。なぜなら、「最後の認識批判」と自称するこの認識論は、カントよりももっと、理論的思惟態度の絶対化に進むからである。カントはまだ「実践理性の優位」を承認し、「理論理性」に原理的限界を定めようとした。カントの『実践理性批判』もまた原理的には理論的思惟態度に拘束され続けているということは、この思想家が、『実践理性批判』の信仰への依存性を充分に自覚し続けていたという事実を拭い去るものではない。カントがどれほど信仰を自律的理性の限界内にとどめたとしても、それでもやはり、信仰は純粋に理論的なアプローチには開かれていない。理論的思惟態度に関するこの批判的留保はフッサールの現象学においては原理的に取り消された。カントの実践的理性信仰は、前批判的「自然的態度」に属するものとして、理論的現象学的還元（エポケー）に服させられる。現象学者は、その探究に際して、何らかの信仰に依存することなく、志向的信仰行為のすべての本質的なものを理論的直観において把握することができ、あらゆる可能的信仰内容の超越論的構成を純粋に理論的方法によって曝くことができると考える。実際、ここにおいては、理論的思惟態度の絶対化は、もはや、何らかの批判的留保において、いかなる抑止力も見出さない。まさにそれゆえに、このいわゆる「超越論的」現象学的認識批判は、根元的超越論的思惟批判のためには、極めて有り難い研究対象である。根元的超越論的思惟批判は、現象学的思惟批判に対して、公理として受け入れられている現象学的思惟態度の自律性そのものを、超越論的課題とするよう強制するのである。[28]〕

3　ドーイヴェールトの三つの超越論的課題

§1　三つの超越論的根本理念

理論的思惟の超越論的批判とは何かについてのドーイヴェールトの定義は以前に引用した通りである。理論的思惟の超越論的批判とは、それのみが、理論的思惟を可能にする普遍妥当的条件、そしてこの理論的思惟そのものの内在的構造によって要求される普遍妥当的条件への批判的研究である。ここで「批判的」研究というのは、理論的思惟の自律性という伝統的理論的公理をも批判的検証にかける批判的研究という意味である(29)。

この理論的思惟の超越論的課題は三つの超越論的根本理念と関係している。三つの根本的理念とは、西洋形而上学の伝統においては、世界と自我（魂）と神（起源者）の理念である。カントは理論的認識を現象界に限定したから、世界総体（Weltall）、魂、神は、いずれも認識の限界を超える理念［純粋理性概念］であり、認識統制的概念であって、決して認識を構成する認識構成概念ではない。これらを理論的に認識しようとすると、世界は二律背反（Antinomie）に、魂は誤謬推理（Paralogismus）に陥る。神は神の現存在（Dasein Gottes）の理論的論証の不可能性をめぐって実践理性の理想として実践理性批判の場で道徳的な意味を担うことになる。これはヴィルヘルム・ヘルマンに言及したごとく、新カント学派の影響を受けた神学者たちが自然的世界を科学に委任して、科学的実証主義の攻撃をかわして、道徳の世界に安住の地を求めた理由でもある。このようにこれらの理念を理論的に認識しようとするとき、超越論的仮象に陥る。これらの理念を扱う「超越論的弁証論」（die transzendentale Dialektik）は「仮象の論理学」（die Scheinlogik）となる。カントにとって弁証論は仮象摘発の論理学である。

結局、理論的に認識可能な世界は機械論的因果性の支配する自然としての現象界の意味に限定された。自由は実践理性の叡智的世界の事柄となり、近代哲学においても近代神学においても、道徳と信仰の問題は、自由の実存的決断の事柄となった。

カントの認識論を詳細に検討した我々には次のドーイヴェールトの言葉は容易に理解できる。「カントは、科学はわれわれにただ、感性的現象界を認識せしめることができるだけである、と論じた。彼によれば、この経験的実在は、実際、理論的思惟が支配する自然法則に従う結合に他ならない。感性的経験の所与的実質は、先天的形式において、人間の意識によって把捉され、そして、科学的思惟はそれを厳密な合法則的結合へと総合する。しかし、この科学的思惟は感性的知覚に束縛されている。この思惟は決して感性的現象を超えることはできないし、実体、物自体、について認識を与えることはできない[30]」。

理論的認識の対象は、感性的所与に悟性が概念の原則を適用して構成した一つの自然である。関係の悟性概念は実体性、因果性、相互性であり、実体性の図式は現象的実体の持続であり、因果性の図式は現象の継起としての因果関係であり、相互性の図式は現象の同時存在と相互結合である。これら三つの原則が、あらゆる経験に先行しており、あらゆる経験的認識をはじめて可能にする。あらゆる現象を合法則的結合と相互連関の一つの自然へ総合し構成しているのはあらゆる悟性活動の根底にある超越論的統覚なる絶対化された立法者、自律的人間悟性、或いは理論理性である。ここには人本主義的科学理想（the humanistic ideal of science）の自然支配の宗教的アプリオリ、宗教的根本動因の支配がある。「人本主義的科学理想の勃興以来、自然の概念は、根本的な変容を被っていた。カントはこの自然を、自然科学的思惟が厳密な自然法則の結合と連関へと構成する感性的現象に限定した。今や、神が、神々さえも住まなくなったこの［機械論的］自然は、経験的実在と同一視されるようになった。科学は自分自身をこの経験的実在［現象的実体の因果的相互連関］に限定し、したがって、その領域は、厳密に信仰の問題から区別されるようになった[31]」。

総体としての世界は理論的認識の及ばない認識統制概念となった。しかしこの科学‐理想の偶像は、元々、近代人本主義哲学の展開の中で、あらゆる宗教的支配からの解放動因としての「自由」が呼び出したものである。自然は自由の弁証法的カウンター・アイドルである。この新しい支配動因たる機械論的現象的「自然」の抑圧から再度、人間の自由を回復するために、カントは感性的自然の背後に理論理性に対して優位性を持つ超感性的叡智的領域を拓き、信仰と道徳のために知識を制限した。この叡智的超感性界は人間の人格性理想（the humanistic ideal of human personality）の超感性的叡智的自由の領域となった。このカントの批判主義哲学がもたらした自然の世界と道徳信仰の世界の二元論的分離は科学的認識とキリスト教信仰の双方にとって福音と見なされた。科学的理論的認識はキリスト教の聖定的秩序を追放することができたし、キリスト教信仰は啓蒙主義の時代に危険に曝されていた近代科学の攻撃から身を守る安全地帯を確保できると考えた。これ以後は、キリスト教信仰は科学の領域における発言権を喪失し、その領域では悟性的・理論理性的には武装を解除されたのである。

カイパーやドーイヴェールトは、新カント学派の哲学やこれに影響を受けた自由主義神学が大きな力を持って、批判主義的「近代主義原理」を宣揚していた時代に生きた。キリスト教信仰は、「自然」と「自由」のカント的二元論を自明の前提とし、信仰は自然の領域を超える叡智的領域に成立する宗教経験や人間の内的生起の新しい歴史性に生きる安全な道を見出したと思った。自然の世界は現象界であり、実体性の範疇を適用する現象的実体の世界であり、機械論的因果性と相互的連関性の世界である。ハイデッガーはこの連関性（Zusammenhang, samenhang, coherence）の世界とは存在論的に区別される「存在そのもの」に脱我的に内存する実存哲学を主張し、神学者も信仰を「存在そのもの」に触れる内的生起的決断とする実存論神学を展開した。ドーイヴェールトが最初、超越論的現象学や新カント学派の影響を受けたということは、このような時代的背景がある。超越論的現象学や、新カント学派の超越論的哲学は、科学的実証主義に対抗する有効な道と写ったのである。しかし、ドーイヴェールトは、人間存在の宗教的中心、根元的自我としての心を発見したことが自分の哲学の転換点であったと述べたことは前述した通りである。彼はこの人間存在の中心を支配する宗教的アプリオリを発見した。彼は、超越論的現象学や新カント学派の哲学が、依然として近代ヒューマニズムの「自然と自由」の宗教的アプリオリ、宗教的根本動因の規定を受けていることを発見し、人間存在の宗教的中心が真の聖書的根本動因に支配される超越論的哲学を構想するようになった。充全的自我たる心が「創造、堕落、贖い」の聖書的根本動因の宗教的アプリオリに支配される哲学の構想である。カントは「私は、直接、対象に関わる認識ではなくて、対象についての我々の――アプリオリに可能であるかぎりでの――認識の仕方に関わるすべての認識を、超越論的と名付ける」と言った。超越論的批判は経験的認識を超えていながら、反ってそれが経験的認識を可能にするアプリオリな条件の研究という意味である。この節の冒頭に、理論的思惟の超越論的批判とは何かについてのドーイヴェールトの定義について再度、言及した。以前に引用した彼の諸書の定義をまとめたものである。理論的思惟の超越論的批判とは、それのみが、理論的思惟を可能にする普遍妥当的条件、そしてこの理論的思惟そのものの内在的構造によって要求される普遍妥当的条件への批判的研究である。

ここで「批判的」研究というのは、理論的思惟の自律性という伝統的理論的公理を一つも認めない批判的研究、換言すれば、この伝統的自明の公理をも超越論的批判のテストにかける批判的研究という意味である。感性のアプリオリ、悟性と悟性概念［範疇］と悟性原則のアプリオリのみならず、超越論的統覚のアプリオリという理論的思惟の自律性の公理をも批判的課題にするには、この人間存在の宗教的中心における宗教的アプリオリの発見は、ドーイヴェールトの『超越論的思惟批判』の大きな功績である。ドーイヴェールトの超越論的批判の仕事は、追放され武装解除された自然のみならず、理論的認識の彼岸に追いやられた世界を理論的思惟の対象に取り戻し、理論的認識を基礎づけることができる。ドーイヴェールトにとって、近代主義原理に対立する改革主義原理に基づく諸科学［諸学問］の研究、その基礎にあるキリスト教哲学を定款に謳うカイパーのアムステルダム自由大学の創設は画期的な業績であった。ドーイヴェールトはアムステルダム自由大学の創設の意義について次のように語っている。

「十九世紀の終わり頃、オランダにおけるカルヴィニズムの復興が、聖書的学問論の力強い新しい展開における先導役となった。この点に関して、対立〈antithesis〉が科学［学問］の領域においても支配するというカイパー博士の宣言とこの成果としてのアムステルダム自由大学の創設は、最も重要な意義を持つ転換点と見なされなければならない。弁証法神学の支持者たちは、このカルヴァン主義運動が、科学［学問］の分野でも、彼らの最も深刻な反対者であるということに敏感に気付いた。なぜなら、非常に狭量なやり方で誤解されたカイパーの科学［学問］における対立的見解は、キリスト教宗教は時間的実在構造の科学［学問］的研究には不適切であるというバルトやブルンナーによって主張された見解とは両立しないものである。カイパーは科学［学問］における知的武装解除の合い言葉に反対して、キリスト教は完全装備で科学［学問］の発展に参加することが許されるべきであるという聖書的要求を提起した。彼は自然的理性の自律性を根本的にそしてあらゆる戦線で拒絶した。この聖書的見解が科学［学問］的思惟において貫徹されるのか、それとも、総合（synthesis）への努力が、再びまたもや、カイパーによって計画された科学［学問］における対立的（antithetic）方向に対する優位性を獲得するのであろうか。これは改革主義的キリスト教思想の未来にとって大きな問題である。ひとつのことは確かである。すなわち、真にキリスト教的な学問はもはや聖書的哲学の基礎なしで済ますことはできないということである[32]」。

キリスト者も実証主義的科学的事実という言葉の前には弱い。「自然と自由」の宗教的アプリオリのもたらす弁証法的緊張を「自然」と「自由」の二極的分離へと調停し、哲学的に基礎づけたのがカントの批判主義哲学であった。これを継承することが、科学［学問］におけるキリスト教の知的武装解除を増進させた。哲学的基盤を欠くと、科学的因果法則的認識は感性的所与的現象を因果性と相互性の範疇の図式化である悟性原則による構成であることを見抜けない。そのために、科学的実証的事実という言葉の前には信仰を持ち出す根拠を容易に見失う。しかし「事実」（factum）という言葉は「構成されたもの」（facio の過去分詞に由来）という意味であり、カントの認識論が認識構成説であるという「真理」を忘却してはならない。自然は超越論的統覚が所与的感性的現象を、実体性、因果性、相互性の範疇の図式化による悟性原則の適用によって一つの自然に構成したものである。しかし、カントは叡智的世界において人間の叡智的自由を保障し、信仰に場所を空けるために知識を制限したという言葉は積極的意味に理解された。

ルネッサンスの精神とウィリアム・オッカムなど後期スコラ主義の唯名論が近代の数学的自然科学の基礎を築き、デカルト哲学に淵源する機械論的自然観やトーマス・ホッブスの所与的宇宙秩序の体系的破壊と宇宙の再構築の伝統に連なる科学的実証主義は、近代思想の通奏低音として流れている思想潮流である。このような科学の理想（the ideal of science）を呼び出したのは、近代ヒューマニズムの人間人格性の理想（the ideal of human personality）である。筆者の念頭にあるのは、カントの「超越論的弁証論」の「純粋理性の理想」の章節（*Kritik der reinen Vernunft*, B. 595-599）にある理念と理想の関係である。それは神存在論証に関係するものであるが、それを大胆に敷衍してこの近代ヒューマニズムの理想に適用してみる。理想〈Ideal〉とは、理念〈Idee〉を実体化、具体化したもの、すなわち、「具体化した理念」（Idee in concreto）である。あらゆる宗教的観念からの解放という自由の理念が超越論的統覚という自然の立法者として具体化されると「人本主義的人格性 - 理想」となる。聖定的自然観を征服する自然の鉄の因果連関性支配という理念が鉄の支配者、立法者として実体化されると「人本主義的科学 - 理想」となる。後にカントの批判主義哲学になると、人間の叡智的自由の理念は、人本主義的人格性 - 理想は、実践理性の優位性の原理により、道徳信仰の基礎になる道徳法則の立法者としての人間の人格性 - 理想となる。この二つの理想は、あらゆる宗教的束縛からの解放という「自由」動因と自然を支配する支配動因としての「自然」という近代的宗教動因に由来する、理念の個体化、実体化、偶像化である。二つの理想は近代人本主義の信仰の対象となっている。ドーイヴェールトの次の言葉を見るとあながち見当外れではない。彼はデカルトの数学的思惟とホッブスの所与的宇宙の破壊と再構築の根底に、人本主義的な人間の人格性の主権性に対する近代人本主義的信仰を見ている。

「この人本主義思想の適用の根底には、人間の人格性の主権性に対する人本主義的信仰が働いており、これが人間人格性が自分自身の上に厳密な自律性において課したのではない如何なる法則によっても拘束されることを拒否するのである。事実、この人本主義的な人格性の理想は、また人本主義的な科学の理想の隠れた宗教的根元でもある。この科学の理想は、近代自然科学の助力によって、すべての時間的実在性の征服に向けられているものである。このようにして、人格性の主権的自由は、全宇宙の完全な征服としての科学の中に、自分自身を表現することになったのである。この数学的思惟の創造力への傲慢な信仰に直面して、キリスト者の創造者としての神の主権性の告白は消失してしまったのである。同様に、イエス・キリストにおけるキリスト者の自由というキリスト教的観念も、人間の人格性の主権的自由と自己決定という観念の中へ、全面的に変質されてしまったのである。この新しい人本主義的な科学の理想は、聖定的世界秩序（a divine world-order）の受容とはまったく相容れないものである。なぜなら、科学的思惟は聖定的世界秩序に拘束されているものであり、また、この聖定的世界秩序の中において時間的実在のそれぞれの側面、それぞれの意味局面は、それぞれの独自の構造と意味とを保証され、またそれぞれの創造の法の範囲内での、すなわち、それぞれの法領域内での独自の領域主権性を保証されているからである[33]」。

カイパーが聖定的世界秩序と領域主権に基づくキリスト教的諸学問の建設とその根底にあるべき聖書的哲学の建設を目指してアムステルダム自由大学を創設したことは前に述べた通りである。しかし、ドーイヴェールトによれば、この大学の創設は親しい人々にも懐疑的なまなこで見られたという。それは、このキリスト教的学問の理念が科学的実証主義の「中立的客観的事実」と矛盾する科学と神学の皮相的結託と写ったからである。当時九〇％がノーマリストであったといわれる大学教授は、それほど、科学的実証主義の「客観的事実」のまえに弱々しく、キリスト教信仰の立場から何らかの科学の事実的中立性を承認した上で可能な自分たちの立場を求めていた。これが自然の領域におけるキリスト教信仰の知的武装解除の事態である。それが当時の多くの哲学者が新カント主義の影響を受けた理由である。

「カイパーの対立の理念の生み出した成果としてのアムステルダム自由大学の創設は、何となく嘲笑気味の気分で迎えられた。せいぜい、これはそれ自身、本当の科学とは何の関係もない、科学研究と教義神学の皮相的結び付きと見なされた。後年になって、カイパーと親しく同意見であった学者たちでさえ、真にキリスト教的な科学［学問］の可能性について疑い始めた。彼らの多くの者たちにとって、表面上、いかなる信仰の独断的前提にも束縛されていない厳密事実科学（a strictly factual science）の必然性を論証する議論は、あまりにも強固なものに思えた。彼らは真正にキリスト教的な科学を弁護する議論は既に保持できなくなったと思ったので、キリストの王国と世俗的文化、特にキリスト教と科学との関係についての新しい認識を要求した。彼らは、キリスト教信仰に対する科学の事実的中立性をキリスト者の良心に対してさえ正当化できるような二元論的立場を擁護する神学的基礎を探した(34)」。

実証主義の危険性はそれほど強固であり、眩惑的であり、科学的に達成された既成事実、客観的事実を証拠として掲げて、科学［学問］の中立性の理念を強調した。このような実証主義が客観的中立性に立っているのでなく、その理論的思惟の根底において、近代的宗教動因に規定されていること、人本主義的科学理想に支配されていること、このことを指摘するためにも正にキリスト教哲学が必要であったのである。キリスト教哲学は、人間存在の宗教的中心、根元的自我たる心を規定する宗教的アプリオリを明らかにし、人間理性の自律性の公理を批判し、被造世界の構造性、理論的思惟の出発点、事物の起源者という三つの超越論的理念を解明するのである。宗教的に中立なる人間、宗教的に中立なる事実、宗教的に中立な理性と理論的認識は存在しない。

「個別科学における実証主義的思惟傾向は、既成事実（fait accompli）をもって、キリスト教思想に立ち向かうことを望んでいる。この学派が危険なのは、正にそれが科学［学問］における中立性の理念を、証拠という人を欺く衣装で覆っているからである。結局、客観的事実ほどキリスト教信仰から独立的なものが他にあるだろうか、ということになる。この点こそが、この実証主義的思惟態度の非批判主義的眩惑的性格に、キリスト者研究者の目を開かせるために、聖書的哲学が介入しなければならないところなのである。なぜなら、《諸事実》は、聖定的世界秩序によって規定されている事実構造への洞察なしには、科学的に把握され得ないからである。そして、この構造への洞察は、思想家がその出発点をどこに選ぶかという問題に絶対的に依存しているからである。意味はすべての被造的実在の存在の様態である。意味は、それ自身の中に安らっているのではなく、それ自身の上に、それ自身を超えて、すべての事物の起源者を絶えず指し示しているのである」[35]。

実証主義の理論的思惟は、被造世界の数学的・物理的側面と論理的側面の間様態的総合に成立し、新カント学派の現象的自然界における理論的認識は感性的側面と論理的側面の間様態的総合に成立する。後者は、感性のアプリオリな形式としての時間によって悟性の形式たる範疇を図式化し、実体性、因果性、相互性の関係の範疇の類推による悟性原則を感性的現象に適用して一つの論理的統一としての一つの自然を構成する。そこでは感性的側面以外の多様な意味側面との因果関係と相互連関性も、従って世界の全体性も捨象されている。その根底にあるのは立法者としての超越論的統覚である。

創造動因における聖定的自然秩序の様態的側面の意味多様性、意味連関性、意味全体性は、理論的認識の多様な間様態的総合をもたらす。被造世界は聖定的世界秩序による時間的意味統一性の中に保たれている時間的意味多様性と意味連関性である。それに対して、科学的実証主義の人本主義的科学理想がもたらす単一の間様態的総合の理論的認識は、豊かな諸領域の多様性を数学的物理学的思惟から理解する理論的均質化、つまり、数学的要素の連続性の傾向性（continuiteitstendenz）を特質とする。このような均質的数学的思惟は人間の人格性をも自然科学的機械論的機制として取り扱うに至る。人本主義的人格性の理想は機械論的科学理想を生み、機械論的科学理想は人間の人格性理想を危機にさらすことになる[36]。

ドーイヴェールトはこの「科学の領域におけるキリスト教の知的武装解除の危険」の論文を終わるに当たって次のようにこのキリスト教哲学の使命を語る。「彼ら［キリスト者の科学者と学者］は孤立した個人として科学者共同体から離れていることはできない。それにもかかわらず、彼らは、科学が辿ってきた現実的な発展過程を、既成事実（fait accompli）として承認することはできない。むしろ、彼らは、この発展過程を、キリスト教的科学と学問という聖書的理念の絶えざる批判の下に服せしめる召命を持っているのである。この理念は、科学の成果とキリスト教信仰の外的順応（an external accommodation）から成り立っているのではない。むしろ、それが意味するのは、実在と人間経験の構造についての理論的見解を内的に変革すること（an internal transformation）である。そうすれば、実在構造と人間経験についての理論は、再びそれらの真の中心点と起源者の見地から考察されることができるのである。これは当初から無益な事と運命付けられているような思い上がった破壊の業ではない。ここで問題としていることは、言葉の充全的な意味で、聖書的キリスト教的意味における科学［学問］的思惟の改革（a Reformation of scientific thought in a Scriptural, Christian sense）なのである[37]」。

いま、我々はやっとキリスト教超越論哲学の三つの超越論的理念を問題を取り扱う地平に立っている。理論的思惟の超越論的批判は、宗教的アプリオリがどのように理論的思惟を規定し、影響を及ぼしているかを批判的に検討することである。この課題は三つの超越論的理論的根本理念（een drietal transcendentale theoretische ideeën）に関してなされる。超越論的理論的根本理念はすべての哲学的思惟の根底にあり、哲学的全体観を可能にするものである。この三つの超越論的根本理念は三つの超越論的根本問題に直接的に関係している。

第一の超越論的理念は「世界」の理念である。伝統的哲学の実体の理念であり、アリストテレス哲学とスコラ哲学の「形相－質料」の異教的世界理念である。カントは、総体としての世界を、理論的認識の及ばない認識統制概念として理論的認識の彼岸に押し上げた。キリスト教哲学は、聖書の「創造」動因は理論的に武装解除されて喪失したロスト・ワールドとしての被造世界を、聖書の「創造」動因によって、理論的認識の対象として回復するのである。すべての哲学が前提している被造的時間的世界の理念は、超越論的「対象－関係」(de Gegenstand-relatie) の中に分離的－相互並立的に置かれた我々の経験的地平の諸様態の多様性と相互関連性と関係性の理念である。(38)

第二の超越論的理念は「根元的自我」の概念である。プラトンにおいては、霊魂は身体の中にあっても身体と結合せず永遠のイデアを直視することによって救済をもたらす理性的霊魂であり、アリストテレスにおいては、この霊魂の不死なる能動的理性は、人間存在の本質的形相として、時間的世界の形相－質料的連関性から切り離された永遠の不死なる超時間的宗教的中心となった。ここではオルフェウス宗教の「形相－質料」動因が宗教的アプリオリとして思惟を規定している。トマス哲学は、罪の堕落を「付加的恩恵」の喪失に限定し、本質的には罪の影響を被らないが少し傷付いた理論理性の自律性を承認し、「自然」の領域においてはアリストテレス哲学を継承した。「恩寵」は、罪の傷を補修し、「神・霊魂・世界」についての聖神学の体系をもたらした。「哲学は神学のしもべ」というが、実質はアリストテレス哲学の土台に合うように聖書の教えを積み重ねる「順応」(accommodatio) の体系となった。これが「自然と恩恵」のスコラ的宗教的根本動因である。カントにおいては霊魂 (Seele) は誤謬推理による仮象であって理論的認識の対象ではない。しかし、感性的現象界の理論的思惟においては、超越論的統覚が立法者として現象の因果法則的関係性と相互関連性を結合し、一つの自然を構成していた。カントの批判主義哲学は、「自由と自然」の根本的宗教動因の弁証法的対立を調停したが、その結果は、悟性の原則に伴う〈Ich denke〉の超越論的統覚が「自由」の「自然」支配の理念を実体化し絶対化し、人間の人格性理想として人間自我の宗教的中心となった。

ドーイヴェールト哲学の第二の超越論的理念は、理論的思惟の出発点、人間存在の根元的統一（de worteleenheid）、神の像《かたち》の宿る座としての充全的自我の理念である。神の像の座としての宗教的中心が、創造－堕落－贖いの聖書的アプリオリの光のもとで論じられる。第一の理念である被造的時間的世界の諸領域、様態的諸側面の相互関係と連関性を理論的に認識する間様態的総合が、どこから出発するかという出発点（het uitgangspunt）の理念である。(39)

第三の超越論的理念は「究極的起源者」（een laatste Oorsprong）の理念である。異教的根本動因は、「形相」と「質料」、「自然」と「恩恵」、「自由」と「自然」のように二極に対立する弁証法的根本動因である。このような弁証法的根本動因に規定される理論的思惟は、世界の理論的多様性と関連性を二つの対立的起源者原理（twee antagonistische Oorsprongsprincipes）に関係付ける。(40)

この超越論的根本理念が「法理念」なのである。この法理念こそがそれぞれの哲学の超理論的前提であり、それぞれの哲学的思惟を可能にするアプリオリな条件であり、それについて理論的に説明することができる。この三方向への集中的方向性を持つ超越論的根本理念に積極的内容を与えるのが宗教的根本動因である。聖書的根本動因は人間存在の宗教的根元的統一としての心に聖霊によって直接与えられる御言葉啓示であり、異教的根本動因は自然啓示に応答する心にある神の像の残滓の真理抑圧的反応である。ドーイヴェールトは『カルヴァン主義哲学』の結論部において次のように語る。

「このように、どのような可能的哲学的思惟も三つの超越論的理念に基づいている。この三つの理念は、破ることのできない連関性において、本質的三一性 (een wezenlijke *drie-eenheid*) を形成し、また、この三つの理念は、法理念の哲学においては、人間存在の宗教的集中法則 (de *religieuze concentratiewet*) の理論的表現として、この三一性において、超越論的根本理念あるいは法理念 (de *transcendentale grondidee* of *wetsidee*) と名付けられる。法理念の哲学は超越論的思惟批判の集中的方向性においてのみ可能であるが、超越論的思惟批判においては、我々は、哲学的理論的思惟態度の必然的前提 (de noodzakelijke voor-onderstellingen) について、明確 (expliciet) に説明することができる。独断的内在哲学 (de *dogmatische* immanentiefilosofie) は、法理念の超越論的意義を自覚することなく、潜在的 (*impliciet*) に扱う。法理念そのものが哲学的思惟の普遍妥当的条件 (een algemeen geldige voorwaarde van het wijsgeerig denken) である。しかし、それに与えられる内容 (de eraan gegeven *inhoud*) は、この思惟を支配する宗教的根本動因 (het religieuze grondmotief) に依存する[41]」。

ドーイヴェールトによれば、この超越論的批判のもたらす成果の一つは対立する学派の対話を可能にするということである。超越論的批判は、対立する学派が人間存在の宗教的中心において、たとえば「自由と自然」という共通の宗教的根本動因の支配を受け、理論的思惟の自律性を公理とし、弁証法的宗教的根本動因の一極を絶対化するに至ることを自覚させる。超越論的批判は内在哲学に法理念の前提を顕在的に自覚させ、相互批判的自己省察と批判的対話における批判的パートナーたることを自覚させる。独断を退け相互批判的自己省察と批判的対話のパートナーを承認する哲学的批判主義的態度は、すべての哲学的全体観の相関性への洞察から生まれる。もし自我の中心的関係点とこの相互関係性の起源者を無視するならば、超越論的批判主義は哲学的相対主義（een wijsgerig relativisme）に陥る危険性がある。哲学的対話に道を拓きつつ、同時に哲学的相対主義に反対する法理念の哲学の意味は、三つの超越論的理念である。ドーイヴェールトの『カルヴァン主義哲学』の結語は次の通りである。「意味とは、あらゆる被造的存在者の存在、宗教的根元の存在、神的起源者の存在である」（De zin is het zijn van alle creatuurlijk zijnde en is van religieuze wortel en van Goddelijke Oorsprong）[42]。

§2　第一の超越論的課題――被造世界の構造性

超越論的批判とは理論的思惟を可能にする普遍妥当的条件への批判的研究のことである。この問題は三つの超越論的根本理念と内的に深く関わっていることを前節で述べた。さて第一の超越論的根本理念は「被造的世界の存在」の法理念（wetsidee）、或いは、被造世界の法・規範理念（cosmonomic idea）であった。そこで理論的思惟の超越論的批判の第一の課題は、『カルヴァン主義哲学』（1956）においては、最初（aanvankelijk）の定式と最終的（definitief）な定式に分けて提起されている。

最初の定式「われわれの経験の論理的側面と非論理的諸様態の間の理論的対立は、われわれの経験的地平の総括的構造と、それと共に、経験的実在の構造と一致しているか」（Beantwoordt de theoretische antithesis tussen het logische aspect en de niet logische modi onzer ervaring aan de integrale structuur van onze ervaringshorizon en daarmede aan de structuur der empirische werkelijkheid?）[43]。

最終的定式「志向的対立的思惟関係において、われわれの経験的地平の総括的構造から、何が分離されるか」（Wat wordt in de intentioneel antithetische denkrelatie van de integrale structuur van onze ervaringshorizon afgetrokken?)[44]。

最初の定式の疑問文に対する答は「否」である。理論的認識は「論理的側面」と他の非論理的諸様態との間様態的総合において成立するが、これらの諸様態の理論的抽象を前提している。それに対して、前理論的素朴経験は諸様態の分析的区別に至る前の経験的実在を個々の事物や具体的出来事において把握する。したがって、理論的思惟は経験的実在の構造と一致していない。そこで、最終的定式こそが第一の超越論的根本問題となる。

『理論的思惟の新批判』（1953）では第一の超越論的根本問題は次のような定式において問われている。「われわれは、理論的思惟の対立的態度において、素朴経験において与えられているような経験的実在の諸構造から、何を抽象するか。そして如何にしてこの抽象は可能なのか」（What do we abstract in the antithetic attitude of theoretic thought from the structures of empirical reality as these structures are given in naïve experience? And how is this possible?)[45]。

思惟態度は理論的思惟態度と前理論的素朴経験の思惟態度の二つに区別される（以下、端的に「理論的思惟」、「素朴経験」と記す）。まずこの区別について述べておかなければならない。素朴経験も前理論的思惟であるということは、経験は、印象の受容や反応という素朴実在論において成立するのではなく、思惟活動（denk-werkzaamheid）が本質的役割を果たす、自我に関する知覚行為の構成（een samenstel van op de ikheid betrokken acten van beleving）を前提としている。この行為なしに、経験（ervaring）自体の可能性はない[46]。

「われわれの経験の論理的側面と非論理的諸様態の間の理論的対立は、われわれの経験的地平の総括的構造と、それと共に、経験的実在の構造と一致しているか」という最初の定式に対する答が「否定」であったということは、素朴経験には、理論的認識の本質的特徴である「われわれの経験の論理的側面と非論理的諸様態の理論的対立構造」が欠けているということである。

「素朴な思惟態度は、それぞれ、対立的構造を欠いており、それゆえ、如何なる理論的問題をも認識しない。素朴経験においては、われわれは、われわれの論理的思惟機能と他の残りの様態機能と共に、われわれの経験的意識と潜在意識によって、経験的実在（de empirische werkelijkheid）の只中に組み込まれて（*ingesteld*）いる。われわれは、素朴経験においては、実在（de werkelijkheid）を、個々の事物、具体的出来事、具体的社会関係等々の典型的全体構造において理解する。そこにおいては、すべての様態的諸側面が典型的な仕方で連続的連関性において個性化されており、ひとまとまりの全体へと分類されている。その際、これは諸々の様態側面の分析的区別に至ることはない[47]」。

それでは、この非理論的素朴経験においては、論理的様態はどうなっているのか。「素朴経験においては、われわれの論理的機能は、さまざまな諸側面の間の時間的連関性の連続性の中に浸りきっている。われわれの注意は、特殊科学研究におけるように具体的現象の抽象的特殊的側面にも、経験の根本的様態に関する哲学的理論におけるように諸側面の内的性質と構造そのものにも向けられていない。むしろ、素朴経験においては、連続的相互的連関性の中にあるわれわれの時間的地平のすべての様態的諸側面において原理的に機能している個々の全体性の典型的構造において具体的事物と出来事を経験している[48]」。

論理的側面と非論理的諸側面との理論的対立的構造を欠く素朴経験においては、論理的機能は他の諸側面との時間的一貫性の中に浸っている。〈*Twilight*〉はこの第一の理論的超越論的根本問題を次のように定式化している。「理論的思惟態度においてこれらの諸側面がそこから抽象される、論理的側面と非論理的諸側面の連関性の連続的紐帯は何か。またいかにしてこれらの諸側面間の相互関係は考えられ得るか[49]」。この論理的側面と非論理的側面の連関性の連続的紐帯こそが時間的連関性なのである。

素朴経験においては、論理的思惟機能はその志向的内容に関するかぎりは、コズミック・タイムの連続的連関性にまったく順応している。この点において、われわれの論理的機能は、意識の他の諸機能と同様に、完全にこの連関性の内部にある。素朴経験においてはわれわれは個人的事柄と具体的出来事の典型的全体構造において実在を把握する。素朴経験の前理論的概念形成は、区別の機能である論理的機能が総括的経験の中に埋もれてしまっているので、個的全体性(individuele totaliteiten)としての事物や出来事にのみ関係する。すべての様態的諸側面は、個性の全体性の内部で、コズミック・タイムの破ることのできない連関性において、具体的事物や出来事に向けられている。素朴経験においては、様態的諸側面は、理論的思惟におけるように、思惟の論理的機能との分析的対立において顕在的(explicite)に経験されるのではなく、具体的事物や出来事において潜在的(implicite)に全体として志向的に経験されるのである。志向的とは現象学的意味においてではなく、経験が具体的な事物や出来事へ類別化されている方向性を意味している。(50)

「素朴経験の概念形成過程は、数あるいは空間の抽象的関係や、エネルギー効果そのものに関係するのではなくて、計数可能なもの、空間的なもの、物理的・化学的変化に服するものに関係するのである。素朴経験の全体的構造においては、論理的側面は分離できない連関性において非論理的諸側面と結合しているのである。その結果、論理的側面は具体的実在そのものの、固有ではあるが潜在的な構成要素と考えられる(51)」。

このことを〈*Twilight*〉は非常に分かりやすく説明している。それをさらに敷衍すればおおよそこのようなことである。われわれが数的側面と論理的側面の間様態的総合として数学的関係を抽象する前に、素朴経験は小さな赤と白の珠を動かす算盤によって具体的事物を数えることを前理論的に思惟することを学ぶ。空間側面と論理的側面の間様態的総合の理論的態度と異なって、前理論的素朴経験は、円の空間的な幾何学的図形を、輪や車などの円いものの表象と志向的に関係させながら経験する。エネルギーの物理・化学的抽象的観念を形成しなくても、エネルギーを水や塩などのエネルギー源となる具体的物質と関係させて経験することができる。素朴経験においては、事物は常にすべての様態的諸側面の総括的連関性において考えられる(52)。

カントの場合は、感性的直観が計測可能なものとなるのは、直観の多様に、人間の悟性がアプリオリな量の悟性概念（単一性、数多性、全体性）を感性のアプリオリな形式である時間に図式化し、時間系列の悟性原則である「直観の公理」［すべての直観は外延量である］を適用することによる。感性的直観が計測可能なものとして与えられるということ自体が点を一つ二つと打つ、ドットを時間の中で打つことによって直線を引く行為の中にある人間悟性の継時的総合による。感性的直観が或る量を持った計測可能なものとして与えられるということが、すでに人間悟性の構成作用の働きの結果である。これに対して、ドーイヴェールトの場合には、計測の可能性は、世界の創造による被造世界のアプリオリな存在的法秩序たるコズミック・タイムの破ることのできない相互連関性の全体構造を具体的事物において前理論的に経験することによる。

この素朴経験の総括的性格が可能となるのは、素朴経験に固有な特徴である主体－客体関係（de subject-object relatie）によるのである。すべての具体的事物が、連関性の連続的時間的紐帯に結ばれているわれわれの素朴経験のすべての様態的側面において機能しているのは、この主－客関係による。この主体－客体関係においては、客体的機能と諸性質は、理論的反省によってではなく事物に帰せられる。すなわち、事物とは、様態的諸側面の内側にあるいわゆる自然的出来事である。様態的諸側面の中では事物や自然的出来事は主体（subject）として現れることは不可能である。換言すれば、素朴経験に特有のこの主－客関係においては、われわれは具体的事物や出来事に対して、経験的地平の様態的諸側面における客体的機能を認めるが、具体的事物や出来事は様態的諸側面において主体として機能することは不可能である。たとえば、素朴経験は、水が生きている実体ではないことを知っているが、それでも、水は生物的側面においては、「生命に不可欠なもの」(levensmiddel) としてで客体的機能を持っていることを知っている。われわれは水に「感覚」的諸性質と「社会文化」的生活における客体的機能のあることを知っている。このように水は経験の様態的諸側面における客体的機能があるにもかかわらず、水は「物理・化学」的性質との主-客関係によって典型的に規定される無機物質の王国に属するものである。素朴経験は、鳥の巣が生命の主体ではないが、つまり生きてはいないが、鳥の生命においては、本質的客体的機能を果たすことを知っている。われわれは鳥の巣を鳥の主体的生命との関係の中にある事物として典型的客体と考えている。鳥の巣は、経験的地平の生命的側面と感覚的側面より上層の諸側面［論理的、歴史的、言語的、社会的、経済的、美的、法的、道徳的、信仰的諸測面］においては、われわれにとって客体的機能を持つが、鳥の感覚的生物的側面における主-客関係によって典型的に規定される個性構造を持つ個的全体である。素朴経験は、教会の建物は信仰側面の主体ではあり得ないが、それでも信仰告白共同体の礼拝にとっては、建物そのものの構造において客観的に表現されている目的を持っていることを知っている。教会堂は、歴史的側面はじめさまざまな様態側面において客観的機能を持つが、信仰者と教会堂の主-客関係が信仰の様態側面において典型的に規定される個性構造を持つことを意味している。素朴経験においては、主体-客体関係は経験的実在そのものの構造的関係（stucturele relaties der empirische werkelijkheid zelve）として把握されている。素朴経験においては、事物の客体機能は、決して独立させられる（verzelfstandigd worden）ことはなく、逆に関係する諸側面における主体機能との断ち切ることのできない関係において経験される。われわれは薔薇の花が主体（subject）として、感じたり、考えたり、審美行為に従事しないことを知っている。それにもかかわらず、われわれは薔薇の花それぞれに感覚的な色やにおい、客観的な論理的諸特徴、客観的文化的諸性質、客観的な美などを帰している。これが、素朴経験におけるこの主体－客体関係が、経験的実在そのものの構造的関係として把握されるということの意味である。感覚的な赤色は、私やあなたの個人的な感性的知覚との関係においてではなく、あらゆる可能的人間の色彩知覚との関係において薔薇の花に帰せられているのである。客体的諸機能を事物や出来事が関係している可能的主体機能から切り離して、事物や出来事に帰するということは、全く素朴経験には無縁のことである。感覚的な赤色は、正常な光の適正な条件の下におけるあらゆる正常な人間の感覚的知覚に対して客観的感覚的色彩として薔薇の花に帰せられるのであって、可能的感覚的知覚を超えた形而上学的実体の性質として薔薇の花に帰せられるのではない。論理的側面とポスト論理的諸側面において事物に帰せられている客観的諸性質は、疑いもなく、人間本性の主観的諸機能に関係している。芸術作品は、芸術家の主観的な美的概念の客観的な表現としても、鑑賞者の主観的な美的評価に関しても、それなりに評価する客観的美的機能を持っている。これが非理論的経験としての素朴経験の総括的性格を保証する主－客関係である。素朴経験は、一つの事物あるいは出来事のすべての様態的側面を、個的全体の構造的枠組みの中で、如何なる論理的分析的分離もなしに、諸様態の連関性のコズミック・タイムにおける連続的紐帯において包含しているのである。このように、われわれは、さまざまな主体－客体関係によって、われわれの経験的地平の諸様態側面の全体的連関性において、実在を一緒（*in-één*）に経験する。換言すれば、われわれは、主観－客観関係を通して、すべての諸側面の全体的総括的連関性において実在性を経験するのである。この全体的総括的連関性が人間経験の時間的地平において与えられている所与である。素朴経験はこの実在性の典型的個性構造に手をつけないのである。素朴経験の主-客関係は、思惟の理論的態度を特色づける対立的関係とは根本的に異なったものである。主体と客体は確かに非論理的関係において区別されるが、決してお互いに対立するわけではない。むしろ両者は破ることのできない連関性において考えられる。換言すれば、素朴経験は、われわれの経験的地平の総括的構造的連関性をつながったままにしておくのである。(53)

哲学者が、理論的思惟の自律性を自明の公理として批判のテストにかけなかったことが前理論的思惟（素朴経験）の重要性に気付かず、正当に評価しなかったことの原因である。理論的思惟態度を疑問の余地なき所与と考える独断的認識論が思惟の理論的態度と前理論的態度の根本的区別を無視することになった。その理由は、近代認識論が素朴経験を素朴実在論や認識模写説と混同し、非批判主義的理論と解釈したことである。この誤解の原因は、近代哲学の認識論が経験論と合理論の対決においてのみ論議されたこと、批判主義が感性的・感覚的側面と論理的・悟性的側面の対立においてのみ認識を捉えたこと、時間を人間の認識能力のアプリオリと考えたこと、すなわち、時間を人間の感性のアプリオリな形式とし、悟性のアプリオリな形式である概念［範疇］の超越論的時間規定よる図式化によって成立する悟性原則を現象に投入することによる認識構成を考えたこと、創造に由来する多様な様態的側面のコズミック・タイムの時間的地平における総括的連関的構造のアプリオリを形而上学的超絶的理念として認識の世界から排除したことなどにある。近代認識論は理論的思惟態度を疑問の余地なき所与とするが、素朴経験は、むしろ、時間的秩序における経験的地平の総括的連関的構造を前理論的所与とする。前理論的思惟態度（素朴経験）の特色が、主観-客観関係（de subject-object relatie）であるのに対して、理論的思惟態度の特色は、対立的関係（de antithetische relatie）、対象関係（de

Gegenstand-relatie）である。理論的思惟は、経験的地平の総括的構造的連関性から、様態的諸側面を分析的に分離することによって、分離的（uit-*één*）に引き裂くのである。

第一の超越論的課題にいま答えることができる。「われわれは、理論的思惟の対立的態度において、素朴経験において与えられているような、経験的実在の諸構造から、何を抽象するのか。そして、如何にしてこの抽象は可能なのか」（*NC*）。

『カルヴァン主義哲学』は、第一の超越論的課題の最終的定式を、「志向的対立的思惟関係において、われわれの経験的地平の総括的構造から、何が分離されるか」という問いとして問うていた。われわれが理論的思惟の対立的構造において、素朴経験において与えられているような、経験的実在の総括的構造から分離、捨象するものは、間様態的連関性である。

「対立的思惟関係において、われわれの経験的地平の総括的構造から、何が分離されるかという問いに対して、法理念の哲学は、時間の間様態的連関性（de inter-modale samenhang van de tijd）と答える。ここでは、時間は完全に普遍的な意味において理解されている。この絶対的普遍的意味における時間とは、フッサールの現象学的時間とも実存主義の実存論的－歴史的時間とも一致しないものである。法理念の哲学によって意図されている意味における時間は、間様態的連続性の中では、決して理論的把握の近づき得ないものである。なぜなら、時間は、その究極の超越論的前提（haar laatste transcendentale voor-onderstelde）として、あらゆる理論的区別に先行するからである。われわれは、時間が主体的体験の連続する流れの中に吸収されてしまうことなしに、時間を体験する。われわれの経験的地平のすべての様態的側面は普遍的時間によって取り囲まれている。諸様態のそれぞれにおいて、時間は限定された様態的意味で自己を表現しているが、しかし、総括的時間（de integrale tijd）はどの様態的側面の一つの中にも吸収されないのである」。[54]

総括的時間は特定の側面のいずれにも吸収されず、連続的紐帯をなしているが、にもかかわらず、時間は限定された様態的意味でそれぞれの様態的側面の中で自己を表出している。様態的諸側面の多様性は、この多様性を凌駕する人間自我の中心的統一性に関係し、この自我の統一性は起源者の聖なる法と関わっている。経験界の超時間的中心的統一と意味充全性は、日光がプリズムによって色の豊富な多様性へと屈折するように、時間の秩序において、意味の豊富な多様性へと屈折する。われわれの時間的経験的地平は次のような様態的諸側面を持っている。数的側面、空間的側面、運動の側面、物理・化学的側面、生命の側面、感覚的・感性的側面、論理的・分析的側面、歴史的側面、言語・象徴的側面、社会的側面、経済的側面、美的側面、法的側面、道徳的側面、信仰の側面である。理論的思惟は、この中の論理的様態と一つの非論理的様態との理論的「対象－関係」（de Gegenstand-relatie）における理論的対立をもたらす。この対立関係を問様態的総合へともたらす理論的認識の中心的統一の問題は、次の第二の超越論的課題の問題である。しかし、様態的諸側面が特殊科学の特殊な見解の限界を規定するのは確かであるが、特殊科学は様態の中で特殊的に働いている可変的現象に目を向けるだけで、諸様態の内的性質と構造には目を向けない。諸様態の内的性質と構造は特殊科学の前提である。この前提を理論的問題にし得るのは哲学だけである。[55]

計数は時間であり、感情は情動であり、生物には成長があり、論理は配列の前後であり、歴史は時代であり、すべての側面は本質的に時間的（tijdelijk）である。しかし、特定の様態側面の時間性を総括的時間と取り違えると、一側面の時間秩序の絶対化において被造世界の全体を観るもろもろのイズムを生み出す。カントにおいては、感性的側面の形式である時間の図式化によって生起する論理的悟性的原則をすべての現象に適用する超越論的論理主義となっている。時間はあくまで人間の認識能力の側にあるアプリオリと考えられている。この超越論的論理主義においては、関係の範疇〔現存在、因果性、相互性〕が、時間化され、図式化された時間秩序において、持続、継起、相互関係の三つの類推《アナロギー》（Analogien der Erfahrung）の悟性原則となり、悟性的認識は、この三つの時間秩序の原則を、三つの関係の範疇〔現象的実体性、因果性、相互性〕に類比的に現象に適用し、現象を構成するから、現象世界は因果的であり、相互関連的であると言う。これに反して、ドーイヴェールトにおいては、すべての様態的側面にある時間的類比的《アナローギッシュ》契機が多様な意味連関性を紐帯的に結合し、被造的秩序である総括的時間（de integrale tijd）は経験的諸側面の様態的限界を超え、諸側面を破ることのできない意味連関性へともたらす連続的深層（een continue diepte laag）を持っているからであると言う。諸側面は本質的に時間的ではあるが、理論的思惟態度は総括的時間には接近できない。しかし、法理念の哲学においては、理論的思惟は、分離されている様態的諸側面の理論的哲学的全体観において総括的時間に接近するのである。われわれは理論的全体観の必然的理論的非連続性において総括的時間に接近する。素朴経験が時間的秩序における経験的地平の総括的連関的構造を前理論的所与とするのに対して、理論的思惟の理論的全体観は、様態的分離と非連続性において、諸様態における時間的類比を紐帯とする時間の様態間の連関性である(56)。

法理念の哲学は、経験の時間的地平の一つの様態的側面の固有の意味と内的構造を理解するためには、多様な様態的諸側面の全体としての時間的連関性についての哲学的洞察が必要であると考える。なぜなら、それぞれの様態側面が固有の様態的意味を現わすことができるのは、その固有の側面の内的構造をあらわにするこの全体的連関性においてのみだからである。したがって、様態的構造はその構成要素の大いなる多様性を示し、この要素は当該側面の様態的意味を、それらの全体的意味連関性において順次にあらわすのである。この第一の超越論的根本問題は、第一の根本理念、すなわち、諸側面の様態的多様性を伴う経験の時間的地平の全体を規定するコスモスの理念と諸側面の関係性と多様性の理念と関係する課題である。これが法理念「コスモ・ノモス」の理念である。それぞれの様態は他の様態に還元することのできない特別な意味を保証する様態的核心を持っている。しかし、この様態的核心は一連の類比的契機においてのみ現わされ得るものである。この類比的諸契機は、当該の側面に、時間的に先立つか、後に続くか、他のすべての側面の様態的諸核心に関わるものである。それぞれの諸契機の固有の様態的意味は、それらがその構造において働く当該様態の核心的契機によって決定されるが、それにもかかわらず、それらの諸契機はそれらが関係する諸側面との連関性を保持している。たとえば、感覚的側面の還元不能の核心的契機は感情である。感情は、感覚的側面に先立つ「生物的」、「物理・化学的」、「運動」、「空間」、「数」の諸側面と、遡源的に関係する一連の類比的諸契機との破ることのできない連関性においてのみその意味を現わす。また、感情は感覚的側面より後に続く「論理的」、「歴史的」、「言語的」、「社会的」、「経済的」、「美的」、「法的」、「道徳的」、「信仰的」の諸側面と、予表的に関係する一連の類比的諸契機との連関性が示される。論理的一貫性に対する感情、文化的感情、美的感情、道徳的感情などが予表的類比的諸契機である。この様態的構造は、われわれの経験の多様な諸側面の総括的連関性を、特殊な様態的意味において反映しているのである[57]。

　この理論はカイパーの「領域主権論」の存在論的展開であると同時に、ドーイヴェールトの独自の存在論的原理である「領域普遍性」の主張でもある。ドーイヴェールトの「領域主権性」と「領域普遍性」の理論は、創造の教理に基づく被造世界の多様性、連関性、相互普遍性の存在論である。存在論から撤退し認識論に逃避した近代のキリスト教における創造論の回復であり、存在論の回復であり、世界概念の回復である。

「法理念の哲学は、その様態的意味領域の一般理論において、次のことを示した。すなわち、時間的経験的地平のそれぞれの側面の様態的構造はいわば建築学的構造を持っており、この構造は不可還元性（eine Unreduzierbarkeit）と同時に他のすべての側面との内的連関性（ein innerer Zusamenhang）を保証しているということである。側面の不可還元性はいわゆる様態的意味核心（der modale Sinnkern）、すなわち、当該側面においてのみ固有の性格を持つ中心的意味契機（das zentrale Sinnmoment）によって保証されている。この側面の他の諸側面との内的連関性は一連のいわゆる類比的意味契機（die analogischen Sinnmomente）によって保証されている。この類比的諸契機は、後の、または、先の諸側面の様態的意味核心を遡源的にか、先行的にか示すのである。遡源的に示す意味契機は遡源（Retrozipationen）と呼ばれ、先行指示的意味契機は予料・先取（Antizipationen）と呼ばれる。この様態構造によって、すべての側面は、この構造の中に諸側面の秩序全体が反映されているかぎり、同等にそれぞれの固有意味領域内の普遍性（eine Universalität innerhalb ihrer eigenen Sinnsphäre）を示しているのである」[58]。

再生において人間存在の中心としての心に刻印される聖書の根本的宗教動因は「創造－堕落－贖い」である。この三つの聖書的動因に規定される被造世界の根本理念はどのような性格であるか。

第一に、創造における創造者と被造世界の関係ついてドーイヴェールトは次のように語る。

「聖書によれば、われわれの世界《コスモス》全体の意味－充全性（de zin-volheid）、意味－全体性（de *zin-totaliteit*）は、再生的人類の根元（*wortel*）としての人性におけるキリストの中にある。生のすべての営みの出発点である心（het *hart*）は、キリストにおいて、すべての被造物に対する神の絶対的な創造者の主権性（de absolute Scheppers-souvereiniteit）を告白し、そして、聖なる創造者の御意志にその起源を見出す法（de *wet*）、神の存在と神の創造の意味との間の普遍的な踏み越えることのできない境界としての法（de *wet*）の下に服従するのである。われわれの世界の超越的な意味－全体性は、ただ神の絶対的存在への宗教的依存関係にのみ存在する。したがって、意味－全体性は、思弁的形而上学の意味における実体（een *substantie*）でもなく、自足的存在（een op zichzelve gesteld *zijn*）でもない。それは自分自身を超えたものを指し示すが、それ自身では非自己充足的な意味の被造的存在様態（de creatuurlijke zijnswijze）に留まる[59]。

ドーイヴェールトは、意味について、アウグスティヌスの『告白』の冒頭の有名な言葉を想起させるような表現を用いて説明している[60]。意味とは、「それ自身の中には決して安らうことのできない、法の下にある実在の存在様式（de, *in zichzelve geen rust vindende, zijns-wijze der werkelijkheid onder de wet*）である[61]。「意味は、すべての被造的実在（alle creatuurlijke werkelijkheid）に、その安らぎのない存在様式（haar on-rustige *zijns-wijze*）として、普遍的に固有のものである。なぜなら、意味として、実在は、それなしには被造物が無に帰する、その創造者－起源者（haar Schepper-oorsprong）を指し示すからである[62]」。

難解な「意味」（zin = meaning）というドーイヴェールト独自の用語について、アルバート・ヴォルタースはドーイヴェールト哲学の語彙集において次のように説明している。「ドーイヴェールトは意味という言葉を独特な意味で使用する。意味という言葉で彼が意味するのは、被造的実在は自分自身を超えて起源者としての神を指し示しているという、被造的実在の指示的、非自己充足的性格である。ドーイヴェールトが強調するのは、この意味で実在は意味であるということ、したがって、実在が意味を持つのではないということである。意味は、内在哲学の形而上学的実体とは全く異なったキリスト教側の概念である。意味はほとんど実在の同義語となっている。この言葉から造られた多くの合成語に注意せよ。たとえば、意味－核心、意味－側面、意味

－契機、意味－充全性など」[63]。

この説明を参考にドーイヴェールトの創造における創造者と被造世界の関係についての上の言葉を書き直すと、次のようになるかと思う。思惟と行為の出発点である心は、キリストにおいて、すべての被造物に対する神の絶対的な創造者の主権性を告白し、そして、聖なる創造者の御意志にその起源を見出す法、神の絶対的存在と神の被造世界の間の普遍的な踏み越えることのできない境界としての法の下に服従する。われわれの世界の超越的な意味－全体性は、ただ神の絶対的存在への宗教的依存関係にのみ存在する。したがって、意味－全体性は、思弁的形而上学の意味における実体、たとえば、プラトンの形相やアリストテレスの純粋形相でもなく、質料世界と関係のない実体ではない。意味－全体性は、被造的実在が、それ自身は自己充足的ではなく、自分自身を超えた起源者としての神を指し示すという意味の被造的存在様態のことである。被造世界の全体は、そのすべての存在様態において常に創造の法に服従し、創造者を指示するということである。ヴォルタースの言葉で言えば、ドーイヴェールトの意味とは、被造的実在は自分自身を超えて起源者としての神を指し示しているという、被造的実在の指示的、非－自己充足的性格のことである。

第二に、罪の堕落の聖書的根本動因における創造者と被造世界の関係はどうであるか。人間存在の中心である心における堕落と背信は、心における異教的宗教動因の支配を呼び、被造的時間秩序における意味連関性、すなわち、神的起源者への指示的方向性、志向性を歪め、被造的側面自身の神格化、絶対化を生み出すことになる。

「われわれの世界《コスモス》の主権的起源者《アルケー》に対する反抗である罪は、意味－充全性からの堕落（de *afval*）であり、意味を神存在へ神格化、絶対化することである。このことによって、われわれの世界の宗教的根元（de religieuze wortel van onzen kosmos）そのものの中に、神の国と地上の国、神の王国と闇の王国の間の完全な分裂が生起した。時間的意味－多様性と意味－連関性の中にあるわれわれの時間的世界は、神の創造秩序（Gods Scheppingsorde）において、人類の宗教的根元と結び付いており、われわれの時間的世界は、この根元なしには、いかなる意味も、したがって、いかなる実在性（werkelijkheid）も持たないのである。これが心における堕落、被造世界の宗教的根元における堕落が、時間的被造世界全体の堕落をも意味した理由である。われわれの世界《コスモス》はアダムにおいて堕落した。すなわち、われわれの世界連関の中に結合されているすべての被造物はアダムにおいて呪われた。世界全体の本性は人間の罪の堕落の中に引きずり込まれた。このようにして、この分裂が、時間における世界《コスモス》の実在性のすべての意味－諸側面の中で進行したのである。この罪の堕落から除外されるものはなにもない。時間的実在性の自然－諸側面［論理的側面よりも下の自然的諸側面―春名］も、論理的側面も、論理的側面より上層の意味－諸側面［規範的諸側面―春名］も例外ではない[64]」。*NC* は次の言葉を加筆している。「このことは、時間的実在の諸側面は、コズミック・タイムの秩序によって、根元的宗教的統一性と関係する分離することのできない意味連関性において結合されていることを考察すれば、直ちに明らかになることである。われわれがこの連関性を見失うときにのみ、逆の様相［分裂］が起こり得るのである[65]」。

このことは、論理的側面も例外ではないという点に着目すれば明確である。内在哲学は論理的側面、論理的思惟機能を絶対化する。オルフェウス宗教の「形相－質料」動因に支配されたギリシア哲学は、プラトンの霊魂の理性的部分（ト・ロギスティコン・テース・プシュケース）やアリストテレスの能動的理性（ヌース・ポイエーティコス）の自律性を公理とした。「自然－恩恵」のスコラ的宗教動因に支配されたトマスの哲学は、罪を創造後の付加的恩恵の喪失に限定し、自然的理性は罪の影響を受けない自律性を保つものとし、「恩恵は自然を廃棄せず、補修する」という立場を採った。「自然－自由」の近代人本主義の宗教動因の調停的立場に立ち自らもその影響を受けたカントは、現象界の理論的認識における超越論的統覚の自然法則の立法者的性格、道徳・信仰領域における実践理性の道徳法則の立法の根底に在る普遍的意志を強調し、理性の自律性を理性批判の対象にすることがなかった。キリスト教的思惟はこの論理的思惟機能を罪の堕落から免除しようとする傾向に無批判的であったのではないか。

罪の影響から除外される被造的実在の側面はあり得ない。意味側面としてのロゴスも除外されてはならない。ロゴスは論理的思惟の諸法則の下にある論理的思惟機能、われわれのコスモスの思惟機能そのものである。この点に関して、聖書的見解は、論理的機能を堕罪から免除しようとするあらゆる試みに反対していることが強調されなければならない。なぜなら、さまざまな免除の試みの中で、残念ながら、キリスト教的思惟は、内在哲学のロゴス思弁（de logos-speculaties der immanentie-philosophie）に対して、内在哲学の弁証法的根本動因に対して、広い侵入門を開けたままにしておいたからである。内在哲学の歴史は、形相－質料、自然－恩恵、自然－自由などの二項対立的根本動因が支配を巡って弁証法的に対立する緊張関係を示しているが、キリスト教思想は、スコラ哲学においては、ギリシア的「形相－質料」動因と順応したのであり、近代思想においては、人本主義的「自然－自由」動因と順応したのである。異教的根本的宗教動因の支配は必然的に理性機能の自律性の原理を生み出すのである。パウロの言葉（コロサイ二・一八）によれば、ロゴス（ヌース）は、人間の堕罪によって、「肉の思い」（ヌース・テース・サルコス ＝ verstand des vleesches ＝ the carnal mind）となったのである。なぜなら、人間の思い（ヌース）は、堕落した異教的宗教的根元から離れて存在しているわけではないからである。「人間の思い」は論理的機能を含んでいる。もちろん、論理的思惟の諸法則、すなわち、論理的側面の様態的構造的諸法則という法則面は、堕罪の影響を受けていない。創造の法秩序は一般恩恵によって保存されている。むしろ、背信（apostasy）の影響は、これらの諸法則に服従する思惟の主体的活動においてのみ現出する。堕罪における人間は、様態的側面の領域主権を理解せず、背信的異教的思惟態度において、意味の論理的側面を独立的なものとして実体化し、他の様態的諸側面との連関性から切り離そうとするのである(66)。

第三に、贖いの聖書的根本動因における創造者と被造世界との関係についてはどうであろうか。贖いの動因は「イエス・キリストによる聖霊の交わりにおける贖い」の動因である。贖いの視点における被造世界は、キリストにおいて御自身を啓示したもうた創造者なる神の聖なる主権的御意志（de souvereine, heilige Schepperswil van God, die Zich in Christus geopenbaard heeft）を、法側面と主体側面に関する世界《コスモス》の意味－全体性と様態的意味－多様性の起源とする法理念である。法側面は被造世界の豊かな時間的様態的多様性と意味連関性の法秩序としてのコスモノモスの理念である。これは領域主権論の存在論的展開である。主体側面に関する法理念は、神の法の意味－充全性に服従する、キリストにおいて再生した人類の宗教的根元（de in Christus herboren religieuze wortel van het menschengeslacht）である。実在の意味諸側面の相互関係（de onderlinge verhouding）は何かという問いについては、われわれの哲学の法理念は「固有領域における主権」、「相互不可還元性」と答える。しかし、この固有領域における主権性は、神の時間的世界秩序、コズミック・タイムの秩序の中にある、意味諸側面の多側面間にわたる多様性を貫く世界連関性（de alzijdige kosmische samenhang der zin-zijden）の中に規制されている。プリズムの例で説明する。太陽光はプリズムを通すと屈折し、われわれの視覚には七色の階層に分散して知覚される。すべての色階は、屈折していない分離できない光が相互依存的に屈折したものであるが、これら色階のどれも、七つの多様な色彩の総括とは見なされ得ない。これら七つの色彩のどれもが、スペクトルの中では他の色との連関性なしには存在し得ない。屈折しない光は、法側面と主体側面に関するわれわれの世界《コスモス》の時間超越的意味－全体性（de den tijd transcendeerende zin-totaliteit van onzen kosmos naar wets- en subjectszijde）である。この光がその光源の中にその起源（oorsprong）を持つように、われわれの被造世界の意味全体性も被造世界がその御方によってその御方に向けて創造されたそのアルケーの中にその起源者（oorsprong）を持っているのである。この色彩屈折を実現するプリズムはコズミック・タイム（de kosmische tijde）であり、これによって、宗教的意味－充満性（de zin-volheid = the religious fulness of meaning）は、時間的意味諸側面、様態的諸側面に屈折されるのである。七色の階層がその起源を相互に負っていないように、時間的意味諸側面はその意味に関して相互に対する「固有領域における主権性」（de souvereiniteit in eigen kring）、「様態的不可還元性」（modal irreducibility）を持っている。時間という境界線の下にある被造世界においては、法側面と主体側面に関する意味充満性は、プリズムを通る白い光のごとく、固有領域において主権的な意味諸側面の豊かな多様性へと分散屈折するのである。これらの諸側面はそれぞれ意味－充満性を、時間的存在様式に従う固有の意味－様態性において表現するのである。[67]

ドーイヴェールトは、贖いの視点における被造世界の実在の時間的意味－諸側面を法領域（wetskringen）と命名する。なぜなら、法領域という言葉は、意味－諸側面の相互不可還元性（de onderlinge onherleidbaarheid）、機能的閉鎖性（de functioneele geslotenheid）、固有領域における主権性（de souvereiniteit in eigen kring）を鋭く表現しているからである。換言すれば、時間的実在のすべての様態的側面は、他の様態的諸側面の法と不可還元的な固有の法領域を持ち、あらゆる様態側面は、この固有の法に基づく不可還元的意味様態性・意味－特殊性（zin-bijzonderheid）のゆえに、その領域において主権的である。様態的領域主権という法理念哲学の原理は、再びキリストの中に真の起源者への方向性を回復した、創造・堕落・贖いという宗教的根本動因によって規定された意味－全体性であり、神の絶対的主権性への宗教的信仰告白（de religieuze belijdenis van de absolute souvereiniteit Gods）と結び付いている。[68]

しかし、大切なことは、この法領域の様態的主権性、領域主権は、諸領域間相互の世界の意味－連関性（een kosmische zin-samenhang）の中にあることを見失わないことである。この被造世界の意味連関は、カントのように哲学的思惟によってではなく、神の時間的創造秩序によって定められている。ドーイヴェールトはこれを被造世界の法秩序（de kosmische wetsorde）と命名する。[69] *NC* は次のように書いている。「超越論的根本原理として、様態的諸側面の主権性は、起源者の超越論的理念と意味全体性と根元的意味統一性の超越論的理念との切り離すことのできない結合の中にある。その上、この原理はコズミック・タイムの超越論的理念と密接に結合している。なぜなら、このコズミック・タイムの超越論的理念は、われわれがこれまで考察してきたように、時間的実在性の諸様態側面間のコズミックな意味連関性を含んでいるからである。そしてこの連関性は、哲学的思惟によってではなく、聖定的な時間的世界秩序によって規制されているのである[70]」。

第一の超越論的課題は「われわれは、理論的思惟の対立的態度において、素朴経験において与えられているような、経験的実在の諸構造から、何を抽象するのか、そして、如何にしてこの抽象は可能なのか」という問いであった。素朴経験という思惟の前理論的態度から思惟の理論的、学的態度は何を分離・抽象するのかという問いが解明された。ドーイヴェールトの「プロレゴーメナ」の序論「哲学的思惟の必然的前提」の印象的な冒頭の言葉を引用して第一の課題を終わる。

「私が素朴な前理論的態度において与えられるような実在（de werkelijkheid）について説明しようと試みる

とき、そしてまた、私が実在を理論的学問的分析（*uiteen-stelling*）――この学問的分析によって実在はさまざまな側面に分離するように見える――に直面するとき、私の心に浮かぶ最初のことは、実在のさまざまな諸側面の原初的な分離することのできない連関性（de oorspronkelijk *onverbrekelijke verbondenheid*）であり、この諸側面は学問的態度においてはじめて顕在的に区別されるのである。連続的な相互依存性が、数側面を空間的側面と連関させ、空間的側面を運動側面と、運動側面を有機的生命の側面と、有機的生命の側面を心理的感情側面と、心理的感情側面を分析的－論理的側面と、分析的－論理的側面を歴史的側面、言語的側面、社会的側面、経済的側面、美的側面、法的側面、道徳側面、信仰側面と連関させるのである。いかなるものも世界連関性（wereldsamenhang）の中にあってそれ自身では存在しない。すべてはそれ自身の中で、またそれ自身を超えて（in en buiten zichzelve）、相互連関の内において、他のすべてを指示しているのである。すべての側面のこの連関性は、われわれの世界《コスモス》の各々の側面の中に表現されており、また、この連関性は、それ自身を超えて、より深い全体性（totaliteit）を指示し、そしてまた、この全体性はこの連関性の中に表現されているのである」(71)。

§3　第二の超越論的課題――自我の根元的統一

ドーイヴェールト哲学の第二の超越論的根本理念は、理論的思惟の出発点、人間存在の根元的統一（de worteleenheid）、宗教的根元（de religieuze wortel）、神の像の宿る座としての充全的自我の理念である。第一の超越論的根本理念である被造世界の様態的諸側面と連関性という宗教的アプリオリに続いて、ここでは、ひとが間様態的理論的総合を行う出発点（het uitgangspunt）という第二の超越論的根本理念、宗教的アプリオリが問題となる。この第二の超越論的根本理念、法理念においては、様態的諸側面の、さらに深い根元的統一が把握される[72]。

理論的思惟は論理的側面と非論理的諸側面の対象－関係（de Gegenstand-relatie）における理論的対立という理論的問題を引き起こす。換言すれば、われわれは、如何にして非論理的様態についての論理的概念を得ることができるかという問題である。われわれは、非論理的諸側面についての理論的認識に至るためには、理論的対立（de theoretische antithesis）から理論的総合（de theoretische synthesis）へと前進しなければならない。すなわち、もし経験の非論理的諸様態についての論理的概念が可能であるなら、論理的側面と非論理的諸側面の間様態的総合へと前進しなければならない[73]。

ここから第二の超越論的課題が生起する。それはドーイヴェールトの諸著作［著作年代順］において次のように定式化される。

「どのような立場から、われわれは、理論的対立において互いに対立的関係に分離された、経験の論理的側面と非論理的諸側面を、綜合的に再結合することが可能なのか」（From what standpoint can we reunite synthetically the logical and the non-logical aspects of experience which were set apart in opposition to each other in the theoretical antithesis?）[74]。

「理論的対立関係において分離され互いに対置されたわれわれの経験的地平の諸側面が、どのような立場から、再び、理論的総合において結合され得るのか」（Vanuit welk standpunt laten de in de theoretische 'antithetische relatie' uiteen- en tegenover elkander gestelde aspecten van onze ervaringshorizon zich weer in een theoretische synthesis verenigen?）[75]。

「この理論的総合が、そこから出発する、われわれの意識における中心的準拠点は何であるか」（What is the

central reference-point in our consciousness from which this theoretical synthesis can start?)[76]。

「われわれは、そこから間様態的理論的総合が出発する、われわれの意識における中心的関係点を、どこに見出すのか」(Wo finden wir den zentralen Bezugspunkt in unserem Bewußtsein, von dem die intermodale theoretische Synthesis ausgeht?)[77]。

この第二の超越論的根本問題は、第二の超越論的根本的法理念、すなわち、理論的思惟の総合作用の中心的準拠点、出発点の理念に関する超越論的課題である。

この第二の超越論的課題を提起することによって、われわれは理論的思惟のあらゆる可能的出発点を超越論的批判のテストにかけることができる。超越論的批判によって何が明らかになるのか。「この第二の根本問題を提起することによって、理論的思惟のそれぞれの可能的出発点(uitgangspunt)が超越論的批判のテストを受けることになる。結局ここで明らかにならなければならないことは、理論的思惟に前提されている自律性(de onderstelde autonomie)が、理論的思惟の内的本性と構造に基づいているのか、それとも、むしろ、それが超理論的先入見(een boven-theoretisch voor-oordeel)であるのか、ということである。そして、もし後者が実情であるとすれば、超越論的批判がこの先入見の真の本性を明るみに出すまでは、超越論的批判は安らぎを得ないであろう[78]」。

NC は第二の超越論的課題の提起が理論的思惟のあらゆる可能的出発点を超越論的批判に服させる意義について、この批判が、理論理性の自律性のドグマと、理論的思惟の志向的構造、すなわち、根元的宗教的統一と宗教的起源者を指し示す意味的構造が両立できるかどうかを明らかにすると考えている。「この問いはわれわれの研究の核心に触れている。この第二の根本問題を掲げることによって、理論的思惟のあらゆる可能的出発

点を、根本的批判に服せしめるのである。このようにして、われわれは理論理性の自律性のドグマが思惟の理論的態度の志向的構造と両立できるかどうかという問題に最後的に決着をつけなければならない[79]」。

理論的総合は論理的様態と非論理的様態の理論的な間様態的総合（een inter-modale synthesis）である。この理論的総合の真の出発点をこの論理的様態と非論理的様態の対立的思惟関係の片方に見出すことはできない。理論的思惟が論理的様態と他の一つの非論理的様態を結合し総合することであるならば、真の出発点は二つの様態の理論的対立を超越していなければならないし、対立する両側面を意識の中心的統一へ関係させる関係点でなければならない。われわれの経験的時間的側面の多様性を思惟行為の根底にある意識の深い根元的統一（een diepere wortel-eenheid）へ関係させるための真の出発点は、理論的対立を超えているのでなければならない。なぜなら、理論的問題は二つの対立的関係の中に起源を見出すから、理論的思惟がそれによって立ちも倒れもする対立的関係は、それ自身の中には、論理的思惟側面と非論理的対象諸側面の間にいかなる架け橋も提供しない。われわれは様態的諸側面の破ることのできない連関性を保証するコズミック・タイムと時間秩序の中には、様態的諸側面の多様性を超越する中心的準拠点を見出すことはできない。理論的思惟はそれ自身の中には理論的総合のための如何なる出発点も持っていない[80]。

ドーイヴェールトは、この理論的総合の出発点は、人間の意識と実存を超様態的統一へと関係させる関係点でなければならないという。「間様態的理論的総合の出発点は、必然的に、理論的対立を超越し、相互に対立する諸側面をわれわれの意識と全実存の中心的、超－様態的統一（eine zentrale, supra-modale Einheit unseres Bewußtseins und unserer ganzen Existenz）へ関係させなければならない。なぜなら、理論的思惟－経験的態度に固有なこの対立的関係は、それ自身の中には、間様態的総合のためのいかなる出発点も提供しないことは確かだからである。あらゆる理論的総合に前もって与えられている諸側面を包括する時間内の間様態的連関性のなかのどこにも理論的間様態的総合のためのわれわれの意識の中心的関係点（ein zentraler Beziehungspunkt）を見出すことはできないのである。なぜなら、時間は間様態的（intermodal）ではあるけれども超様態的（supramodal）ではないからである[81]」。

理論理性や理論的思惟の自律性のドグマはその信奉者を袋小路に導くことになる。なぜなら、理論的思惟の自律性と自己充足性を保持するためには、間様態的総合の出発点を理論的思惟そのものに求めざるを得ないからである。この立場は内在的立場（het immanentie-standpunt）である。しかし、理論的思惟はその対立的構造によって、論理的側面と非論理的側面の間様態的理論的総合に縛られている。すると、理論的間様態的総合は非論理的様態側面の数と同じ数だけの理論的総合の様態が可能となる。数学的、物理学的、生物学的、心理学的、歴史学的、言語学的等々の総合的思惟が可能となる。哲学的思惟は、これらのどの可能的特殊的理論的考察の中に、実在の経験的地平についての理論的綜合的全体観の出発点を見出せばよいのか。換言すれば、哲学的全体観（de wijsgeerige totaliteitsvisie）はこれらの可能的個別科学的視点のどれにその出発点を求めるべきか。どのような選択がなされようとも、結果は常に綜合的に把握された特定の様態的側面の絶対化（de verabsolutering）、特定の個別科学的視点の絶対化となる。これは理論的実在観、すなわち、人間の経験と実在についての理論的見解におけるすべてのイズム（alle -ismen）の源泉である。あらゆるイズムは、すべての他の諸側面を、理論的総合において絶対化された側面の単なる様態に還元する試みである。これらの諸イズムは哲学においても個別科学においても絡み合った混乱した役割を演じている。イズムの罠は、絶対化された様態側面を経験的実在と同一視することである[82]。

唯物主義、生物学主義、心理主義、歴史主義等々の諸々のイズムは二重の意味で非批判的（onкritisch）である。第一に、これら諸々のイズムは決して理論的に正当化され得ない。理論的思惟の対立的構造は、分離された諸側面の一つを他の側面に還元する試みに対して断固たる抵抗を示している。それは理論的思惟を内的二律背反（innerlijke antinomiëen）に陥れることによって絶対化に復讐する。理論的思惟のどこにも一つの領域、一つの側面を絶対化する余地はない。換言すれば、われわれを取り囲んでいる時間的地平の全体において、絶対的領域のための余地はない。イズムが非批判的である第二の理由は、理論的間様態総合（een theoretische inter-modale synthesis）は、その前提である理論的対立関係、不可還元的多様性を廃棄することができないから、特定の綜合的見地においては、理論的総合の出発点に関する根本問題に答えることができないということである。あらゆる理論的総合において、論理的分析は、反対側の非論理的側面の様態的構造に結び付いたままである。その結果、総合は一部分は論理的性格を持ち、一部分は非論理的性格を持つことになる。理論的総合は確かに論理的側面と非論理的側面の結合ではあるが、しかし、さらに深い根元的統一（een diepere wortel-eenheid）ではない。この根元的統一は、理論的思惟関係そのものの中には見出され得ない超－様態的性格を持った関係点（een betrekkingspunt van boven-modaal karakter）を前提にしている。間様態的理論的総合は理論的多様性を超越する超理論的出発点を前提にしているということである。一つの側面、一つの総合の絶対化に起因するすべてのイズムは、理論的総合の出発点の問題が解決できないという点で非批判的である。[83]

批判的超越論的哲学の父カントはこの出発点を理論的思惟そのものの中に示し得ると考えている。はたして、彼は理論的思惟の自律性を論証できたのであろうか。カントは認識を感性的側面と論理的側面の間様態的総合と捉え、その総合の内在的出発点を、超越論的統覚、思惟する自我（denkendes Ich）に見出すことによって、理論的思惟の批判的自己反省の必要性を示した。カントの超越論的統覚の概念は、彼が理論的総合の中心的関係点（een centraal betrekkingspunt）の必要性を意識していたことを示している。しかし、この超越論的統覚は、論理的思惟機能の絶対化であり、近代的宗教的根本動因に規定された人間の理論理性〔悟性〕の自律性、理論的思惟の自己充足性の公理を出発点とする内在的立場であった。この点の批判は後回しにするとしても、彼が、理論的思惟の関係点を発見するために、批判的自己省察の必要性を示したことは参考になる。時間的地平の様態的諸側面の多様性に注意を払うならば、論理的機能における理論的思惟が「対象－関係」（Gegenstand-relatie）において論理的機能と対置された諸側面の方向に向けられているかぎり、理論的思惟、哲学的思惟は、諸様態の理論的多様性の中に分散している（verstrooit）からである。理論的思惟、哲学的思惟が思惟する自我（de denkend *ikheid*）に向けられるときにはじめて、理論的思惟、哲学的思惟は、様態的意味多様性の根元に存在しなければならない意識の統一性への集中的方向性（de concentrische richting op een eenheid van het bewustzijn）、経験的地平の様態的多様性の全体がそれに関係している意識の究極的統一性への集中的方向性（the concentric direction towards an ultimate unity of consciousness）を獲得することができる。「人間とは何か」を人間学的研究のさまざまな特殊科学に聞くなら、なるほど、時間的人間存在の多様な諸側面に関する物理・科学的、生物学的、心理学的、文化－歴史的、言語学的、人類学的、社会学的情報を得ることができる。しかし、「自我の統一性において人間そのものとは何か」、或いは、「人間が、自分自身にとって、自我の統一性において、何であるか」という中心問題は、すべての学問・科学を結集しても答えることのできない問いである。人間の自我は、なるほどわれわれの経験の時間的地平のすべての様態側面において機能しているとはいえ、人間の自我は「本質的根元的統一」（een intrinsieke *wortel-eenheid*）、「中心的根元的統一」（a central and radical unity）であり、これは同時にすべてのこれらの時間的諸側面を超越しているのである。したがって、批判的自己省察の道こそが、理論的総合、理論的思惟の真の出発点の発見に導き得る唯一の道である。「汝自身を知れ」は批判的哲学的省察の第一の要請である。この自我の超越的性格が見逃されるとき、また、自我がその活動の単に内在的な中心と考えられるやいなや、マックス・シェーラーにおけるごとく、自我の根元的統一性は消失し、自我は多様な精神活動における単なる構造的な統一性と見なされるのである[84]。

この批判的自己省察の道こそが、哲学的思惟、理論的思惟、理論的総合の真の出発点の発見に導き得る唯一の道であるということをめぐって、ここで新しい超越論的課題が現れる。

§4　第三の超越論的課題——神的起源

「いかにして、この批判的自己省察、理論的思惟の自我に向かうこの集中的方向性は可能であるか、またその真の性格は何か」（How is this critical self-reflection, this concentric direction of theoretical thought to the I-ness, possible, and what is its true character?[85]）。

「いかにして、この批判的自己省察、理論的思惟の自我に向かう集中的方向性は可能であるか、また、それは如何なる起源を持つか」（Hoe is deze critische zelf-bezinning, deze concentrische richting van het theoretisch denken op de ikheid mogelijk en van welke oorsprong is zij?[86]）。

「いかにして、理論的思惟の自我への集中的方向は可能であるか、またそれはどこに起源を有するか」（How is the concentric direction of theoretical thought upon the ego possible, and whence does it originate?[87]）。

「いかにして、理論的思惟の自我への集中的方向は可能であるか、それはどこに由来するか、自我はどのような性格を持つか」（Wie ist diese konzentrische Richtung des theoretischen Denkens auf die Ichheit möglich, woher stammt sie und welcher Art ist das Ich?）[88]。

〈*A New Critique*, 1953〉は、この第三の超越論的課題を取り扱う章節の標題を「理論的思惟批判の第三の超越論的根本問題とカントの超越論的統覚」と名付け、この問題をカントの超越論的統覚との関連で論じている。章節の区別と標題はないが、〈*Calvinistische Wijsbegeerte*, 1956〉も〈*Die Philosophie der Gesetzesidee und ihre Bedeutung für die Rechts- und Sozialphilosophie*, 1967〉も、第三の超越論的課題の説明を、カントの超越論的統覚との関係の論述と批判から始めている。

理論的思惟は論理的様態と非論理的様態の間様態的総合に成立する。そのことは理論的思惟が論理的側面と非論理的側面の対立的構造に縛られていることを意味するから、理論的思惟はその総合の出発点、準拠点を対立する一方の側面に求めることは不可能である。思惟主観そのものが「対象関係」（de Gegenstand-relatie）の内部にあるかぎり、理論的思惟そのものは、理論的総合の出発点、準拠点ではあり得ない。したがって、理論的思惟の自我に向かう集中的方向は理論理性を出発点とすることはできない。しかるに、カントは、理論理性の自律性のドグマ自身を超越論的批判のテストに服せしめることをせず、理論的理性と理論的思惟の自律性の公理に固執したために、理論的総合の中心的準拠点を理論理性［悟性］という思惟の論理的側面に求めざるを得なかった。カントは理論的認識を論理的思惟機能たる「悟性」ともう一つの認識源泉である「感性」との総合と考えた。ドーイヴェールトのように、理論的総合を論理的様態と非論理的諸様態の多種類の間様態的総合ではなく、論理的思惟機能と感覚的経験様態との一種類の間様態的総合である。すると、すべての理論的総合は悟性の働きのみに帰せられる。総合は意識の中心的論理的統一を前提にする。すなわち、すべての理論的総合の根底に思惟の主観軸として「我思う」（Ich denke）が、総合の出発点、準拠点としてすべての表象に随伴している。「我思う」は、すべての経験的表象が私の表象であるから、すべての表象に伴っていなければならない。換言すれば、この「我思う」（Ich denke. cogito）は、すべての経験的実在に対置する必然的意識相関者であり、すべての綜合的悟性活動の超越論的論理的関係点（het transcendentaal-logische betrekkingspunt）である。この「我思う」（Ich denke）は、それ自身、決して認識の対象や客体にはなり得ない「自己意識の超越論的同一的統一」（die transzendentale identische Einheit des Selbstbewußtseins）であり、多様なものの結合の概念を超越している。この自己意識の超越論的論理的統一は、カントの用語では、「超越論的統覚の統一」（die transzendentale Einheit der Apperzeption）、或いは、「超越論的論理的自我」（das transzendental-logische Ich）と呼ばれる。この超越論的統覚は、論理的単一主体を超越する普遍的自我であり、それ自身決して認識の対象（Gegenstand）にはなり得ない、すべての認識行為、綜合的思惟行為の根底にある出発点である。あらゆる理論的認識行為はこの「我思う」から発出するからである。あらゆる学問的総合の普遍妥当的条件と見なされなければならないのは、この超越論的論理的思惟主観である。これは「超越論的論理的自我」であり、これは、あらゆる理論的総合の超越論的前提（een transcendentale voor-onderstelling van iedere theoretische synthesis）である。この「超越論的論理的自我」は、「空間と時間の中にある経験的個人的自我」、「われわれが時間・空間において知覚することのできる経験的自我」と峻別される。前者は経験的実在には属さず、あらゆる可能的認識作用の一般的条件であり、いかなる種類の経験的個性も持たない論理的な意識の統一点である。カントはまた、われわれは「思惟する自我」というこの超越論的論理的概念の中に真の自己認識を持つ、とか、そこから本質的自己認識を引き出せるとか、そういう考えを否定する。なぜなら、カントの認識論的見解によれば、人間の認識は感性的知覚において与えられた感性的直観としか関係を持つことはできないからである。この感性的直観は、空間と時間というアプリオリな直観形式において受け取られ、論理的概念［範疇］によって客観的経験的実在性にまで秩序付けられるのである。超越論的統覚としての普遍的論理的自我は人間を真の自己認識に導くものではない[89]。

そこで、ドーイヴェールトは、カントが、理論的思惟そのものの中に、理論的思惟の超越論的批判の要求を満たす中心的出発点を論証することに成功したかの問題を取り扱う。答は否定的でなければならない。カントの超越論的論理的自我は、われわれの経験的地平の様態的多様性を超越する中心的意識統一であることは不可能である。なぜなら、真実の充全的自我は、すべての超越論的経験様態の中心的関係点（Bezugszentrum）として、すべての様態的多様性を超える意識統一でなければならないからである。その意味で、多義性のない単純統一性でなければならない。しかし、カントは、この中心的意識統一を、われわれの思惟主観性の超越論的論理的統一（eine transzendental-logische Einheit unserer *Denksubjektivität*）と同一視してしまっている。思惟主観性の超越論的論理的統一は決して多様性なき統一ではあり得ない。創造の秩序における様態的多様性と連関性の法理念においては、超越論的論理的統一は、超越論的論理的諸関係の分析的多様性における相対的統一性であり、われわれの意識の他の様態的諸側面の内部におけるわれわれの主体諸機能と間様態的連関性における相対的統一性にすぎないからである。われわれの理論的認識は論理的機能と非－論理的様態的諸側面の間様態的総合である。被造世界の様態的多様性と連関性は多様な論理的統一性を示す多様な相対的統一性である。したがって、被造世界の一様態たる論理的側面を理論的総合の真の出発点とすることはできない。われわれは理論的総合の真の出発点を、理論的思惟態度の特徴である対立関係の内部に見出すことはできない。カントの超超越論的－論理的思惟主観、超越論的－論理的自我は、理論的思惟の対立的関係における論理的－思惟軸として考えられており、感性的知覚という非論理的側面にその対立軸を見出している。したがって、われわれは、この対立関係の中には、決して間様態的な理論的総合の出発点を見出すことはできない。もし、思惟の論理的側面と感性的知覚の側面が不可還元的であれば、思惟の論理的側面の中に、理論的結合のいかなる出発点も見出すことはできないということは当然の帰結である。(90)

カントの理論的総合は、論理的思惟機能と感覚的様態との間様態的総合であり、超越論的論理的概念［範疇］と感性の純粋形式である時間と空間における感性的経験的質料との理論的総合である。悟性概念［範疇］と感性的直観という異質なものが総合するのは、範疇なる悟性のアプリオリな形式が、超越論的構想力によって時間なる感性のアプリオリと結び付き、超越論的時間規定に図式化されているからである。これは悟性の働きの一つである超越論的構想力による。理論的認識は、質料たる感性的直観が認識所与として与えられ、この所与を悟性が思惟する総合であるが、その前に「直観が与えられる」ということの中に既に悟性の自発性の作用があるのである。この悟性の先取的予料的認識によって、感性的直観は統一した纏まった表象として認識の客体として与えられるのである。従って、総合（synthesis）は、統一（Einheit）であり、結合（Verbindung）である。このことはカントの言葉がよく示しているところである。「結合は多様なものの綜合的統一の表象である」（Verbindung ist Vorstellung der synthetischen Einheit des Mannigfaltigen.）。理論的思惟は、与えられた所与を更に判断において思惟することである。理論的思惟は理論的総合判断であり、理論的総合判断において与えられる結合と統一は、悟性の可能性の根拠を含むような高次の悟性作用に求められなければならない。超越論的統覚の統一は、単に直観の多様を纏まった表象として認識の客体として与える作用であるにとどまらず、それらをアプリオリに結合し、直観の多様を普遍的自己意識としての統覚の統一、根元的意識の統一へともたらす高次の悟性の作用である。感性的直観の多様における諸表象にはそれに先だって「我思う」(Ich denke)という根元的自我の自己意識の表象が伴っているからである。「統覚の根元的－綜合的統一の原則」は、直観の多様が認識の客体となる原則であるのみならず、われわれがこの客体を認識するための、思惟と認識の最高原則である。諸表象のすべての合一(Vereinigung)は、諸表象の総合(Synthesis)における意識の統一(die Einheit des Bewußtseins)を必要とする。意識の統一性こそが、諸表象と一つの対象(ein Gegenstand)との関係、その客観的妥当性、つまり認識そのものを構成するものなのである。悟性の可能性すらこの意識の統一性に基づいている。「統覚の根元的綜合的統一の原則」(der Grundsatz der ursprünglichen synthetischen Einheit der Apperzeption)は、第一の純粋悟性認識であり、悟性使用の全体がこれに基づいている。意識の根元的綜合的統一は、直観が認識の客体となる条件であるのみならず、客体を認識する条件であり、すべての認識の客観的条件である。このように、カントにとって、意識の根元的統一としての超越論的統覚は、理論的認識の条件であるのみならず、認識の客体の成立の客観的条件である(91)。

カントの超越論的－論理的思惟主観、超越論的－論理的自我は、感性的知覚という非論理的側面を対立軸とする理論的思惟の対立的関係に成立する論理的思惟軸である。したがって、われわれは、この論理的側面と感性的側面の対立関係の中には、決して間様態的な理論的総合の出発点を見出すことはできない。この論理的思惟主観を、一挙に「超越論的統覚」として絶対化し、この絶対化された普遍的意識の統一、根元的意識の統一は、間様態的総合における諸表象の結合と統一の原理、悟性の可能性の根拠、認識の普遍妥当性の根拠とされたのである。カントは、「超越論的弁証論」において、古典的認識の形而上学の三実体［世界、霊魂、神］を認識不能の超越論的仮象、空虚な思弁として退け、認識統制概念、限界概念としてのみその消極的意義を承認した。したがって、「単一実体としての理性的霊魂」(de anima rationalis als een 'eenvoudige substantie') や神的自我の形而上学的実体を否定したはずである。しかし、カントは、超越論的統覚の根元的統一において、論理的思惟主観を、根元的自我と同一視し、超越論的論理的自我を絶対化し、「超越論的論理的統覚の統一性」へと形而上学的実体化したのである。超越論的統覚は、個々の科学者の現象への範疇投入による個別的科学的認識の普遍性を保証し、一つの自然を構成する根元的意識の統一性である。主観的論理的機能を、対立関係の相対性を超越する普遍的自我として絶対化することは、彼が仮象 (Schein) として否定した「単一実体」を承認する神秘的宗教的思弁ではないか。ここにわれわれは近代の人本主義の超－理論的宗教的根本動因の支配を感じとらなければならない。論理的側面と感性的側面の対立関係の中に理論的総合の出発点を見出せないときに、カントにおいては、理論的総合の出発点は、「理論理性」「悟性」の絶対化である超越論的統覚の意識の統一性である。これの原因は、彼が理性の自律性のドグマを自明の前提とし、この公理を超越論的批判のテストにかけなかったことによる。ドーイヴェールトは次のように述べている。「カントは、あらゆる総合は思惟の論理的機能から発出すべきであるという彼の公理の結果として、批判主義的探究の道を捨ててしまい、そして、独断的主張によって、真正の総合の問題を排除してしまった。理論理性の自律性に関するドグマが彼にそのようにすることを余儀なくさせたのである。しかし、理論的独断主義によって、彼の認識論の真の出発点は隠されたままになったのである」(NC)。また、カント自身、この「思惟する自我」(denkenkes Ich) を、真の自己認識とは思っていない。真の自己認識のないところでは、諸学問的認識もないはずである。理論的認識は感性的現象世界に限定されており、理論理性は現象世界の立法者である。カントの「我思う」(Ich denke) という超

越論的統覚としての自我は、論理的思惟機能の絶対化であり、論理的思惟総合の出発点、準拠点たり得ない。(92)

超越論的統覚や論理的自我が真の自我でなく、われわれが論理的思惟機能の中に間様態的総合の出発点を見出せないなら、真の批判的自己省察と真の本質的自己認識は、いかなる方向性と起源を持つのであろうか。第三の超越論的課題は「いかにして、この批判的自己省察、理論的思惟の自我に向かう集中的方向性は可能であるか、また、それは如何なる起源を持つか」という問いであった。第三の超越論的課題は、真の本質的自己認識なしには、解答不能である。真の自己認識に到達することなしには、理論的思惟の真の出発点、準拠点に到達することは不可能である。理論的思惟が間様態的総合の超－理論的、超－様態的中心としての自我に向かう集中的方向性、つまり批判的自己省察は、理論的思惟から出発することはありえない。人間の中心的意識統一であり存在統一である真の自我は理論的思惟の領域を超越している。人間自我の不思議は、自我が創造秩序にしたがって組み込まれている三つの中心的関係から離れて、ただそれだけでそれ自身において（an und für sich）考察される場合には、いかなる内容もない無であるということである。第一の関係は、自我と被造世界の経験的時間地平との関係である。われわれの存在の超－様態的集中点としての自我は、時間地平内の自我の様態的主体機能によって規定されることはできない。自我の中心的統一は時間的秩序の様態的多様性においては見出されないのである。人間の意識統一であり、存在統一である自我は、時間的地平によって取り囲まれている、自我も存在しない。生物的自我、心理的自我、歴史的自我、道徳的自我が存在しないと同様に、論理的認識の間様態的統一性ではない。世界全体の時間地平は、時間的諸側面の様態的多様性を本質的に超越する超－様態的超越性、人間存在の根元的統一（wortel-eenheid）の意味における根元的関係点をどこにも提供していない。第二の関係は自我と他者の自我との関係である。すなわち、「我－汝－我々－関係」（die Ich-Du-Wir-

Relation）である。この関係はわれわれの自我の内的性質を規定することができるであろうか。マルティン・ブーバーは、自己認識に本質的な「我－汝－関係」、「間－個人的関係」（die inter-individuelle Relation）を、自己認識の必然的条件として非常に強調している。この関係は「我－それ－関係」（die Ich-es-Relation）と鋭く対立させられている。前者は人格間の真の精神的出会いにおいて示され、後者は世界を支配するための経験の主－客関係において示される。しかし、人格間の愛の関係も、経験的認識の主客関係も、被造世界の様態的構造に制約された間様態的関係である。ビンスワンガーが汝－我関係は人格間の愛における出会いと述べたとしても、時間的な愛－関係は、時間的地平の中で様態的多様性と様態的連関性と典型的社会構造に規定されている。身体的情愛と道徳的隣人愛、真善美に対するプラトン的愛、夫婦愛、親子愛、師弟愛、祖国愛、これらのコズモノミックな愛の関係は、真の自我認識、自己認識に向かう本質的な集中的中心的方向性を持ち得ない。すなわち、これらの時間的愛－諸関係は、いずれも、人間自我に本質的な中心的性質を持ち得ないのである。この第二の関係もまた、この関係を真の起源者と切断して、ただそれだけでそれ自身において（an und für sich, *Phil. d. Gesetzesidee* = in itself, *Twilight*）、考察するかぎり、自我は依然として無であり空虚であり、この関係もまた真の自己認識に積極的内容を与えることはできない。間人格的な出会いと愛というような言葉が、哲学的人間学において、起源者との関係を無視して、我と仲間の時間的地平における隣人関係としてのみ使用されるかぎり、事柄を不可解なものにしてしまう。他者の自我は、われわれを私自身の自我と同じ謎、すなわち、自己自身の空虚（dasselbe Rätsel wie unser eigenes, nämlich seine *Leerheit in sich selbst, Phil. d. Gesetzesidee*）に直面させるからである。批判的自己省察、理論的思惟が自我に向かう集中的方向性は可能であるか、この第三の超越論的課題は、第三の中心的関係たる自我と起源者の関係という時間的地平を超越する関係において解明される。[93]

第三の中心的関係は自我と神的起源者との関係である。聖書の啓示によれば、神は人間をご自身の像《かたち》に創造したもうた。神の像《かたち》は人間の自我［心］の中にその表現を見出し、この神との関係だけが、自立すると空虚である自我に積極的内容を与えることができる。この神との関係だけが、我と汝の関係に積極的内容を与えることができる。理論的思惟が、われわれの経験的地平の根元的統一であり、われわれの時間的存在の根元的統一でもある自我へ集中すること（de concentrering）は、すべての関係するものの真実の創造者［堕落の状態においては異教的な誤想的起源者］へ同時に集中すること（een gelijktijdige concentrering）においてのみ可能となる。われわれが自我を「それ自身において完結した自立性」（een in zichzelve besloten zelfstandigheid）として捉えようとするかぎり、自我は「無」（het niets）の中に溶解する。神の像《かたち》の宿る座である人間自我は絶対的起源者としての神との中心的関係なしには無である。理論的思惟、哲学的思惟が、人間存在の中心に向かうこの中心的自我への集‐中心的方向性を獲得するのはこの宗教的関係からだけである。理論的思惟が、思惟する自我を超えて、その絶対的起源を示すこの中心的宗教的関係に向けられていないならば、自我は無の中に溶解し、批判的自己反省は空虚となる。中心的宗教的関係に向けられていない哲学的反省は、このニヒリズムを避けるために、われわれの経験の時間的地平の中に自我を求め、哲学的自己反省は、批判的態度を捨て去り、時間的意識の一つの様態的側面を絶対化するのである。これが、超越論的論理的自我、心理的自我、歴史的自我、道徳的自我の偶像の起源であり、さまざまなイズムの起源である。われわれの存在の根元的統一としての自我は、このような時間的地平を超越する、人間存在の宗教的中心（het religieuze centrum der menselijke existentie）である。なぜなら、この宗教的中心は、その内的本性にしたがって、自らにおいて、関係するすべてのものを、絶対者に集中するからである。それゆえ、意識の絶対的中心的宗教的領域は、時間的様態的機能の一つと決して混同されてはならないのである。自己認識は、われわれの存在の時間的多様性の分散した方向において得られるのではなく、ただ宗教的中心に向かう集中的方向においてのみ得られるのである。そこにおいて、自我自身はすべての関係するものへの依存性を自覚し、その被造的根元的統一（de creatuurlijke wortel-eenheid）においてて起源統一性（de Oorsprongseenheid）の表現を求めるのである。換言すれば、自己認識は神認識に依存しているのである。両認識とも、われわれの存在の宗教的中心における絶対者の中心的支配において行われるのであって、理論的認識から生じる誤想的自律的概念的知識（een autonom vermeend autonoom begrip）においてて行われるのではない。われわれは絶対者による支配の中において、告白する（be-kennen）ことである出会い（ontmoeting）によって知る（kennen）に至るのである。この知識は、われわれの時間的認識諸機能を貫通し、それに方向性を与え、同時にこの知識は諸側面の様態的多様性を伴うわれわれの経験的時間的地平を超越する。自我の脱我的性格は、ハイデッガーの言うような、事物存在を脱出して存在そのものの真理の中に脱我的に内在する現存在の実存（Elk-sistenz）の意味ではない。人間の実存的決断は人間経験の時間的地平を超越することはできない。自己自身を超越するとは、神の絶対的起源統一の像《かたち》を宿す根元的被造的統一である人間自我が、自我自身とその起源者を見出すために、時間地平の様態的多様性を超えて、絶えず自己自身の外に歩みださなければならない人間存在の宗教的中心という意味である。宗教的中心としての自我は、絶対的起源者との宗教的関係なしには虚無であるが、この神との関係において積極的内容を得るのである。経験の時間的地平の中に消散しているあらゆる意味の集中点として、自我は自らを超えてあらゆる意味の起源を示し、この起源の絶対性は、神の像を宿す座としての人間自我において反映されるのである。そしてまた、われわれの自我が、時間的地平に対する関係とわれわれの他者の自我に対する積極的内容を得るのは、この起源者との関係からである。自我はその時間的機能のすべてを創造者への愛の奉仕へと集中するように召されている。この愛の奉仕は愛の律法において隣人を包含し、隣人を神の像の保持者として宗教的意味において、自分のように愛すべきである。われわれが他者の中にある神の像を憎むなら、神を愛することは不可能だからである。(94)

罪の堕落は、自己認識と神認識を、堕落した方向性（af-vallige richting）へと転回し、自我における神の像《かたち》は徹底的に暗くなった。しかし、堕落の状態においても、人間存在の中心である自我における宗教性（de religieuze geaardheid）は失われなかった。この自我における宗教的衝動（der religiöse Antrieb）は、相対的なもの、特定の様態、論理的自我などを絶対化する機能として残存し、自己自身と神的起源者を時間的地平の中に求めるのである。この宗教的衝動は、堕落の状態においては、偶像礼拝と偶像制作に導くだけであるが、人間自我に植え込まれている生得的宗教衝動（der eingeschaffene religiöse Impuls）、自我の生得的起源衝動（de ingeschapen oorsprongsdrang der ik-heid）である。絶対者と縁を切り、自己充足に生きる自我も、その自己充足性において、時間的地平の中に絶対的起源を求め、特定の時間的様態性を絶対化し、偶像の支配に身を委ねている。人間存在の宗教的中心である根元的自我は、脱我的（ex-sistent）であり、内在的偶像に超越する自己撞着の陥穽に陥る。自我は、理論的思惟において、意識の根元的統一であるけれども、自己自身の中に思惟の出発点を提供することはできない。自我は自己自身と自己の神的汝の中に神的起源を求める自己超越的性格を持つ。自我は、我と汝［神的起源者］の根元的社会性（de wortelgemeenschap）の中に、自己自身とその起源者を見出すために自己を超越するのである。なぜドーイヴェールトは第三の法理念を創造者と呼ばないで「神的起源者」などと呼ぶのか、その理由は今や明白である。創造と回復においては明確な聖書的創造者であるが、堕落の状態においては、この宗教的衝動は、異教的宗教動因として、根元的自我を規定し、その結果、理論的思惟は時間的地平の中に偶像的起源者を求めるからである。創造と回復における起源者は、聖書に啓示された唯一の創造者である。ということは、人間自我の生得的宗教的衝動は、その中心的デュナミス或いは推進力としての宗教的根本動因によって規定され育成されているのである。宗教的根本動因、或いは、宗教的アプリオリは、創造と贖いにおいては、聖書的根本動因であるが、堕落においては、異教的根本動因である。人間は堕落の状態においても、なお宗教的であり、宗教的中立の人間は存在しない(95)。宗教的根本動因を、ギリシア哲学、スコラ哲学、近代哲学について既に述べたところである。この異教的根本動因が、宗教的中心としての根元的自我たる心を規定し、この宗教的アプリオリに心を規定された人々の根元的社会性において、霊的共同体を生み出し、この根元的社会性は、宗教的根本動因において、共同体全体に究極的方向性を与える社会精神（een gemeenschapsgeest）によって実現される。共同体の成員がこの宗教的根本動因の中心的影響を批判的に自覚していないときも、この宗教的根本動因は成員の一人一人を規定し、支配しているのである。異教的根本動因が心を支配するとき、理論理性の自律性のドグマを覆面的公理として承認しているのである。われわれは、このことを、すでにギリシア哲学、スコラ哲学、近代ヒューマニズムの哲学において考察した。「自我が理論的思惟の楽器の隠れた演奏者であるとすれば、この演奏の中心的動因は、人間存在の個々の中心において活動している社会精神から生まれる。理論的総合の探し求められていた中心的出発点（het gezochte *centrale uitgangspunt* van de theoretische synthesis）を規定しているのは、この宗教的根本動因である」（CW, blz. 44）。ドーイヴェールトには未知の現代超越論的哲学の一つ、アーペルの言語遂行論（die Sprachpragmatik）の言語のアプリオリを共有する解釈者共同体（die Interpretationsgemeinschaft）の理論に共通する理論的思惟の超理論的前提をすでに問題にしているところに驚きを禁じ得ない。ドーイヴェールトの超越論哲学の場合は、理論的思惟の超理論的前提は、宗教的アプリオリである。これが理論的思惟を成立させる根底的条件であり制約である。古代ギリシアのオルフェウス宗教、中世のスコラ的カトリシズム、近代ヒューマニズムの人格性の宗教などを考えるとき、それぞれの哲学的思惟を、それぞれの宗教的根本動因の前理論的前提が規定している大きな解釈者共同体の思惟方法と考えることもできる。形相と質料、自然と恩恵、自由と自然などの異教的宗教的動因は、弁証法的対立と闘争を示している。しかし、その弁証法的対立は、理性的霊魂、自然的理性、超越論的統覚などの理論理性の自律性の公理によって克服される対立である。われわれの哲学的思惟は、経験的地平の時間秩序に拘束されている。そのような哲学的思惟に対する宗教的根本動因の影響は、二つの条件に制約されている。第一に、宗教的根本動因は、経験の信仰‐側面の中で、共通的信仰を惹起する。第二に、宗教的根本動因は、人間社会の歴史‐側面の中で、社会‐文化的力を得なければならない。宗教的根本動因は、その共同体の共通の精神を表し、哲学的思惟をも規定する。宗教的根本動因は、特定の歴史的社会的文化において激しく対立する宗教的闘争の間にも、相互理解の究極的可能性を保証し、特定社会の共通動因として、思惟共同体（a community of thought, *Twilight*, p. 34）の基礎に横たわっている。このような理論的思惟の真の出発点を、理論理性の自律性の欺瞞的公理によって覆っているあらゆる形の理論的独断主義を打破するために、宗教的根本動因の影響を示すことこそが、根元的超越論的思惟批判の仕事である。(96)

この超越論的思惟批判が、理論的思惟が根元的自我の方向へ集中していく批判的自己省察の可能性を拓くのは、人間自我を、時間的意味多様性の真の起源者か、或いは誤想的起源者か、どちらかの方向性へ向ける、自我の生得的宗教的衝動を明らかにすることによってである。その意味で、超越論的思惟批判は、宗教と哲学の必然的内的接触点（het noodzakelijk innerlijk aanknopingspunt）を明らかにする。同時に、超越論的思惟批判は、哲学と科学［学問］の内的必然的接触点をも明らかにする。なぜなら、哲学は経験的実在の多様性と連関性の理論的全体観において、経験的地平と理論的思惟の構造的所与性という必然的前提を提供するからである。超越論的思惟批判は、理論的思惟態度そのものの内的性質と構造から、理論的思惟の非－自己充足性（de onzelfgenoegzaamheid）を明らかにし、同時に理論的思惟を規定する宗教的根本動因の超理論的規定力（dynamis）を明らかにしたのである。超越論的思惟批判が、理論理性と理論的思惟の自律性の公理のために、三つの法理念、すなわち、被造世界の様態的多様性と連関性、理論的思惟の総合作用の中心的出発点と準拠点、神的起源に関わる宗教的アプリオリの前提と規定力を無視し、自律性の公理そのものを批判のテストにかけることを拒否するならば、それは、批判的方法を拒否し、理論的思惟の真の出発点を覆い隠す理論的独断主義となる。理論的思惟の超越論的批判の仕事は、経験的地平を超越しながら、反って経験を成立せしめるアプリオリな普遍妥当的条件と制約を求めることだからである。法理念の哲学は、理論的思惟の態度そのものを批判的課題とする哲学である。この第三の超越論的課題は、神の像《かたち》に創造された人間自我と創造者なる神との中心的宗教的関係に関する課題である。哲学の無前提性と理論理性の思惟の自律性の公理を信じる立場からは、この超越論的思惟批判の宗教的前提が哲学の限界を超えるものであるとの非難が投げかけられるかもしれぬ。この超越論的思惟批判は宗教と哲学の内的必然的接触点を明らかにしたと述べた通り、法理念哲学の超理論的問題設定は、最初から、超理論的諸前提（die boven-theoretische voor-onderstellingen）によって支配されており、それは被造的存在者の理論的認識態度の内的構造である。内在哲学も異教的超理論的宗教動因によって制約されているが、理論的思惟の自律性の公理がそれを覆い隠している。真実は、前者が後者を生み出しているのでである。問題は、いずれの宗教的根本動因が超越論的思惟批判の真の出発点たり得るかということである[97]。

法理念の哲学は、根元的批判的キリスト教超越論哲学として、その出発点を、神の言葉啓示の中心的根本的動因に求める。それは、「創造、堕落、聖霊の交わりにおけるイエス・キリストによる贖い」(Schepping, zondeval en verlossing door Christus Jezus in de gemeenschap van de Heilige Geest) の動因である[98]。

この神の言葉の根本動因は、真の自己認識と神認識の鍵である。この根本動因は、神の言葉啓示の総括的根元的意味を保証している。なぜなら、この根本動因は、創造における神との原初的愛の交わりにおいても、神からの堕落においても、キリストにおける霊的再生においても、人間存在の根元 (die Radix)、宗教的根元的統一性、根元的共同性を露わにし、そして、すべての被造的存在者の創造主への総括的依存性を明るみに出すからである。われわれの超越論的思惟批判は、哲学的理論的思惟と心の中心的宗教的意識の内的必然的接触点を明らかにし、ギリシア古代から近代に至る西洋思想を支配してきた異教的宗教的根本動因を暴露することによって、批判の道を進めてきたのである。異教的宗教動因が、人間の顔を霊的生命の源である神の言葉から背けさせ、自分自身と自分の起源者を固有の意味多様性を伴う時間的地平の中に求めさせる方向性へ導くとき、人間存在の生得的集中衝動が露わになるのである。この時間的地平においては、人間自我に集中する世界の意味の宗教的統一性が、多様な相互連関的諸様態と個性構造の中へ分散屈折している。西洋思想の異教的根本動因が二元論的構造を持っているのは、堕落における背教的傾向性が、創造において人間自我に植え込まれた生得的宗教的傾向性を、時間的経験的地平の方向性へ向けるという事実から生じている。したがって、多様な様態側面と個性構造を伴う時間的経験的地平は絶対化と偶像製造 (verabsolutering en idolen-vorming) に多くの可能性を提供する。宗教的根本動因におけるすべての相違の根元は、異教的中心的動力が人間自我を真実の起源者から引き剝がし、最後には無意味な無に直面させる、罪の堕落そのものが持っている共通精神である。この偶像製造は、第一に、自律的自己認識と神認識に到達しようとする試みにおいて、第二に、自律的世界像を描こうとする試みにおいて生起する。(99)

神の御言葉《みことば》啓示の宗教動因が真の認識の鍵であり、「真の自己認識は真の神認識に依存する」ということについて、〈*Twilight*〉の叙述は明解である。その分かりやすい叙述によってまとめてみる。真の自己認識は、教義学やキリスト教哲学の結果ではなく、心、すなわち、われわれの存在の宗教的中心において、聖霊の力によって働く神の言葉啓示の結果でのみあり得る。キリストが、律法学者やファリサイ派の人々を、彼らはイエスも御父《み》も知らなかったと言われたとき、彼らを教義神学的知識の欠如のために非難されたのではなかった。イエス・キリストにおける神認識なしに自己認識を持ち得ないのである。またスコラ的教義学における人間本性観も、聖書的起源を欠いている。聖書の中心主題は、「創造、堕落、聖霊の交わりにおけるイエス・キリストによる贖い」の核心であり、これが人間存在の根元的中心である心を露わにする。聖書的根本動因は、真の神認識に依存する自己認識であり、すべての神学的人間観と哲学的人間観の唯一の審判者である。この御言葉《み》啓示の中心的主題の根元的意味は、人間存在の宗教的核心、中心的座としての心に、直接語りかける聖霊の働きによる神の言葉そのものである。創造－堕落－贖いの中心的意味において、人間存在の根元に入り込む神の言葉は、経験的地平の諸側面や職業の諸領域の豊かな多様性を伴う時間秩序の内にあるキリスト者生活の全体の中心的動因－力（the central motive-power）とならなければならない。この聖書啓示の中心主題は、神学的、哲学的理論的思惟の中心的出発点、動因力でなければならないのである。(100)

創造－啓示の根元的意味は何であろうか。神は、ご自身を、創造者（the Creator）として、彼の外に存在するすべての被造的存在者の絶対的起源者（the absolute Origin）として啓示する。人間が神の像に創造されたとは、神がご自身の外に存在するすべてのものの絶対的起源者であるように、神が人間を、そこにおいては、時間的世界の諸側面と諸能力の多様性の全体が、その宗教的中心の内部に集中されているような、そのような存在者として創造したもうたということである。この宗教的中心は、われわれが自我と呼び、聖書が特別に含蓄ある宗教的意味において「心」と呼ぶところのものである。人間自我は、神の像の中心的な座（the central seat of the image of God）として、人間の時間的生の全体と時間的世界の全体を、神への愛の奉仕に集中するという生得的宗教的衝動（the innate religious impulse）を授けられた。神に対する愛は、人間における神の像への愛を含むから、被造的世界の神的時間的法秩序の多様性の全体が、神への愛と隣人への愛の命令と関わるのである。神の国には、神と神の愛の中心的命令から遮断されるような、生の中立的領域は存在しない。

次に、罪への堕落の根本動因の聖書的根元的意味は何を意味しているのであろうか。人間における神の像は、人間の時間的存在全体の宗教的中心、根元（the radix）、心に関わるものであったから、罪への堕落も同じ聖書的根元的意味においてのみ理解すべきものである。罪への堕落は人間の心に起こった妄想、すなわち、人間自我が神ご自身と同じ絶対的存在を持つという妄想に起因する。「あなたがたは神のようになる」という誘惑は、人間の心にある絶対者への衝動の方向性の向きを変え、心の中に真の創造者からの無記的安全中立地帯の存在を誤想することである。生ける神からの背教（the apostasy）は人間の霊的死を意味した。なぜなら、人間自我はそれ自身においては無であり、神の言葉によってのみ、聖なる創造者との愛の交わりにおいてだけ、生きることができるからである。しかし、罪の堕落は、人間存在の宗教的中心における神の像と生得的宗教的衝動を破壊せず、その衝動を相対的意味しか持たない諸側面の多様性を伴う時間的世界に向けることによって、背教的異教的方向性へと転換したのである。人間は彼の神と彼自身を時間的世界の中に求めることによって、またこの世界の相対的依存的側面を絶対的なものの位置に高めることによって、偶像礼拝の餌食になり、真の神認識と自己認識を喪失した(101)。

贖いの聖書的根本動因の根元的意味については多言を要しない。神の像が人間本性の宗教的中心において回復されるのは、受肉した御《み》言葉、贖い主イエス・キリストにおいてのみである。イエス・キリストによる贖いは心の再生を意味し、それはわれわれの時間的生の全体において顕わされなければならない。イエス・キリストから離れていかなる自己認識もあり得ない。この聖書的自己認識は、われわれの世界観や人生観がキリスト中心的意味に改革されなければならないことを意味している(102)。

スコラ的人間本性観によれば、人間存在の中心は霊魂の理性的部分であり、神の像の座である宗教的中心たる心ではない。理性の理論的思惟が自然の光と恩恵の光によって樹立する神・霊魂・世界についての綜合的教義体系は、心における「創造・堕落・贖い」の神の言葉の中心動因を推進力として正しく捉えていない。異教的動因と聖書的動因の総合に成り立つスコラ的動因は「自然と恩恵」の宗教的弁証法的動因である。スコラ神学は、人間の生の領域を自然的領域と超自然的領域に分け、人間本性は自然的領域に属し、その中心は自然的理性にあると考えた。この自然的理性は、神の啓示から独立に、それ自身の自然的光に照らされて、第一不動動者、純粋形相としての神、質料的身体の影響を受けない理性的霊魂、形相と質料の連鎖に基づく世界という、アリストテレス哲学と順応した自然の光による形而上学の体系を、聖書の恩恵の啓示の光を受容する前提的基盤として受け入れている。自然的理性は、形而上学的実体「神・霊魂・世界」についての或る程度の正しい認識を樹立することができると考える。罪は付加的恩恵を毀損しただけで、理性的霊魂、或いは、霊魂の理性的部分は、罪の本質的影響を被ることなく存続し、啓示の光による補修の前提的土台となる。罪による人間本性の根元的腐敗を承認していない。罪は創造の後に与えられた超自然的付加的賜物［霊魂の諸部分の調和］を喪失したという意味で、ただ傷付いているだけである。罪においても人間の本性そのものは傷付いていない。罪において、身体の影響を受ける霊魂の欲性的部分は、理性的部分に対立する。超自然的賜物は教会の超自然的な恩恵の手段によって回復される。感性的・欲性的傾向性に対する理性の克服を意味している。ギリシア哲学の節制・勇気・智恵・正義の四元徳は、聖書の信仰・希望・愛の三元徳と総合、順応し、完成された七元徳となる。スコラ的構造は、自然的真理と聖書的真理の総合と順応の構造である。「恩恵は自然を廃棄せず完成する」(gratia non tollit naturam, sed perficit)。自然的理性は、神、霊魂、世界について自律的に形而上学の体系を構築し、恩恵の啓示の光は、これを補修し完成する。信仰は、人間理性を補修し完成する恩恵の賜物である。しかし、信仰によって受け入れる恩恵の超自然的領域は、人間の生の自然的領域、すなわち、人間本性、自然的理性を前提にしている。この人間本性観は、「創造、堕落、贖い」という、聖書において啓示された根元的意味を完全に喪失している。[103]

ドーイヴェールトは、宗教的弁証法は、対立する二つの動因の相互的順応 (wechselseitige Akkommodation) において相互に変形し、両者が相互に一致するように見える、宗教的な疑似総合 (eine religiöse Pseudosynthese) を始めると言い、その例を自然と恩恵のスコラ的根本動因に見ている。スコラ的根本動因は、自然を「存在論的下部構造と恩恵の前段階」(ontologischer Unterbau und Vorstufe der Gnade - *Die Philos. der Gesetzesidee*. S. 18) と理解し、恩恵を「自然の超自然的完成」(übernatürliche Vervollkommnung der Natur - *Die Philos. der Gesetzesidee*. S. 18) と理解する。スコラ的順応においては、自然的領域は、超自然的領域の相対的自律的下部構造（de relatief autonome onderbouw - *CW.* blz. 54）と理解されている。トマス的スコラ哲学においては、アリストテレスの形而上学は、その類比的存在論と自然神学と共に、教会の超自然的恩恵論の「相対的自律的前段階」（de relatief autonome voortrap - *CW.* blz. 55）となるのである。このような総合と順応（synthesis et accommodatio）は両動因の根元的意味の喪失である。聖書的根本動因は、ギリシア的形相－質料動因によって、思惟に対する根元的総括的支配を失うほど、その根元的性格を喪失し、ギリシア的根本動因は、教会の創造説によってその根元的意味を放棄しなければならない。人間存在の宗教的中心としての心における根本的宗教動因の支配を認めず、理論的思惟そのものの中に出発点を求める内在的思惟は、理論理性と理論的思惟の自律性の誤想的公理を前提としている。スコラ的人間観の中心は、超自然的恩恵受容の前段階であり、体系の存在論的下部構造である自然的理性であり、ここでは、人間存在の本来的根元（de eigenlijke radix）、宗教的根元的統一（de religieuze wortel-eenheid）としての心の場所はまったく存在しなかった。*NC* の表現では、スコラ的人間本性観のどこにも時間存在の宗教的中心と根元としての心（the *heart* as religious centre and radix）についての聖書啓示の場所は存在しないのである。そのために、トマス的スコラ主義は、ギリシアの宗教動因による支配権を哲学の手に渡し、自然的領域における自然的理性の自律性を宣言してしまった。*NC* の言いたいことは、トマス的スコラ主義は、アリストテレスを教会の教義へ順応させることによって無害化したと誤想したが、そのようなことは不可能であるということのようである。要するに、理論的思惟の自我に向かう集中的方向性を可能にするのは、時間的地平の論理的機能たる理性ではなく、起源者との関係における宗教的根元的統一である。人間存在の宗教的中心としての心における宗教的対立を自覚せず、理論的思惟における対立を理論的形而上学的総合において取り除こうとする西洋思想史における試みは、非批判主義的である。キリスト教超越論的批判は、創造、堕落、贖いの聖書的根本動因による、神の言葉の根元的総括的支配によって、人間存在の根元的統一への視点を獲得し、異教的動因との総合や順応によらない理論的思惟の出発点を明らかにしたのである。(104)

理論的思惟の普遍妥当的制約と条件である、宗教的アプリオリ、宗教的根本動因の規定と支配を明確にする、キリスト教超越論的思惟批判を通過しないかぎり、キリスト教的思惟自体が、異教的動因との総合と順応によって、超自然的恩恵を受容する存在論的下部構造や前段階としての自然的理性の自律的認識を承認する自然神学の陥穽に陥ることになる。それは、この自然神学を拒否したはずの宗教改革以後も、スコラ的ルター派神学や改革派神学においても、ふたたび、自然と恩恵のスコラ的根本動因が、人間と世界の認識に影響を与え、自然的領域と超自然的領域の二元論を導入し続けたことに表れている。この二元論は、キリスト教的思惟を、神の言葉の根元的総括的把握（the radical and integral grip of the Word of God）から遮断したのである。(105)

§5　超越論的根本理念（法理念）と宗教的根本動因（宗教的アプリオリ）

最後に、宗教的根本動因は、どのようにして哲学的思惟に影響を及ぼし、哲学的思惟の問題設定を規定するか、§1の「超越論的根本理念」に立ち帰って言及し、この論考を締め括りたい。宗教的根本動因の哲学的思惟に対する影響は、意識的にか、無意識的にか、いずれにせよ、すべての哲学的思惟の根底にあり、哲学的全体観を可能にする、「三重の超越論的理論的理念」（een drietal transcendentale theoretische ideeën）、「三重の超越論的根本理念」（eine Dreizahl transzendentaler Grundideen, a threefold transcendental basic idea）による。この三重の超越論的根本理念こそが、いままで論じてきた三つの超越論的根本問題を制約しているからである。ドーイヴェールトは、著作によって、種々の表現を与えているが、まとめると次のようになるかと思う。

第一の超越論的根本理念は、「理論的に相互に対立する様態的経験的諸側面の相互関係と間様態的連関性」「経験の時間的地平の様態的多様性と経験的様態の内的連関」の理念。

第二の超越論的根本理念は、「理論的総合の出発点、意識の根元的統一」の理念［異教的二元的弁証法的根本動因の場合には、誤想的対立的根元となる］。

第三の超越論的根本理念は、「意味構造と意味多様性の究極的起源者（der endgültige Ursprung）」、「思惟の理論的多様性と連関性の究極的起源者（een laatste Oorsprong）」の理念［聖書的根本動因の場合には、唯一の真の創造者であり、弁証法的根本動因の場合には、二つの対立的起源者原理（twee antagonistische Oorsprongsprincipes）である］。

どのような哲学的思惟もこの三重の超越論的根本理念に基づいており、この三重の超越論的根本理念は、理論的思惟の宗教的根本動因によって規定されている。この三つの理念が三重の理念と呼ばれるのは、この三つが、破ることのできない連関性において本質的三一性（eine unverbrüchliche Dreieinigkeit = een wezenlijke drie-eenheid）を形成しているからである。すなわち、様態的経験的側面の超越論的全体理念においてその相互関係と間様態的連関性を把握する第一の超越論的課題は、様態的経験的側面を意識の根元的統一、中心点へ関係させるか否かの第二の超越論的課題に依存している。さらに、この課題に対する答は、理論的思惟の集中的方向性がその完結を見出す起源者理念によって規定されている。これら三重の理念は同一の根本理念の三つの方向性として考察されるということである。この同一の根本理念において、思惟する自我の集中的本性（die konzentrische Art des denkenden Ichs）は、自我が組み込まれている三つの中心的関係性［自我と経験的地平、自我と他者の自我、自我と神的起源者」にしたがって、その理論的表現を見出すのである。ドーイヴェールトは、この三重の超越論的根本理念を「法理念」（de wetsidee = the cosmonomic idea）と呼ぶのである。[106]ドーイヴェールトは、この名称に満足というわけではないけれども、この名称はもはや変更できないほど多くの大学で定着しているうえに、この超越論的思惟批判に同調する学派全体が「法理念の哲学」と呼ばれているので、この名称を変更していない。[107]

ドーイヴェールトが、三重の、或いは、三一性における超越論的根本理念を「法理念」（de wetsidee）と名付けている積極的理由がある。その理由は、第一に、理論的思惟は、この理念によって、人間存在の宗教的中心、自我の根元的統一とその起源に集中する、ドーイヴェールトの命名による「人間存在の集中法則」（das Konzentrations*gesetz* der menschlichen Existenz - *Die Philos. der Gesetzesidee*）、「人間存在の宗教的集中法則」（de *religieuze concentratiewet* der menselijke existentie - *Calvinistische Wijsbegeerte*）に従うからである。法理念の哲学は、超越論的思惟批判の集中的方向性においてのみ可能である。第二に、自我は、この超越論的理念を、「多様な様態的領域法則」（modale Gebiets*gesetze*）、或いは「法領域」（*Gesetzeskreise*）を伴う、時間的地平内のわれわれの経験の超越論的秩序に関連付けるからである。超越論的思惟批判は、この三重の超越論的根本理念において、哲学的理論的思惟の「必然的前提」（de noodzakelijke voor-onderstellingen）を明確にする。三重の法理念は哲学的思惟の必然的前提である。[108]

この人間存在の三一的根本理念、すなわち、法理念は、哲学的思惟の普遍的条件であり、制約であるが、そこに盛り込まれる積極的内容は、思惟する自我（denkendes Ich）の中心を支配する宗教的根本動因に依存している。ドーイヴェールトの法理念の哲学とその超越論的思惟批判は聖書的根本動因に依存し、宗教的出発点から独立的ではない。この三一的超越論的根本理念、法理念が、すべての哲学的思惟の一般的必要条件であるといっても、その実質的内容が特定の宗教動因に出発点と準拠点を持つとすれば、ドーイヴェールトの法理念哲学的思惟の超越論的理論的思惟批判は、普遍妥当性について、批判的疑問を引き起こすのではないだろうか。〈*Twilight*〉は、これを二つの批判的質問にまとめている。「第一、この批判主義は、いかにして、あなたの宗教的出発点を受け入れない人びとにとって、決定的な力を持ち得るのか。第二、共通の出発点を欠いている人びとの間の哲学的議論に対する共通の基盤は何であろうか[109]」。

第一に質問については、ドーイヴェールトは、法理念哲学の超越論的批判主義は、一般的妥当性を持つ、経験の時間的地平と思惟の理論的態度［理論的思惟］についての構造的所与（the structural data of our temporal horizon of experience and of the theoretical thinking）を明らかにすることが目的であると答える[110]。経験の時間的地平と理論的思惟の両方ともが、一般的妥当性を持っているということは、被造世界の多様な様態的領域法則、法領域の多様性と連関性、そして、理論的思惟の従う集中法則は、「構造的所与」（the structural data）である。すべての哲学の前提である。三一的超越論的根本理念、「法理念そのものが、哲学的思惟の普遍妥当的条件である。しかし、それに与えられる内容は、この思惟を支配する宗教的根本動因に依存する[111]」。経験の時間的地平の構造的所与は、経験世界の様態的構造性であり、理論的思惟の構造的所与は、理論的思惟がアプリオリに持つ人間存在の宗教的中心、すなわち、自我の根元的統一とその起源者への方向性に向かう集中法則である。これらは、聖書的根本動因に基づく世界と人間と神との中心的関係性における超越論的根本理念である。創造・堕落・贖いの聖書の中心的根本動因は、聖霊によって神の像の座である自我の根元的統一たる心に直接刻まれた超越論的根本理念であり、生と思惟の超越論的前提である。堕落における異教的根本動因、超理論的前提が心を支配するとき、理論理性の自律性が自明の公理となる。そのとき、超越論的構造的所与が消え去り、自律的自然的理性が自我の根元的統一者、世界の構造の立法者、起源への神的性格の保証者となる。人間は堕落において認識的、倫理的な意味における神の像を喪失し、同時に、自然啓示の正しい解釈の可能性を喪失した。理論理性の自律性のドグマが哲学的思惟の根元的批判を妨げ、「構造的所与」が視界から消え失せた。堕落における人間は、一様態側面・機能である論理的機能を人間存在の根元的統一と誤想し、論理的機能は罪の影響を被らない自然的理性として現象世界の多様性と連関性の立法者、起源者となる。経験の時間的地平と理論的思惟の構造的所与は自然的理性の構造付与の所産となる。異教動因の支配による理論的認識の特徴は、アルキメデス点と起源者アルケーが一致してしまうことである。聖書的的動因に規定される理論的思惟のアルキメデス点は人間存在の宗教的根元的統一としての心であり、その起源者は世界の創造者たる唯一の神である。一般恩恵によって、堕落においても、創造の秩序と人間の心的構造は保存されている。したがって、異教的根本動因は、堕落の状態においても、人間の心にある宗教的意識、神聖感覚、経験的世界の法則性の意識、現象世界の法則性の意識、道徳法則の意識、市民的正義の感覚など法感覚の残存を示している[112]。

アリストテレスの世界の構造性、理論的思惟の出発点、神的存在者の理念はどのようになっているか。オルフェウス宗教の「形相と質料」の根本動因の規定のもとに、アリストテレスは、人間を質料的身体と理性的霊魂の二元論で説明し、人間本性の理性的霊魂は、世界の多様性と連関性をオルフェウス宗教の形相と質料の目的論的連鎖の因果性で説明し、この理性的霊魂は目的論的連鎖の究極に「純粋形相」、「第一不動動者」なる神存在を論証した。神の能動的理性は、人間本性の理性的霊魂の理想である。ここには、三つの形而上学的実体「神・霊魂・世界」に関係する三重の超越論的根本理念、法理念の意識があるが、その積極的内容はオルフエウス宗教の「形相と質料」の根本動因に依存している。トマス的スコラ哲学の「自然と恩恵」の宗教的根本動因は、自然的理性の自律的領域を存在論的下部構造とし、アリストテレスの形而上学を恩恵の前段階として、恩恵による超自然的完成へと導いた。「不動動者」(onbewogen Beweger) の神概念は聖書の創造者としての神概念と同一視された。世界の多様性と連関性の構造性は形相と質料の世界観と順応した。理論的思惟の出発点としての自然的理性、形相と質料の世界観、第一不動動者としての起源者、ここには、すべての哲学的思惟の一般的条件としての三重の超越論的理念、法理念の意識が前提されているが、その積極的内容はまったく「自然と恩恵」の総合と順応の宗教的根本動因に規定されている。人間存在の宗教的根元的統一としての心の概念が未発見のために、罪によっても無傷の自然的理性が、理論的思惟の出発点、恩恵の下部構造、前段階となっている。

ルネサンスに起源を持つ近代哲学における世界の構造性、理論的思惟の出発点、神的存在者の超越論的根本理念、法理念は、「自由と自然」の宗教的根本動因からその積極的内容を得ている。この動因は、聖書的根本動因の「人本主義的転釈」(eine humanistische Umdeutung) から生じ、人間の人格性と科学の自律性についての新しい解釈に繋がっていくのである。[113]「自由」動因は、人間人格性の宗教に起因し、この人間人格性の宗教は、創造－堕落－再生の聖書的動因の全体を人間中心に変革し、世俗化し、その結果、人間の人格性が人間自身と世界の運命の支配者となった。ルネサンスの「再生」(renascimento) 運動は、「人間の新しい創造的な、まったく新しい人格性への再生」(a real rebirth of man into a new, creative and entirely new, personality)[114] を意味した。この運動は、実際には、神と世界を、人間自身の像にしたがって造りかえる、「完全に自律的で自由な人格性への再生」(een 'renascimento', een wedergeboorte van de mens tot een volstrekt autonome en vrije persoonlijkheid)[115]という宗教的動因によって推進されるのである。イエス・キリストによる人間の「再生」と「自由」の聖書的動因は、人間の自律的意志による再生と教会の超自然的権威からの「解放」動因に世俗化され、置き換えられた。解放された人間の自律的知性は、神存在論証において、神にさえその存在性を保証し、さらに機械論的自然という「対偶像」を呼び出した。「近代的自律的人間は、その神的起源者と世界を共に彼自身の像に再創造するのである」[116]。創造理念の逆転と世俗化である。デカルトの方法的懐疑においては、懐疑の思考における「我在り」の直覚的明証による自我の存在が思惟の出発点・準拠点となった。自我の根本的統一の超越論的理念に、近代的宗教的根本動因の与える積極的内容である。方法的懐疑の末に獲得された〈cogito ergo sum.〉の「思惟する我」は、「明晰と判明」を認識原理とする幾何学的精神である。様態的論理的側面の絶対化である自律的知性は、「完全者」の「生得観念」に基づいて神存在論証を行い、神概念に存在性を保証した。いわば、人間人格性の理想の像《かたち》に神概念を創造した。起源者の超越論的根本理念に、近代的宗教動因が与える積極的内容である。この自律的知性は、神の誠実性の属性に基づいて、機械論的自然観を産み出した。世界の構造性の超越論的理念に、近代的根本動因が与える積極的内容である。宗教的人格性の宗教的自由動因は、論理的自我を理論的思惟の中心的準拠点とし、神的起源者を論証し、「宗教的人格性の理想」の対偶像としての機械論的「自然」を生み出した。教会的権威からの「解放としての自由動因」に影響された自律的知性は、「人本主義的人格性の理想」の対偶像として「人本主義的科学理想」の機械論的自然を創造した。デカルトの「自我・神・世界」の三実体の形而上学は、伝統的形而上学の「神・自我・世界」の三実体の形而上学的順序を自律的自我中心に顛倒し、創造・堕落・再生の聖書的動因を人本主義的に転釈するものであった。「近代人は、スコラ的教会的意味における超自然的領域へのすべての信仰から自らを解放し、自分自身を自らの運命の唯一の支配者としたのちに、自分自身の創造的衝動を満足させるための無限の可能性を自然の中に求めることになる」[117]。人間の再生の聖書的動因の世俗化である新しい自由動因は、創造動因をも、人間中心的意味に転釈して、自分の中に取り入れる。「神的創造者は、新しい自由動因が人間の中に呼び覚ます、創造的衝動の神格化されたかたちとなる。やがて、ライプニッツが神的創造者を偉大な幾何学者（de grote Meetkundige）と呼ぶとき、この神観念は人間知性の神格化された像にすぎない。人間知性は、無限量の計算を創造したし、宇宙の数学的分析を現象の偶然的領域に至るまで貫徹しうる創造的知性の偶像（een idool van een scheppend intellect）を必要とする」[118]。デカルトの方法的懐疑は、被造世界の構造的所与と秩序を、幾何学的方法によって、理論的に破壊する方法であった。自律的知性は、方法的に、感覚の誤謬を疑い、数式のマンジェニーによる欺瞞を疑い、この懐疑の中に、自我と精神の確実性を確認した。創造世界の感覚的様態、数的様態などの多様性と構造性を破壊し、自分の像に再構成し、機械論的自然を創造した。自然の構造性、宗教的根元的統一、神的起源者の超越論的理念、法理念は、人間の論理的知性の自律性を前提とする近代的な「自由と自然」の宗教動因によって、その積極的内容を与えられている。

カントの超越論的弁証論における、世界、霊魂、神の三理念に対応する、二律背反、誤謬推理、神存在論証は、これらの三つの理念を現象世界の認識を構成する認識構成概念として承認せず、認識の限界を示す限界概念とした。カントは、理論的認識を現象的世界に限定し、霊魂の不死と神存在とを実践理性の要請とした。彼の批判哲学は、現象界と叡智界を区別することによって、近代の人間人格性の宗教の根本動因たる「自然と自由」の二元論の対立を調停しようとした。しかし、この調停は、現象世界の認識を自律的理論的悟性、超越論的統覚の構成に委ね、自由を実現するはずの道徳と信仰を、叡智的世界における実践理性の道徳法則の自律的立法に委ねた。このように、近代における超越論的思惟批判の創始者カントにおいても、理論理性と実践理性という二つの純粋理性の自律性の公理そのものを批判のテストにかけることなく、理論的認識の普遍妥当的条件を探究したために、理性は立法者となり、起源者は理論理性の限界概念となり、実践理性の要請となった。その後の哲学の展開においては、近代的自由が呼び出した「自然」は、「機械論的自然」として逆に人間をも機械論的に説明することによって「自由」を圧迫する科学的実証主義や唯物論の脅威を強化することになった。カントの批判主義的調停以後の哲学は、自然における人間悟性の支配を承認した上で、人間の本来的自己の追求と確立を意志の主体的決断に求めるような実存主義を生み出した。神学は、創造論から撤退し、人格性の出会いによる道徳的主体への覚醒や内的生起的出来事としての歴史性の救済論を強調する新カント学派の影響を受けた自由主義神学や実存論神学に自らを狭隘化することとなった。「自然と自由」、或いは「自由と自然」の宗教的根本動因の弁証法的対立は、克服されることはなかった。はじめ新カント学派の影響を受けたドーイヴェールトは、「心」の根元的宗教的統一を自覚して以来、聖書的根本動因の支配のもとに、三重の超越論的根本理念に積極的内容を得て、理性の自律性の公理をも批判的課題とする超越論的思惟批判と理論的思惟の革新による、自然を含む創造世界の諸領域全般にわたる諸学の建設を志向したのである。

カントにおいても、経験の時間的地平の多様性と相互連関性の意識、感性的様態と論理的様態の間様態的総合における出発点の意識、絶対化された論理的側面の起源者という三重の超越論的理念の意識が前提されている。これらは、神性意識と法意識、世界の構造性と人間の心性の構造性の意識という、保存恩恵としての一般恩恵の心理的「共通意識」(con-sensus)であり、被造世界の構造性という存在論的「共通領域」(Gemeingebiet)である。カントにおいては、現象世界の構造性、相互連関性、全体性の「起源者」は、認識を構成する構成概念ではなく、認識の限界を示す限界概念である。現象を認識する悟性は感性的所与のないところに概念を投入することはできない。現象世界の秩序付与者の理念を起源者として存在論的に問う認識の形而上学は、創造者の超絶的理念を持ち出さざるを得ないからである。カント哲学のコペルニクス的転回は、認識論における転回であり、悟性は理論的認識の対象を感性的現象世界に限定し、そこに理論的認識を構成する。カントの感性論と論理学の分析論は、世界の構造性、連関性の存在論的起源者を問うのではなく、現象世界の法則性を発見する「発見的原理」の問題である。存在論的構造性のなぜを問うのでなく、いかにを問うのである。しかし、現象界の秩序付与者たる理論的理性［悟性］は、誤想的自律性の原理そのものであり、認識の普遍妥当性を担保するために、個別的認識能力の限界を超え、論理的機能の絶対化としての普遍的超越論的統覚となる。現象世界が一つの自然として科学的研究の対象となるのは、あらかじめ超越論的統覚が秩序付与者として法則性を自然に投入しているから、自然は因果連関と相互関係の秩序ある一つの自然となるのである。

聖書の創造動因から内容を得た、ドーイヴェールトの経験的地平の様態的多様性、連関性の超越論的理念は、被造世界の存在形式であるコズミック・タイムの様態であり範疇であり、領域主権論の存在論的展開である。カントの時間は、感性の形式であるが、同時に悟性概念［範疇］を図式化して悟性原則を生み出す形式である。量の範疇の超越論的時間規定による図式は「時間系列」であり、その悟性原則は「直観の公理」である。質の範疇の超越論的時間規定による図式は「時間内容」であり、その悟性原則は「知覚の予料」である。関係の範疇の超越論的時間規定による図式は「時間秩序」であり、その悟性原則は「経験の類推」である。様態の範疇の超越論的時間規定による図式は「時間総括」であり、その悟性原則は「経験的思惟一般の要請」である。「関係」の範疇は、実体性、因果性、相互性である。この三つの悟性概念［範疇］が時間秩序に図式化されて生起する三つの「経験の類推」の悟性原則が自然科学的認識には最も重要である。第一の時間持続の図式から生起する「実体の持続性の原則」は、現象における実在的なものの持続性に関する原則である。第二の時間継起の図式から生起する「因果性の法則による時間継起の原則」は、継起する現象を因果的に結合する構想力［悟性］の総合に関する原則である。第三の同時存在の図式から生起する「相互作用の法則に従う同時存在の原則」は、同一の時間における多様なものの汎通的交互作用の原則である。これら三つの規則が、あらゆる経験に先行しており、あらゆる経験をはじめて可能にするのである。これらの三原則は、理論的認識を可能にするアプリオリな普遍妥当的条件である。これら三つの類推《アナロギー》の原則、すなわち、実体の持続性の原則、因果性の法則による時間継起の原則、相互作用の法則に従う同時存在の原則は、すべての現象は一つの自然の中にあるということを意味している。このアプリオリな統一がなければ、いかなる経験の統一も、経験におけるいかなる対象規定も不可能となるからである。自然は人間の悟性が超越論的統覚のもとに、悟性原則の秩序を現象に適用し、総合し、構成している時間連関の統一性である。「我々が自然と名付ける諸現象の秩序と規則性は、我々自身が持ち込んだものである。もし、我々が、或いは、我々の心の本性が、それらの秩序と規則性を根元的に投げ入れておかなかったとすれば、我々はそれらを自然の中に見出すことはできないであろう」[119]。感性の多様を認識の質料として感性的直観に統一する構想力も、悟性概念［範疇］を感性の形式である時間の形に図式化し、悟性原則の体系を生み出し、この原則の体系を現象に投げ入れ一つの自然を構成するのは超越論的統覚である。これらすべては広義の悟性作用である。カントの「経験の類推《アナロギー》」（Analogien der Erfahrung）、すなわち、すべての現象は諸現象の因果関係や相互関係を規定する悟性原則にアプリオリに従うという関係の範疇の図式による悟性原則は、誤想的自律的理論理性［悟性］の立法作用による。統覚の立法作用によって、すべての現象はあらかじめそのような因果関係や相互関係に構成できる類推の原則の下に一つの自然をなしている。ドーイヴェールトの経験の多様な諸様態は、不可還元的核心を持つが、特定側面の核心的契機は、コズミック・タイムの時間的秩序において先行するか後続するか、他の多様な諸側面の様態的核心との類比《アナロギー》の関係において表現される。この経験的地平の類推は、遡源（Retrospektion）と予表（Antizipation）である。この予表［予料］は、カントの質の範疇の図式化による悟性原則「知覚の予料」（Antizipationen der Wahrnehmung）と類似性がある。知覚の予料は、実在性、否定性、制限性の範疇に応じて満たされた時間から空虚な時間に至るまでの内包量［充満から中間を通過して零まで］を先取的に認識することである。ドーイヴェールトの場合は、たとえば、薔薇の花に関する生物的側面の意味の核心は、他の諸側面とのアナロジカルな関係において、すなわち、エネルギー側面、感情側面、審美的側面、社交的側面、信仰側面などとの、類比の程度の内包量は異なるが、遡源的か予料的かの先取的認識において表現される。

第一の経験的地平の多様性、構造性、相互性、連関性に関する超越論的根本理念、第二の理論的思惟の中心的準拠点に関する超越論的根本理念、第三の起源者に関する超越論的根本理念は、一般恩恵による共通意識、構造的所与として超理論的前提であるが、それに積極的内容を与えるのは、宗教的根本動因である。異教的根本動因が人間意識の中心的座を支配するとき、理論的理性や理論的思惟の誤想的自律性の公理が、超越論的批判の課題をすり抜けた前提となっている。カントの場合は、経験的地平の多様性、構造性、連関性、相互性は、理論的思惟の中心的出発点たる超越論的統覚の立法者的法的秩序付与作用に依拠している。理論的思惟の準拠点、出発点は、宗教的根本動因が支配する宗教的根元的自我に代わって、論理的様態の絶対化たる論理的自我、「我思う」の統覚となる。第二の理論的思惟の中心的準拠点の超越論的根本理念と第三の起源者に関する超越論的根本理念が一致するのが、異教的思惟の特色である。

§6　おわりに

法理念そのものが哲学的思惟の普遍妥当的条件であるが、その正しい内容は、聖書的根本動因に依存している。御《み》言葉啓示の無謬性は、ドーイヴェールト哲学や法理念哲学の無謬性などを正当化するものではない。聖書的根本動因に基づいて、すべての哲学的思惟が、一般恩恵に基づいて、三重の法理念の意識を前提にしていることを認め合うことによって、実りある対話の道が拓けるのである。聖書的根本動因は、相対的なものの絶対化の仮面を剝ぎ、法理念に表されている人間の経験の真の構造についての総括的認識を妨げる独断的偏見から哲学的思惟を解放するのである。諸側面の様態的多様性と相互連関の時間的地平の構造的所与、理論的思惟の構造的所与は、あらゆる哲学にとって超越論的意味を持つのである。ここで以前に引用した言葉を再度掲げる。「意味とは、あらゆる被造的存在者の存在、宗教的根元の存在、神的起源者の存在である」(De zin is het zijn van alle creatuurlijk zijnde en is van religieuze wortel en van Goddelijke Oorsprong)[120]。これら一つの意味が、或る哲学の独断的前提と一致しないなら、この構造的所与を排除するのではなく、自らの思惟の出発点の基盤について哲学的説明を努めるべきである。異なった宗教的根本動因から出発する哲学学派は、自らの理論的思惟の出発点を哲学的に反省し、自らの哲学的思惟それ自体の超越論的問題を批判主義的に認め合うとき、はじめて哲学的対話が始まる可能性がある。また、弁証法的根本動因を共有しながら、互いに拒み合っている両極に対立している学派は、両者の対立が同じ中心的根本動因と関係していることを認識するならば、よりよい概念を携えて相互に出会うことが可能となる。経験的世界の時間的秩序と理論的認識の構造的所与に関する哲学的考察は自らと他者の哲学的思惟の吟味に貢献できる。一般恩恵のおかげで、相対的真理はあらゆる哲学において見出されるからである。「この批判的対話は、独断的防御の姿勢に対して、相互批判的自己省察に地位を譲らせ、学派排外主義の傲慢に対して、哲学的謙遜に取って代わらせる」[121]。ただし、聖書的根本動因に依存する法理念に立つキリスト教超越論哲学が、聖書的根本動因にしっかりと、存在の根元的中心において結び付き、哲学的思惟において、神の言葉を聴くことによってたえず改革されていく霊的推進力とならねばならない。法理念の哲学は、被造世界の構造性、宗教的根元的統一、宗教的起源者の三重の超越論的理念について、御《み》言葉啓示の聖書的根本動因に積極的内容を得ながら、人間理性の自律性という偶像的原理をも批判のテストにかけ、三つの超越論的根本課題に答える哲学である。以上の議論は、〈*Twilight*〉の提起した第二の質問、「共通の出発点を持たない人びとの間の哲学的議論に対する共通の基盤」について、すでに解答を与えている。ドーイヴェールトは、この理論的思惟の根本的超越論的批判は、すべての哲学者に普遍的意義と価値を有すると言う[122]。ここで定式化された三つの超越論的根本問題は、すべての哲学者の回避することのできない批判的問いであり、すべての思惟する人びとにとって同一である、理論的思惟態度そのものの内的構造に起因しているからである[123]。

　理論的思惟の構造的時間秩序は、被造世界の様態的多様性と構造性と内的連関性であり、同時に、宗教的根元的統一［心］へ向かう集中的方向性という心性の構造であり、同時にまた、創造者［神的起源者］へ向かう心性の構造である。これら三重の超越論的根本理念は、すべての哲学に与えられた共通基盤である、超越論的所与（transcendental data）[124]である。これらは、すべての哲学が自らの内在批判をそれによって吟味すべき、時間秩序内にある経験的地平の構造的所与（structural data）[125]である。ドーイヴェールトの理論的思惟批判は、たえず、この三重の超越論的根本理念に、聖書的根本動因によって、聖書的内容を与えることによって成立した。というよりは、聖書的根本動因が、理論的思惟が成立するための普遍妥当的条件として、三重の超越論的根本理念、宗教的アプリオリを明らかにした。したがって、ドーイヴェールトの超越論的思惟批判が依拠し前提する、われわれの経験の構造的時間秩序（the structural temporal order of our experience）[126]は、カントのごとく、主観的な超越論的根本理念に依存することはできない。それは創造に基づく構造的所与である。それは、聖書啓示から与えられた超越論的根本理念であるが、一般恩恵によって、すべての哲学に与えられた被造世界の構造的所与であり、人間心性の構造的所与である。その意味で、それは超越論的所与（a transcendental datum for every philosophical theory）[127]であり、一般的妥当性を持つから、それぞれの哲学が自ら内在批判を行い、哲学的論議を行うための共通基盤（a common basis for every philosophical discussion）[128]である。この作業を通して、内在哲学は、自らの理論的思惟が対象とする世界の構造性と心性の集中的方向性の構造を知り、理論的理性の自律性の公理の問題性と異教宗教的アプリオリの規定性を自覚する、反省的自己批判に到達する可能性が拓ける。この反省的自己批判は、異教的宗教的アプリオリが、この経験の本質的超越論的所与（essential transcendental data of our experience）[129]を無視させ、心性の集中的方向性を見失わせ、出発点を被造的機能の絶対化の方向性へ分散させ、内在的起源者を思惟自身の中に求めさせていることに気付かせる。このように、経験の時間的構造的秩序に拘束されている超越論的真理基準は、超越論的宗教的基準に依存しており、哲学の中心的出発点はこの宗教的基準によって検証される[130]。

「真に絶対的な真理基準は、人間の中には見いだされず、その中心的意味においては、ただ神の御言葉《みことば》の中にのみ見いだされる。この神の御言葉《み》は、あらゆる絶対化の根元をあらわにし、そして、この神の御言葉《み》のみが、人間を真の自己認識と真の絶対的起源者の認識へと導き得るのである[131]」。

注

（1） Vgl. Veenhof, C., *In Kuyper's Lijn - Enkele opmerkingen over den invloed van Dr A. Kuyper op de „Wijsbegeerte der Wetsidee"*, Uitgave Oosterbaan & Le Cointre N.V., Goes, 1939. blz. 9-10.

（2） „de Heraut"; No. 941; 5 Jan. 1896. De stellingen zijn gedateerd 15 Nov. en werden in verband met het bekende conflict Lohman.

（3） Kant, Immanuel, *Kritik der reinen Vernunft*, Philosophische Bibliothek Ausgabe, Felix Meiner, 1952. B 25.

（4） 逸身喜一郎著『ラテン語のはなし』大修館書店、二〇〇〇年、一八三―一八四頁参照。

ドーイヴェールトによれば、論理的意味側面における時間の特殊な論理的意味は、「論理的前後」「論理的な、より先とより後」（het logisch prius en posterius）である。時間順序（een tijdsorde）である。生物学的意味側面における時間の特殊な生物的意味である「先天的と後天的」ではない。先天的、後天的という言葉を使用しても論理的な意味である（Dooyeweerd, *De Wijsbegeerte der Wetsidee*, Boek I, Deel I, Prolegomena, blz. 38.）。

（5） Cf. Wolters, Albert, The Intellectual Milieu of Herman Dooyeweerd, in: *The Legacy of Herman Dooyeweerd*, ed. by C. T. McIntire, University Press of America, 1985. pp.11-15.

（6） Dooyeweerd, *De Wijsbegeerte der Wetsidee*, Boek I, Voorwoord, blz. V-VI.

（7） Vgl. Dooyeweerd, Herman, *Die Philosophie der Gesetzesidee und ihre Bedeutung für Rechts- und Sozialphilosophie*, Archiv für Rechts- und Sozialphilosophie, 1967. SS. 1-4.

Cf. Dooyeweerd, *In the Twilight of Western Thought*, Philadelphia, 1960. pp. 1-4.［ヘルマン・ドーイヴェールト著、春名純人訳『西洋思想のたそがれ――キリスト教哲学の根本問題』法律文化社、一九七〇年、一―四頁参照。］

（8） Dooyeweerd, *A New Critique of Theoretical Thought*, Vol. I, Part I, Prolegomena, 1953. p. 37.

(9) Dooyeweerd, *Calvinistische Wijsbegeerte*, 1956. blz. 15.

(10) Dooyeweerd, *Die Philosophie der Gesetzesidee und ihre Bedeutung für Rechts- und Sozialphilosophie*, 1967. S. 1.

(11) Vgl. Dooyeweerd, *Calvinistische Wijsbegeerte*, blz. 19.

(12) Dooyeweerd, *Die Philosophie der Gesetzesidee und ihre Bedeutung für die Rechts- und Sozialphilosophie*, 1967. SS. 1-3. この引用文中の注記の中で引用されているフッサールからの引用文においては、注記も本文の中に読み込んで訳した。但し、ドーイヴェールトの注記は括弧内《 》に入れた。

(13) Herrmann, Wilhelm, *Die Wahrheit des Glaubens*, 1888, Theologische Bücherei 36, Wilhelm Herrmann: Schriften zur Grundlegung der Theologie, Teil 1, München, 1966. S. 142f.

(14) Herrmann, *Die Wahrheit des Glaubens*, S. 143.

(15) 春名純人著『哲学と神学』法律文化社、一九八四年、第二部、「近代神学の認識論的基礎に関する弁証学的考察」参照。

(16) Kant, Immanuel, *Kritik der reinen Vernunft*, Felix Meiner, 1952, Einleitung nach Ausdruck B.

(17) Kant, *Kritik der reinen Vernunft*, die transzendentale Ästhetik, nach Ausdruck B.

(18) Kant, *Kritik der reinen Vernunft*, 1. Abteilung: die transzendentale Analytik, 1. Buch: die Analytik der Begriffe, nach Ausdruck B.

(19) Kroner, Richard, *Speculation and Revelation in Modern Philosophy*, Philadelphia, The Westminster Press, pp. 197f.

(20) Kant, *Kritik der reinen Vernunft*, 1. Abt.: die transzendentale Analytik, 2. Buch: die Analytik der Grundsätze, nach Ausdruck B.

(21) befassen, selten *etwas* befassen = „umfassen“: z. B. die Kenner, die den Zusammenhang des Ganzen befassen. Paul=Betz, *Deutsches Wörterbuch*, 6. Auflage, Max Niemeyer, S. 76l.

(22) Kroner, Richard, *Von Kant bis Hegel*, 2. Auflage, J. C. B. Mohr, 1961. S. 55.

(23) Kroner, *Von Kant bis Hegel*, S. 56.

(24) Kroner, *Von Kant bis Hegel*, S. 56f.

(25) Vgl. Picht, Georg, *Kants Religionsphilosophie*, Klett-Cotta, 1985. Teil II. S. 507.

(26) Kant, *Grundlegung zur Metaphysik der Sitten*, Philosophische Bibliothek Ausgabe, Unveränderter Nachdruck 1952, die dritte Auflage, Zweiter Abschnitt.

(27) 春名純人著『哲学と神学』法律文化社、一九八四年、第三部、第一章、第三節、第一項参照。

(28) Dooyeweerd, *Calvinistische Wijsbegeerte*, blz. 17-18.

(29) Vgl. Dooyeweerd, *A New Critique of Theoretical Thought*, Vol. I, Part I, Prolegomena, 1953. p. 37. Dooyeweerd, *Calvinistische Wijsbegeerte*, 1956. blz. 15. Dooyeweerd, *Die Philosophie der Gesetzesidee und ihre Bedeutung für Rechts- und Sozialphilosophie*, 1967. S. 1. Dooyeweerd, *In the Twilight of Western Thought*, 1960. p. 4.［ドーイヴェールト著、春名純人訳『西洋思想のたそがれ――キリスト教哲学の根本問題』法律文化社、一九七〇年、四頁。］

(30) Dooyeweerd, The dangers of the intellectual disarmament of Christianity in Science. in: *Christian Philosophy and the Meaning of History*, The Collected Works of Herman Dooyeweerd, Series B, Volume I, ed. D. F. M. Strauss et al., trans. by John Vriend, Lewiston, NY., The Edwin Mellen Press, 1996. p. 85. ドーイヴェールト著、春名純人訳「科学の領域におけるキリスト教の知的武装解除の危険」『改革派神学』第二七号、神戸改革派神学校、二〇〇〇年一〇月一日、九八頁。この論文はドーイヴェールトの『知的無防備か武装か』(*Geestelijk Weerloos of Weerbaar?*, Amsterdam, 1937. pp. 153-212. Hrsg. von J. H. DeGoede Jr.）の第四章である。第四章は「科学の領域におけるキリスト教の知的武装解除の危険性」(De gevaren van de geestelijke ontwapening der Christenheid op het gebied van de Wetenschap）である。英訳者（John Vriend)、編集者（T. Grady Spires, Natexa Verbrugge, Magnus Verbrugge)。「キリスト教哲学ドーイヴェールト・センター」

の許可を得て翻訳・出版した。

(31) Dooyeweerd, The dangers of the intellectual disarmament of Christianity in Science, in : *Christian Philosophy and the Meaning of History*, p. 86. ドーイヴェールト「科学の領域におけるキリスト教の知的武装解除の危険」、拙訳『改革派神学』第二七号、九九頁。［ ］内は訳者の挿入。

(32) Dooyeweerd, The dangers of the intellectual disarmament of Christianity in Science, in : *Christian Philosophy and the Meaning of History*, p. 99f. 拙訳「科学の領域におけるキリスト教の知的武装解除の危険」、一一八頁。英訳者は、オランダ語 wetenschap を science と訳したが、wetenschap は、数学や物理学のみならず、すべての学問を意味すると注記している。拙訳では、科学［学問］とした。ドイツ語 Wissenschaft も同じである。

(33) Dooyeweerd, The dangers of the intellectual disarmament of Christianity in Science, *op. cit.*, pp. 79-80. 拙訳「科学の領域におけるキリスト教の知的武装解除の危険」九〇、九一頁。

(34) Dooyeweerd, The dangers of the intellectual disarmament of Christianity in Science, *op. cit.*, p. 71. 拙訳七九頁。

(35) Dooyeweerd, The dangers of the intellectual disarmament of Christianity in Science, *op. cit.*, p. 100. 拙訳一一八、一一九頁。

(36) Cf. Dooyeweerd, The dangers of the intellectual disarmament of Christianity in Science, *op. cit.*, p. 80f. 拙訳九二頁参照。

(37) Dooyeweerd, The dangers of the intellectual disarmament of Christianity in Science, *op. cit.*, p. 104. 拙訳一二四頁。

(38) Vgl. Dooyeweerd, *Calvinistische Wijsbegeerte*, blz. 64.

(39) Vgl. Dooyeweerd, *Calvinistische Wijsbegeerte*, blz. 65.

(40) Vgl. Dooyeweerd, *Calvinistische Wijsbegeerte*, blz. 65.

(41) Dooyeweerd, *Calvinistische Wijsbegeerte*, blz. 65.

(42) Vgl. Dooyeweerd, *Calvinistische Wijsbegeerte*, blz. 65-66.

(43) Dooyeweerd, *Calvinistische Wijsbegeerte*, blz. 22.

(44) Dooyeweerd, *Calvinistische Wijsbegeerte*, blz. 26.

(45) Dooyeweerd, *A New Critique of Theoretical Thought*, 1953, Vol. I, p. 41. 以下『理論的思惟の新批判』は*NC*、オランダ語原版（1935）『法理念の哲学』（De Wijsbegeerte der Wetsidee）は*WdW*と略記する。*NC*では、特にProlegomenaの部分はドーイヴェールトの同意の下に、大幅に加筆修正されており、時間論が詳細に述べられているほか、超越論的課題の取り扱う順番も異なっている。Prolegomenaからの引用は原則として*WdW*によっているが、加筆修正部分からの引用や超越論的課題の順番や定式については*NC*によっている。*NC*と*WdW*のProlegomenaの相違と優劣についてはさまざまな議論がある。

(46) Vgl. Dooyeweerd, *Calvinistische Wijsbegeerte*, blz. 22v.

(47) Dooyeweerd, *Calvinistische Wijsbegeerte*, blz. 23.

(48) Dooyeweerd, *In the Twilight of Western Thought*, Philadelphia, 1960. pp. 13-14.［春名純人訳『西洋思想のたそがれ――キリスト教哲学の根本問題』一九七〇年、法律文化社、一三頁。］

(49) Dooyeweerd, *In the Twilight of Western Thought*, p. 12.［拙訳一二頁。］

(50) Vgl. Dooyeweerd, *A New Critique of Theoretical Thought*, Vol. I, Part I, Prolegomena, pp. 41-42., *Calvinistische Wijsbegeerte*, blz. 23., *In the Twilight of Western Thought*, pp. 12-14.［拙訳一二―一四頁。］

(51) Dooyeweerd, *A New Critique of Theoretical Thought*, Vol. I, Part I, Prolegomena, p. 42.

(52) Cf. Dooyeweerd, *In the Twilight of Western Thought*, p. 14.［拙訳一四頁参照。］

(53) Cf. Dooyeweerd, *A New Critique of Theoretical Thought*, Vol. I, Part I, Prolegomena, pp. 41-43., *Calvinistische Wijsbegeerte*, blz. 23-24., *In the Twilight of Western Thought*. pp. 14-17.［拙訳一四―一七頁参照。］

(54) Dooyeweerd, *Calvinistische Wijsbegeerte*, blz. 27v.

(55) Cf. Dooyeweerd, *In the Twilight of Western Thought*, pp. 7f.［拙訳六―八頁参照。］

(56) Vgl. Dooyeweerd, *Calvinistische Wijsbegeerte*, blz. 27-28.

(57) Cf. Dooyeweerd, *In the Twilight of Western Thought*, 1960. p. 8-11.［拙訳八―一一頁参照。］

(58) Dooyeweerd, *Die Philosophie der Gesetzesidee und ihre Bedeutung für die Rechts- und Sozialphilosophie*, 1967. SS. 10-11.

(59) Dooyeweerd, *De Wijsbegeerte der Wetsidee*, Boek I, Deel I. Prolegomena, Amsterdam, 1935. blz. 64.

(60) 「汝をほめたたえることが喜びであるように、汝は人を駆り立てたもう。なぜなら、汝は我らを汝に向けて造りたもうたので、我らの心は、汝の中に安らうまでは、安らぐことがないからである」(Tu excitas, ut laudare te delectet, quia fecisti nos ad te et inquietum est cor nostrum, donec requiescat in te. - Augustinus, *Confessiones / Bekenntnisse*, Lateinisch und Deutsch, eingeleitet, übersetzt und erläutert von Joseph Bernhart, München, 1966. S. 12. Gij wekt hem er toe op, dat het zijn lust is U te loven, want Gij hebt ons geschapen tot U en ons hart is onrustig, totdat het rust vindt in U. - Augustinus, *Belijdenissen*, vertaald door A. Sizoo, Delft, 1928. blz. 21.

(61) Dooyeweerd, *De Wijsbegeerte der Wetsidee*, Boek I, Deel I. Prolegomena, blz. 62.

(62) Dooyeweerd, *De Wijsbegeerte der Wetsidee*, Boek I, Deel I. Prolegomena, blz. 62.

(63) Albert M. Wolters, Glosary, in: *The Legacy of Herman Dooyeweerd: Reflections on Critical Philosophy in the Christian Tradition*, ed. by C. T. McIntire, University Press of America, 1985. p. 169.

(64) Dooyeweerd, *De Wijsbegeerte der Wetsidee*, Boek I, Deel I, Prolegomena, blz. 64-65.

(65) Dooyeweerd, *A New Critique of Theoretical Thought*, Vol. I, Part I, Prolegomena, p. 100.

(66) Vgl. Dooyeweerd, *De Wijsbegeerte der Wetsidee*, Boek I, Deel I, Prolegomena, blz. 65. Cf. *A New Critique of Theoretical Thought*, Vol. I, Part I, Prolegomena, pp. 100-101.

(67) Vgl. Dooyeweerd, *De Wijsbegeerte der Wetsidee*, Boek I, Deel I, Prolegomena, blz. 66-67. Cf. *A New*

Critique of Theoretical Thought, Vol. I, Part I, Prolegomena, pp. 101-102.

(68) Vgl. Dooyeweerd, *De Wijsbegeerte der Wetsidee*, Boek I, Deel I, Prolegomena, blz. 67. Cf. *A New Critique of Theoretical Thought*, Vol. I, Part I, Prolegomena, p. 102.

(69) Vgl. Dooyeweerd, *De Wijsbegeerte der Wetsidee*, Boek I, Deel I, Prolegomena, blz. 70.

(70) Dooyeweerd, *A New Critique of Theoretical Thought*, Vol. I, Part I, Prolegomena, p. 104.

(71) Dooyeweerd, *De Wijsbegeerte der Wetsidee*, Boek I, Deel I, Prolegomena, blz. 5.

(72) Vgl. Dooyeweerd, *Calvinistische Wijsbegeerte*, blz. 64-65.

(73) Vgl. Dooyeweerd, *Calvinistische Wijsbegeerte*, blz. 29-30.
Cf. Dooyeweerd, *In the Twilight of Western Thought*, p. 18.〔拙訳『西洋思想のたそがれ』一八頁参照。〕

(74) Dooyeweerd, *A New Critique of Theoretical Thought*, Vol. I, Part I, Prolegomena, 1953. p. 45.

(75) Dooyeweerd, *Calvinistische Wijsbegeerte*, 1956. blz. 31.

(76) Dooyeweerd, *In the Twilight of Western Thought*, 1960. pp. 18-19.〔拙訳一八頁。〕

(77) Dooyeweerd, *Die Philosophie der Gesetzesidee und ihre Bedeutung für die Rechts- und Sozialphilosophie*, 1967. S. 9.

(78) Dooyeweerd, *Calvinistische Wijsbegeerte*, blz. 31.

(79) Dooyeweerd, *A New Critique of Theoretical Thought*, Vol. I, Part I, Prolegomena, p. 45.

(80) Cf. Dooyeweerd, *A New Critique of Theoretical Thought*, Vol. I, Part I, Prolegomena, p. 45. Vgl. *Calvinistische Wijsbegeerte*, blz. 31. cf. *In the Twilight of Western Thought*, p. 19.〔拙訳一九頁参照。〕

(81) Dooyeweerd, *Die Philosophie der Gesetzesidee und ihre Bedeutung für Rechts- und Sozialphilosophie*, S. 9.

(82) Cf. Dooyeweerd, *A New Critique of Theoretical Thought*, Vol. I, Part I, Prolegomena, pp. 45-46. Vgl. *Calvinistische Wijsbegeerte*, blz. 32. cf. *In the Twilight of Western Thought*, p. 19-20.〔拙訳一九―二〇頁参照。〕Vgl. *Die Philosophie der Gesetzesidee und ihre Bedeutung für Rechts- und Sozialphilosophie*, SS. 9-10.

(83) Cf. Dooyeweerd, *A New Critique of Theoretical Thought*, Vol. I, Part I, Prolegomena, pp. 46-47. Vgl. *Calvinistische Wijsbegeerte*, blz. 33. cf. *In the Twilight of Western Thought*, p. 20-21.〔拙訳二〇—二一頁参照。〕Vgl. *Die Philosophie der Gesetzesidee und ihre Bedeutung für Rechts- und Sozialphilosophie*, SS. 10-12.

(84) Cf. Dooyeweerd, *A New Critique of Theoretical Thought*, Vol. I, Part I, Prolegomena, pp. 51-52. Vgl. *Calvinistische Wijsbegeerte*, blz. 35-37. cf. *In the Twilight of Western Thought*, pp. 21-22.〔拙訳二一—二二頁参照。〕Vgl. *Die Philosophie der Gesetzesidee und ihre Bedeutung für Rechts- und Sozialphilosophie*, SS. 10-12.

(85) Dooyeweerd, *A New Critique of Theoretical Thought*, Vol. I, Part I, Prolegomena, 1953. p. 52.

(86) Dooyeweerd, *Calvinistische Wijsbegeerte*, 1956. blz. 37.

(87) Dooyeweerd, *In the Twilight of Western Thought*, 1960. p. 25.〔拙訳二四—二五頁。〕

(88) Dooyeweerd, *Die Philosophie der Gesetzesidee und ihre Bedeutung für die Rechts- und Sozialphilosophie*, 1967. S. 12.

(89) Cf. Dooyeweerd, *A New Critique of Theoretical Thought*, Vol. I, Part I, Prolegomena, pp. 53-54. 1953. *Calvinistische Wijsbegeerte*, blz. 37-38. 1956. *Die Philosophie der Gesetzesidee und ihre Bedeutung für die Rechts- und Sozialphilosophie*, S. 13. 1967. *In the Twilight of Western Thought*, 1960. pp. 23-24.〔拙訳二三頁参照。〕

(90) Cf. Dooyeweerd, *A New Critique of Theoretical Thought*, Vol. I, Part I, Prolegomena, pp. 54. 1953. *Calvinistische Wijsbegeerte*, blz. 38-39. 1956. *Die Philosophie der Gesetzesidee und ihre Bedeutung für die Rechts- und Sozialphilosophie*, SS. 13f. 1967.

(91) Vgl. Kant, *Kritik der reinen Vernunft*, B. 129-138. 前章2「カントの超越論哲学」、§3「純粋悟性概念と超越論的統覚」参照。

(92) Cf. Dooyeweerd, *A New Critique of Theoretical Thought*, Vol. I, Part I, Prolegomena, pp. 54. 1953. *Calvin-*

istische *Wijsbegeerte,* blz. 39-40. 1956. *Die Philosophie der Gesetzesidee und ihre Bedeutung für die Rechts- und Sozialphilosophie,* SS. 13-14. 1967.

(93) Vgl. Dooyeweerd, *Calvinistische Wijsbegeerte,* blz. 40-41. 1956. *Die Philosophie der Gesetzesidee und ihre Bedeutung für die Rechts- und Sozialphilosophie,* SS. 14-15. 1967.

(94) Vgl. Dooyeweerd, *Calvinistische Wijsbegeerte,* blz. 41-43. 1956. *In the Twilight of Western Thought,* pp. 30-32. 1960. [拙訳三〇—三二頁]。*Die Philosophie der Gesetzesidee und ihre Bedeutung für die Rechts- und Sozialphilosophie,* SS. 15-16. 1967.

(95) 筆者は人間の宗教性を一般啓示、一般恩恵、神の像の関係において論じた。春名純人著『哲学と神学』法律文化社、一九八四年、第三部、第三章、第一節「聖書における心の意味と神の像」、第二節「カルヴァンにおける心、神の像、一般恩恵」、本著、第一部、第二章、第3節、第4節参照。

(96) Vgl. Dooyeweerd, *Calvinistische Wijsbegeerte,* blz. 43-44. 1956. *In the Twilight of Western Thought,* pp. 32-35. 1960. [拙訳三二—三五頁]。*Die Philosophie der Gesetzesidee und ihre Bedeutung für die Rechts- und Sozialphilosophie,* SS. 15-16. 1967.

(97) Vgl. Dooyeweerd, *Calvinistische Wijsbegeerte,* blz. 44-46. 1956.

(98) Schepping, zondeval en verlossing door Christus Jezus in de gemeenschap van de Heilige Geest - *Calvinistische Wijsbegeerte,* blz. 46. Schöpfung, Sündenfall und Erlösung durch den gekreuzigten und erstandenen CHRISTUS JESUS als das Fleisch gewordene göttliche Wort in der Gemeinschaft des Heiligen Geistes - *Die Philosophie der Gesetzesidee und ihre Bedeutung für die Rechts- und Sozialphilosophie,* S. 16.「創造－堕落－聖霊との交わりにおけるキリストによる贖い」という聖書的根本動因が、人間存在の中心的根元的統一としての充全的自我たる心に、直接、聖霊との交わりによって与えられる聖書的根本動因である。このドーイヴェールトの超越論的批判哲学の出発点たる聖書的根本動因において、筆者は、カイパーのカルヴィニストの三つの自己意識の内容の議論の哲学的発展を見ることができると思う。カイパーは、神の

像の宿る座としての心が、あらゆる人間営為の流れ出る出発点であるとし、再生者の自己意識の内容を、第一に「罪意識」(het zondebewustzijn, het zondebesef)、第二に「信仰の確信」(de geloofszekerheid, de geloofsverzekerheid)、第三に「聖霊の証言」(het Testimonium Spiritus Sancti, het getuigenis des Heiligen Geestes) と述べている。第一の内容は、再生によってはじめて可能な本質的罪意識であり、第二の「信仰の確信」の内容は、キリスト者の十字架と復活による贖罪の確かな意識であり、第三の「聖霊の証言」の内容は、聖霊の証言によってはじめて聖書を信じることができるということである (Vgl. Kuyper, Abraham, *Het Calvinisme*, Amsterdam, 1899. blz. 129-130.)。カイパーは非再生者の自己意識も宗教的意識であることを、カルヴァンの「宗教の種子」(een zaad der religie = semen religionis)、「神意識」(sensus divinitatis) から説明するに留まっている (idem) が、ドーイヴェールトは、異教的根本動因を内容的に説明し、ギリシア的、スコラ的、近代人本主義的と順次、歴史的に具体的内容において詳述した。理論的思惟がこの異教的根本動因を思惟の出発点にする場合に、理論理性の自律性の原理が批判のテストをすり抜け、自明の公理となる経緯を考察している。カイパーのキリスト者の自己意識の問題については、本書、第一部、第三章「聖書の世界観的把握から聖書的哲学の建設へ」および、第二部、第二章「アブラハム・カイパーの対立の原理」参照。

(99) Vgl. Dooyeweerd, *Calvinistische Wijsbegeerte*, blz. 46-48. *Die Philosophie der Gesetzesidee und ihre Bedeutung für die Rechts- und Sozialphilosophie*, S. 16-18.

(100) Cf. Dooyeweerd, *In the Twilight of Western Thought*, pp. 184-187. [拙訳一八二―一八五頁参照。]

(101) Cf. Dooyeweerd, *In the Twilight of Western Thought*, pp. 188-191. [拙訳一八六―一八九頁参照。]

(102) Cf. Dooyeweerd, *In the Twilight of Western Thought*, p. 191. [拙訳一八九頁参照。]

(103) Cf. Dooyeweerd, *In the Twilight in Western Thought*, pp. 191-193. [拙訳一九〇―一九一頁参照。]

(104) Vgl. Dooyeweerd, *Die Philosophie der Gesetzesidee und ihre Bedeutung für die Rechts- und Sozialphilosophie*, S. 18. *Calvinistische Wijsbegeerte*, blz. 48-49. 54-55. Cf. *A New Critique of Theoretical Thought*, Vol. I, Part I, Prolegomena, p. 65.

(105) Cf. *In the Twilight of Western Thought*, p.193-194.［拙訳一九二頁参照。］

(106) Vgl. Dooyeweerd, *Calvinistische Wijsbegeerte*, blz. 64-65. *In the Twilight of Western Thought*, p. 52.［拙訳五一—五二頁］。*Die Philosophie der Gesetzesidee und ihre Bedeutung für die Rechts- und Sozialphilosophie*, SS. 20f.

(107) 「私はもはや法理念という名称には満足ではない」（*Die Philosophie der Gesetzesidee*. 1967. S. 20）と述べているが、*WdW*. 1935 では、H・G・ストーカーの「創造理念」とする問題提起に対して、「創造」という言葉を避けて、法理念という言葉を守る理由を述べている。この「哲学の根本理念」は、あらゆる哲学体系の必然的根本条件でなければならぬが、この根本理念の内容を規定するのは、後の問題、すなわち、宗教的根本動因が明確になるときであるからである。第二の理由は、法理念は単に創造世界の法であるのみならず、法の起源者と意味、法と主体性［根元的自我］との関係に集中する限界概念であるからである。なぜなら、法はその起源者から主体の限界を定めるものであるからである。第三の理由は、法理念は哲学的思惟のあらゆる次元に影響を及ぼすからである。法理念は、意味特殊性に留まる特殊科学の位置に滑り落ちることや素朴経験の位置に逆戻りすることから、哲学的思惟を守っているからである。Vgl. *De Wijsbegeerte der Wetsidee*, Boek I, Deel I, Prolegomena, blz. 58-61.

(108) Vgl. Dooyeweerd, *Calvinistische Wijsbegeerte*, blz. 65., *Die Philosophie der Gesetzesidee und ihre Bedeutung für die Rechts- und Sozialphilosophie*, SS. 20f.

(109) Dooyeweerd, *In the Twilight of Western Thought*, p. 53.［拙訳五二頁。］

(110) Dooyeweerd, *In the Twilight of Western Thought*, p. 53.［拙訳五三頁。］

(111) Dooyeweerd, *Calvinistische Wijsbegeerte*, blz. 65.

(112) ドーイヴェールトの異教宗教的根本動因の存在、および被造世界の法的構造性と意識における集中法則については、筆者の以下の議論がその聖書的、神学的基礎づけになると思う。本書、第一部「聖書と哲学」、第二章3「宗教的存在としての人間」、4「哲学的思惟の超越論的・宗教的前提」、第二部「ネオ・カルヴィニズムの伝統——原理と展開」、第三章「一般恩恵論」、『哲学と神学』第三部、第三章、第一節「聖書における心の意味と神の像」、第二節「カルヴァンにおける心、神の像、一般恩恵」参照。

(113) Dooyeweerd, *Die Philosophie der Gesetzesidee und ihre Bedeutung für die Rechts- und Sozialphilosophie*, S. 17.

(114) Dooyeweerd, *In the Twilight of Western Thought*, p. 46.〔拙訳四六頁。〕

(115) Dooyeweerd, *Calvinistische Wijsbegeerte*, blz. 56.

(116) Dooyeweerd, *In the Twilight of Western Thought*, p. 48.〔拙訳四八頁。〕

(117) Dooyeweerd, *In the Twilight of Western Thought*, p. 47.〔拙訳四七頁。〕

(118) Dooyeweerd, *Calvinistische Wijsbegeerte*, blz. 56-57.

(119) Kant, *Kritik der reinen Vernunft*, A. 125.

(120) Dooyeweerd, *Calvinistische Wijsbegeerte*, blz. 66.

(121) Dooyeweerd, *Calvinistische Wijsbegeerte*, blz. 66.

(122) Cf. Dooyeweerd, *In the Twilight of Western Thought*, p. 56.〔拙訳五四—五五頁参照。〕

(123) Cf. Dooyeweerd, *In the Twilight of Western Thought*, p. 53-56.〔拙訳五三—五五頁参照。〕Vgl. *Calvinistische Wijsbegeerte*, blz. 65-66. *Die Philosophie der Gesetzesidee und ihre Bedeutung für die Rechts- und Sozialphilosophie*. S. 21.

(124) Dooyeweerd, *In the Twilight of Western Thought*, p. 58.〔拙訳五八頁。〕

(125) Dooyeweerd, *In the Twilight of Western Thought*, p. 59.〔拙訳五八頁。〕

(126) Dooyeweerd, *In the Twilight of Western Thought*, p. 60.〔拙訳五九頁。〕

(127) Dooyeweerd, *In the Twilight of Western Thought*, p. 60.〔拙訳五九頁。〕

(128) Dooyeweerd, *In the Twilight of Western Thought*, p. 58.〔拙訳五八頁。〕

(129) Dooyeweerd, *In the Twilight of Western Thought*, p. 60.〔拙訳六〇頁。〕

(130) Cf. Dooyeweerd, *In the Twilight of Western Thought*, p. 57-61. [拙訳五六—六〇頁参照。]

(131) Dooyeweerd, *In the Twilight of Western Thought*, p. 61. [拙訳六〇頁。]

あとがき

この著作は、大学定年退職（二〇〇四年）後に執筆した論稿をまとめたものである。特に、第三部「キリスト教超越論哲学――ヘルマン・ドーイヴェールトの『法理念の哲学』」は、ここ二年、遺作のつもりで終日執筆し、体調上もはやこれまでとピリオドを打ったばかりの未発表稿である。これをもって筆者の生涯の主題研究の結論としたい。

老年期の学問的思惟の関心と対象は、青年期のそれとの一貫した延長線上にある。壮年期にはその関心が膨らむこともあるが、老年期には初期の主題に収斂する。その理由は、研究者には根底に一つの召命意識（Berufsbewusstsein）と言ってよいものが流れているからであると思う。

忘れがたい師との出会いに、感謝の気持ちを秘めながら、筆者の研究生活を少し回想したい。その研究生活の出発点は、大阪大学における学部、大学院の学生時代、助手時代のカント哲学研究であった。この時の指導教授は故伊達四郎先生（哲学哲学史第二講座［ドイツ哲学］教授）であった。先生の「演習」における指導は一言一句をおろそかにしない学問的には誠に厳しいものであったが、先生は他者の人間性の中にある人格に対して尊敬の念を所持しておられる方であった。このことは、学部の学生に対しても同じであった。教養部を終えて学部生になった初対面の時から深く私の心を捉えたのもこのことであった。講座の一同は深く先生を敬愛していた。先生の「特殊講義」の主題は私の講座在籍中の一一年間、「弁証法の歴史的批判的研究」と一貫していた。私が初めて出席したときはカントの弁証論の講義であり、その後、フィヒテ、シェリング、ヘーゲルと進み、最終講義はキルケゴールについてであった。先生の講義と演習は、助教授も助手も大学院生も学部生も講座の全員が出席する緊張した雰囲気のもとに、時間割の制約を超えた長時間に及ぶのが常であった。この間に深く悟ったことは、講義はコマ切れでなく、このようでなければ心に届かないということであった。第二講座の助手に採用された四年間は、先生と身近に接する機会が増加し、先生の公私を貫く哲学者の姿勢に深く学ぶところがあった。先生は私の卒業論文（「『実践理性批判』に於ける「最高善」の問題に就いて」一九五八年三月）や修士論文（「根元悪説より観たるカント宗教論」一九六〇年三月）の審査の口頭試問においてもカントの理性信仰と私の恩恵理解の葛藤に深い理解を寄せて、他の審査教授に対してむしろ懇切丁寧な長い弁明をしてくださり高い評点をくださった。尽きない想い出と共に先生への深い感謝の気持ちを新たにしている。

このころの私の思索の中には、カイパーの「世界観」、ヴァン・ティルの「弁証学」などと共にオランダのヘルマン・ドーイヴェールトの「キリスト教哲学」への深い共感が広がりつつあった。一九五七年には、私は既にドーイヴェールトの『理論的思惟の新批判』全三巻（Dooyeweerd, Herman, *A New Critique of Theoretical Thought*, Vol. I, 1953. Vol. II, 1954. Vol. III, 1957）を所有しており、この書は以後三回の留学時にも携行する生涯の伴侶となった。

キリスト教哲学の確立を目指す筆者の思惟を支える信仰的前提は、カルヴィニズムのグルントモチーフである。これは父、故春名壽章（元日本キリスト改革派板宿教会牧師、元神戸改革派神学校教授）の影響である。大戦下の苦難の時代を終えて、自らも創立に関与した改革派教会の牧師として、父のそれ以後の戦いは、いかなる状況にあっても時勢と妥協しない「源清い」純正な改革主義信仰に立つ教会の建設に向けての神学的戦いであった。近代主義神学に対抗する改革主義神学の神学的戦いの原型をオランダのアブラハム・カイパーの思想に見出していた。カイパーが戦った近代主義神学の根底には新カント学派の哲学があった。父が私に勧めたカント哲学の研究は、近代主義神学を批判するためには、その根底にある認識論的基盤であるカント主義の非聖書的性格を穿つというネガティヴなものであったように思う。父の発議で開始された教会の学生会の読書会のテキストはカイパーの『カルヴィニズム』（英語版）であった。開始当時（一九五五年夏）、私は教養部の二年生であり、まだ学部の学生ではなかった。「近代主義原理」に対抗する「改革主義原理」の主張、「カルヴィニズムの人生観・世界観」の主張に興奮しながら翌年（一九五六年夏）これを読了した。読了時、メンバーは、三年年長の森川甫氏（現関西学院大学名誉教授、パスカル研究者、カルヴァン研究者）と私の二人だけであった。先日、彼の来訪を受け、最後のページを読了したときの感激を語り合った。彼も全く同じ思いであったとのことであった。彼とは大学と専門は異なったが、後に関西学院大学社会学部の同僚となり、長年にわたり、学問的に、信仰的に、兄弟同様の親交を許されたことは、摂理的な恩寵であった。カイパーの『カルヴィニズム』はわれわれにとって文字通り「一冊の書物」となった。

父から受け継いだ書物に、ヴァン・ティル著『新近代主義』（Van Til, Cornelius, *The New Modernism*, 1947）がある。これは、ヴァン・ティルから神戸改革派神学校の教授に贈られたものの一冊である。父がこの書物に記入している日付は、一九四八年一二月七日であるから、この書が刊行された翌年である。この書は、バルトとブルンナーの神学を批判したものであり、近代主義を批判する彼らの神学も、その根底に近代主義神学と共有するカントの認識論的構造を指摘し、ヴァン・ティルはそれを新近代主義と呼ぶのである。父がカント哲学をものにするように強く勧めたことの背景にヴァン・ティルのこの書物の影響があると思う。私が大学の学部及び修士課程で学んでいる背景にはこのような厳しい信仰的立場と前提があった。

大学院の博士課程（今の後期課程）に進学した二年目、伊達先生の許可を得て、大阪大学大学院を一年間休学し、米国フィラデルフィアのウェストミンスター神学校のヴァン・ティル教授の下に留学した（一九六一年九月一日〜一九六二年八月三一日）。一年の限定付き特別研究生としての留学であったため、ヴァン・ティル先生の特別の計らいにより、先生の弁証学関係の全講義（BD. Th. M. Th. D. コース）を聴講する許可のほか、私一人のための「特別リサーチ・コース」の時間を設けてくださった。帰国の年、先生のお宅に招かれた時、父譲りの『新近代主義』を携行した。君がこの書物をなぜ持っているのかと驚かれたが、扉にお言葉を賜った。同じ場所に父親のサインと一九四八年という日付、ヴァン・ティル先生のサインと一九六二年の日付が書かれている。この間の一四年間は青春の思想的苦闘の時期であった。先生の言葉はかなり長いが、最後は次の言葉で終わっている。“And may we meet soon at Jesus feet and praise Him together forever. Yours in Him, Mr. and Mrs. C. Van Til.”

帰国後ただちに後期課程に復帰し、翌一九六三年四月一五日、第二講座助手に採用されたため、後期課程を退学した。以後の四年間の助手時代、カントの批判前期の著作の研究に没頭し、カントが次第に大陸の合理主義の哲学と英国の経験論の哲学を批判主義的に乗り越えて、批判主義哲学を形成していく過程を知った。このころから、ドーイヴェールトの『理論的思惟の新批判』に展開されるキリスト教的超越論哲学を介して、カントの「経験（的認識）を超えていながら、反って、それが経験（的認識）を成立せしめる普遍妥当的条件は何か」という超越論的課題が常に関心の中心となった。カントの超越論的哲学が、私の超越論的思惟批判の研究に持つポジティヴな役割に気付くことになった。一九六七年、関西学院大学社会学部専任講師に就任した。大阪大学を去る直前、この年の二月に、「カント批判前期の研究」と題して第六回カント・アーベント例会で研究発表を伊達先生に聴いていただいたが、転任後も一年間、月曜日は多くの講座の先輩方と共に、伊達先生の講筵に列した。この偉大な哲学の師は、この年を最後に定年を迎えられたが、翌年一九六九年に亡くなられた〔翌年、弟子たちによる追憶記を含む伊達先生の書物が出版された。『伊達四郎遺作集　別離の論理』誠信書房、一九七〇年。この書に寄せる天野貞佑先生のことばに次のように記されている。「これだけの追憶記を贈られている人をわたしは他に知らない。これは実に素晴らしい思い出のことばである。そこに漲るものは真実であり、尊敬であり、愛である」。この書には講座の教員、卒業生のほか、同僚であり親友であった、澤瀉久敬先生（第一講座教授）、相原信作先生（倫理学講座教授）や下村寅太郎先生、松田道雄先生の心情溢れる文章も収録されている〕。

関西学院大学社会学部には学問の師でもあり信仰の師でもある社会倫理学教授の故山中良知先生がおられた。山中先生は、名著『理性と信仰』（創文社、一九六四年）において知られていた京都大学哲学科出身の哲学者であり、カルヴィニストの立場で「キリスト教哲学の可能性」を追求した、日本におけるこの道のパイオニアと言うべき存在であった。先生のこの著作には付録としてカントの目的論に関する二つの論文が付されているが、先生は若き日にはカント哲学を研究しておられた方であり、私にはこの新しい環境は願ってもないものであった。先生のキリスト教哲学は、二大認識能力である理性と信仰を、創造、堕罪、新生という救済史の段階に応じて考察し、次いでギリシア哲学、教父哲学、中世哲学と歴史的に考察し、その中でキリスト教哲学の可能性の条件を探究する一種の超越論的哲学であった。一九七七年六月三日、先生は日課の早朝の散歩中、エノクのごとく、突然、天に召された。私は先生ご存命の一〇年間、時には激しい議論を戦わせた、哲学の超越論的課題への召命意識を共有する慈父のごとき師を失い、茫然自失の状態であった。先生は、関西学院大学に赴任する前に（一九五五年八月から翌年一〇月まで）、アムステルダム自由大学に留学し、ドーイヴェールト教授の講義にも出席しておられた。先生はドーイヴェールト哲学には少し距離を置いておられたが、「キリスト教哲学の可能性」について独自の道でその条件を探究しておられた。神戸改革派神学校の橋本龍三校長と教授会は、直ちに「改革派神学」の山中先生記念号を出版することを決定し、筆者は依頼を受け、先生の召天の年の夏休み、「キリスト教哲学の根本問題――山中良知先生のキリスト教哲学について」を執筆し、そのため先生のすべての文章（ガリ版刷りにいたるまで）を渉猟し、山中哲学の深遠な森の中で思索した（春名純人「キリスト教哲学の根本問題――山中良知先生のキリスト教哲学について」「改革派神学」第一三輯、山中良知博士記念号、一九七七年一〇月、神戸改革派神学校）。関西学院大学社会学部も「社会学部紀要」の山中先生記念号を出版することを決定していたので、是非とも寄稿したいと思い、この年の秋、息つく間もなく、前年より書き始めて中断していた私の拙い論文を完成させた（春名純人「近代神学の認識論的基礎に関する弁証学的考察」「関西学院大学社会学部紀要」第三五号、故 山中良知教授記念号、一九七七年一二月）。先生を失った喪失の中で、この信仰の遺産を継承する決意を新たに獲得した年であった。この年、一九七七年は、ヘルマン・ドーイヴェールトが天に召された悲しい年でもあった。

筆者の最初の公刊書は、関西学院大学就職後三年目、ヘルマン・ドーイヴェールト著『西洋思想のたそがれ――キリスト教哲学の根本問題』（法律文化社、一九七〇年）の翻訳であった。山中先生が直接ドーイヴェールト博士から許可を得てくださり、同博士も喜んで「日本の読者へ」の一文と写真を送ってくださった。この書物は、関西学院大学社会学部研究叢書第一号として出版された。社会学部長の山中先生の序文が最初に掲載されている。激しい学園紛争の一年、キャンパスを封鎖され、学外を転々としていた年であり、学部長としての重大な職務を背負い、心身共に疲労困憊しておられるなかでの一文であった。社会学部研究叢書の第一号を、自分が親しく講義を受けた世界有数の哲学者ドーイヴェールト博士の著書を春名の翻訳によって出版できる喜びを語っておられる。今年は、激しい学園紛争の打撃のため何一つ行いえない貧しく、かつ寂しい年となったが、そのような時でも、「我らに自由を与える真理」(社会学部の標語―春名註)を叫び求めるエネルギーは、如何なる困窮によっても消されることはない、とその思いを感謝と感慨という言葉を使って吐露しておられる。この訳書に付した春名の解説文をあらためて読んでみると、当時すでに私の関心がドーイヴェールトの三つの超越論的根本問題を基軸とする理論的思惟の超越論的批判の仕事に集中していたことが分かる。

関学在職三七年間の前半は、筆者の最初の著書である『哲学と神学』(法律文化社、一九八四年)が刊行されるまでと区分すると、この時期はカント哲学とカントの道徳神学の研究と近代神学の認識論的基礎の研究に集中した時期であり、「社会学部紀要」に、ほぼ毎年、合計十数本の論文を連載している。この時期の筆者のカント哲学研究の主題は、カントの道徳哲学と道徳神学の根底にある実践理性の自律性の原理への批判とそれが近代神学と現代神学の認識論的基礎に与えた影響に関する批判的研究であった。同時に、本来の関心事となってきていた理論的思惟の超越論的批判の課題に進むための序論的考察を開始している。それは、キリスト教的思惟と非キリスト教的思惟の「対立と関係」の問題を、カルヴァン、カイパー、ヴァン・ティル、ドーイヴェールトなどの思想と取り組みながら考察している。それらの研究は、学会の機関誌や他の論文集に掲載された。カント研究と以上の研究をまとめて出版した最初の著書が『哲学と神学』である。この書は関西学院大学研究叢書第五〇篇として刊行された。この書物の最後に、「付論」として、上記の拙論「キリスト教哲学の根本問題――山中良知先生のキリスト教哲学について」を収録している。この書物を亡父や伊達先生や山中先生にお見せできなかったのは痛恨の極みであった。これらの師から継承した学問的思惟と信仰の遺産がこの中に少しでも生きておれば私の喜びである。なおこの書『哲学と神学』については、日本の代表的なカトリックの学者である高柳俊一先生（上智大学教授）から真摯で懇切丁寧な書評を賜ったことは感謝であった（『日本の神学』、第二四号、日本基督教学会、一九八五年）。

山中教授とドーイヴェールト教授の召天の二年後、筆者の『哲学と神学』刊行の五年前、筆者は念願のアムステルダム自由大学哲学部に留学した（一九七九年から一九八〇年）。大学派遣ということやドーイヴェールトの翻訳者ということもあってか、アムステルダム自由大学哲学部は、住居と研究室［ファン・ダイク講師と同室］を準備してくださり、教授会に出席して挨拶した。この一年の在外研究は、ドーイヴェールトなきあとの、多くのドーイヴェールト学派（改革主義哲学会からの他大学への派遣教授も含む）の中心的哲学者との有益な交わりの時となった。

ファン・ダイク講師（フルーン・ファン・プリンステラーの研究者）は、毎週金曜日、ドーイヴェールトの『法理念の哲学』（一九三五年）の「プロレゴーメナ」（一三〇頁）の翻訳を検討してくださった。毎週、筆者が英訳したものを準備し、オランダ語を正確に読めているかを検討しながら議論する貴重な機会となった。この『法理念の哲学』は一九五三年に英訳（『理論的思惟の新批判』と改題）されたが、「プロレゴーメナ」の部分は、「時間論」を中心に大幅に書き換えられた。筆者はオランダ語原版のほうが良いという持論であったが、ファン・リーセン教授は、両版を広げながら種々意見を述べられ、あるところは筆者と同意見であり、オランダ語版を研究することに意味があるということであった。

ヤーコプ・クラップヴァイク教授は、『歴史主義と相対主義の間』の大著〔博士論文〕があるかたで、近代哲学と近代神学にも造詣が深く、当時、神学校で近代神学を講じていた筆者とは、非常に意気投合するところがあり、大学食堂やご自宅でよく議論に没入して食事を前に食することを忘れるほどであった。本書第二部の「ネオ・カルヴィニズムの伝統」の拙論のなかで、「ヤーコプ・クラップヴァイクの変容の哲学」の章を設けて紹介しているように、キリスト教哲学と非キリスト教哲学の関係を「変容と逆変容」、「スポリアティオ」の概念によって論じ、改革主義哲学と非キリスト教現代哲学との批判的対話を重視する姿勢が異彩を放つ学者であった。彼はドーイヴェールト研究においてもドーイヴェールトのこの側面を非常に強調している。

エフベルト・スフールマン教授（当時、デルフト工科大学、ヴァーハニンヘン農科大学、アイントホーフェン工科大学における改革主義哲学会からの派遣教授、オランダ国会上院議員、リンデボーム医療倫理学研究所所長）は改革主義哲学会のなかでも異色の技術哲学の専門の哲学者である。『技術と未来』の大著があり英訳もされている。一九八一年には日本カルヴィニスト協会の招きで来日し、「現代社会とキリスト者――今日の技術社会を如何に生きるか」と題して講演を賜った〔会場、神戸改革派神学校〕。一九八四年、スフールマン教授の著書を筆者の監訳で出版することができた（エフベルト・スフールマン著『技術文化と技術社会――現代の文化的危機についてのキリスト教哲学的考察』すぐ書房。この中に、神戸における上記講演を春名美智子訳で収録できたことを教授はことのほか喜んでくれた）。その後二度のオランダ訪問（一九八二年八月ユトレヒト、ゼイストにおける改革主義哲学会第二回国際シンポジウムの講演のため、一度は関西学院大学からの一九九〇年の短期留学のための渡蘭）と再度の来日時（オランダ国会議員団の訪日代表の一員）にお会いしたほか今日まで教授夫妻と筆者夫妻は親しい信仰的な交わりの中にある。

一九八〇年、オランダ留学から帰国後の余韻の中で夏休み集中的に休みなく取り組んだのが、ずっと念頭から離れたことのない「対立の原理」と「関係の原理」の課題であった。七月に「対立の原理」が完成［春名純人「キリスト者と非キリスト者の学的思惟における〈対立の原理〉」、「福音主義神学」第一一号、日本福音主義神学会、一九八〇年」が完成し、秋冷の候に完成したのが「関係の原理」［春名純人「カルヴァンにおける心CORと神の像IMAGA DEI ――キリスト者と非キリスト者の〈関係の原理〉」、『カルヴァンの信仰と思想』すぐ書房、一九八一年、所収］であった。この二つの論文はいずれも『哲学と神学』に収録された。

一九八二年、最初のオランダ留学から二年後、改革主義哲学協会主催の第二回国際シンポジウムに出席した（八月二三日〜二七日）。その時、筆者はReligion, Science and Philosophyという題で講演した。約一か月半かかって出発直前まで手を入れたワープロ印刷版の原稿を会場で配布したが、大部なものであったため話をできたのはその一部分であった。スフールマンはじめ、旧知のファン・リーセン、クラップヴァイク、ファン・デア・フーフェンの諸教授たちが暖かい評価の声をかけてくださった。シンポジウムの直後、当時ライデン大学教授であったサンダー・フリッヒュン先生（Prof. dr. Sander Griffioen）が学会誌にかなり詳しい好意的な紹介をしてくださった（Beweging, 46e jaargang, No. 5, oktober, 1982）。また改革主義哲学協会のホーヘフェーン地区研究会［責任者・Dr. T. A. Th. Spoelstra］が一九八三年度の月例研究会で三回連続してテキストとして使用してくださった（Beweging, 47e jaargang, No. 1, februari, 1983）。この講演論文の内容は、第一章「近代科学思想の異教的性格――近代哲学における自然と自由の二元論」、第二章「科学的真理と宗教的真理の危険な二元論――近代神学における自然‐自由動因」、第三章「理論的思惟における再生者と非再生者の対立と関係の原理

――A 対立の原理 B 関係の原理」、第四章「結論」であった。第一章においては、近代的思惟の根底にある「自然と自由」の非聖書的宗教動因の支配、理性の自律性の偶像的公理、カントにおける科学の悟性的現象的認識とそれから区別された道徳神学の宗教的真理の二元論を問題にした。第二章では、シュライエルマッハーにおける認識と道徳とから区別された宗教体験の神学、ヴィルヘルム・ヘルマンにおける自然科学的真理と区別された内的生起的出来事としての宗教的真理の二元論を取り上げて、近代および現代神学の三つの契機を指摘した。自然と自由の二元論的思惟、人間の自己意識内の主観的経験としての宗教的真理、人間の自己意識内の内的生起的出来事として自覚される歴史的真理の三契機をブルトマンとリチャード・ニーバーの神学において考察した。第三章は、Aにおいて、カイパーにおける画期的な「対立の原理」とヴァン・ティルによるその不徹底性の指摘、ドーイヴェールトの心における宗教的根本動因の対立の発見による不徹底性の克服を論じた。Bにおいては、カルヴァンの心の理論と神の像論と一般恩恵論に基づいて、非再生者における神意識、法意識、市民的正義の意識などを中心として「関係の原理」を論じた。これを一〇年後に英文のまま公刊した[Haruna, Sumito, *Religion, Science and Philosophy*, - Speech for the Second International Symposium, sponsored by the Association for Calvinistic Philosophy, held at Zeist, The Netherlands, August 23-27, 1982. Published by Joint Studies on Christianity and Culture, Kwansei Gakuin University, Nishinomiya, Japan, 1992.]。一〇年後に公刊した理由は、その後、第二章のヴィルヘルム・ヘルマンに関する記述以降を和訳して「社会学部紀要」[春名純人「近代神学の認識論的基礎に関する弁証学的考察(承前)」。(承前は、「社会学部紀要」第三五号掲載の同名論文の続編の意)、「社会学部紀要」第四八号、一九八四年。拙著『哲学と神学』一九八四年、第二部、第三節「新しい歴史の概念」と「結語」]に収録し、第三章のカルヴァン研究の内容を第一回アジア・カルヴァン学会で発表(英文)し

 たため、この論文を原型のままフルコンテキストで保存し公刊したいと思ったからである。

一九八四年の『哲学と神学』出版以後、定年退職までの在職期間の後半は、筆者の多忙な時期にあたり、日本カルヴィニスト協会の会長（一九八二年〜二〇〇〇年）なども引き受け、この間は、関西学院大学共同研究の千刈セミナーにおける毎年の講演、カルヴィニスト協会における講演や教会中会委員会主催の講演会、他教派の神学校などにおける講演会や特別講義、集中講義も相次ぎ、その主題はアブラハム・カイパーの生涯と思想、カイパーの学問論、キリスト教哲学への先駆的役割、超越論哲学とドーイヴェールト、哲学と神学、キリスト教哲学、キリスト教有神論的世界観などに関するものであった。その他、中会の叢書や雑誌の執筆、『新聖書辞典』の大項目「聖書と哲学」、『新キリスト教辞典』の大項目「啓示論」「キリスト教哲学」「理性と信仰」などの執筆活動などが相次ぎ、この時期は「理論的思惟の超越論的課題」には、上記の執筆の中では取り上げながらも、充分に前進させることはできなかったが、この問題について内容的に裏打ちするような研究をすることができたと思う。

筆者は、一九九〇年、関西学院大学から中期の海外留学を得て、三か月間をオランダ、三か月間をボンに滞在した。オランダではアムステルダム自由大学のサンダー・フリッヒュン教授の現代哲学の講義に出席した。滞在後すぐに書き始めたペーパーを途中、フリッヒュン教授の研究室で二度研究発表を行い、“Prolegomena to the Transcendental Philosophy and the Foundation of Theoretical Thought - Seeking for the Point of Contact with non-Christian Philosophy”なる題名のペーパーにまとめ、その後、スフールマン教授やヘルツマ教授の親切な批評と助言を頂いた［帰国後、「研究ノート」として報告した。「社会学部紀要」第六五号、一九九二年］。滞在中の六月、改革主義哲学会の哲学者会議に出席したことも印象深いできごとであった。出席者は一一人、スフールマン、クラップヴァイク、デンヘリンク、ファン・デア・フーフェン、トロースト、ハウツワールド、ヘールツェマ、バス・ケー教授たち親しい方々であった。フリッヒュン教授の奨励と祈りのあと、終日、自由に熱心に討論をする会合で、ヨーロッパのシンポジウムの原型を見たような気持ちだった。私もカイパーの「対立の原理」と「二種類の学問論」について意見を尋ねたりした。会合のあと、小さな村の小さなレストランを借り切って歓迎会をしてくださった。バームブルッへという美しい町にある、スフールマン教授のお世話でお借りした住居での三か月は、われわれ夫婦にとって、大学、教会、家庭におけるオランダの改革派教会の信仰の伝統に触れることに充実した時間であった。後半のドイツ滞在の目的は、大学が夏休み期間であることもあり、ドイツ統一直後の東西ドイツ福音主義教会の課題の研究と届けていたので、ボン・ケルン日本人教会の佐々木悟史牧師〔先生は「福音と世界」にこの問題についてのレポートを連載されていた〕のご教示に与り、ボンで開催されたキルヒェン・ターク（信徒大会）に参加して、熱い議論を聴講し、統一後の教会にとって何が問題となっているかを知ることができた。ボン・ケルン日本人教会で知り合ったドイツ問題の専門家、三輪晴啓先生（千葉大学講師、元NHK報道局外信部記者、国際局欧米部チーフ・プロデューサー）に招かれ、統一直後のベルリンに旅行した。壁撤去後の生々しい痕跡、ヴィルヘルム皇帝記念教会、帝国議事堂あとなど、分裂時代の痕跡をめぐることができた。三輪先生からは二夜にわたって、統一にともなう政治情勢や教会事情などを詳しく解説していただいた。私の胸中を去来したのは、ナチス時代にいわゆる「ドイツ・キリスト者」（DC）の自然神学に「ナイン」を突きつけたバルトたちの教会闘争であった。このドイツ滞在中に『新キリスト教辞典』の中項目、「自然神学」「ルネサンス」「現象学」「形而上学」「一元論」「超自然主義」など六項目の執筆の宿題を果たすことができた。帰国後、後期授業が始まっていたが、お許しを得て、招かれていた宗教改革記念日特別講演会に韓国ソウルに出張し、一〇月二七日、韓国カルヴァン研究所で「アブラハム・カイパーの世界観としてのキリスト教」と題して講演を行った。翌日、二八日は、総神大学で「キリスト者にとっての学問の意義」と題して講演会を行い、夜は、総神大学・神学院チャペル教会で、「復活の主の証人」と題する夕拝説教を行った。この年は、思いがけず、オランダ、ドイツ、韓国の同信の友との国際交流年となった。韓国では特に鄭聖久教授（総神大学学長、カルヴァン研究所所長）、洪致模教授（総神大学教授、講演の通訳もしてくださった）と親しいお交わりをいただいた。

一九八六年四月から一年間は、大学から、特別研究期間［授業免除の特典と成果の義務を伴う］を与えられて、一年間研究に没頭することができた。「対立の原理」は、いかなる意味においても自然神学の拒否の問題となり、「関係の原理」は「一般恩恵」と「神の像論」となる。すなわち、これらの問題は、接触点［関係の原理］の必要性と自然神学の危険性という弁証法的課題となる。のちに、ブルンナーとバルトの自然神学論争を取り上げることを予想して、この研究期間はまずブルンナー神学における自然神学の問題に集中した。前半は、当時まだ翻訳のなかったブルンナーの『神学の課題としての〈接触点〉の問題』と『神学のもう一つの課題』を私的資料として完訳し、さらに『自然と恩恵』も完訳した。後半はこれらの資料を用いながら、関西学院大学共同研究千刈セミナーと日本カルヴィニスト協会の二度の講演を経て、一九八七年三月、学期末に、研究報告論文にまとめた。この特別研究期間の報告論文の題は「弁証学における〈接触点〉と〈自然神学〉の問題——キリスト者と非キリスト者の〈関係の原理〉再考」となっている。「再考」の意味は、『哲学と神学』における「関係の原理」の論述は序論的なものであり、この問題をさらに徹底するための「再考」ということである［この論文は『現代におけるカルヴァンとカルヴィニズム』（発行　関西学院大学共同研究、発売　すぐ書房、一九八七年）に収録された」。

これ以後、筆者は、定年にいたるまでは、関西学院大学共同研究の千刈セミナーや日本カルヴィニスト協会などの講演を中心に、アブラハム・カイパーの研究に集中すると同時に、この接触点と自然神学の問題を、宗教的多元主義の時代にますます高まる自然神学の危険性を感じるなかで、取り上げようとした。「ブルンナーとバルトの自然神学論争の現代的意義」（「社会学部紀要」第八九号、森川甫教授記念号、二〇〇一年）、「宗教的多元主義と自然神学」（「カルヴィニズム」第二〇号、二〇〇一年）の二論文を発表した。『哲学と神学』を著した以後の二〇年間の諸論考と諸論文は、次の二著に収録されている。『思想の宗教的前提――キリスト教哲学論集』（聖恵授産所出版部、一九九三年）、『恩恵の光と自然の光――キリスト教文化論集』（聖恵授産所出版部、二〇〇三年）。対立と関係の問題、接触点と自然神学の問題の研究が、理論的思惟の超越論的批判の課題の研究を豊かにすることを期待しつつ、その課題の研究に戻ることを願っていた。

在職期間を通じて示された関西学院大学の研究重視の姿勢に感謝している。二度にわたる海外留学（一年の長期留学一回、半年の中期留学一回）、特別研究期間（長期二回、短期一回）を認め研究を支援していただいた。社会学部研究叢書と大学研究叢書に選定して出版を助成していただいた。またカリキュラムにおいても「キリスト教哲学」（学部）や「キリスト教文化論」（大学院言語コミュニケーション文化研究科）などの新しい講義の開設を承認してくださった。

関西学院大学の共同研究制度についても感謝している。毎年、大学に研究テーマと研究者を提示して申請し、認定された研究にたいして助成を行う制度である。最初は、森川甫教授（社会学部）、村川満教授（社会学部）と筆者の三人で出発した。三人の共通して敬愛する山中先生亡き後は、この共同研究が同学部に勤務するわれわれ三人の信仰的研究的結束の絆をいっそう強めた。この共同研究がわれわれの研究を相互に刺激し高めてくれたかは、下記の講演テーマを見て一目瞭然である。それぞれの講演はそれぞれの著書に収録されているのをみても、共有する改革主義信仰のもとに、お互いがそれぞれ独立の一貫したテーマで研究していたことが分かる。大学の規約による研究分担者資格は、関学大教員、関学大元教員、関学大卒業者である。以下、どのような主題で、どのような研究者と共同研究を行ったか、感謝を込めて、手許に記録のあるかぎり記載したいと思う。

共同研究《現代におけるカルヴァンとカルヴィニズム》

一九八二年度　共同研究員　森川　甫（代表）、村川　満、春名純人。この年、春名は上記、カルヴァン主義哲学会第二回国際シンポジウムで講演している。

一九八三年度　共同研究員　森川　甫（代表）、村川　満、春名純人、村田充八（当時、大阪基督教短期大学専任講師、山中ゼミ出身）。この年、第一回研究懇談会を関西学院大学共同研究〈現代におけるカルヴァンとカルヴィニズム〉共同研究とキリスト教哲学研究会の共催で開催している［キリスト教哲学研究会（代表　春名）は一五回の法理念哲学の研究会と一回の講演会を開催したが、これ以後、発展的に解消し、共同研究に合流した］。第一回研究懇談会の講演はそれぞれの研究を進める大きな契機となった。以後継続するこの研究懇談会は、開催場所の関西学院セミナーハウスのあった地名にちなんで、千刈セミナーと呼ばれ、多くの他大学の研究者、他教派の神学者、神学生、学生が参加するようになった［平均三五名から四〇名］。特に神戸改革派神学校教授がたの積極的参加は有り難いことであった。研究懇談会の講師はかならずしも関学大関係者である縛りはなかった。特にオランダから帰国されたばかりの鈴木雅明先生の講演と演奏は詩編歌に対する理解を深め、研究の方向性を神讃美に高める力となった。

第一回研究懇談会プログラム［講師敬称は省略］

七月七日～八日

開会礼拝　説教　入船　尊（神戸改革派神学校教授）

講演「技術社会の諸問題」村田充八

講演「科学的真理と宗教的真理」春名純人

講演「詩編歌のメロディーに基づく作品」（パイプオルガン演奏とも）鈴木雅明（オルガニスト、教会音楽家、松蔭女子大学専任講師）

講演「ウェストミンスター小教理問答書作成の経緯」村川　満

講演「カルヴァンの共観福音書註解」森川　甫

閉会礼拝　説教　足立正範（日本キリスト改革派教会窪川伝道所牧師、山中ゼミ卒）

一九八四年度　共同研究員は上記の四人の外に、北村次一教授（関学大経済学部）、坂本仁作教授（関学大法学部）、山本栄一教授（関学大経済学部）が、研究協力者として渡辺信夫牧師（日本基督教会東京告白教会、関西学院評議員、関学大元教員）が大学共同委員会によって承認された。特にカルヴァン研究者として著名な渡辺信夫先生のメンバー入りは、後にこの共同研究と千刈セミナーがアジア・カルヴァン学会創立の基盤となったことを考えると大きな力であった。

第二回研究懇談会プログラム

第一日（八月二日）
開会礼拝　説教　入船　尊
講演「F・ヴァンデルによるカルヴァン研究――カルヴァンとユマニスム」森川　甫
講演「カルヴァンとウェストミンスター信条の信仰論」村川　満
講演「カルヴァン主義哲学に対するA・カイパーの先駆的役割」春名純人
特別講演とパイプオルガン演奏「コラールとプサルムに基づく作品集」鈴木雅明
第二日（八月三日）
朝禱会　説教　泥谷逸郎（日本キリスト改革派伊丹教会牧師、神戸改革派神学校教授）
講演「カルヴァンにおける教会法と国家法の関係」渡辺信夫
講演「カルヴィニズムの政治倫理」坂本仁作
講演「キリスト教経済倫理から社会改革へ」北村次一
講演「現代社会におけるキリスト者の社会的責任」村田充八
閉会礼拝　説教　松田一男（日本キリスト改革派板宿教会牧師、神戸改革派神学校教授）

共同研究《現代に生きる宗教改革の伝統と遺産》
一九八六年
第一回研究懇談会（九月八日～一〇日）
開会礼拝　説教　渡辺信夫

講演「カルヴァンの新約聖書註解――表現について」森川　甫
講演「弁証学と《接触点》の問題」春名純人
講演「イギリスにおけるカルヴィニズムの受容」村川　満
講演「ハウツワールトの『資本主義と進歩――西洋社会の一診断』を読む」山本栄一
講演「宗教改革の伝統と遺産――A・カイパーの聖霊論の場合」牧田吉和（日本キリスト改革派名古屋教会牧師、神戸改革派神学校講師）
講演「カルヴァンのリタージと詩編歌」渡辺信夫
講演「契約神学をめぐる最近の動向」松田一男
講演「『綱要』初版と最終版における政治的統治の比較研究」泥谷逸郎
講演「ドイツ宗教改革の回顧と展望」北村次一
講演「技術社会と人間」村田充八

一九八七年
第二回研究懇談会（九月一〇日～九月一一日）
講演「アブラハム・カイパーとアムステルダム自由大学の創設」春名純人
講演「カルヴァンの信仰問答――その成立と性格」渡辺信夫
講演「リシャール・ストフェール教授の業績――同労者の評価」森川　甫
講演「キリスト教と経済学――問題の所在とカルヴィニズムの接近」山本栄一

講演「ブリューダーシャフト史——資料と研究」北村次一
講演「カルヴァンとウェストミンスター信仰告白の信仰論(I)」村川　満

一九八七年一〇月、共同研究の講演と論文が一冊の書物として出版された。森川甫編『現代におけるカルヴァンとカルヴィニズム』［発行　関西学院大学共同研究、発売　すぐ書房、一九八七年］。目次はつぎのとおり。

1　弁証学における「接触点」と「自然神学」の問題——キリスト者と非キリスト者の「関係の原理」再考　春名純人
2　カルヴァンと『ウェストミンスター信仰告白』の信仰論(1)——R・T・ケンドールの所説をめぐって　村川　満
3　カルヴァンにおける教会法と国家法　渡辺信夫
4　カルヴァンの新約聖書註解　森川　甫
5　キリスト教と経済学——問題の所在とカルヴィニズムへの道　山本栄一
6　技術社会とキリスト教(1)(2)　村田充八
7　キリスト教経済倫理から社会改革へ　北村次一
8　エッセー「改革派世界連盟——エクメーネからのインパルス」　北村次一訳

一九八七年　第一回アジア・カルヴァン学会（一〇月六日～八日、於・関西学院千刈セミナーハウス）が開催された。関西学院大学の数年にわたる共同研究の千刈セミナーの実績が用いられたといえる。アジア・カルヴァン学会は事務局を関西学院大学社会学部森川研究室に置き、代表は渡辺信夫先生であった。発起人は、李鍾声、韓哲河（韓国）、陳博誠（台湾）、渡辺信夫、森川甫の各氏であった。国際カルヴァン学会会長ヴィルヘルム・ノイザー教授［西ドイツ・ミュンスター大学教授］はじめ、韓国、台湾、パプア・ニューギニア、アメリカなどから、アジア人研究者四〇名、国内から六〇名、合計一〇〇人以上の出席者があった。アジア・カルヴァン学会の発足は前年のハンガリーのデブレッツェンの国際カルヴァン学会［渡辺先生と森川先生出席］で報告されて反響を呼んだと「アジア・カルヴァン学会のお知らせ」に書かれている。第一回アジア・カルヴァン学会の講演内容は次の記録誌［プリント版］によって知ることができる。筆者も「キリスト教哲学の見地より見たカルヴァンの『神の像』論」を発表した。ノイザー教授の記念講演会は大学第五別館で久山康院長の挨拶をもって開始され、ノイザー先生の「カルヴァンと今日の教会」（Die Christliche Gemeinde heute in der Sicht Calvins）と題する講演がなされた［この講演は通訳者春名によって翻訳され、「兄弟」（基督教学徒兄弟団、一九八七年）第三五八号、第三五九号に上下に分けて掲載されている］。午後の「講演・演奏会」は会場をランバス・チャペルに移し、渡辺信夫牧師の「カルヴァンとジュネーヴ詩編歌」と題する講演と鈴木雅明氏のパイプ・オルガン演奏、同氏指揮による松蔭室内合唱団の「ジュネーヴ詩編歌」斉唱があった。

THE FIRST CONFERENCE OF CALVIN STUDY IN ASIA, Published by Seminar House - Kwansei Gakuin
　University, Hyogo, Japan, October, 1989.
Nobuo WATANABE, Preface
Wilhelm NEUSER, Theology of the Word - Scripture, Promise and Gospel by Calvin.
Wilhelm NEUSER, Christian Congregation today - in the view of Calvin.
Nobuo WATANABE, Calvin and Genevan Metrical Psalms.
Chul-Ha HAN, Theology of Ministry in John Calvin.

Akira DEMURA, Christian Commitment versus Christian Nurture - Some Problems of the Japan Mission of the German Reformed Church in the late Nineteenth Century.

Sumito HARUNA, Calvin's Imago Dei Problem from the Viewpoint of Christian Philosophy - The Principle of Antithesis and the Principle of Relation between the Regenerate and the Unregenerate in Theoretical Thinking.

Katsuya TOKA, The Concept of the Covenant in Heidelberg Catechism.

Masayuki SAWA, Calvin's Church Order - Its Significance in Asia.

Mitsuru SHIMURA, Un aspect de la préréforme en France au début du XVIe siècle sur la réforme à Meaux 1521-1525.

Hajime MORIKAWA, Professor Richard STAUFFER and his Works.

一九八九年　共同研究《キリスト教と文化》 代表　山本栄一

第一回研究懇談会（七月二〇日～二一日）

講演「カルヴァンと旧約聖書」渡辺信夫

講演「キリスト教と現代哲学」春名純人

講演「経済と経済学を考える――聖書を規範として」山本栄一

講演「Jean Calvin と Clément Marot ――詩編歌をめぐって」森川　甫

講演「マックス・ウェーバーと『ウェストミンスター信仰告白』――予定説をめぐって」村川　満

一九九一年

第二回研究懇談会（一一月二一日〜二二日）

講演「キリスト教哲学の概念について」春名純人

講演「キリスト教と近代世界——ウェーバーとカルヴィニスト」村川　満

講演「ブレイクのミルトン批判——予定説をめぐって」保田正義

講演「聖書の経済観と経済規範——家計・企業・政府・公益法人」山本栄一

講演「科学と人間——科学の前提と中立性」村田充八

講演「シュライエルマッハーと宗教音楽」武安　宥

講演「強盗に襲われて瀕死の重傷を負った旅人—— Pascal における恩寵と自由意志」森川　甫

講演「カルヴァンの教会規則」渡辺信夫

共同研究は一九九六年度くらいまで継続したと思うが、われわれ共同研究員は、一九九三度から大学の学部横断的な全学部向け講義〈総合コース〉を三コマずつ担当するようになり、共同研究の性格も少し変化したように思う。興味ある主題であったらしく受講学生は多数にのぼった。なおこの総合コースの講義には渡辺信夫先生も参加してくださり、「ジュネーヴ学院におけるキリスト教と一般諸学」と題する講義を担当してくださった。筆者は「キリスト教哲学から見た近代文化の危機的性格」と題して講義を担当している。

以上の共同研究の歴史を回顧するとき、何よりも感謝を覚えているのは、村川満教授と森川甫教授の両先輩との親しい交わりである。専門を異にしながらも、同じ改革派信仰に立ち、同じ学部に専任教員として所属し、長年「大学共同研究」を行うことができたことは本当に幸せであった。大学教員の採用は恣意的にできることではないから、このような交わりと研究環境そのものが稀有のできごとであり、主の摂理の御旨によるとしか言いようがない。事実、その通りである。〔本書の校正作業中の本年一〇月一日、村川満先生（関学大名誉教授）の召天の報に接した。人間的には誠に温厚な人柄であったが、その学問においては京都大学出身の哲学者らしくまことに緻密、その信仰においては揺るぎない確信の人であった。共同研究千刈セミナーの講義においてもその主張は首尾一貫したものであった。青年時代からの暖かい交わりを特別の主からの恵みとして感謝している。先生の主張を次の書物において味読していただきたい。村川満著『ウェストミンスター信仰告白研究——アウグスティヌスとカルヴァンを神学的源流として』（発行　神戸改革派神学校　カルヴァンとカルヴィニズム研究所、発売　一麦出版社、二〇〇八年）。〕

筆者は、二〇〇四年三月関西学院大学を定年退職した。スフールマン教授は、関西学院大学定年退職時の「社会学部紀要」第九六号——春名純人教授退職記念号——に、「『技術天国』——創造の破壊について」と題して特別寄稿論文を執筆してくださった。原文のドイツ語論文（Das „technische Paradies“ - Über die Gebrochenheit der ganzen Schöpfung）を掲載するとともに、春名訳も収録した。なおこの紀要論文には、村田充八教授（阪南大学教授、山中ゼミ出身、社会学研究科出身、社会倫理学、宗教社会学専攻）も「技術社会における社会的エートスの検証——E・スフールマンの技術社会論を通して」と題して寄稿してくださった（退職記念号については、学外者二名まで寄稿を依頼することができる、という「社会学部紀要」編集内規による）。村田先生の著書の中には、しばしば、スフールマン教授の思想が引用紹介されている。

このお二人には、特別な感謝の気持ちを覚えている。スフールマン教授についてはすでに感謝を表明した。村田充八君は、第二年目以降、共同研究の研究員として参加し、積極的な貢献をなし、その果実は彼の多くの著作に結実している。筆者のここ数年の最後の執筆を支えてくれた力の一つは、彼の定期的な電話による健康状態の確認と励ましであった。彼の社会学関係の学会や教会関係の講演会などの活動は筆者の最も喜びとするところである。

学生時代のカイパーの『カルヴィニズム』との出会いに始まる筆者の学問生活は、このような内外のさまざまな人々との出会いと教示を通して豊かにされたことを、いまあらためて幸せに思う。それを語ろうとしていろいろな先生方との出会いを長々と述べたのである。それぞれ個性の違った傑出した人々であった。それにしては筆者の残した結果の貧しさに内心忸怩たるものがある。残した貧しいものの中に多少なりともポジティヴなものがあるならば、それは功績ではなく、ただ恵みである。若き日のカイパーの「カルヴィニズム」との出会いに始まる研究生活は、自然神学を拒否する「対立の原理」を明確に掲げながら、一般恩恵と神の像論の「関係の原理」を模索する長い道のりを経て、いまキリスト教的超越論哲学の主張で終わろうとしている。これは理論的思惟を可能にするアプリオリな原理を明らかにすることによって対話を可能にする哲学である。それはまだ「序論」なのであるが。「わたしが老いて白髪になっても、神よ、どうか捨て去らないでください。御《み》腕の業を、力強い御《み》業を、来るべき世代に語り伝えさせてください」（詩編七一・一八）。

この『キリスト教哲学序論』について少し解題を記すことにする。

第一部「聖書と哲学」は『講義録』第二号（編集者　岩村義雄、発行　クリスチャンセンター神戸バイブル・ハウス・セミナー委員会、二〇一〇年）に掲載されたものである。今回の収録にあたって、第五章はその後の論考と重複する部分が多いので割愛した。この講義は日本聖書協会主催の第一七回「聖書セミナー」として神戸バイブルハウスで二〇〇五年一一月一〇日から一二月八日まで連続五週にわたって行ったものである。岩村義雄先生（神戸国際キリスト教会牧師）の熱心なおすすめによって、ほぼ五年後に文書にまとめたものである。今回の収録をご承認くださった岩村先生と神戸バイブルハウス・セミナー委員会に感謝する。

第二部「ネオ・カルヴィニズムの伝統――『原理』と『展開』」は、日本カルヴィニスト協会主催の講演会〔二〇一二年、四月三〇日、会場　神港教会〕配布原稿にかなりの加筆と修正を施した論文である。これは、『カルヴァンとカルヴィニズム――キリスト教と現代社会』（編集発行　日本カルヴィニスト協会、発行者　市川康則、発売　一麦出版社、二〇一四年）に収録された。今回はさらに熟慮を重ね多少の修正を補足した。このたびの収録をご承認くださった現日本カルヴィニスト協会会長の袴田康裕先生（神戸改革派神学校教授）と委員会に感謝する。袴田先生には本書の出版についてもさまざまなご高配にあずかった。また、市川康則先生（前日本カルヴィニスト協会会長・前神戸改革派神学校校長）にも暖かいご配慮とご支援をいただいた。

第三部「キリスト教超越論的哲学――ヘルマン・ドーイヴェールトの『法理念の哲学』」は、「悪しき無限」にならないために、弁証法的に始点に回帰して、ここ数年の研究に一応の区切りをつけたばかりの論考である。腰痛と目の不具合に悩まされながらも充実した数年であった。まず、ドーイヴェールトの『法理念の哲学』の「プロレゴーメナ」のオランダ語版（一九三五年）から日本語に翻訳する作業を一年数か月かけて完成した。第一回のオランダ留学の時にファン・ダイク先生のチェックを受けて読みを確認したままになっていた原稿を再認しながら、あらためて三十数年ぶりに、たえず心にひっかかっていた宿題を片付けることができた。日本語に訳してみても、このあまりにも難解な文章は直接引用することも少なかったが、ドーイヴェールト四一歳のこの作品は、晩年のドーイヴェールトの思想への展開を予想させる可能性に充ちたスリリングなものであった。〔アリー・ファン・ダイク先生（Dr. Arie van Dijk）は、現在、カナダ・オンタリオ州・アンカスターにあるリディーマー大学名誉教授、キリスト教哲学ドーイヴェールト・センター（The Dooyeweerd Centre for Christian Philosophy）所長である。フルーン・ファン・プリンステラーとアブラハム・カイパーに関する著書・論文多数。カナダでのお名前の表記は、ハリー・ヴァン・ダイク（Dr. Harry van Dyke）である。〕

筆者は続いて、ドーイヴェールトの『カルヴァン主義哲学』（*Calvinistische Wijsbegeerte*, 1956）を完訳した。この書は、『西洋思想のたそがれ』（*In the Twilight of Western Thought*, 1960）と『法理念の哲学とその法哲学と社会哲学に対する意義』（*Die Philosophie der Gesetzesidee und ihre Bedeutung für die Rechts- und Sozialphilosophie*, 1967）の前半の「法理念の哲学」の部分と並んで、ドーイヴェールトの「法理念哲学」、あるいは、「理論的思惟批判」への著者自身による重要な三つの入門書であり注解書である。筆者は『西洋思想のたそがれ』を関学大社会学部の「哲学講義」の教科書に、『法理念の哲学とその法哲学と社会哲学に対する意義』の前半の「法理念の哲学」部分をドイツ哲学講読演習のテクストに何度か採用したものである。今回、『カルヴァン主義哲学』を訳してみて、同じことを違った角度から考察していることに気付いて、目の醒めるような思いをした。彼の主著を理解するためには、この三書を併せて読むことが有益である。

第二章「理論的思惟の超越論的批判」、２「カントの超越論哲学」について一言。特に今回、カントの超越論的思惟批判の前提である理論理性の自律性と立法者「超越論的統覚」の理念と、理論理性の自律性の公理をも批判のテストにかけるドーイヴェールトの超越論的思惟批判の前提である「法理念」を比較検討するために、カントの『純粋理性批判』の超越論的感性論と超越論的分析論を徹底して読んだ。『純粋理性批判』は、学生時代から何度も読み、特にこの個所は関学大教員になってからも、大学院文学研究科哲学専攻の哲学文献研究のテクストとしても読み親しんできたのであるが、これをまとめるというのは、或る意味で考え難いことであり、至難のわざであった。入院を挟んだ長い日数の苦闘のすえ、この章節を執筆した。カイパーやドーイヴェルトの「改革主義原理」が原理的に対抗しようとした「近代主義原理」の自己立法的自律的構造を明らかにし、それを規定している近代意識の前提たる「宗教的アプリオリ」を考察するためである。ここに近代的宗教動因の支配する理論的思惟と聖書的動因の支配する理論的思惟の根本的対立を見ているが、共に批判的自己認識を鍵としているところに対話の糸口を見出すことができる。しかし、あまり難解であれば飛ばして読んでいただきたい。

第二章の「理論的思惟の超越論的批判」、3「ドーイヴェールトの三つの超越論的課題」は、このキリスト教哲学の序論的考察の終着点でありハイライトである。未熟であっても、課題としては頂点である。聖書的根本動因に基づく、「世界」、「自我」、「神」の三理念についての有神論的哲学の基礎である。

これまでの研究を回顧するなかで、多くの人々との出会いと交わりに感謝の気持ちを表明してきたが、最後に、個人的に松本光宣君（神戸福音コイノニア教会牧師）に感謝の気持ちを書き留めたい。彼は新設の関学大大学院言語コミュニケーション文化研究科の筆者の最初で最後のゼミ生であり、筆者の指導のもとで、キリスト教哲学に関する優れた修士論文を書き上げ、学位授与式では研究科総代をつとめた。卒業後、今日にいたるまで、変わることなく、何くれとなく、誠意をもって、忙しい牧会伝道活動のなか、筆者の研究を助けてくれている。彼のコンピュータ知識による助けによって、筆者はコンピュータによって、一五〇%拡大の大きなフォントで、たどたどしく遅々としてではあるが論文を書き続けることができた。もしこれがなければ、視力の問題でペンの手書きで文章を書くことはとっくの昔に諦め、研究の継続も断念せざるをえなかったであろう。

身内の話で恐縮であるが、関東に住む二人の息子、長男の誠、次男の務に感謝したい。仕事の都合をつけては頻繁に帰神し、われわれ老人二人を介護し、懸案事項の解決、生活環境の快適化に知恵を絞り、滞っている家事、整理などを手際よく片付け、コンピュータなど研究環境もその都度調整してくれた。われわれ二人の健康や薬についての質問に答え、助言をくれる、務の妻、千寿子の存在と理解も大きな助けである。

亡兄、基章の長女、姪の久保田悦子にも感謝したい。勤務の合間をぬって、遠隔の病院への車の運転のほか、日常生活の相談にも気軽にのってくれる頼りになる援軍である。

妻、美智子に感謝したい。彼女は、高校生のとき〔一九五二年〕、亡父、春名壽章牧師から洗礼を受け、結婚いらい今日まで五七年、貧乏大学院生の時から老老介護の今日まで、改革主義信仰と有神論的人生観・世界観を共有する同労者であり伴侶であった。教会生活、カルヴィニスト協会の講演会、大学の共同研究千刈セミナーなど常に行動を共にした。スフールマン夫妻をはじめ海外の友との手紙やメールのやりとりはほとんど彼女の担当であった。まだワープロなどのない時代、筆者の原稿はすべて彼女の清書によって形をなした。彼女のデヴォーションの時間、筆者の『ハイデルベルク信仰問答講義』を毎日読み、「世界の名著」とほほえんだ。ここに確実に一人の読者はいたわけである。筆者の研究は彼女の深い理解と暖かい励ましによって育まれてきたように思う。

最後に、終始、適切な助言を賜り、本書の出版を導いてくださった教文館出版部の高木誠一氏に深甚なる感謝の意を表したいと思う。

《著者紹介》
春名純人（はるな・すみと）
1935年　神戸に生まれる。1958年　大阪大学文学部哲学科（哲学哲学史専攻）卒業。1960年　大阪大学大学院文学研究科（哲学哲学史専攻）修士課程修了、文学修士。1960－63年　博士課程在学。1963－67年　大阪大学文学部助手。1967－2004年　関西学院大学社会学部、専任講師、助教授、教授［キリスト教哲学、哲学講義、哲学概論、ドイツ語関連科目など］、1988－2001年　関西学院大学大学院文学研究科（哲学専攻）兼担教授［哲学文献研究］、2001－2004年　関西学院大学大学院言語コミュニケーション文化研究科教授［キリスト教文化論］、1974－85年　神戸改革派神学校講師［近代神学、キリスト教弁証学、キリスト教哲学］。1982－2000年　日本カルヴィニスト協会会長。専攻　キリスト教哲学。2004年　関西学院大学名誉教授。
著書　『哲学と神学』（法律文化社、1984年）、『思想の宗教的前提――キリスト教哲学論集』（聖恵授産所出版部、1993年）、『「ハイデルベルク信仰問答」講義』（聖恵授産所出版部、2003年）、『恩恵の光と自然の光――キリスト教文化論集』（聖恵授産所出版部、2003年）、『「ウェストミンスター小教理問答」講義』上巻下巻（聖恵授産所出版部、2009年）。
訳書　ヘルマン・ドーイヴェールト著『西洋思想のたそがれ――キリスト教哲学の根本問題』（法律文化社、1970年）、エフベルト・スフールマン著（春名監訳）『技術文化と技術社会――現代の文化的危機についてのキリスト教哲学的考察』（すぐ書房、1984年）、『ハイデルベルク信仰問答』（神戸改革派神学校出版局、新書版1996年、改訂版2004年）、『ハイデルベルク信仰問答』（関川泰寛・袴田康裕・三好明編『改革教会信仰告白集――基本信条から現代日本の信仰告白まで』教文館、2014年、所収）。

キリスト教哲学序論――超越論的理性批判

2018年12月25日　初版発行

著　者　春名純人
発行者　渡部　満
発行所　株式会社　教文館
〒104-0061 東京都中央区銀座4-5-1 電話 03(3561)5549 FAX 03(5250)5107
URL　http://www.kyobunkwan.co.jp/publishing/
印刷所　モリモト印刷株式会社

配給元　日キ販　〒162-0814　東京都新宿区新小川町9-1
電話 03(3260)5670　FAX 03(3260)5637

ISBN978-4-7642-7428-0　Printed in Japan